STATISTIQUE

DE

L'ARRONDISSEMENT

DE FALAISE.

DE L'IMPRIMERIE DE BRÉE L'AÎNÉ, IMPRIMEUR
DU ROI, PLACE TRINITÉ, A FALAISE.

STATISTIQUE

DE

L'ARRONDISSEMENT

DE FALAISE,

Par MM. Fréd. GALERON, Alph. DE BRÉBISSON,
Jules DESNOYERS, etc.,

Avec des Dessins lithographiés,

Par MM. Charles DE VAUQUELIN, Albert D'OILLIAMSON,
Théodore GOURNAY, Alphonse DE BRÉBISSON, DE BELLY,
DULOMBOY, etc.

TOME PREMIER.

A FALAISE,

Chez BRÉE l'aîné, Éditeur.

A CAEN, chez MANCEL, Libraire, rue St.-Jean;
A ROUEN, chez FRÈRE, Libraire, rue Grand-Pont, no. 45.
Et à PARIS, chez TREUTTEL et WURTZ, rue de Bourbon,
no. 17.

1826.

INTRODUCTION.

L'ARRONDISSEMENT de Falaise, que nous voulons décrire, fait partie du département du Calvados, qui, lui-même, n'est qu'une subdivision du territoire de l'ancienne province de Normandie. Ce département contient six arrondissemens, parmi lesquels celui de Falaise est classé le cinquième. Les autres sont ceux de Bayeux, Caen, Pont-l'Évêque, Lisieux et Vire.

L'arrondissement de Falaise est borné, au nord, par l'arrondissement de Caen ; à l'est, par celui de Lisieux ; au sud, par celui d'Argentan (Orne), et à l'ouest, par celui de Vire. Au sud-ouest, il touche, pendant deux lieues de pays environ, à l'arrondissement de Domfront (Orne).

L'étendue de l'arrondissement de Falaise est de quarante-deux lieues carrées, à-peu-près. Il renferme cinq cantons et cent trente-neuf communes rurales, outre le chef-lieu. Il est arrosé, à l'ouest, par la grande rivière d'Orne, et à l'est par la rivière de Dive ; d'autres petites rivières ou ruisseaux le coupent en différens sens, tels que Laise, Laison, l'Ante, etc.

Les routes principales de cet arrondissement, sont :

1º. La route royale de Caen à Tours, qui le traverse du nord au sud, et le partage en deux portions à-peu-près égales.

2º. La route départementale de Lisieux, qui part de Falaise, en s'étendant vers le pays d'Auge et la Haute-Normandie.

2°. *Enfin*, *la route départementale de Vire*, *qui part de Falaise*, *et se dirige sur la Bretagne.*

Il y a en outre une route départementale de Falaise à Thury-Harcourt, qui se prolongera plus tard jusqu'au Bessin ; une route départementale de Caen à Condé-sur-Noireau, qui passe par Thury-Harcourt, et rejoint la route de Bretagne à Clécy; enfin, de grands chemins vicinaux, tels que ceux de Falaise à Trun, de Falaise à Coulibœuf, de Falaise à Croissanville, etc., etc.

La ville de Falaise est le chef-lieu de l'arrondissement, et c'est là que réside le Sous-Préfet, et que siégent les tribunaux de première instance et de commerce. Cette ville est éloignée de huit lieues de Caen, douze de Lisieux, cinq d'Argentan, douze de Vire, et cinquante de Paris ; elle a parmi ses faubourgs celui de Guibray, célèbre par sa grande foire annuelle du mois d'août.

Falaise est aussi le chef-lieu de deux cantons, et renferme par conséquent deux justices de paix; les autres chefs-lieux de cantons sont Coulibœuf, Bretteville-sur-Laise, Thury-Harcourt, etc., etc.

Telles sont les principales divisions de l'arrondissement; et cet aperçu topographique suffira pour donner une idée des lieux que nous parcourrons successivement. Les autres détails se trouveront dans l'ouvrage.

Nous réclamons maintenant l'indulgence pour le plan que nous avons adopté.

Quelques personnes nous reprocheront sans doute de nous être occupés d'abord des événemens historiques et des descriptions locales, avant d'examiner le sol et ses différens produits. Cette marche est vicieuse, nous le savons, et nous aurions dû peut-être l'éviter. Mais nous voulions faire un ouvrage qui fût lu de tout le monde, et qui pût inspirer de l'intérêt. Nous avons en conséquence choisi le plan qui nous a paru le plus propre à amener ce résultat. En nous lisant, l'homme du monde ne trouvera point, dès le commencement, des détails arides et scientifiques qui le fatigueraient. Et les savans, en définitive, n'auront point à se plaindre, puisqu'il y aura plus tard un Cahier séparé pour la Géologie et pour l'Histoire naturelle. Ils pourront toujours, s'ils le jugent convenable, placer ce Cahier en tête de l'Ouvrage. De cette manière, nous aurons, autant que possible, remédié à tous les inconvéniens, et il n'y aura eu, pour ainsi dire, qu'un dérangement dans l'ordre des publications.

Il nous reste à remercier toutes les personnes qui ont bien voulu encourager nos travaux, et nous transmettre d'utiles renseignemens. Nous regrettons de ne pouvoir les désigner dans cette introduction ; mais nous rappelerons, dans le cours de l'Ouvrage, toutes leurs obligeantes communications ; elles peuvent compter sur notre reconnaissance.

Nous devons surtout des remercîmens particuliers et bien sincères à M. DE LABBEY, Maire de Falaise, et à M. DE RULHIÈRE, Sous-Préfet, pour l'empressement avec lequel ils ont mis à notre disposition toutes les archives administratives qui pouvaient nous être utiles. Leur extrême complaisance nous a vivement touchés.

Nous avons aussi reçu, dès le premier instant, la lettre la plus flatteuse de M. le Comte DE MONT-LIVAULT, Préfet du Calvados ; il nous annonce qu'il

« est prêt à faire, avec plaisir, tout ce qui dépendra
» de lui pour contribuer au succès de notre projet, »
et il nous « engage à recourir à lui, avec confiance,
» toutes les fois que nous jugerons que son inter-
» vention pourra nous être de quelque utilité. » Ces
marques nombreuses d'intérêt et ces encouragemens
nous ont excités à ne rien négliger pour répondre à
tant de bontés. Puissent nos efforts être couronnés de
quelques succès, et nos travaux n'être pas indignes
des suffrages publics.

STATISTIQUE

DE

L'ARRONDISSEMENT DE FALAISE.

PREMIÈRE PARTIE.

HISTOIRE DE LA VILLE DE FALAISE.

L'ÉPOQUE de la fondation de Falaise et l'étymologie de son nom, ont donné lieu à bien des conjectures. Les uns font remonter [1] l'origine de cette ville au temps de l'invasion de la Gaule par Jules César ; ils prétendent que ce conquérant fit bâtir le vieux château, et qu'il y établit un poste militaire, pour observer de-là tout le pays voisin ; outre la tradition, ils appuient, disent-ils, cette opinion sur l'étymologie du mot *donjon ;* en effet, l'on appelle encore de ce nom l'ancien château de Falaise ; or, *donjon,* selon eux, peut signifier *quasi domus Julii,* ou *la maison de Jules.* Donc Jules César en aura été le fondateur, &c.

Un rhéteur Falaisien [2], du 17e siècle, soutient

---

1 Notes manuscrites citées par MM. de la Frenaye et Langevin, le premier dans sa *Nouvelle Histoire de Normandie,* p. 421, le second dans ses *Recherches sur Falaise.* Voir aussi Duchesne, *Antiquités des villes de France,* page 1002.

2 Pierre Chancel, 1.re et 2.º *Harangues sur les antiquités de Falaise,* prononcées en 1686, et imprimées en 46 pages in-12.

1

de son côté que Falaise était florissante long-temps avant la fondation de Rome ; qu'elle envoya, dans ces temps reculés, une colonie dans le Latium ; que les colons y bâtirent une ville puissante, et devinrent fameux sous le nom de *Falériens* ou *Falisques*. Ce rhéteur cite gravement Tite-Live, Pline et Martial à l'appui de ce qu'il avance ; et il raconte ensuite longuement les guerres que soutint contre Rome la ville de *Falérie*, cette prétendue colonie falaisienne.

Enfin, un écrivain [1], célèbre dans ce pays, va beaucoup plus loin. Selon lui, Falaise vient de *Feles* ou *Fales*, « mot hébreu qui signifie cette languette
» qui tient une balance dans son contrepoids ; et
» ce nom a été jadis donné *par les premiers enfans*
» *de Noé*, possédant la Gaule, à la ville ou château
» de Falaise, à cause qu'elle est assise comme en
» égale distance au fond d'un vallon, ceinte et en-
» vironnée de toutes parts de montagnes [2], etc. »

Ainsi Falaise n'est pas seulement une ville Romaine, ou même antérieure aux Romains ; on la fait remonter jusqu'au déluge, on lui donne pour fondateurs les fils de Noë ! et c'est à l'aide de traditions et d'étymologies que des hommes graves prétendent prouver cette merveilleuse antiquité de leur patrie ! Peut-être de nos jours devrait-on laisser dans l'oubli toutes ces misérables subtilités ; mais elles ont occupé nos aïeux, et sous ce rapport elles

[1] Gui Lefebvre de la Boderie.

[2] Voir la Cosmographie universelle de *Munster* et *Belleforest*, tôme premier, deuxième partie, page 117.

ne peuvent être totalement négligées par les historiens modernes. D'ailleurs, en retrouvant toutes
ces bizarres rêveries, on apprend à se défier de ce
qui n'est basé que sur des conjectures.

M. Langevin, dans ses *Recherches sur Falaise*,
a reproduit ces diverses étymologies sans les discuter
ni les combattre, et ensuite il en a présenté une
nouvelle. D'après lui, Falaise est une ville gauloise ;
elle était consacrée à *Isis*, à *Bélénus*, et à *Diane*,
et elle a conservé le nom mystérieux de la première de ces divinités, auquel on a ajouté le mot
phalos qui veut dire *luminaires*. Ainsi Falaise était
dans le principe une enceinte druidique sacrée, et
on la nommait *Phalos-Isidos*, *luminaires d'Isis*.
Depuis on l'aura appelée *Phaloïsis*, *Phaloïsia*, et
enfin, par corruption, *Falesia*, &c.

Pour que l'opinion de M. Langevin pût être ad-
mise, il faudrait qu'elle fût appuyée sur quelque
fondement historique, et malheureusement il n'en
est pas ainsi ; l'auteur du moins ne cite aucune
autorité. Nous sommes donc réduits à rejeter cette
étymologie comme toutes les autres, et nous nous
arrêterons à la seule qui nous paraisse vraisemblable.

Le château de Falaise est construit sur un roc es-
carpé qui s'élève brusquement au-dessus du vallon,
et qui, vu de la prairie, ressemble assez bien à ces
côtes élevées qui bordent la mer, et qu'on nommait
dans le moyen âge, *faloises* [1] ou *falises*, d'où nous
les appelons encore de nos jours, *falaises*.

---

[1] Glossaire de la langue romane, par Roquefort, et le supplément.

Il est probable que le peuple qui bâtit le château lui aura donné dès le principe le nom du lieu sur lequel il était élevé. On aura dit : le château *de la Faloise*, comme on disait ailleurs, le château *de la Roche*, le château *de la Motte*, &c. Plus tard, la ville fondée autour de la forteresse, aura par extension reçu le même nom ; de-là, les mots de ville *de la Faloise*, ville *de la Falaise*, et en définitive, ville *de Falaise*, par abréviation.

Guillaume-le-Breton, qui la vit assiéger en 1204, dit formellement qu'on la nomma *Falaise* à raison même de l'aspérité de son site : *Ipsius asperitate loci Falesa vocatus* [1].

Le vieil historien de Caen, M. de Bras, avance également dans sa description de la Normandie [2], que Falaise « prend sa dénomination à cause des » grandes roches qu'on appelle *falaises*, qui l'en- » vironnent à l'un des faubourgs. »

Enfin, l'ancien manuscrit de la ville [3], ainsi que M. de la Frenaye, dans sa notice sur Falaise, admettent la même opinion, et tous les bons esprits s'y arrêtent naturellement. Nous n'insisterons donc pas davantage sur ce point, que l'on ne peut guère

---

1 Philippéide, poëme en 12 chants. Il vient d'être traduit dans la collection des mémoires sur l'Histoire de France, publiée par M. Guizot.

2 Pages 57 et 58.

3 Nous aurons souvent l'occasion de citer ce manuscrit, une copie en existait aux mains de M. de Malherbe, qui a bien voulu nous la remettre. Nous la déposerons dans les archives de la Bibliothèque.

contester raisonnablement, et qui n'est pas susceptible d'ailleurs d'inspirer un bien vif intérêt.

Il serait plus important de déterminer d'une
manière précise l'époque de la fondation de la ville;
mais à cet égard le silence de l'histoire est absolu, et
l'on ne peut s'arrêter encore qu'à des présomptions.
Ceux qui par amour du merveilleux, font remonter
à César la construction de la forteresse, s'appuient,
disent-ils, sur une tradition. Mais cette tradition
existe-t-elle réellement comme ils l'assurent? L'ont-
ils, en effet, recueillie dans le peuple, ou n'est-ce
point plutôt quelque fable de collége? Sans doute
des traditions sont imposantes lorsqu'elles sont
unanimes dans un pays, et lorsqu'elles sont soutenues par des documens historiques; mais en est-
il ainsi dans cette occasion? Plusieurs fois nous
avons interrogé des hommes graves et instruits sur
cette prétendue tradition, et ils nous ont presque
toujours répondu qu'elle ne méritait point de confiance; que leurs aïeux ne leur avaient transmis
rien de positif à ce sujet; que c'était une opinion
vague que l'on attribuait aux savans du pays. Les
mêmes hommes ajoutaient ensuite, qu'ils tenaient de
leurs pères, que Falaise était la patrie de Guillaume-
le-Conquérant; que c'était-là un fait précis et uni-
versellement répandu dans la contrée; et qu'à défaut d'annales écrites, la tradition, sur ce point,
servirait de fondement à une vérité historique. Voilà
tout ce que nous avons recueilli.

Il est encore une espèce de preuves qui pourraient
établir que la forteresse est un ouvrage romain.
Ainsi, à défaut d'historiens, si l'on nous repré-

sentait une grande quantité de monnaies romaines trouvées dans les environs, ou des armes, des tombeaux et des inscriptions qui appartinssent aux conquérans de la Gaule, de tels indices mériteraient d'attirer l'attention. Mais on n'a fait jusqu'à ce jour aucune découverte de ce genre à Falaise ; [1] et les monnaies que l'on y trouve assez fréquemment sont anglaises, pour la plupart, ou à l'effigie des princes de la branche des Valois ; quelques-unes sont allemandes, et furent apportées probablement par les Reitres pendant nos guerres civiles. Les fragmens d'armures sont des temps de la chevalerie ; à peine même si l'on y retrouve quelques morceaux sculptés qui rappellent l'époque normande, et le règne des premiers ducs. Il n'y a donc aucun sujet de penser que les Romains aient séjourné sur ce point ; et même la construction du donjon annonce bien plutôt un ouvrage du 9.ᵉ ou du 10.ᵉ siècle, qu'un monument romain. L'architecture massive et carrée est celle des châteaux forts des premiers temps de la féodalité ; les ornemens sont grossiers et appartiennent à des barbares ; enfin, les mortiers à chaux vive et à sable ne résistent point aux rigueurs des

1 M. le comte d'Aubigny, dont les ancêtres étoient gouverneurs de la ville, et ont occupé le château jusqu'à la révolution, croit se rappeler qu'on y découvrit, il y a une quarantaine d'années, des monnaies impériales romaines ; mais il n'en a conservé aucune, et il n'ose même affirmer à quelle époque elles appartenaient. Il est donc impossible de raisonner d'après une donnée aussi incertaine. M. d'Aubigny ne pense pas, au reste, que le château soit antérieur à l'établissement des Normands dans nos contrées.

saisons. Les cimens des anciens étaient composés
de tuile broyée, de chaux vive, de sable et de charbon ; ils devenaient très-durs avec le temps, et ac-
quéraient la solidité de la pierre ; les mortiers et les
cimens du donjon n'ont point cette consistance :
exposés à l'air depuis quelques années, ils cessent
de former un corps solide, et ils se réduisent facilement en poudre sous les doigts.

C'est à regret que nous combattons des opinions
qui peuvent être chères à quelques personnes d'une
imagination vive, et qui aimeraient à retrouver leur
ville natale inscrite dans les plus anciennes annales
de leur patrie. Nous savons que les illusions de ce
genre ont leur charme, et que c'est toujours avec
peine qu'on les voit s'évanouir ; aussi nous eussions
volontiers soutenu l'origine romaine de Falaise, si
des indices certains se fussent présentés, ou même
si les motifs allégués jusqu'ici nous eussent paru
un peu plus solides. Mais nous avons dû céder à
nos devoirs d'historien ; et, de nos jours, il n'est
plus permis d'écrire, même les annales d'une petite
ville, sans y apporter un esprit de critique. Au reste,
les Falaisiens peuvent se consoler ; ils trouveront
assez de faits importans dans leur histoire pendant
près de neuf cents ans, pour ne pas regretter quelques
récits chimériques dont on aura jadis amusé leur
enfance.

Nous déclarons, avant d'entrer dans le détail des
faits, que nous ne travaillerons que sur des documens authentiques. Nous n'avons puisé qu'à des
sources connues, et nous aurons soin de citer partout nos autorités. De cette manière, si l'on ne

trouve point chez nous le merveilleux, on y trouvera du moins l'exactitude.

Falaise est citée pour la première fois dans la
chronique de Normandie, à la date de 946. Voici
dans quels termes. Nous empruntons les expressions
d'une chronique manuscrite [1], antérieure à la com-
pilation de Nagerel.

« J'ai entendu, disait Bernard-le-Danois à Louis-
» d'Outremer, que vous voulez donner à Hue-le-
» Grand tout le pays de oultre-Seine, qui est la
» fleur des forteresses, des bonnes villes et de la
» chevalerie... En ce pays croissent les vivres dont
» Rouen et les environs sont soutenus; en ce pays
» sont Avrances et Avrancin, Constances et Cons-
» tantin, Bayeux et Bessin, Lizieux et Lieuvin,
» Séez, Evreux, Caen et Faloise, et moult d'autres
» bonnes villes et châteaux, &c..... »

D'après ce passage, Falaise devait être florissante
dès cette époque, puisqu'elle occupait un rang distingué parmi les villes fortes de Normandie. A la
vérité, Dudon de St.-Quentin et Ordéric Vital ne

[1] Ce manuscrit, formant un gros volume in-folio, sur vélin,
orné de vignettes et de miniatures, appartient à M. de Vauquelin Deschênes, qui nous l'a bien voulu communiquer. Il
est écrit en lettres cursives, et il date des premières années
du 15.e siècle, cinquante ans environ avant la découverte de
l'imprimerie. L'histoire qu'il contient commence au départ
du duc Rollon du Danemarck, et finit par l'expulsion du roi
Jean-Sans-Terre de la Normandie. C'est l'histoire des douze
ducs. Nous préférons le texte de ce manuscrit à celui de Nagerel, parce qu'il a plus d'originalité. Il est évident au reste
que Nagerel a travaillé d'après des copies de ce manuscrit. Le
compilateur n'a fait souvent que changer et dénaturer le style.

la citent point parmi les villes que Bernard-le-Danois désigna dans son discours. Ordéric Vital [1] ne
parle que de Coutances et d'Exmes. Mais la chronique est un monument dont l'authenticité ne peut
être légèrement contestée. De Bras, Dumoulin et
Masseville ont rapporté le passage entier, sans le
combattre ; nous aurions mauvaise grâce à nous
montrer plus difficiles que ces historiens.

M. Langevin a prétendu qu'il existait un manuscrit de Marin Prouvaire, qui citait Falaise à la
date de 912 ; mais comme ce Marin Prouvaire est
un écrivain moderne, comme il n'indique point
d'ailleurs où il a puisé ce document, il est prudent
d'écarter son assertion, qui peut être hasardée.
Toutefois, d'après la citation précédente, on doit
convenir qu'il n'était pas impossible que la forteresse existât dès ce temps-là.

Depuis 946 jusqu'à 1027 ou 1028, Falaise ne re-
paraît plus chez les historiens, et même c'est à cette
époque qu'elle figure pour la première fois dans nos
plus anciens écrivains Normands, tels que Robert
Wace et Guillaume de Jumiège. Voici à quelle
occasion : Robert-le-Libéral ou le Magnifique, qui
depuis fut duc de Normandie, n'avait alors que le
titre de comte d'Exmes, et Richard III, son frère,
gouvernait le duché. Robert se trouvant trop à
l'étroit dans ses domaines, voulut s'étendre, et
s'empara du château de Falaise, qui se trouvait
dans son voisinage. Il y fut promptement assiégé
par le duc Richard, qui le força de rendre la ville.

---

[1] *Historiæ Ecclesiasticæ libro 6*, pag. 620, dans la collection
des Historiens Normands de Duchesne, 1 vol, in-folio.

Guillaume de Jumiège [1] raconte ainsi cet événement :

« Robert, méconnaissant l'autorité de son frère,
» se renferma, pour lui résister, dans le château de
» Falaise, avec ses satellites. Le duc Richard, vou-
» lant réprimer sans retard les criminels efforts de
» ce factieux, et le ramener à l'obéissance, alla l'in-
» vestir avec une nombreuse armée, dans l'enceinte
» de son château fort. Il battit quelque temps les
» murailles à l'aide des balistes et des béliers, jus-
» qu'à ce que Robert, renonçant à sa rébellion, vint
» lui tendre la main ; ils renouèrent leur ancienne
» amitié, et se séparèrent après avoir conclu une
» paix solide. »

Le poëte Robert Wace est bien plus concis dans son récit :

> Faleise li kuida tolir,
> Dedenz le chastel s'embasti ;
> De homs é de armes le garni ;
> Mais n'i fu mie lunguement ;
> Kar Richard vint délivrement
> K'il fist li chastel déguerpir. [2]
> *Roman de Rou*, vers 7490 et suivans.

[1] *Historiæ Normannorum*, liber 6, pag. 258, collection de Duchesne. Cet écrivain, ainsi qu'Ordéric Vital, vient d'être traduit et publié par M. Guizot, dans sa collection des Mémoires sur l'Histoire de France.

[2] Ces vers, ainsi que beaucoup d'autres sur le même sujet, nous ont été communiqués, avec une véritable obligeance, par M. Frédéric Pluquet, qui fait imprimer en ce moment le poëme entier de Robert Wace. L'ouvrage paroîtra par souscription à la fin de cette année. M. Pluquet, en le publiant, rend un très-grand service aux amis des antiquités normandes et des sciences historiques.

Tel fut le premier siége d'une ville qui devait en soutenir un si grand nombre d'autres dans l'espace de quelques siècles. Destinée, par sa situation, à servir de place de guerre, elle a dû figurer nécessairement dans presque tous les événemens militaires dont la Normandie a été le théâtre pendant le moyen âge.

Après le siége de Falaise, le duc Richard mourut à Rouen où il s'était rendu, et Robert, son frère, fut aussitôt proclamé, d'un consentement unanime, chef de toute la monarchie ; *totius monarchiæ comitatus ab omnibus subrogatur*, dit l'historien. Ce prince habile s'occupa dès-lors sans relâche d'affermir son pouvoir, et il y parvint aisément par son courage et par sa fermeté.

Ce fut au commencement de son règne, et peut-être même dans la première année, qu'il vit à Falaise une jeune fille qui sut lui plaire, et dont il eut le fameux Guillaume. Les poëtes et les historiens ont raconté diversement les amours de Robert et de la jeune Falaisienne ; leurs récits, pour la plupart, sont remplis de merveilleux et d'invraisemblance ; mais pour le fond ils sont tous d'accord. Nous avions eu l'idée de reproduire ici les chants épiques de Robert Wace et de Benoit de Ste.-More, sur cette vieille histoire ; mais ils sont déjà dans des ouvrages connus [1], et d'ailleurs l'espace nous manque pour entrer dans tous ces détails. Nous nous bornerons

[1] Notice sur Robert Wace, par M. Pluquet, un vol. in-8o., page 41 ; et nouvelle Histoire de Normandie, par M. de la Frenaye, un vol. in-8o., page 426.

donc à transcrire, avec toute sa grâce et sa naïveté,
le récit de la naissance de Guillaume, d'après l'ancienne chronique manuscrite de M. de Vauquelin.
Nous demandons grâce pour quelques images qui
paraîtront peut-être un peu vives au milieu d'un
siècle délicat. Nous supprimerons même plusieurs
lignes du texte, par respect pour quelques-uns de
nos lecteurs.

« Advint une fois que le duc Robert estoit à Fa-
» loise [1] si vit la fille d'ung bourgeois de la ville,
» nommée Arleite. Cette fille fut belle, bonne et
» gracieuse, et pleut merveilleusement au duc Ro-
» bert, et tant qu'il la volt avoir à amie et la re-
» quist moult affectueusement à son père. Ceste
» requeste le pere de prime face ne volt accorder.
» Et toutesvoies fut du duc tant prié et requis que
» par la tres grand amour et affeccion qu'il vit
» que le duc avoit à la pucelle sa fille, il y mist son
» consentement et l'accorda au cas qu'il plairoit à
» la pucelle a laquelle il le dist. Et elle respondit :
» Mon pere, je suis votre enfant, vous pouvez or-
» donner et je suis prete a accomplir a mon pou-
» voir votre vouloir. Et quand le duc le sceut si en
» eut moult grant joie. Et la nuit venue elle fut
» menée et convoyée jusques au lit du duc et là fut
» laissie en la chambre fermée et moura séule avec
» le duc qui couchié estoit......... Quand le duc ot

[1] Dans ce manuscrit, le nom de la ville est toujours écrit
Faloise au lieu de Falaise. Les rois Anglais l'écrivaient de cette
manière dans leurs chartes, comme nous le verrons plus tard.
D'après Roquefort, dans le Glossaire de la langue Romane,
c'est la véritable orthographe de cet ancien mot.

» fait son plaisir d'elle et que ils orent parlé en-
» semble tant et si longuement que il leur pleut,
» Arleite se va en dormir et le duc la laissa reposer
» et commença a penser a moult de choses, et
» comme il pensoit, la jeune dame va tressaillir et
» getter ung moult haut soupir. Et le duc le trait a
» lui et laccole et lui demanda qu'elle avoit. Mon-
» seigneur, dist-elle, je songeoie et ay songié que
» de mon corps il croissoit ung arbre contre le ciel
» et que de son umbre toute Northmandie estoit
» ouverte. C'est bien, dist le duc, n'en ayez paour...
» et quand vint le temps que nature requiert, Ar-
» leite ot ung fils nommé Guillaume, &c...... »

Le jeune Guillaume fut honorablement *nourry
dans Faloise,* par les soins de Robert, son père,
ajoute la même chronique, « tout ainsi comme
» s'il feust de son espouse. » Ce fut donc dans l'enceinte de cette citadelle escarpée, et parmi le tumulte des gens de guerre, que ce conquérant futur
apprit, dès sa première enfance, à se familiariser
avec les armes. Ces rochers élevés, cette nature
brute et sauvage, qui s'offraient à lui de toutes
parts, durent agir dès-lors sur cette âme vigoureusement trempée. Les premières impressions sont
ordinairement profondes et durables. Guillaume,
d'un naturel audacieux et entreprenant, aura de
bonne heure appris à braver les dangers, en jetant
sans cesse les yeux sur les abîmes qui environnaient
sa demeure. Des historiens nous ont représenté le
jeune Henri IV gravissant les hautes montagnes
voisines de son berceau, et préludant ainsi aux
grands travaux qui signalèrent plus tard sa vie

guerrière. Il est permis de songer également que le rocher de Noron et les bruyères qui le couronnent, virent plus d'une fois le jeune Guillaume essayer ses forces et son courage, et qu'il dut à ces préludes hardis quelque chose de cette mâle vigueur et de cette énergie qui contribuèrent plus tard à ses succès.

Une anecdote, racontée dans nos histoires, peut faire juger que dès ses premières années, Guillaume portait sur ses traits l'empreinte de l'audace et de la fierté. Il avait cinq ans à peine, et un écuyer le tenait par la main, quand le féroce Talvas, seigneur de Séez et des environs, le rencontra dans Falaise. Talvas *contempla longuement l'enfant*, dit la chronique, puis il s'écria : « Maudit sois-tu de » Dieu ; car je suis certain que par toi et ta race » seront ma puissance et honneur abaissés. Et ce » dit, ajoute l'historien, Talvas s'en alla longue- » ment pensant sans mot dire. » [1]

Mais revenons au duc Robert, qui dut faire quelque chose pour une ville qui lui avait donné sa maîtresse, et qui voyait croître un enfant qu'il destinait à devenir son héritier.

Si l'on en croit l'ancien manuscrit de Falaise, le duc Robert fut le fondateur de la fameuse foire de Guibray, et il l'établit sous les murs du château, au-delà de l'étang, et sur les champs voisins de l'hôpital général actuel. Cette opinion paraît fort ancienne dans le pays, et quoique dépourvue de preuves authentiques, elle ne semble pas dénuée

[1] Chronique de Nagerel, page 61.

de fondement. Nous nous y arrêterons donc avec quelque attention. Mais puisqu'il est ici question de Guibray pour la première fois, examinons d'abord quelle étymologie on attribue à son nom.

Suivant Huet, dans ses *Origines de Caen* 1, *Guibray* vient des deux mots *vi*, *wi* ou *wit*, et *braia* ou *braium*, qui veulent dire *terre blanche* ou plutôt *boue blanche*. *Wit* est un mot anglo-saxon, que l'on retrouve fréquemment dans nos pays ; il désigne quelque chose de blanc : on en a fait *gui* par corruption en France, comme de *Willaume* on a fait *Guillaume*. Quand au mot *braia*, il est gaulois et veut dire *boue*, *fange*. Un grand nombre d'endroits le portent dans nos environs, et ils sont tous marécageux ou bourbeux, tels sont *Tinchebray*, *Mont-bray* ou *Moubray*, *Brayouse* ou *Briouze*, &c.

L'ancien manuscrit, M. de la Frenaye 2, M. Langevin 3, se sont arrêtés à cette étymologie ; et quoiqu'elle soit peut-être un peu subtile, nous sommes disposés à l'adopter nous-mêmes. Celle qui tendrait à faire remonter le mot *Guibray* au *gui* des druides, nous semble bien plus forcée. A la rigueur, on aura pu donner à ce lieu le nom de village de *la boue blanche*, puisque la terre y est molle, blanchâtre, et qu'elle forme une boue très-incommode. La plaine qui l'environne est de la même nature ; et lorsqu'il survient une pluie, après une longue sécheresse, la première couche se dis-

1 Pages 463, 470.
2 Notice sur Falaise, page 6.
3 Recherches sur Falaise.

sont comme une espèce de chaux, et, s'attachant aux pieds du voyageur, elle embarrasse et retarde sa marche.

C'est, dit-on, dans cette plaine de Guibray que, dès les temps les plus reculés, dut exister une chapelle avec une image de la Vierge, dont le culte attirait tous les peuples voisins. On se borna d'abord à y vendre des vivres, des chapelets et des livres de prières; mais l'affluence y devenant considérable à certaines époques, et les marchands y arrivant en foule, le duc Robert eut l'idée d'y établir une foire régulière. Il la plaça, comme nous l'avons déjà dit, sous les murs de son château, et elle se maintint dans ce lieu jusqu'au temps de son fils Guillaume.

Pour contester à Robert l'honneur d'avoir fondé cette foire, il faudrait peut-être pouvoir assigner une époque précise à son origine; il faudrait du moins faire valoir quelques motifs qui fissent penser qu'elle n'a pu être établie sous son règne. Mais rien de pareil ne se présente dans cette circonstance. A la vérité l'on ne rencontre aucun document certain avant l'année 1493 [1]; mais en doit-on conclure qu'il n'en existait pas jusqu'à cette époque? Doit-on penser d'ailleurs que l'établissement d'une foire locale ait pu occuper les historiens dans un temps où les livres étaient très-rares, écrits à la main, et ne pouvaient contenir par conséquent que les faits

[1] On pourrait regarder comme des titres authentiques de l'existence de la foire, sous les premiers ducs, les chartes de Henri Ier. et des seigneurs d'Argences, vers 1130, dont nous parlerons plus tard. On y désigne la foire sous les noms de *feria Wibraii*, *feria Augustales*.

les

les plus importans de l'histoire ? Quand l'imprimerie se sera répandue, on aura plus aisément
conservé le souvenir des petits événemens ; c'est
aussi de ce moment que nous pouvons chercher
quelques éclaircissemens sur l'objet qui nous occupe. Or, dans les titres manuscrits ou imprimés,
que les dépôts publics renferment depuis plus de
trois siècles, on parle des droits des propriétaires
de loges et boutiques de Guibray, comme étant
acquis par une possession immémoriale. Toutes les
compilations faites depuis cette époque, font également remonter la foire aux temps les plus éloignés,
et la plupart des auteurs [1] s'accordent pour affirmer
que le duc Robert en fut le fondateur. D'où leur
venaient ces renseignemens ? c'est ce qu'il nous est
impossible de connaître. On peut penser seulement
qu'ils les avaient puisés dans quelques titres anté-
rieurs qui ne seront point arrivés jusqu'à nous.
Enfin, l'on rencontre encore sur les lieux mêmes
quelques indices propres à donner du poids à l'opinion reçue.

En effet, ceux qui prétendent que Robert établit
la foire sous les murs du château, disent en même-
temps que son fils Guillaume la transféra à Guibray, sur le lieu où elle existe encore de nos jours ;
et cet ancien emplacement, où l'on prétend que
se tenait la foire au temps de Robert, a conservé
jusqu'ici des dénominations qui appartiennent
évidemment à sa première destination. Le quartier
en masse se nomme encore le *Camp de Foire* ;

---

[1] Belleforest, de Bras, Moréri, la Martinière, etc.

plusieurs lieux voisins s'appellent le *Champ aux Œufs*, le *Champ Priseur*, le *Pré Cochon*, &c. De pareils souvenirs, conservés dans la langue du peuple, ne peuvent-ils pas équivaloir jusqu'à un certain point à des preuves écrites.

Au reste, nous n'affirmons rien, et nous soumettons seulement nos doutes sur ce point. Nous désirons que de plus habiles que nous puissent éclaircir ce fait historique, et nous rendrons volontiers au fondateur, quel qu'il soit, l'honneur qui lui appartient.

Ce fut aussi le duc Robert qui fonda le premier hôpital dans Falaise, si l'on en croit les manuscrits ; et quoique M. Langevin ait soutenu qu'il n'a point existé d'établissement de ce genre dans la ville avant 1127, on peut penser que l'ancienne opinion n'était pas tout-à-fait sans fondement. Celui qui, par esprit de pénitence, entreprit le pélerinage de la Terre-Sainte, a bien pu laisser, avant son départ, dans ses états, quelques monumens de sa bienfaisance. Son hôpital aura disparu sous ses successeurs ; mais le souvenir du bienfait se sera perpétué, et d'autres établissemens, élevés plus tard, n'auront point empêché le peuple de citer encore le sien. Voilà ce qui explique l'opinion unanime de tous les auteurs des manuscrits à cet égard.

Enfin, c'est à ce même Robert, qui ne fut pas en vain surnommé le Magnifique, que l'on attribue l'établissement de nos fontaines publiques [1] ; et ce fut, il faut en convenir, un immense service qu'il rendit aux habitans de cette ville. Dans nos siècles

[1] Anciens manuscrits et M. Langevin.

civilisés, on nous vante les princes qui, avec toutes
les ressources des arts modernes, parviennent à
élever des monumens de ce genre ; combien Robert
ne mérita-t-il pas, à plus juste titre, la reconnaissance de ses contemporains ? Voilà deux établissemens utiles qu'en peu d'années ce prince, à demi-
barbare, forma dans une petite ville ; toutes ses
pensées semblaient être dirigées vers le bien public !
Que les Falaisiens conservent donc chèrement le
nom de leur duc Robert ; il a été le premier, et
probablement un de leurs principaux bienfaiteurs.

Outre le donjon qui subsistait sous ce prince, et
qui fut même augmenté par lui, nous pensons
qu'une partie de l'église actuelle de St.-Laurent
pouvait être debout à cette époque. Les autres édifices publics de la ville sont plus modernes.

Robert mourut en revenant de la Palestine, et
Guillaume, encore enfant, fut reconnu pour son
successeur. [1] Sous ce prince, né dans ses murs, la

---

1 Avant de quitter ses états, Robert avait assemblé ses barons à Rouen, et leur avait proposé de reconnaître Guillaume
pour son successeur. « J'ai un petit bastard, leur avait-il dit,
» qui croîtra si Dieu plaist ; de la preudhomie duquel je
» espère beaucoup. Je ne suis en doute qu'il ne soit de mon
» engendrement, pour ce vous prie de le *recevoir à seigneur,*
» et dès à présent je le saisis devant vous de la duché comme
» mon héritier, etc. »

La chronique qui rapporte ces paroles du duc, ajoute que
les prélats et barons présens firent en effet hommage au duc
Guillaume, et le *reçurent à seigneur.* Guillaume de Jumiège raconte l'événement de la même manière à-peu-près ; mais il
fait dire à Robert, quand il présente Guillaume aux barons,
que c'est son fils unique, et qu'il est né dans Falaise. *Quem
unicum apud Falesiam genuerat.*

ville de Falaise se représente plusieurs fois dans l'Histoire, à l'occasion d'événemens importans.

La révolte du comte d'Exmes, Toustain, faillit lui devenir funeste, et la faire passer sous la domination de la France. Ce Toustain, fils d'Onfroi-le-Danois, était chargé de la défense du château de Falaise. Voyant la plupart des barons révoltés contre le jeune duc, et son pays d'Exmes ravagé par les troupes du roi de France, Henri I.er, il conçut l'idée de trahir son prince, et de recouvrer à ce prix son petit gouvernement. Il manda donc à Henri « qu'il lui mettroit en ses mains la ville de » Falaise, au moyen que le roi le voulsit laisser » paisiblement jouir de ses terres » [1].

Et en même temps il prit à sa solde plusieurs « chevaliers du roi, avec lesquels il s'enferma dans » le château, pour se soustraire à l'autorité du » duc. » [2]

A peine Guillaume fut-il informé de cette trahison, qu'il accourut de Rouen avec son gouverneur Raoul de Gacé. *Cels Dauge et cels de Cinguelais* [3] se joignirent à lui, et tous ces braves « combattirent avec tant de magnanimité, qu'ils » renversèrent en un instant un pan de la mu- » raille, et que, sans la nuit qui survint, cette » attaque eût suffi pour les rendre maîtres de la » place. » Toustain fut effrayé, et, « n'espérant » plus soutenir l'effort de cette multitude armée, » il demanda au duc la faculté de se retirer, et

[1] Chronique manuscrite.
[2] Guillaume de Jumiège.
[3] Robert Wace. *Cels* pour *ceux*.

» l'ayant obtenue, il s'enfuit loin de sa patrie.
» *Profugus è patria extorris aufugit* » [1].

Ainsi fut sauvée Falaise par le courage de Guillaume, qui fit de cette manière ses premières armes sous les murs de sa ville natale. Il donna une partie des biens du traître Toustain à sa mère Arlette, et il lui choisit un époux parmi ses chevaliers. Ce fut Herlouin, brave guerrier, qui la prit pour femme, et il en eut deux fils, Eudes et Robert, qui, dans la suite, acquirent une grande illustration. Eudes ou Odon fut évêque de Bayeux; il suivit son frère à la conquête, et plusieurs fois il parut à la tête des bataillons [2]; Robert, comte de Mortain, fut également l'un des compagnons du Conquérant, et se signala par de grands exploits. La chronique prétend que le brave Herlouin était de Falaise. Il est probable d'après cela qu'Eudes et Robert naquirent l'un et l'autre dans cette ville, ainsi que leur frère Guillaume.

Falaise servit quelque temps après de retraite à Guillaume, dans un grand danger. Il se trouvait à Valognes, dans le Cotentin, et les grands du pays, soulevés par Gui de Bourgogne, Néel de St.-Sauveur et Grimoult-Duplessis, avaient secrètement formé le projet de se saisir de lui et de le faire périr. Un fou, que la chronique nomme Galet, entendit par hasard les conjurés, et vint pendant la nuit

1 Guillaume de Jumiège.

2 Eudes célébra la messe avant la bataille d'Hastings, et, pendant le combat, il se montra dans les rangs comme un simple chef. Il portait des ordres, et excitait les soldats par ses discours et par ses reproches.

donner avis au jeune duc du péril où il se trouvait.
Guillaume prit aussitôt un cheval et s'enfuit en toute
hâte. Il arriva tout épuisé au château de Ry, non
loin de Bayeux, où il fut généreusement reçu par le
baron du lieu, qui lui était dévoué. « Le baron de
» Ry, dit la chronique, donna à Guillaume un
» nouveau cheval, et appela trois beaux écuyers,
» ses fils, et leur dit : Veci votre droit seigneur,
» montez à cheval, et sur toute l'obéissance que
» vous me devez, je vous commande que vous le
» conduisiez jusques à Falloise. » Il leur indiqua
ensuite le chemin qu'ils devaient suivre; après quoi,
« Guillaume et les trois fils prindrent congié et che-
» minèrent, et passèrent la rivière de Foupendant ₁
» à gué, tant qu'ils vindrent à Falloise, où ils
» furent bien reçus et à grant joie. »

Quand il se vit dans Falaise, Guillaume se crut
sauvé. Cette ville était en effet fortifiée et à l'abri
de toute attaque imprévue. Les conjurés n'auraient
pu s'en rendre maîtres que par un siége régulier
qu'ils n'étaient pas en état d'entreprendre. Aussi
se bornèrent-ils « à tenir en sujection les pays de
» Bessin et Cotentin » ₁, et le jeune duc eut le
temps de préparer les moyens de réprimer leur
rébellion.

Il commença par « garnir de gens et de vivres la

₁ Il n'existe point de rivière de Foupendant. Robert Wace
et la chronique se sont trompés. Guillaume passa l'Orne au
bac du Coudray, et traversa peut-être la forêt de Cinglais à
Foupendant; mais dans ce lieu, qui est élevé, l'on ne trouve
point de rivière. Seulement, après les grandes pluies, le sol
devient marécageux en certains endroits; mais on y passe
toujours à gué.

» ville et château de Falaise, et les bailla à garde à
» messire Jehan Belain, seigneur de Blainville » [2] ;
ensuite il se rendit à Rouen, fit alliance avec le roi
de France, et vint livrer aux conjurés la bataille
du Val-des-Dunes, où les principaux d'entre eux
furent tués, et les autres dispersés ou faits prisonniers. Le jeune prince, dans cette mémorable journée, fit preuve d'un grand courage ; il perça lui-
même de son épée plusieurs des chefs ennemis, et
c'est à lui principalement qu'il dut sa victoire. Le
roi de France, son allié, avait été renversé de cheval
pendant la mêlée.

Le récit des combats et des actions du duc Guillaume n'entre point dans le plan que nous nous
sommes tracé. Cependant, lorsque l'occasion d'en
entretenir nos lecteurs s'offrira naturellement, nous
la saisirons volontiers. La vie des Grands-Hommes
appartient à leur patrie, et fait même partie, jusqu'à un certain point, de son histoire : c'est donc
travailler encore pour une ville, que de rappeler ce
que ses enfans ont fait de plus mémorable. Toutefois
nous serons très-sobres de détails, quand les événemens n'auront pas un rapport direct avec l'objet
principal de cet ouvrage. Nous tâcherons de ne point
oublier que c'est avant tout des événemens survenus
dans la ville, que nous avons promis d'occuper le
public.

Les Falaisiens, vers cette même époque, aidèrent
à leur duc à reprendre Alençon sur Martel d'Anjou.
Ce fut à Falaise que Guillaume fit les préparatifs de

1 Chronique manuscrite. 2 Chronique de Nagerel.

cette expédition, et ce fut de-là qu'*il partit avec ses gens* pour diriger en personne l'attaque de la place.

Pendant le siége, il fut injurié par les soldats ennemis, qui, connaissant sa naissance illégitime et sachant que sa mère était fille d'un simple pelletier de Falaise, lui criaient : « *la pel ! la pel !* et » battoient des peaux sur les murailles et aux car- » reaux des forteresses [1], » &c.

Guillaume fut trop sensible à cette raillerie, qu'il eût dû mépriser ; il entra dans une grande colère, disent les chroniqueurs, « et jura par la » splendeur de Dieu que si il les pouvoit prendre » par force, il ne leur laisseroit œil, pié ni » poing » [2]. Ce terrible serment fut trop bien rempli, et trente-deux des principaux coupables furent mutilés après la prise de la ville. Le vainqueur crut sans doute relever ainsi l'honneur de sa mère et le sien ; mais l'Histoire n'a vu dans cet acte de vengeance qu'un crime odieux, que les préjugés et la barbarie du siècle ne peuvent même excuser.

Mais passons à un nouveau fait d'armes où tout fut glorieux pour le héros Falaisien :

En 1060, une ligue formidable se forma contre lui ; elle se composait du roi de France, des ducs du Maine et de l'Anjou, et de plusieurs princes souverains des provinces voisines. L'armée des confédérés se montait à plus de cent mille combattans ; outre le roi de France, elle étoit commandée par trois ducs et par sept comtes, tous princes souverains. C'était le dernier, mais le plus vigoureux

[1] Chronique de Nagerel.   [2] Chronique manuscrite.

effort tenté pour renverser le duc Guillaume. Cette
multitude d'ennemis pénétra dans la province par
le Maine, ravagea tout le pays d'Exmes, s'étendit
sur les bords de la Dive, et gagna le Bessin, où elle
causa les plus grands désordres. Bayeux fut pris,
Caen fut enlevé ; en un mot, toute cette belle
contrée fut désolée, et nul défenseur ne se présentait pour la protéger.

Mais il restait une ville que les princes coalisés
n'avaient point enlevée dans leur course, et cette
ville renfermait le vengeur qu'attendait la Normandie. « Le duc Guillaume, disent les chroniques,
» considéra la puissance du roy et ce qu'il avoit de
» gens à Falloise où il estoit. Il fist garnir ses for-
» teresses et mettre a défense de toutes choses au
» mieulx qu'il peust, et vidier le plat pays de vivres
» sans faire résistence ne livrer bataille au roy. » Il
ordonna ensuite que « en ses villes et chasteaux ses
» gens fussent prests et appareillés pour férir en
» chief ou en queue et porter dommaige aux
» françois tant comme ils pourroient. » [1]

Ces mesures prises, il resta dans sa forteresse
jusqu'à ce que le moment d'entrer en campagne lui
parût favorable. Puis ayant appris que l'armée des
princes alliés passait la Dive, à Varaville, sur un
pont étroit, pour gagner la haute Normandie, il
quitta sa retraite et vint, pendant la nuit, se cacher
avec sa petite armée, dans la vallée de Bavent.
Déjà le roi de France et une partie des siens étaient
sur l'autre rive, quand Guillaume tomba tout-à-
coup sur l'arrière-garde. Il jeta facilement le dé-

[1] Chronique manuscrite-Vauquelin.

sordre parmi cette multitude qui ne s'attendait guère à une attaque aussi brusque. La terreur fit autant que ses armes. Les Français se précipitèrent sur le pont qui se rompit sous eux ; un grand nombre périrent dans les flots ; les autres furent tués ou faits prisonniers. En vain leurs compagnons et le roi de France, qui se trouvaient sur l'autre rive, montraient l'intention de les secourir ; ils ne purent franchir la rivière, et la victoire de Guillaume fut complète. Il tua lui-même de sa main, dans le combat, le duc de Berry, et cinq ou six autres chefs principaux furent pris. Un si grand succès rompit la ligue, et peu de jours après il ne restait plus un seul ennemi sur le sol Normand.

Les habitans de Falaise durent prendre une grande part à cette fameuse victoire. Elle avait été préparée dans leurs murs par la sagesse de leur duc qui s'y était renfermé, et ils l'accompagnèrent sans doute en grand nombre quand il partit pour Varaville. Les jeunes Falaisiens de cette époque, nourris et élevés avec le duc Guillaume, ne l'auront point abandonné dans ses dangers ; témoins des jeux de son enfance, ils seront devenus les compagnons de ses travaux ; ils l'auront suivi dans toutes ses campagnes. Nous les retrouverons bientôt sur un plus vaste champ de gloire.

Nous touchons à cette époque mémorable, si chère aux Normands. Le duc Guillaume, vainqueur de ses rivaux et de la France, commençait à goûter quelque repos, quand des droits qu'il croyait avoir sur l'Angleterre, lui firent naître l'idée d'aller conquérir ce royaume. Le projet semblait gigantesque,

et plusieurs de ses barons refusaient de l'approuver.
Mais le duc, par l'ascendant de son génie, sur-
monta les obstacles, et tout fut bientôt prêt pour
le départ. Nous ne suivrons point le héros au milieu
de ses combats et de ses triomphes ; ces grandes
merveilles n'entrent point dans notre sujet. Mais
nous citerons ces vers d'un poëte contemporain,
qui placent les Falaisiens parmi les compagnons
d'armes du conquérant. Robert Wace, faisant l'énu-
mération de ceux qui passèrent en Angleterre, désigne entre autres :

> Li boen citean de Roem ,
> E la jovente de Chaem
> E de *Falize* è d'Argentoen [1].
>
> Vers 13542 et suiv.

Nous donnerons encore les noms de quelques seigneurs des environs de cette ville, qui se retrouvent
sur les listes des historiens du temps. Les souvenirs
laissés par ces illustres barons rentrent naturellement dans le plan général de cet ouvrage ; ils appartiennent au pays que nous voulons décrire.
Quelques-unes de nos familles prétendent être issues
du sang des conquérans ; quelques châteaux féodaux ou même quelques communes rurales conservent encore leurs noms. Nous ne pouvons donc
les passer sous silence.

On voyait parmi les vainqueurs de l'Angleterre :

Le Sire de Bray.
Le sire de Cinteaulx.
Le sire d'Ouilly.

---

[1] Ces vers, que M. Pluquet nous a bien voulu communiquer,
sont aussi dans l'histoire de Caen , par M. de Larue, tome 2.

Le sire de Sassy.

Le Boutillier d'Aubigny 1.

Raoul Tesson.

Roger Marmion.

Le sire de Blainville.

Le sire de Magny.

Le seigneur de Courcy 2.

Le seigneur de St.-Clair.

Le seigneur de St.-Denys.

Le seigneur de St.-Omer.

Le seigneur de St.-Quentin.

Le seigneur de Tournebu 3.

Le sieur de Bernieres.

Le sieur d'Acqueville.

Le sieur de St.-Vigor.

Le sieur de Jort.

Le sieur des Loges.

Le sieur de Beaumais.

Le sieur de la Pommeraye 4, &c.

Guillaume, après la conquête, ne reparut plus qu'à de grands intervalles dans la Normandie, et

---

1 La famille actuelle d'Aubigny ne remonte point à ce guerrier. Nous reparlerons plus tard de son illustration, qui date aussi de plusieurs siècles.

2 Le château fort des seigneurs de Courcy est encore debout.

3 Les barons de Tournebu ont subsisté jusques dans le dernier siècle. Un allié de cette famille, M. de Foucault, est encore propriétaire de leur forteresse en partie renversée.

4 Ces noms sont empruntés aux listes qui se trouvent dans la chronique manuscrite-Vauquelin, dans la chronique de Nagerel, dans Dumoulin et dans Masseville. L'abbé Prévost, dans une liste qu'il place à la fin de son Histoire de Guillaume-le-Conquérant, nomme aussi un sieur de Placy.

n'y séjourna jamais long-temps ; il y venait pour assembler ses barons, régler l'administration intérieure, et c'était à Rouen, sa capitale, qu'il résidait particulièrement. Nous ne retrouvons plus qu'il ait séjourné dans sa ville natale, depuis son élévation au trône d'Angleterre. Il est probable cependant qu'il l'aura visitée, mais en voyageant seulement ; et comme nous ne pourrions à cet égard raisonner que sur des conjectures, nous aimons mieux nous arrêter au point où les données historiques nous manquent.

Toutefois, avant de passer à un autre règne, il est à propos d'examiner quels sont les monumens ou les établissemens de cette ville, qui datent de cette époque.

D'après les manuscrits, Guillaume dut augmenter beaucoup les fortifications de la ville, et ce fut lui qui fit construire la tour qui ferme le château. Aucun historien n'a parlé de ces travaux, mais on ne doit pas pour cela supposer qu'ils n'aient pas été exécutés. Il suffit même de lire avec attention les chroniques, pour être convaincu que Guillaume ajouta beaucoup à l'importance militaire de Falaise.

Au commencement de son règne, un comte d'Exmes ayant voulu se renfermer dans Falaise, en fut promptement expulsé ; un seul assaut, vigoureusement livré, comme nous l'avons vu, suffit pour mettre la ville au pouvoir des assiégeans.

Il est donc évident qu'elle était alors imparfaitement défendue, et qu'elle ne pouvait être choisie comme place de sûreté.

Cependant Guillaume, quelque temps après, s'y

retira pour se soustraire aux poursuites des comtes
révoltés du Cotentin, et il l'a prit ensuite pour
centre de ses opérations militaires contre Martel-
d'Anjou.

On peut croire que dès-lors il l'avait fortifiée et
mise à l'abri d'une attaque imprévue. Eût-il eu sans
cela l'imprudence de se renfermer dans une enceinte qu'un seul assaut pouvait enlever?

Enfin, dans la grande guerre contre les alliés,
Falaise devint la ville de refuge de Guillaume; il s'y
renferma comme dans une retraite inexpugnable; il
suivit tranquillement de-là les opérations de l'armée
des princes, et il ne la quitta que quand il crut
pouvoir tenir la campagne avec succès. En cas d'é-
chec, il y serait probablement rentré pour soutenir un siége régulier', et braver encore de ce point
les efforts de ses ennemis.

On ne peut douter, d'après ces faits, qu'il n'eût
apporté tous ses soins, avant cette époque, pour
fortifier Falaise. Il avait senti combien sa situation
étoit importante. Placée au centre de la Basse-Normandie, cette ville était pour cette partie de ses états
ce que Rouen était pour les provinces supérieures;
elle servait de rempart et de point d'attaque contre
les envahissemens des ducs du Maine et de l'Anjou,
et l'insubordination des comtes de Bellême. Caen
était trop reculé pour offrir les mêmes avantages.
Caen d'ailleurs n'avait alors qu'une faible forteresse
incapable d'opposer une vive résistance; et quant
aux villes voisines, elles n'étaient ni aussi favorablement situées, ni aussi faciles à défendre que
Falaise.

Ce qu'avancent les manuscrits est donc très-vrai-semblable, et nous sommes tout disposés à attribuer au duc Guillaume, non-seulement quelques-vnes des fortifications du château, mais encore la plus grande partie de l'enceinte militaire de la ville. Parmi les vieilles tours qui sont encore debout, plusieurs semblent remonter à cette haute antiquité, tandis que d'autres paraissent plus récentes. Il serait difficile au reste de rien préciser à cet égard.

Guillaume fut aussi le premier fondateur de l'é-glise actuelle de St.-Gervais [1]. Il existait avant lui, sur la place, une simple chapelle que l'on nommait la *chapelle ducale*; il eut l'idée de la remplacer par une église plus digne de lui, mais il ne l'acheva point telle qu'elle subsiste aujourd'hui. La cons-truction de ce monument appartient à trois époques différentes. La grosse tour et la portion de la nef que l'on aperçoit de la place, sont des ouvrages de son temps.

L'église de Guibray fut également commencée sous son règne et probablement par ses soins. Cet édifice ne fut achevé que plus d'un siècle après sa mort.

Il paraît, au reste, que les seigneurs de Mézidon avaient des droits sur les églises de cette ville, car on voit qu'en 1066, l'année même de la conquête, Stigand, de cette maison, donna à l'abbaye de Ste.-Trinité de Caen, les églises de Falaise [2] et l'église

---

[1] Manuscrits et M. Langevin.

[2] Il existait probablement à cette époque une église sur l'em-placement où se voit maintenant celle de Ste.-Trinité, mais elle aura disparu dans quelque bouleversement. L'église actuelle est plus récente.

de Guibray, avec leurs dîmes. La charte de fondation de l'abbaye fait mention de cette donation, et
plus tard, en 1082, elle fut confirmée par une
nouvelle charte de Guillaume et de la reine Mathilde. La reine y fait connaître qu'elle a contribué
elle-même à cette concession par ses libéralités. Le
passage est remarquable, et nous le conservons :

« Stigand a donné (à l'abbaye de Ste.-Trinité),
» pour sa fille devenue religieuse dans cet établis-
» sement, les églises de Falaise, avec leurs dîmes,
» et l'église de Wibray [1] avec sa dîme et un moulin
» qui en dépend ; et comme Guillaume de Briouze
» avait lui-même un droit sur ces objets, pour ob-
» tenir de lui qu'il consentît à cette donation, moi,
» reine Mathilde, avec le consentement du roi, lui
» ai donné une somme d'argent : *Ego regina Mathil-*
» *dis, ex concessu Regis, dedi de pecuniâ meâ* » [2].

On peut encore attribuer à Guillaume, avec assez
de vraisemblance, la construction de la petite chapelle St.-Nicolas, dans le Château. Cet édifice peu
important a depuis subi bien des changemens, et
l'on n'y retrouve qu'une faible partie de son architecture primitive.

Enfin, c'est à Guillaume que les traditions et tous
les historiens modernes font remonter l'établissement de la foire sur l'emplacement où elle se tient
encore de nos jours. Son père, comme nous l'a-
vons vu, l'avait placée sous les murs du Château.
Guillaume l'organisa sur un plan plus vaste, plus

---

1 La manière dont ce mot est écrit dans les anciennes chartes, *Wibraium*, confirme bien l'étymologie qu'on lui attribue.
2 *Gallia Christiana*, tome 13, 2e. partie, pag. 60 et 70.

régulier,

régulier , et lui accorda plusieurs franchises et priviléges, tels qu'exemptions de *tous péages et impôts*, etc. Les chartes de Guillaume ne sont point parvenues jusqu'à nous, mais on aurait tort d'en conclure qu'elles n'ont pas existé. Ce prince a été célébré par tous ses historiens [1] pour sa munificence. Il accorda de grandes faveurs aux villes de Rouen, Caen, Bayeux, Cherbourg, etc. Au milieu de tant de libéralités, il n'aura point oublié sa ville natale, celle qui lui avait servi tant de fois de refuge dans ses adversités. Si l'on en croit deux écrivains, qui vivaient il y a bientôt trois siècles, Gui Lefèvre et Belleforest, il protégea spécialement aussi le commerce de Falaise, et accorda à ses habitans le droit de l'exercer dans toute l'étendue de ses états, Londres et Vernon exceptés, sans être assujétis à aucune taxe. Tous ces faits nous paraissent probables, et nous nous y arrêtons volontiers [2].

Le commerce particulier de la ville, sous ce prince, et long-temps avant lui, était celui des pelleteries. Nous avons vu qu'Arlette était elle-même fille d'un simple pelletier, et nous remarquons, dans un passage des chroniques, que beaucoup d'habitans exerçaient alors la même profession. « Guillaume était né à Faloise, où il y avoit largement » pelletiers » [3]. Ce commerce devait cependant

---

1 Ordéric Vital, Guillaume de Poitiers , etc.

2 Gui Lefèvre, qui était de Falaise , avait sans doute puisé ces renseignemens à des sources certaines ; peut-être même avait-il vu les chartes de Guillaume, qui pouvaient exister encore de son temps.

3 Chronique-Vauquelin, Chronique de Nogerel.

beaucoup souffrir des guerres continuelles qui désolaient le pays. Les pelletiers ne pouvaient avoir d'établissemens que dans le vallon, sur les bords de l'Ante, et dans les lieux à-peu-près où nous voyons encore aujourd'hui les tanneries; ces établissemens étaient par conséquent hors de l'enceinte militaire, et, pendant les siéges, l'ennemi ne manquait jamais de les détruire. Quoiqu'il en soit, nous remarquerons, en suivant l'histoire de la ville, que ce genre de commerce n'a point cessé d'y subsister jusqu'à ce jour.

Après la mort de Guillaume, ses fils se partagèrent ses états, et Robert, l'aîné des trois, eut la Normandie. Ce prince ne sut pas maintenir l'ordre et l'union dans son duché. Il fit une première faute en cédant à son frère Henri [1] le Cotentin pour une somme d'argent; il en fit une plus grande en ne réprimant pas énergiquement les révoltes et les dissentions de ses vassaux. La haute et la basse Normandie furent tour-à-tour le théâtre des querelles de ces seigneurs ambitieux; on vit entre autres, aux environs de Falaise, de longs combats qui signalèrent les haines des Montgommeri contre les sires de Grantmesnil et de Courcy. Les châteaux d'Exmes, de Vignats, de Fourches, de Courcy, soutinrent des siéges et des attaques. Le duc Robert prit lui-même parti dans plusieurs occasions, et vint en personne combattre ses barons [2]; mais tous ces dé-

---

[1] Henri, dans le partage, n'avait point eu de gouvernement; mais le Conquérant lui avait donné tous ses trésors, et il s'en servit pour s'élever au-dessus de ses frères.

[2] Il assiégea Courcy en 1090.

sordres n'atteignirent point Falaise. Forteresse particulière du duc, les vassaux n'osaient porter leurs armes jusques-là ; leur audace eût échoué devant ses hautes murailles. Ainsi, les Falaisiens demeurèrent tranquilles au milieu de ce bouleversement général, et recueillirent les fruits de la prévoyance de leurs ducs, qui les avaient mis à l'abri de toute attaque derrière un vaste rempart.

Robert, aventureux et brave, fut un des premiers princes chrétiens qui se croisèrent contre les infidèles. Il aliéna son duché pour cinq ans, en faveur de son frère, Guillaume-le-Roux 1, qui lui fournit une grande somme d'argent pour entreprendre son voyage. Il partit ensuite avec les seigneurs français, et il se signala dans toutes les occasions par les plus beaux faits d'armes. Les croisés furent tellement frappés de son courage, qu'ils lui proposèrent, selon plusieurs historiens, la couronne de Jérusalem ; mais il la refusa pour revenir en Normandie, et Godefroi de Bouillon fut élu à sa place. Ce fait est assez mémorable pour que tout historien normand soit empressé de le rappeler.

Parmi les barons qui suivirent Robert en Palestine, on retrouve les seigneurs de Tournebu, de Courcy et d'Ouilly ; on remarque encore d'autres noms que le pays réclame, tels que ceux des sires de Croisilles, de St.-Germain, de St.-Laurent, de St.-Quentin, &c. Tous ces hommes vaillans sou-

---

1 Guillaume-le-Roux avait eu la couronne d'Angleterre, quoiqu'il ne fût que le second des fils du Conquérant. Il fut tué au milieu d'une chasse, pendant l'absence de Rboert, et Henri, son jeune frère, lui succéda.

tinrent l'honneur de cette contrée dans les royaumes lointains qu'ils parcoururent. Leur souvenir doit rester parmi nous.

Le retour de Robert fut marqué par de nouvelles guerres qui désolèrent encore toute la Basse-Normandie. Les événemens qui se passèrent à Falaise, dans cette circonstance, sont dignes de toute notre attention.

C'étoit Henri, devenu roi d'Angleterre, qui combattait contre son frère Robert, et qui voulait lui enlever la Normandie. Déjà il avait soumis le Cotentin et le Bessin ; déjà Bayeux et Caen s'étaient rendus à ses armes, quand il eut l'idée de s'emparer de Falaise, où Robert venait de se renfermer. Il fit attaquer la ville par Hélie, comte du Maine ; mais il ne put la prendre. « *Falesiam perrexit,* dit Ordéric Vital, *sed eam non expugnavit.* » Il y eut un combat livré sous les murs, dans lequel périt le comte de Glocester ; et le roi, après cet échec, se retira jusqu'à Cintheaux.

L'empereur et les princes d'Allemagne, qui se trouvaient dans l'armée anglaise, ménagèrent à Cintheaux une conférence entre les deux frères. Elle dura deux jours, mais ne produisit aucun résultat ; Robert et Henri étaient trop aigris l'un contre l'autre. Le premier rentra dans Falaise, et le second disposa tout pour assurer sa conquête.

L'histoire rapporte ici une trahison de l'abbé de St.-Pierre-sur-Dive [1], qui faillit devenir funeste au

---

[1] Ordéric Vital, qui a raconté tous ces événemens, dont il fut presque le témoin oculaire, appelle cet abbé : « *Invator divensis abbatiæ.* »

roi d'Angleterre, et le mettre au mains de son rival.
Le perfide, sous prétexte de livrer à Henri la place
de Saint-Pierre, engagea ce prince à s'en approcher
pendant la nuit, avec quelques soldats ; au point
du jour il devait l'introduire dans le bourg, et l'en
rendre maître. Henri fut d'abord trompé, et s'avança
jusqu'au lieu indiqué, avec une faible escorte ; mais
ayant appris que des soldats, venus de Falaise,
étaient en embuscade pour se saisir de lui, il ap-
pella les siens, et fondit sur les traîtres. La fortune
le servit bien : il pénétra dans la place, brûla la
tour de l'église où ses ennemis s'étaient réfugiés, et
s'étant emparé de l'abbé, il lui fit subir un traitement honteux, et le bannit de ses états. Quelques-
uns de ses complices, qui parvinrent à s'échapper,
se réfugièrent dans Falaise.

On reproche à Robert d'avoir pris part à ce lâche
complot. Une pareille trahison ne convenait guère
à celui qui avait montré tant de grandeur d'âme en
refusant un trône dans l'Orient. Mais ces hommes
grossiers n'avaient pas toujours la force de résister
à leurs ressentimens ; après une action généreuse
ils se livraient souvent aux plus honteux excès.
Nous avons vu Guillaume exercer une indigne vengeance envers quelques soldats vaincus. Son fils
manquait, comme lui, de cette solide éducation
qui seule apprend aux princes à commander à leurs
passions, et qui en fait ainsi de vrais héros.

Quelque temps après, le roi d'Angleterre eut
l'habileté d'attirer Robert hors de sa forteresse,
et il lui présenta le combat dans la plaine de Tinchebray. Robert ne refusa point ; mais n'ayant pu

soutenir le choc de l'armée anglaise, il fut vaincu et fait prisonnier, avec la plupart de ses barons. Les autres se dispersèrent et retournèrent dans leurs châteaux; et ainsi la Normandie se trouva sans défenseurs. Une seule victoire suffit pour rendre le roi maître de tout le pays.

Mais Falaise refusait de se rendre, et cette ville pouvait opposer une longue résistance. Robert, avant de s'en éloigner, avait confié aux Falaisiens l'héritier de son duché, son fils Guillaume, âgé de trois ans seulement, et les Falaisiens lui avaient juré de ne rendre la place qu'à lui-même en personne, ou à Guillaume-de-Ferrière, son fidèle lieutenant. Une telle détermination effraya le roi d'Angleterre, quand il l'a connut, et il craignit d'entreprendre un nouveau siége qui ne lui réussirait peut-être pas mieux que le premier. Il eut recours à la ruse pour se faire livrer Falaise : il amena le duc, son prisonnier, jusqu'aux portes de la ville ; il envoya ensuite Guillaume-de-Ferrière pour en obtenir l'entrée, et quand il en fut temps, il y pénétra avec Robert ; mais il fallut encore l'ordre formel de ce prince vaincu pour que les habitans jurassent fidélité au vainqueur, et lui remissent les clefs de la ville. Un tel dévoûment fait le plus grand honneur à ceux qui en donnèrent l'exemple. Henri ne se crut que de ce moment en possession des états de son frère.

On lui amena le petit Guillaume, qui tremblait devant lui. « Il le contempla long-temps, et chercha » par de douces promesses à adoucir les infortunes

» qui l'assaillaient dès son berceau » [1]. Ensuite, se
tournant vers Hélie-de-St.-Saens, allié de Robert,
il lui confia ce jeune prince, et lui abandonna le
soin de son éducation. Il craignait peut-être que
s'il le faisait élever lui-même, on ne lui imputât
les accidens qui pourraient survenir à l'enfant.
Cette délicatesse ferait honneur au roi Henri, s'il
n'eût pas, deux années plus tard, cherché par la
violence, à reprendre son neveu [2], avec des intentions peu favorables sans doute.

Il fit paraître une excessive rigueur envers le
prince vaincu : il assembla les barons pour prononcer sur son sort, et le fit condamner à un emprisonnement perpétuel. Robert fut donc emmené
en Angleterre, et renfermé dans une forteresse du
pays de Galles. Il y passa vingt-huit ans, et la
mort seule mit fin à cette triste captivité. Ainsi, ce
prince, fils aîné de Guillaume-le-Conquérant, après
s'être vu dépouillé par ses frères du royaume d'Angleterre et du duché de Normandie, après avoir refusé une couronne dans la Palestine, se vit encore
privé de sa liberté, et finit ses jours dans une étroite
prison. Déplorable destinée, qui rappelle d'autres
souvenirs, et fait naître bien des réflexions !

Peut-être sa fortune aurait-elle été différente, s'il
n'eût pas eu l'imprudence d'affronter son frère eu
pleine campagne, et s'il n'eût point quitté l'enceinte fortifiée de Falaise. Son père, en pareille

---

1 Ordéric Vital. Collection de Duchesne, page 821.

2 Ce jeune prince devint dans la suite comte de Flandres,
par la protection du roi de France.

occasion, avoit agi plus sagement que lui, et n'était
sorti de la place qu'après avoir préparé le succès.
Henri, découragé par une première tentative inutile, n'eût probablement point formé un nouveau
siége. Il se serait borné à dévaster le plat pays, et,
pendant ce temps, les chances pouvaient devenir
favorables à Robert. Mais ce prince, toujours brave
et même téméraire, montra rarement de la prudence. Il eut du moins la consolation, dans ses revers, de trouver des sujets dévoués dans les Falaisiens. L'histoire offre trop peu de traits d'une pareille fidélité, dans ces temps de barbarie, pour
que celui qui les rencontre, ne s'y arrête pas avec
quelque complaisance.

Henri régla les affaires de Normandie avant de
retourner dans ses états d'outre-mer. Plusieurs barons lui vendirent cher leur soumission, et Robert-
de-Bellême, un des plus redoutables, exigea entre
autres et obtint le titre de vicomte de Falaise, et le
commandement de la place, que son père avait eus
avant lui. Ce Robert-de-Bellême, de la race des
Montgommeri, fut le plus méchant seigneur du
pays à cette époque. Il avait été la première cause
des troubles qui avaient éclaté pendant le gouvernement de Robert; et les historiens l'accusent encore d'avoir causé sa perte, en fuyant à la bataille
de Tinchebray, et en jetant ainsi le trouble dans
l'armée.

A propos du titre de vicomte, qu'il obtint pour
prix de sa soumission, nous observerons que ce
titre n'était point héréditaire. Il était accordé par le
duc à quelque puissant vassal, comme une récom-

pense pour de grands services. Les comtes d'Exmes et les Montgommeri en furent souvent honorés. Mais Falaise faisait partie du domaine du duc, et ne fut jamais aliénée comme Bellême, Alençon, Évreux, en faveur d'une famille féodale. C'était une place de premier ordre, ainsi que Caen, Bayeux, Rouen, Cherbourg, &c. Le vicomte était un commandant pour le prince, ou ce que nous nommons maintenant lieutenant de roi. D'après nos manuscrits, Ogier-le-Danois aurait été le premier vicomte de Falaise; la ville remonterait ainsi au commencement du 10.e siècle. Onfroi-le-Danois était vicomte en 1008 à-peu-près, avant Robert-le-Libéral[1].

Nous nous sommes étendus longuement sur l'histoire de ces temps reculés, parce qu'elle était peu connue, et que les événemens offraient un grand intérêt. Maintenant que nous arrivons à une époque plus rapprochée, nous serrerons davantage nos récits, et nous renverrons même, pour beaucoup de détails, à ceux qui auront traité le même sujet avant nous.

Au mois de janvier 1107, dans l'année même qui suivit la chûte de Robert, il y eut à Falaise une assemblée des grands de la province, en présence du roi. L'histoire ne dit point quels objets y furent mis en délibération; mais un passage d'Ordéric Vital indique que le but du roi fut de calmer les esprits encore trop remuans des seigneurs de Normandie, et « de les engager, par les prières ou par

---

[1] Nous reparlerons plus tard de la vicomté de Falaise, qui avait une étendue bien plus considérable que celle de l'arrondissement actuel.

» les menaces, à se tenir dans le devoir. » *Magistratus populi, qui jamdiù tumultibus et guerris as-
sueti fuerant, prudenter mitigavit, et omnes, ut rectè
graderentur, precibus minisque commonuit* [2]. Le titre
de *Magistratus populi*, donné aux barons, fait connaître que c'étaient alors les hommes d'armes qui
rendaient la justice au peuple.

Robert, abbé de Caen, fut subitement frappé de
mort pendant la tenue de cette assemblée, que
quelques écrivains ont aussi désignée sous le nom
de concile. Au reste, les conciles provinciaux de
cette époque se composaient des évêques, des abbés
et des seigneurs. On y réglait les affaires tempo-
relles aussi bien que affaires les spirituelles.

En 1113, Robert-de-Bellême, ce comte félon qui
avait troublé la province, reçut enfin la peine de
ses crimes. Il fut cité devant son roi, et, convaincu
de concussions et de révoltes, il fut chargé de
chaînes et renfermé dans une prison perpétuelle. Le
peuple, dit l'historien, se réjouit beaucoup d'être
délivré du joug de ce tyran, et en rendit de grandes
grâces au roi Henri. Parmi les félonies reprochées
à Robert, on l'accusait de n'avoir pas rendu compte
du revenu des vicomtés d'Exmes, d'Argentan et de
Falaise. Il était à cette époque vicomte de Falaise
depuis sept ans.

Ce vassal ne fut pas le seul qui se révolta pendant
le règne de Henri I.er, devenu par la violence duc
de Normandie. En 1118, une ligue puissante se
forma en faveur du jeune Guillaume, ce fils de

[2] Ordéric Vital. Collection de **Duchesne**, page 835.

Robert dont nous venons de parler. Le roi de France, Louis-le-Gros, qui s'était déclaré son protecteur, s'avança pour seconder les seigneurs rebelles, et étant venu jusqu'à l'Aigle, il réduisit en cendre cette ville. Bréteuil, Alençon furent ensuite le théâtre de plusieurs combats, et enfin, la sédition s'étendit jusqu'à Falaise, où se trouvait alors le roi d'Angleterre. C'étaient les seigneurs d'Exmes et de Courcy qui commandaient les révoltés de ce pays. Henri, par un acte de fermeté, les fit rentrer promptement dans le devoir.

Renault-de-Bailleul avait eu l'audace de venir le braver jusques dans Falaise, et lui avait déclaré, au nom de ses complices, qu'ils ne voulaient plus le reconnaître pour maître. Le roi se contenta d'abord de demander à cet insolent la remise de son manoir de Bailleul, et sur son refus, il lui dit : « Vous êtes venu dans ma cour, et je ne vous » y ferai point arrêter ; mais vous vous repentirez » bientôt de m'avoir offensé. » En effet, Renault s'étant retiré librement, Henri assembla ses troupes et se rendit le soir même devant le manoir de Bailleul [1] dont il forma l'attaque. Le rebelle effrayé, et ne pouvant soutenir un siége, sortit dès le matin du château, et vint implorer la clémence du roi, qui lui pardonna ; mais le manoir, construit en pierre (*lapideam domum*) [2], et tout ce qu'il contenait, fut livré aux flammes ; et les sires de Courcy,

[1] Bailleul est à trois lieues de Falaise.

[2] Tous ces détails sont tirés d'Ordéric Vital, historien contemporain, livre 12, page 849.

de Grantmesnil et de Montpinçon, ajoute l'anna-
liste, craignant un traitement pareil, rentrèrent
d'eux-mêmes dans la soumission. Le calme se rétablit pour le moment dans cette partie de la province.

La guerre, pour la possession de la Normandie,
se prolongea long-temps encore entre l'oncle et le
neveu, mais Falaise ne s'en ressentit plus. Cette
ville est même citée, avec Caen, Bayeux, Séez,
parmi celles qui restèrent constamment soumises à
leur prince, et qui repoussèrent « les insinuations
» perfides qui furent employées pour les détourner
» de leur devoir. » Henri connaissait bien sans
doute les Falaisiens, et il comptait fortement sur
leur fidélité, puisqu'il déposa, pendant ces orages,
tous ses trésors dans leur forteresse. Il pensait que
ceux qui s'étaient montrés dévoués à son frère
jusques dans l'adversité, ne trahiraient point non
plus leurs sermens envers lui. Sa confiance en eux
ne fut point trompée.

Au milieu de la paix dont jouit la ville à cette
époque, on vit se former sous ses murs un grand
établissement de charité. Ce fut un simple bourgeois qui le fonda, vers l'an 1127. Voici comme les
anciennes chartes racontent cet événement 1 :

« Un jour, pendant les rigueurs de l'hiver, deux
» pauvres arrivèrent à Falaise, et ayant cherché
» l'hospitalité dans la ville, ils ne purent l'obtenir.
» Ils en sortirent, et vinrent dans un lieu nommé

1 Consulter le *Neustria Pia*, pages 750, 751, et le *Gallia
Christiana*, tome 13, pages 754, 755.

» *Bocei* [1], où personne ne voulut encore les recevoir.
» Ces hommes, apercevant la grange d'un bour-
» geois nommé Godefroi, fils de Rou, brisèrent la
» porte et s'y réfugièrent. Ils y allumèrent ensuite
» du feu, et ayant préparé de la farine qu'ils
» avoient, ils en firent du pain qui fut cuit sous
» la cendre. Mais l'un d'eux ne put en goûter, et,
» pendant la nuit, il mourut, soit par l'excès du
» froid, ou plutôt parce qu'ainsi Dieu le voulut. On
» annonça le lendemain à Godefroi qu'un pauvre
» avoit péri dans sa grange. A cette nouvelle, Go-
» defroi fut très-consterné, et comme il avoit beau-
» coup de prévoyance et de sagesse, et que l'amour
» de Dieu le touchoit, il réfléchit mûrement à ce
» qu'il devoit faire. Reconnoissant alors qu'il avoit
» été comblé de biens pendant tout le cours de sa
» vie, et qu'il avoit peu fait pour le salut de son
» âme; excité d'ailleurs par les conseils des âmes
» pieuses, il éleva un hôpital et une église sur le
» lieu même où avoit existé la grange. La consé-
» cration de l'église fut faite par Jean, évêque de
» Séez, l'an de grâce 1127, et elle fut dédiée au
» bienheureux Michel Archange. »

Non content d'avoir formé cet établissement,
Godefroi voulut encore s'y consacrer au service des
pauvres de Jésus-Christ. Ce saint homme se renferma donc dans son hôpital, et y passa sept années
dans des œuvres de piété. Il y mourut le 25 octobre 1134.

---

1 Ce nom de *Bocei*, que portait l'emplacement actuel de
l'Abbatiale, semble indiquer qu'il y avait eu là une espèce de
bois ou de *bocage*; une des portes de la ville, qui y conduisait,
se nommait la porte *Bocei*.

Le roi Henri s'empressa d'autoriser cette pieuse fondation, et le pape Innocent II l'approuva par une charte datée de Rouen, le 7 mai 1130. Il lui donne, dans le diplôme, le titre de maison hospitalière de Falaise, *hospitalem domum de Falesiâ.* Bientôt cet établissement fut doté par les princes et par les particuliers. Henri, l'un des premiers, lui accorda des biens et des priviléges. On trouve dans la charte de 1132, qu'il lui donna « son » moulin de Falaise et une portion du camp ou du » champ de foire. *Concessit molindinum suum de* » *Falesiâ et partem in campo feriæ* » 1. Cette portion du champ de foire était située entre Falaise et Guibray ; elle était probablement abandonnée depuis que Guillaume avait établi la foire dans les champs supérieurs où elle s'est maintenue.

Des moines Augustins furent chargés de desservir l'hôpital fondé par Godefroi. Ils y élevèrent, en 1134, une nouvelle église qui fut dédiée à Saint Jean-Baptiste, et ils s'établirent en communauté, sans cesser cependant d'ouvrir leur maison aux pauvres.

1 Le nom de foire est venu des fêtes, *feriæ*, que l'on célébrait dans le principe à la chapelle de Guibray. Ces fêtes sont désignées dans des auteurs (Adrien de Valois entre autres, *notitia Galliarum*, page 191), sous le nom de *Feriæ augustales*, parce qu'elles se tenaient dans le cours du mois d'août. Cet auteur rapporte deux chartes, l'une de 1231 et l'autre de 1331, par lesquelles des seigneurs d'Argences faisaient remise, aux moines de l'abbaye de Fécamp, de deux sols, *duos solidos*, que ceux-ci étaient tenus de leur payer tous les ans pour la foire de Guibray, *pro feriâ Wibraie.* Ces détails sont précieux, en ce qu'ils prouvent l'existence de la foire à cette époque, et confirment ainsi toutes les présomptions que nous avons fait valoir précédemment.

Mais dans la suite , , leurs successeurs, oubliant les intentions charitables du fondateur, transformèrent cet hôpital en maison religieuse, où les étrangers ne furent plus admis. Elle a été connue jusqu'à la révolution sous le nom d'abbaye de St.-Jean [2].

On voit encore à l'un des murs de l'ancienne cour de l'Abbatiale, sur le chemin de la Tour-Grise à Guibray, des fragmens d'architecture qui faisaient partie de l'église consacrée en 1134. C'est le seul souvenir de cette fondation primitive [3].

Le même Jean, évêque de Séez, qui consacra les églises de l'hôpital de St.-Jean, en 1127 et 1134, fit faire encore, dans le même temps, la dédicace de l'église de St.-Gervais [4], en présence du roi qui se trouvoit à Falaise. Cette église, comme nous l'avons vu, avait été commencée par Guillaume.

Ces événemens nous conduisent à l'année 1135, qui fut marquée par la mort du roi Henri Ier Ce prince mourut à St.-Denis-en-Lyons, après avoir déclaré sa fille Mathilde, épouse de Geoffroi d'Anjou, héritière de ses états ; il voulut aussi que Robert, comte de Thorigny, son fils naturel, reçût soixante

1 En 1540.

2 M. Langevin a donné des détails très-étendus sur l'abbaye de St.-Jean, depuis sa fondation jusqu'en 1789. Il a rapporté toutes les chartes des rois d'Angleterre et des autres bienfaiteurs, qui se voient encore au chartrier de l'hôtel-Dieu. On peut consulter, sur ce point, ses Recherches historiques sur Falaise, depuis la page 62 jusqu'à la page 82.

3 L'église, qui fut démolie en 1797, datait seulement de l'année 1203. Les bâtimens qui subsistent encore sont du dernier siècle.

4 Chancel, page 37, et M. Langevin.

mille livres sur son trésor royal qui était renfermé dans le château de Falaise. Enfin, il accorda plusieurs gratifications aux hommes d'armes et à ses serviteurs, mais ses dernières intentions ne furent pas toutes remplies.

Étienne, comte de Boulogne, son neveu, petit-fils du Conquérant, par Adèle, sa mère, s'empara du trône d'Angleterre, et se fit proclamer duc de Normandie. Mathilde, de son côté, fit valoir les volontés de son père, et s'avança pour les soutenir avec les armes. Les guerres civiles recommencèrent de toutes parts.

Tandis que Mathilde se montrait en Angleterre, Geoffroi d'Anjou, son époux, se jeta sur la Normandie, et prit plusieurs places fortes. Au mois d'octobre 1138, « il mit le siége devant Falaise, et » tenta, pendant dix-huit jours, de s'en emparer; » mais il se retira le dix-neuvième, sans avoir pu » réussir. Richard-de-Lucei commandait la place, » et il la défendit vigoureusement avec les habitans. » Chaque jour ils faisaient une sortie, et jetaient » la consternation parmi les ennemis. Ils poussaient » même l'audace jusqu'à les provoquer ironique- » ment à tenter l'assaut. La ville avait été d'avance » pourvue de vivres et de munitions » [1].

Le comte d'Anjou fit dévaster les campagnes voisines, piller les églises et enlever les vases sacrés. Mais un orage étant survenu pendant une nuit, les soldats effrayés quittèrent leur camp, et s'enfuirent. Les Falaisiens, le lendemain, recueillirent leurs riches dépouilles.

1 Ordéric Vital, page 918, édition de Duchesne.

Dix

Dix jours après, les Angevins reparurent sous les murailles, et recommencèrent leurs ravages : le plat pays fut de nouveau saccagé et détruit, mais la ville ne fut point prise. Geoffroi s'en éloigna pour la deuxième fois.

Enfin, il y revint encore quelques mois plus tard, résolu de tout entreprendre pour enlever une place qu'il regardait comme la plus importante de la contrée. C'était un nouveau gouverneur, Robert Marmion, qui la commandait. Cet intrépide guerrier ne fut ni moins habile ni moins fidèle que son prédécesseur. Il soutint avec une grande fermeté l'attaque de l'armée du comte, et le força de lever le siége pour la troisième fois. Ce ne fut que l'année suivante qu'il lui remit librement la forteresse, lorsque toute la Normandie eut fait sa soumission, et que le roi Étienne et Eustache son fils eurent volontairement renoncé à leurs droits sur le duché [1].

Nos lecteurs auront certainement remarqué avec quelle constance les Falaisiens soutenaient, dans toutes les occasions, la cause qu'ils avaient embrassée. L'esprit d'héroïsme et de dévoûment que le Conquérant avait inspiré à leurs pères, s'était maintenu parmi eux ; ils combattaient jusqu'au dernier moment pour le chef qu'ils avaient choisi et qui avait reçu leur serment ; ni ses disgrâces ni ses revers n'ébranlaient leur fidélité.

Ils jouirent d'une longue paix qui dura près de soixante ans, sous leurs derniers ducs; et leur ville, pendant cet intervalle, est rarement citée par les historiens. Nous rappellerons en peu de mots ceux

1 *Chronica Normanniæ.* Duchesne, page 979.

des événemens de cette époque qui peuvent inspirer
encore de l'intérêt.

Le règne entier de Geoffroi d'Anjou, et les neuf
premières années de celui d'Henri II, son fils,
s'écoulent sans qu'il s'offre rien de remarquable.
Les religieux de l'hôpital Saint-Jean passèrent de
l'ordre des Augustins dans celui des Prémontrés ;
ils fondèrent au Bourg-Achard, dans la Haute-Normandie, un établissement dépendant de celui de
Falaise[1].

D'après la chronique latine de Normandie, rapportée par Duchesne[2], Henri II vint en 1159 passer
les fêtes de Noël à Falaise, avec la reine Aliénor ou
Éléonore, sa femme. Cette Éléonore avait épousé
d'abord le roi de France, Louis VII, qui l'avait
répudiée à cause de ses galanteries, dans l'Orient,
avec le fameux Saladin.

Des lettres-patentes du même Henri II, datées de
1162, font connaître que ce prince séjourna encore
à cette époque dans Falaise, avec sa cour. Ce fut le
célèbre Thomas Becquet, archevêque de Cantor-
béri, qui signa ces lettres en qualité de chancelier,
Thomâ cancellario. Le roi donnait aux moines de
l'hôpital Saint-Jean la faculté de prendre dans sa
forêt de Gouffern autant de bois qu'il leur en faudrait pour la construction de leurs maisons et le
service intérieur de l'hôpital. Il exemptait de plus
leurs biens présens et futurs de tous droits et de
tous impôts[3].

---

1 *Gallia Christiana*, page 755 ; *Neustria Pia*, page 752.
2 Page 996.
3 Liasse de l'hôtel-de-ville, 4e pièce, et M. Langevin.

Des guerres survinrent entre l'Angleterre et la France, vers 1172, et les fils de Henri se liguèrent contre lui, ainsi que plusieurs de ses vassaux. Ce prince soutint cette lutte avec habileté, et finit par triompher de tous ses ennemis. Ce fut la forteresse de Falaise qui lui servit, en cette occasion, de prison d'état. En 1173, il y renferma le comte de Chester, avec plusieurs seigneurs Bretons. L'année suivante, ayant pris dans un combat Guillaume, roi d'Écosse, ainsi qu'un grand nombre de barons Anglais, il leur fit passer la mer, et les déposa pareillement dans le donjon de Falaise. Ces princes y demeurèrent jusqu'à la paix générale qui eut lieu quelques mois plus tard. Le roi d'Écosse n'obtint sa délivrance qu'aux plus dures conditions [1].

Peu de temps après, une léproserie s'établit dans la ville, ou plutôt dans Guibray, qui en était un des faubourgs. Les Croisés avaient rapporté de l'Orient des maladies funestes qui causaient de grands ravages; il devint urgent d'apporter un remède à ce fléau, et l'on commença par fonder des maisons de charité, où l'on renfermait les malades. La léproserie de Guibray s'éleva par les soins et les libéralités des bourgeois de Falaise, et elle subsista jusqu'au moment où la lèpre cessa de désoler nos contrées. Il ne reste plus de cet établissement qu'une ancienne chapelle, sous l'invocation de S. Marc, où les paroisses de la ville se rendent encore en procession tous les ans, le 25 avril et pendant la semaine de l'Ascension. Cette chapelle n'est pas

[1] Hume, Dumoulin, Masseville, etc.

même enentier telle qu'elle existait à cette époque ; une partie est d'une construction plus moderne[1].

La fin du règne de Henri II n'offre plus rien de remarquable sur ce pays ; mais en 1190, et sous Richard-Cœur-de-Lion, une maison de Templiers dut s'élever dans l'intérieur de la ville. M. Langevin, qui parle de cet établissement, prétend qu'il était situé à peu de distance de la porte aujourd'hui connue sous le nom de *Philippe-Jean*. Il assure même que l'imprimerie actuelle de M. Brée servait anciennement de chapelle à ces religieux. Nous ne pouvons adopter ni rejeter cette opinion, qui ne paraît fondée sur aucun titre. Nous avouons cependant que l'édifice, par sa construction, peut très-bien appartenir à cette époque reculée.

Richard, dès la seconde année de son règne, prit la croix, et se ligua contre les infidèles, avec les principaux souverains de l'Europe ; mais avant de partir pour cette guerre sainte, il voulut régler les affaires de son royaume. Il fixa entre autres, par des chartes particulières, le douaire de la reine Éléonore, sa mère, et celui de Bérengere, sa femme ; et nous remarquons que parmi les villes qu'il assigna pour apanage à cette dernière, se trouve celle de Falaise, avec ses dépendances et le château : *Castrum de Falesiâ et villa cum appendiciis suis.* Cette charte du roi Richard est datée du 12 mai 1191 ; il

---

1 M. Langevin a fait des recherches sur la léproserie ou l'hôpital St.-Lazare, qui sont consignées dans son Histoire de Falaise, depuis la page 84 jusqu'à la page 96. Il cite plusieurs chartes de donations faites par des princes ou des particuliers.

en existe une copie conforme à l'original dans le chartrier de la ville [1].

Nous retrouvons dans le même chartrier une pièce plus précieuse, et qui inspirera sans doute de l'intérêt à nos lecteurs. C'est une enquête faite, par ordre de Philippe-Auguste, pour constater quel était la valeur des revenus publics de Falaise « au temps où Richard partit pour la Palestine. » Il paraît que le maire et les principaux bourgeois furent convoqués pour donner leur avis sur ce point ; ils prêtèrent serment, *juraverunt*, et ils déclarèrent « que la ville de Falaise, et ses dépendances, sans » y comprendre la haute justice, les héritages » acquis au roi faute d'héritiers, la vicomté et le » barnage [2], dont on rendait compte au tribunal » supérieur de Caen, valait, dans le temps que le » roi Richard s'en alla outre mer, 540 liv. que l'on » rendait à l'ancienne reine (Bérengère), à l'ex- » ception d'une somme de 90 livres 4 sols que l'on » employait en aumônes et en gratifications [3]. »

La vie orageuse de Richard s'écoula dans des guerres continuelles, et ses sujets ne le virent point, comme ses prédécesseurs, parcourir tranquillement

1 Grande liasse, 2e. pièce.

2 Il y a dans le texte *barnagium*. C'était un impôt levé sur le peuple, et auquel ne contribuaient ni les nobles ni les prêtres. (Ducange.)

3 Les noms des douze bourgeois qui furent appelés à cette enquête, sont : Odon, fils de Vital, maire ; Barthelemi Talebot, Thomas de Figelois, Vital, fils d'Amelot, Thierry, fils d'André, Denis d'Abbeville, Jean de Peil, Thomas Bertin, Robert Talebot, Roger de Falaise, Gautier, médecin, et Richard Solde. C'étaient les plus distingués de la ville, à cette époque. (Grande liasse, 3e. pièce.)

ses provinces; et répandre ses bienfaits dans leurs
nombreuses cités. Cette ville, accoutumée depuis
sa fondation à recevoir ses princes dans ses murailles, ne posséda jamais celui-là, à ce qu'il paraît.
Il combattit sans cesse et périt devant Chalus, dans
le Limousin, en 1199. Après sa mort, Jean, son
frère, s'empara de la Normandie, qu'il ne sut pas
conserver. Ce pays redevint sous lui le théâtre de
nouvelles guerres et de nouveaux saccagemens.

Mais avant d'entretenir nos lecteurs des événemens mémorables de cette époque, dans lesquels
leur ville joua un rôle considérable, nous parlerons
de deux établissemens qui se formèrent au commencement du règne du roi Jean-sans-Terre. L'un
d'eux doit immortaliser dans Falaise la mémoire de
ce prince, qui, du reste, ne mérite guère les suffrages de la postérité.

Jusqu'à lui, c'était un vicomte qui gouvernait la
ville, ainsi que la vicomté entière, et ce chef de
l'administration militaire et civile, était toujours
choisi parmi les grands vassaux ou les lieutenans
du prince. Nous avons vu qu'à différentes époques,
des guerriers célèbres, tels qu'Ogier et Onfroi-le-
Danois, Roger-de-Montgommeri et Robert-de-
Bellême, avaient obtenu cette dignité. Après eux
vinrent Robert-de-l'Aigle, Guiguenal-Gazon, et
d'autres, dont les noms ont disparu. On conçoit
que ces hommes d'armes, peu familiers avec les
lois et les usages civils, devaient fort mal administrer les villes en temps de paix. Aussi les bourgeois, qu'ils traitaient avec peu d'égards, durent
réclamer souvent auprès des princes, lorsque les

guerres devinrent moins fréquentes, afin d'obtenir
une administration intérieure plus paternelle. Déjà,
depuis plus d'un demi-siècle, Louis-le-Gros avait
essayé d'établir en France un système plus régulier
et plus conforme aux besoins des peuples ; Louis VII,
et Philippe-Auguste, ses successeurs, avaient marché
sur ses traces, et le gouvernement des communes
s'était amélioré dans leur royaume. Mais la Normandie, sous les rois d'Angleterre, avait conservé
ses anciens usages, et les abus s'étaient perpétués
au milieu des guerres continuelles. Richard, à son
retour de la Palestine, trouva le peuple fatigué et
réclamant une réforme. Sentant alors le danger
d'une plus longue résistance, il organisa d'abord
la commune de Rouen, et la confia à un maire,
magistrat purement civil. Le vicomte, l'homme
d'épée, ne continua pas moins à rendre la justice ;
mais l'administration de la ville appartint au maire
seul et à ses conseillers, tous choisis parmi les
bourgeois. Jean, à son avénement, confirma le
privilége accordé par son frère à la capitale du
duché, et crut devoir l'étendre à d'autres villes de
la province. Falaise l'obtint en 1203, par une charte
datée de Rouen, au mois de février, et adressée
à Jean Maréchal, bailli du pays[1]. Mais l'organisation de cette commune n'était que provisoire, et

---

[1] On n'entendait point par *bailli*, sous les ducs de Normandie, ce qu'on a désigné depuis par ce mot. « Tout fonc-
» tionnaire public, civil ou militaire, était bailli, et l'étendue
» du lieu ou il pouvait exercer son autorité, formait sa bailliè
» ou son bailliage. » (M. l'abbé de la Rue, Histoire de Caen,
tome 2, page 253.)

le roi se réservait de la révoquer à son gré. « *Probi* » *homines nostri de Falesiâ communiam habeant,* » disait la charte, *sed quamdiù nobis placuerit dura-* » *turam* [1]. » Ainsi, la concession n'était pas entière, et les Falaisiens pouvaient craindre qu'un caprice du prince ne les dépouillât de leur prérogative ; cette situation précaire ne pouvait remplir tous leurs vœux. Ce ne fut que sous le règne suivant qu'un acte plus solennel assura pour jamais leurs franchises.

Ils obtinrent encore du roi Jean, par une charte datée d'Argentan, dans la même année, la faculté, pour eux et leurs descendans, d'exercer librement leur commerce dans tous les états du prince, la ville de Londres exceptée ; ils étaient exemptés de tout droit de passage et de toute rétribution [2].

Ces deux faveurs, accordées à la même ville et dans le même temps, prouvent quelle était alors son importance, et combien le prince tenait à se concilier l'esprit de ses habitans, qui pouvaient lui rendre de grands services dans les circonstances difficiles où il se trouvait. Peut-être aussi avait-il en

[1] Cette charte se trouve en original à la tour de Londres. M. l'abbé de la Rue en a communiqué une copie à M. l'abbé Langevin.

[2] Nous ne parlons point de deux autres chartes insignifiantes du même roi ; l'une datée de Falaise, en 1200, en faveur de la maison des lépreux, et l'autre, sans date, mais de la même époque, par laquelle il donne aux religieux de St.-Jean ses chapelles du château, *capellas in castello sitas.* L'une est imprimée dans l'Histoire de M. Langevin, page 90 ; la seconde est dans le chartrier de la ville, 6e. pièce de la grande liasse.

vue de leur faire oublier un crime qu'il avait voulu
commettre quelque temps auparavant dans leurs
murailles, et qui les avait indignés contre lui. Nous
parlerons bientôt de cette action honteuse du roi
Jean, qui se rattache aux événemens militaires qui
mirent fin à sa domination sur la Normandie.

Il nous reste à parler ici d'un nouvel établissement de charité, que la ville dut, à cette époque,
à la piété d'un de ses enfans, et qui s'est maintenu
dans son sein jusqu'à nos jours. Après avoir cité le
prince qui, le premier, affranchit la commune,
nous devons un souvenir honorable à l'humble
citoyen qui fonda l'hôtel-Dieu, cette retraite des
pauvres et des infirmes.

Godefroi, comme nous l'avons vu, avait fondé,
en 1127, un hôpital au milieu des champs qui séparaient Falaise de Guibray. Mais les religieux qu'on
y avait placés, s'étaient réunis en communauté,
et la maison hospitalière était négligée ; comme elle
se trouvait d'ailleurs hors de l'enceinte de la ville,
on l'abandonnait pendant les siéges, et elle devenait
alors inutile. Il était donc urgent de former un établissement intérieur plus complet et plus régulier.

Heute Bertin, simple bourgeois, y pourvut en fon-
dant l'hôtel-Dieu, en 1200 à peu-près. Cet homme
généreux ne se contenta point de faire construire la
maison, il mit encore tous ses soins pour qu'elle
fût richement dotée ; et, grâce à lui, elle recueillit
bientôt de nombreuses gratifications. Jean Bertin
et Thomas Bertin, ses frères, lui firent de grands
présens ; Guillaume de Corday lui donna par au-
mône sa terre du Pavement et celle de Corday ;

Guillaume de Tournay, les frères Cornet, la gra-
tifièrent de rentes et de jardins. Enfin, une foule
de particuliers contribuèrent, par leurs libéralités,
à cette fondation, dont les générations de la ville
ont tout-à-tour, depuis cette époque, apprécié l'importance. Cette fois, au moins, les intentions des
bienfaiteurs ne furent point trompées, et leurs donations ne passèrent point aux monastères : les
pauvres seuls en ont toujours profité.

L'hôtel-Dieu fut établi, dès l'origine, sur l'emplacement qu'il occupe encore maintenant, dans
l'enceinte murée, à peu de distance de la porte
Bocei et de la Tour-Grise, du côté de Guibray.
L'église et la maison primitives n'existent plus, et
ont été remplacées par des constructions plus considérables, dont nous parlerons ailleurs. Le chartrier est encore complet, et M. Langevin en a cité
plusieurs fragmens originaux dans ses Recherches
sur Falaise [1].

Occupons-nous maintenant de la révolution qui
se préparait alors dans le pays.

Jean ne s'était emparé des états de Richard qu'au
préjudice du jeune Arthur de Bretagne, son neveu,
fils d'un de ses aînés. Le roi de France, allié du
prince dépossédé, avait pris les armes pour soutenir
ses prétentions, et s'était avancé sur les frontières
de l'Anjou et de la Normandie. Mais la guerre s'était
faite mollement et sans énergie pendant quelque
temps ; on s'était borné, de part et d'autre, à
prendre et à reprendre quelques villes, et il était

[1] Voir depuis la page 96 jusqu'à la page 111.

difficile de prévoir quel serait le résultat de cette querelle entre les deux rois.

Tout-à-coup, Arthur, fatigué peut-être de ces lenteurs, et emporté par son courage, se jeta sur une ville de l'Anjou, où se trouvait Éléonore, son aïeule, qui lui avait toujours été contraire ; et s'étant exposé témérairement dans un combat, il fut fait prisonnier par son oncle, qui était venu lui-même au secours de la place. Jean, fier d'avoir en ses mains une telle proie, crut n'avoir plus rien à craindre désormais pour sa couronne, et ne songea qu'aux moyens les plus prompts de se débarrasser de son rival. Il le fit passer en Normandie, et le fit enfermer dans le château de Falaise, sa forteresse de sûreté ; le barbare se disposait à l'y faire périr secrètement, dès qu'une occasion favorable se présenterait. En attendant, il confia la garde de ce prisonnier à des hommes dévoués, mais plus généreux qu'il ne le croyait : Arthur, étroitement renfermé, n'éprouva de leur part aucun traitement cruel.

Les historiens, et surtout les romanciers, ont beaucoup parlé de la captivité d'Arthur et de sa fin déplorable. C'est un de ces sujets tragiques qui se reproduisaient dans tous les livres de chevalerie, et dont les châtelaines aimaient à entendre le récit de la bouche des anciens troubadours. Le château de Falaise fut toujours mêlé à cette aventure, et les gardiens du prince, ainsi que les preux qui défendaient la forteresse, furent partout célébrés pour leur magnanimité. On sut en effet que les Falaisiens avaient reçu du roi l'ordre formel de mettre à mort leur captif, et qu'ils avaient refusé avec horteur d'exécuter un tel crime. On raconta même que leur résistance fut telle, que Jean craignit que son prisonnier ne lui échappât, et qu'il le fit sans retard transférer ailleurs. Voici comment un historien Anglais a raconté l'événement, d'après les vieilles chroniques : « Un homme fut envoyé à Falaise, » avec des ordres précis, pour mettre à mort Ar- » thur. Hubert de Bourg, gouverneur du château, » feignit de vouloir exécuter lui-même ces ordres, » renvoya l'émissaire, répandit le bruit de la mort » du jeune prince, et fit publiquement les cérémo- » nies de sa pompe funèbre. Mais quelque temps » après...... il crut devoir révéler son secret, et ap- » prendre à tout le monde que le duc de Bretagne » existait, et était encore sous sa garde. Cette dé- » couverte devint fatale au jeune prince : Jean le » fit enlever et tranférer à Rouen[1]. »

Ce fut donc le château de Rouen qui devint la nouvelle prison d'Arthur, et ce fut là qu'il périt de la propre main de son oncle, qui ne put trouver d'assassins. Ce trait, en même-temps qu'il flétrit la mémoire d'un prince brutal et féroce, fait le plus grand honneur au caractère normand. On aime à voir, au milieu de la barbarie du moyen âge, qu'un despote puissant ne pût trouver parmi ses sujets un seul complice de ses fureurs et de ses vengeances. La principale gloire de cette action appartient in- contestablement aux guerriers Falaisiens[2].

1 Hume, tome 2, édition française publiée par M. Cam- penon.

2 Un d'entre eux, Guillaume de Briouze, *de Braiosà*, fit une réponse admirable au roi, qui lui proposait de poignarder

Le roi de France, Philippe-Auguste, furieux de la mort d'Arthur, époux d'une de ses filles, rassembla de nouvelles troupes, et s'avança dans la Normandie, résolu de la conquérir en entier. Il prit le château Gaillard après un assez long siége; et, poursuivant ensuite ses succès, il arriva, au commencement de l'an 1204, devant la ville de Falaise, place très-forte et même imprenable, d'après les historiens du temps 1.

Jean, qui connaissait toute son importance, et qui se rappelait les services qu'elle avait rendus à ses prédécesseurs, n'avait rien négligé pour la mettre en état de défense. Il avait même, comme nous l'avons dit, fait de grandes concessions à ses habitans, se flattant de regagner ainsi leur amour, que ses crimes lui avaient fait perdre. Mais n'osant toutefois compter encore sur leur dévoûment, il avait mis à leur tête un Brabançon nommé Lupicaire, de la fidélité duquel il se croyait assuré. C'était un nouvel affront qu'il faisait aux Falaisiens, en leur donnant pour chef un étranger, et même un mercenaire; il ne sentit pas cette imprudence, et il eut lieu de s'en repentir.

Le siége de Falaise est raconté par un auteur contemporain, qui en fut lui-même témoin.

« Il y avait une ville, entourée de toutes parts

Arthur : Je suis un gentilhomme, dit-il, et non un bourreau; et il se retira aussitôt du service du prince. (Hume, tome 2.) Ce Guillaume de Briouze avait reçu, deux ou trois années auparavant, des faveurs spéciales du monarque anglais. (Grande liasse de l'hôte-de-ville, 6e. pièce.)

1 Rigord et Guillaume-le-Breton. Vie de Philippe-Auguste.

» d'une roche escarpée, et que l'on nommait Fa-
» laise, à cause de l'aspérité de son site. Cette ville
» était située au milieu de la Normandie. Ses tours
» et ses remparts étaient tellement élevés, qu'il
» semblait impossible de rien lancer jusqu'à leur
» hauteur. Le roi l'environna de tous côtés de ses
» innombrables étendards, et pendant sept jours
» il prépara toutes les machines propres à renverser
» les murailles et à se rendre maître de la place.
» Mais les bourgeois, et principalement Lupicaire,
» que le roi Anglais avait chargé de la défense,
» aimèrent mieux rendre la forteresse intacte, en
» *conservant leurs biens et les libertés de la ville,*
» que de tenter les chances de la guerre, qui ne
» pouvaient que leur devenir funestes1. »

Ainsi, Falaise ouvrit volontairement ses portes
dans cette occasion, et cessa de ce moment d'appartenir aux ducs de Normandie et aux rois d'Angleterre. Elle comptait à peu-près trois cents ans de
fondation, quand elle fut ainsi réunie, pour la
première fois, à la monarchie des rois de France.
Le reste de la Normandie n'offrit pas plus de résis-

---

1 Les huit premiers vers du poëte (Guillaume-le-Breton,
dans sa Philippéide, chant 8), sont pittoresques et remarquables; quoiqu'ils soient connus, nous croyons que nos lecteurs les retrouveront ici avec plaisir :

Vicus erat scabrâ circumdatus undique rupe,
Ipsius asperitate loci, Falesa vocatus ;
Normanniæ in medio regionis, cujus in altâ
Turres rupe sedent, et mœnia, sicut ad illam
Jactus nemo putet aliquos contingere posse.
Hunc rex innumeris circumdedit undique signis ;
Perque dies septem varia instrumenta parabat
Manibus, ut fractis villâ potiatur et arce, etc.

tance. « Caen fit offrir au roi de se rendre trois
» jours avant qu'il y arrivât..... Bayeux suivit cet
» exemple, ainsi que Lisieux, Coutances, Avran-
» ches, &c. 1 » Enfin, Rouen lui-même fit sa soumission quelque temps après ; et Jean, honteux et
dépouillé de cette belle province, s'enfuit lâchement
en Angleterre.

Le mépris qu'inspirait ce prince aux Normands,
et le ressentiment qu'ils éprouvaient de se voir commandés par des étrangers, durent contribuer puis-
samment à faciliter au roi Philippe la conquête
des villes de Normandie. Ce monarque s'engagea
d'ailleurs à maintenir les franchises des principales
communes, et il leur accorda des priviléges pro-
portionnés à leur importance, et à ceux qu'elles
avaient reçus de ses prédécesseurs. Celles de Rouen
et de Falaise furent les plus favorisées. Nous avons
vu que les bourgeois Falaisiens s'étaient rendus
librement, et qu'ils avaient stipulé surtout la conservation de leurs biens et de leurs libertés, *omni re
salvâ et libertatis honore.* Des actes solennels du nouveau souverain vinrent bientôt sanctionner ce traité.

Par une charte, datée du camp même devant
Falaise, *in castris apud Falesiam,* Philippe leur
accorda trois insignes faveurs.

Il leur permit de circuler et de trafiquer librement
dans toute l'étendue de son royaume, la ville de
Mante exceptée, sans être assujétis à aucuns droits
de passage et de péage, ni à tous autres impôts
royaux ;

Il confirma l'établissement de la commune, telle

1 Guillaume-le-Breton, Philippéide, chant 8.

qu'elle avait été constituée par la charte primitive, et il déclara que la concession qui n'avait été que provisoire, serait désormais irrévocable ;

Enfin, il promit de ne poursuivre, pour usure, aucun des bourgeois de la ville, tant que le taux de l'intérêt ne se monterait point à un denier pour un denier, ou l'équivalent, *nisi denarium pro denario vel æquivalentiam commodaverit.* Ce qui portait le taux légal jusqu'à 99 pour 100.

Les deux premières prérogatives n'étaient pas nouvelles pour les Falaisiens, qui les avaient obtenues sous les rois d'Angleterre ; ce n'était même à peu près que le renouvellement de leurs anciens priviléges.

Mais la troisième était inouie, et nous avons peine à concevoir les motifs qui purent la provoquer. Si les désastres de la guerre avaient détruit le commerce de la ville, cette mesure était-elle réellement propre à le rétablir ? Ne tendait-elle pas plutôt à assurer la ruine du commerçant au profit du bourgeois ou du soldat qui prêtait ses deniers ? Comment d'ailleurs un prince raisonnable pouvait-il déroger ainsi, en faveur des habitans d'une petite ville, à toutes les lois civiles et religieuses qui défendaient l'usure ? Une telle bizarrerie, un si étrange oubli des principes, sont vraiment inexplicables. Mais ce qui n'étonnera pas moins, sans doute, c'est que ce privilége monstreux ait été maintenu dans la ville pendant plusieurs siècles. Nous retrouverons plus tard et nous indiquerons des chartes de nos différens rois, qui l'ont successivement reproduit et confirmé.

Philippe

Philippe montra bien plus de sagesse dans sa grande charte constitutive des communes de Rouen et de Falaise, qu'il publia peu de temps après. On y retrouve encore des bizarreries et des inconvenances ; mais la plus grande partie peut être considérée comme un chef-d'œuvre, même encore de nos jours, et le systême municipal actuel est loin d'être établi sur des bases aussi libérales et aussi judicieuses que les siennes.

Il voyait toute la Normandie soumise à ses lois ; il voulait se l'attacher par des bienfaits éclatans, et il crut y réussir en faisant au clergé et au peuple un grand nombre de concessions, dont l'histoire a conservé le souvenir : il accorda, entre autres, à la capitale, et à l'une des plus puissantes villes, cette étonnante constitution qui les a régies pendant très-long-temps. Nous voudrions pouvoir la citer en entier ; mais elle est très-étendue, et nous sommes forcés de n'en offrir que des extraits ; nous choisirons ce qui nous semblera le plus digne d'être conservé.

« Lorsqu'il faudra nommer un maire dans les communes de » Rouen ou de Falaise, les cent pairs (ou notables) élus » par la commune, choisiront trois des plus honnêtes citoyens » et les indiqueront au seigneur roi, qui désignera pour maire » un des trois, à son gré. »

« Tous les ans, les cent pairs éliront vingt-quatre d'entre » eux, dont douze prendront le titre d'échevins, et douze » celui de conseillers. »

« Ces vingt-quatre pairs prêteront serment, au commen- » cement de leur année, de maintenir les droits de la sainte » église, la fidélité due au roi, et de juger en tout d'après » la loi et leur conscience. »

« Si le maire confie une affaire secrette à ces vingt-quatre

» pairs-jurés, et que l'un d'eux la rende publique, il sera dé-
» posédé son emploi, et remis à la discrétion de la commune. »

« Le maire et les douze échevins s'assembleront deux fois
» chaque semaine pour les affaires de la commune ; s'il y a
» partage ou difficulté sur un point, ils pourront appeler ceux
» des conseillers qu'ils voudront, et prendre leur avis. »

« Le maire, les échevins et les conseillers, se réuniront
» chaque semaine, le samedi, et les cent pairs tous les quinze
» jours, également le samedi ; ceux qui ne se rendront pas
» à l'assemblée aux jours indiqués, avant l'heure de Prime,
» seront condamnés à l'amende ; les échevins à cinq sols, et
» les conseillers à trois sols [1]. »

« Ceux qui sortiront de l'assemblée sans la permission du
» maire, pairont la même amende, ainsi que ceux des con-
» seillers qui ne se rendraient pas à une assemblée des éche-
» vins où le maire les aurait appelés. »

« Si l'un des douze échevins veut voyager en Angleterre
» ou ailleurs, il en obtiendra la permission du maire et des
» autres échevins réunis, qui désigneront en commun celui
» qui le remplacera pendant son absence. »

La charte règle ici la police des assemblées ; ceux
qui interrompront le maire....., ceux qui quitteront
leur siége....., ceux qui diront des injures, seront
condamnés à l'amende. La peine est toujours proportionnée au rang de celui qui commet la faute.

« Si le maire transgresse lui-même les lois de la commune,
» il subira une peine double de celle des échevins, parce
» qu'il doit donner l'exemple du respect pour la justice et
» pour les institutions. »

Viennent ensuite les peines à infliger pour différens crimes ou délits : le voleur ou le faussaire sera
jugé par la commune et mis au pilori ; celui qui
aura mérité de perdre un membre, ou même la

---

1 C'étoit quelque chose qu'une amende de cinq et de trois
sous dans un temps où le boisseau de blé ne valoit que neuf
ou dix deniers. (Note de M. l'abbé de la Rue sur l'an 1202).

vie, sera remis à la justice du roi ; le juré qui aura
tué un autre juré, sera livré à la justice du roi, et
sa maison sera rasée, etc.

« Celui qui aura excité une sédition dans la commune, et
» qui aura été vu par deux des jurés, sera convaincu sur leur
» seule déclaration, parce qu'ils ont fait serment, en entrant
» en fonctions, de déclarer la vérité sur tout ce qu'ils auront
» vu et entendu. »

« S'il a été vu par deux autres pairs, il sera convaincu sur
» leur déclaration faite avec serment, et le maire avec les
» échevins le jugeront selon la gravité de son crime. »

Les injures, les reproches flétrissans seront prou-
vés par témoins, et punis d'amende ou même du
pilori.

« Si une femme est convaincue d'être plaideuse ou médi-
» sante, on l'attachera sous les aisselles avec une corde, et
» on la plongera trois fois dans l'eau ; si un homme lui fait
» quelque reproche à cet égard, il paira 10 sols d'amende,
» ou il sera lui-même plongé trois fois dans l'eau ¹. »

La charte s'occupe aussi des offenses ou des crimes
qui pourraient être commis par des étrangers envers
des jurés de la commune ; des dettes que les ecclé-

¹ Les dames nous pardonneront d'avoir rappelé cette barbare législation de nos aïeux ; elle prouve que ces rois chevaliers, si vantés pour leur courtoisie, n'étaient pas toujours
aussi galans qu'on s'est plu à nous le dire. De nos jours du
moins, malgré tous les reproches qu'elles nous adressent, les
femmes n'éprouvent plus de pareilles avanies ; elles peuvent
plaider et médire sans qu'on le trouve mauvais ; c'est un des
avantages de notre civilisation moderne sur ces temps reculés,
que quelques-unes d'entre elles semblent regretter si vivement.
D'après une variante de l'édition du Louvre, un homme
qui reprochait à une femme sa laideur, devait payer une
amende, et être plongé dans l'eau ; cette peine se conçoit,
puisque le reproche pouvait être considéré comme une injure.

siastiques ou les militaires pourraient contracter
envers des membres de la commune, et des mesures
à employer contre eux ; elle détermine ensuite les
formes de procédure pour les procès civils sur les
dettes des particuliers ou sur la propriété des héritages ; les pairs sont en général appelés à déposer sur
les faits, par serment, et l'on juge ensuite « d'après
« la loi et la coutume. » Un des articles porte :

« Si quelqu'un doit à un autre une somme qu'il ne veuille
» ou ne puisse pas payer, on livrera à son créancier une por-
» tion de son bien suffisante pour couvrir sa dette ; et s'il n'a
» pas assez de bien pour remplir son obligation, il sera chassé
» de la commune jusqu'à ce qu'il ait satisfait au maire et à
» son créancier. »

« Dans le cas où il serait trouvé dans la ville après son ex-
» pulsion, il sera renfermé dans la prison jusqu'à ce que lui ou
» ses amis aient payé cent sols de rachat ; et encore il sera
» tenu de promettre par serment de ne point rentrer dans la
» ville avant d'avoir rempli ses obligations. »

Enfin, la charte prévoit le cas où la commune
pourrait être requise par le roi, ou par ses gens de
justice, de faire un voyage, *iter facere*, et alors les
échevins doivent désigner ceux qui resteront chargés
de la garde de la ville.

« Et quant aux membres de la commune indiqués pour le
» voyage, celui d'entre eux qui serait trouvé dans la ville, après
» l'heure prescrite pour le départ, sera remis à la discrétion
» du roi et de la commune, qui pourront faire raser sa maison
» ou lui faire payer cent sols s'il n'a pas de maison ; celui qui
» se séparerait de la commune pendant le voyage, sans la
» permission du maire, pour loger ailleurs ou pour un autre
» sujet, sera également remis à la discrétion de la commune,
» et sera puni [1]. »

1 Cette charte est au chartrier de la ville, grande liasse,
pièce 8, dans les ordonnances du Louvre et dans Duchesne.

Voilà une œuvre bien étrange , comme nous l'avions annoncé , et nous croyons que cet extrait suffira pour en donner une idée exacte. On y remarquera que les membres de la commune n'étaient pas seulement chargés de l'administration et de la police intérieure , mais qu'ils rendaient encore souvent la justice. A une époque où tous les principes étaient confondus , c'était déjà un grand pas d'arracher les bourgeois d'une ville au glaive du vicomte et des hommes d'armes , pour les faire juger par leurs pairs et leurs jurés. Les Falaisiens durent se féliciter de cette heureuse innovation , et bénir le monarque auquel ils étaient redevables du bienfait.

Leur ville avait été comprise dans le douaire de la reine Bérengere , par la charte de Richard , que nous avons citée. Philippe s'empressa d'assurer à cette princesse malheureuse un autre apanage , et il lui céda la ville du Mans avec ses dépendances. La charte par laquelle Bérengere abandonna ses droits sur la ville, est datée de Paris , en 1208 [1]. Ce fut à cette occasion que fut faite l'estimation des revenus de Falaise , par le premier maire, Odon , et les onze notables bourgeois dont nous avons donné les noms.

Bérengere, après la mort de Richard, avait séjourné quelque temps à Falaise, si l'on en croit les manuscrits. On voyait autrefois dans le chœur de Guibray une statue de femme que l'on croyait être la sienne. Cette statue a disparu quand le chœur a été reconstruit pendant le dernier siècle ; peut-être a-t-elle été simplement couverte par le revêtement

[1] Grande liasse du chartrier de la ville , 7°. pièce.

grec que l'on a appliqué sur la vieille architecture normande de l'édifice.

Ce fut l'année même où Bérengere céda ses droits à Philippe, que cette église de Guibray, commencée par Guillaume et continuée par ses successeurs, fut consacrée par Hugues II, évêque de Coutances, en l'honneur de la bienheureuse Vierge Marie[1].

Vers le même temps, et sous le même règne, il y eut à Falaise plusieurs séances de l'échiquier de Normandie, tel qu'il était constitué alors. C'était une assemblée des prélats, des abbés et des grands barons de la province : on y réglait les plus importantes affaires, et l'on y recevait les appels contre les jugemens des vicomtes. Cet échiquier fut long-temps ambulatoire, et il se tenait alternativement dans les différentes villes, et notamment à Rouen, à Caen, à Falaise et à Évreux ; il devint sédentaire sous Philippe-le-Bel, et ne tint plus ses séances qu'à Rouen[2].

L'échiquier tenu à Falaise en 1207, fut le premier depuis la réunion de la Normandie à la couronne. On y régla que le garde-noble d'un mineur n'était pas tenu de répondre des dettes du père de son mineur. C'était un simple point de droit[3].

A l'échiquier de Falaise, de 1213, il se présenta

1 *Gallia Christiana*, tome XI, page 878.

2 Parmi les abbés qui avaient droit de séance à l'échiquier, on remarquait ceux de St.-Jean de Falaise, du Val et de Barberi ; et parmi les barons, ceux de Tournebu et de Courcy, qui étaient les représentans de ce pays. (Houard, Dictionnaire de Droit Normand, tome 2, page 74.

3 Constitution Normande, page 110.

une affaire d'un autre genre, et qui peint bien les mœurs du temps.

« Richard Hunout de Cotentin se plaignit de se » qu'il avait été blessé à la tête iniquement et au » mépris de la trève de Dieu et du roi par Torgise » de Aviou, et il offrit de prouver ce qu'il avançait. » Torgise nia verbalement et proposa de se défendre » comme il en avait le droit [1]. »

L'assemblée admit Torgise à se justifier par l'é-preuve du fer chaud, que l'on nommait le juge-ment de Dieu, ou par le duel avec son adversaire, que l'on appelait le jugement du fer. Torgise dé-clara qu'il subirait volontiers l'une ou l'autre de ces épreuves, et il en laissa le choix à ses juges. Le duel entre Richard et Torgise fut en conséquence ordonné par jugement, et le gage du combat fut aussitôt déposé par Richard entre les mains d'un prêtre. L'historien ne dit point si les deux cham-pions se battirent en présence des évêques et des barons; il est présumable, du moins, que les juges du camp furent choisis parmi les membres de l'as-semblée.

Tels étaient les usages barbares de cette époque, qui se perpétuèrent encore pendant quelques années.

Le saint roi Louis IX les fit disparaître, en 1260, par ses sages ordonnances.

Terrien parle d'un échiquier tenu à Falaise en 1214. On y jugea qu'après les lots d'un héritage faits entre des frères, l'aîné devait « choisir sa » lotie au terme qui lui avoit esté mis, faute de » quoi justice choisiroit pour lui. » C'est l'appli-

<hr>

[1] *Concilia Rothomagensis provinciæ.* Beßin, page 110.

eation du principe que nul ne peut être tenu de rester dans l'indivision. Guillaume Paynel, chevalier, donna lieu à cette décision [1].

Le dernier échiquier tenu dans ce temps à Falaise, en 1218, règle la manière de procéder toutes les fois qu'il y a discussion sur un fief entre l'église et un laïque. Si l'église est en possession depuis trente ans, c'est l'autorité ecclésiastique qui est compétente; si le laïque, au contraire, établit sa possession trentenaire, l'affaire est portée devant les juges royaux. On lit en tête de la décision la formule ordinaire : *Accordatum est per episcopos et barones*, il est accordé par les évêques et les barons, &c. [2]

En 1223, un simple trésorier de l'église de Rouen, Théobald, natif de Falaise, fut tout-à-coup élevé à la dignité d'archevêque-primat de Normandie, et assista en cette qualité aux funérailles du roi Philippe-Auguste. Ce prélat, fougueux et austère, eut des démêlés avec la cour, pendant la minorité de Saint Louis, et poussa l'emportement jusqu'à jeter l'interdit sur les domaines que le roi possédait dans la province. Le roi, de son côté, par l'avis de ses barons, séquestra toutes les propriétés séculières de l'archevêque. Le légat parvint à régler cette affaire, et fit lever le séquestre et l'interdit. Théobald mourut peu de temps après, en 1229. Guillaume le Breton, poëte et historien contemporain, l'a peint dans ces deux vers de sa Philippéide :

Et qui Rothomago Theobaldus præsidet urbi,
Vir precibus vix flexibilis nimiique rigoris.

1 Terrien, page 204.   2 Bessin, page 127.

« On y voyait encore (aux funérailles du roi),
» celui qui gouverne la ville de Rouen, Théobald,
» prélat d'une extrême sévérité, et que les prières
» peuvent à peine fléchir.....[1] »

Maintenant que les temps d'orage sont passés
pour la Normandie, et qu'elle n'est plus le théâtre
d'aucune guerre, Falaise, ainsi que les autres
villes, n'apparaît plus que rarement dans l'histoire.
Vingt-cinq ans du règne de S. Louis s'écoulent sans
qu'il en soit fait mention. Ce n'est qu'en 1250 qu'on
la retrouve à l'occasion d'une fondation religieuse
que nous ne passerons point sous silence.

Il existait, à l'extrémité de la rue actuelle du
Campferme, du côté de St.-Gervais, un vaste emplacement où se trouvait un vieil édifice avec un
colombier et des jardins, et que l'on désignait sous
le nom de manoir du duc Guillaume. On prétendait
que ce prince y avait eu sa demeure, et l'on assurait
même qu'il y avait pris naissance. Une partie avait
été par lui cédée aux religieux de St.-Étienne de
Caen, et le reste était demeuré dans les mains des
souverains. Il paraît que c'était dans ce manoir
que s'étaient tenues quelques-unes des séances de
l'échiquier de Normandie, lorsqu'il s'était réuni à
Falaise[2].

Cet emplacement étant devenu inutile, Louis IX
eut l'idée de le céder pour une communauté de
religieux[3]. Il fut secondé dans ses pieuses intentions

---

[1] *Gallia Christiana*, tome XI, pages 60, 61.

[2] L'échiquier s'est aussi rassemblé quelquefois dans l'église
de St.-Gervais. (M. l'abbé de la Rue, Histoire de Caen.)

[3] Voir les manuscrits et les Recherches de M. Langevin,
page 121.

par Pierre du Pont-d'Ouilly, l'un des principaux seigneurs du pays, qui fit de grandes libéralités à l'établissement. Il donna entre autres tout le terrain qu'il possédait auprès de la porte Ogise, *juxtâ portam Ogisii*, et une tour qui avait appartenu aux héritiers de son frère Raoul. L'église et le monastère s'élevèrent sur ce lieu, et l'église fut consacrée en 1250 par l'archevêque de Rouen lui-même[1]. Le cloître s'étendit le long des murs de la ville. Les religieux qui furent placés dans cet établissement étaient des frères mineurs ou cordeliers; ils ont subsisté jusqu'à la révolution de 1789.

On voit encore la porte Ogise, que M. Langevin nomme la porte Ogier, telle sans doute qu'elle existait à cette époque. La tour de Raoul est probablement aussi cette grande masse ronde qui sert maintenant de demeure à plusieurs familles, et qui défend la porte du côté de la route actuelle de Caen. Quant à l'église, il n'en reste plus qu'une portion debout, et qui est dans le plus mauvais état; la maison et le cloître ont disparu ou ont changé de destination.

Pierre du Pont-d'Ouilly, pour rendre sa donation plus certaine et plus authentique, la confirma par une charte adressée au « très-illustre roi de France » Louis IX », à la date de 1253[2]; et le roi lui-même, se trouvant à Séez, en 1256, accorda de nouvelles grâces aux religieux. Il leur permit, entre autres, par des lettres-patentes spéciales[3], d'ouvrir,

[1] *Gallia Christiana*, page 67.
[2] Grande liasse du chartrier de la ville, 9e. pièce.
[3] *Idem*, 10e. pièce.

pour leur agrément, une porte sur le fossé de la ville ; et en même-temps, pour leur sûreté, il les autorisa à s'entourer d'une seconde enceinte extérieure. On pense bien que cette seconde enceinte, dans le fossé même de la ville, ne pouvait subsister qu'en temps de paix.

Une charte de Louis IX, en faveur de l'abbaye de Villers-Canivet, datée de Falaise, en avril 1256 [1], fait connaître que le roi séjourna dans la ville en cette même année. Ce fut sans doute pendant son séjour qu'il connut les besoins des religieux cordeliers, car ses lettres-patentes en leur faveur sont du mois de mai suivant [2].

La fin du siècle n'offre rien de remarquable. Les priviléges des cordeliers furent confirmés de nouveau par Philippe-le-Bel, en 1288 [3].

Un Falaisien, Denys Benaiston, chanoine de Paris, fut élevé dans le même temps à l'évêché de Meaux. Il siégea dans le conseil du roi, en 1296, et se fit remarquer par son zèle et son amour pour la religion. Il mourut en l'année 1298, au mois de

---

1 *Neustria Pia*, page 792.

2 Il existe encore une petite charte du même prince, également datée de l'année 1256, par laquelle il accorde aux religieux de St.-Jean, *en faveur des pauvres* qu'ils recevaient dans leur établissement, la faculté de prendre chaque jour du bois mort, *la charge d'un âne*, dans sa forêt royale. (Grande liasse, 26.ᵉ pièce.) Enfin, nous lisons dans M. Langevin, qu'il y eut sous son règne une nouvelle estimation faite des revenus de la ville et de ses faubourgs, et qu'ils ne se montaient qu'à 304 livres. Le fait est possible, mais nous ne le trouvons dans aucun titre public.

3 Manuscrits et M. Langevin.

mars, après avoir honorablement rempli sa carrière [1].

Simon de Bailleul, dont le frère fut roi d'Écosse,
était vicomte de Falaise en 1290.

Les maires de Falaise, dans le cours de ce siècle,
furent Odon, fils de Vital, Odon Bitard, Pierre du
Pont-d'Ouilly, et Jean Durilafan. Il y en a peut-
être eu quelques autres, mais leurs noms ont été
perdus.

Le 14.e siècle fut bien moins fécond encore en
événemens que le 13e. Nous allons rassembler les
faits de cette époque, qui ont mérité d'échapper à
l'oubli.

C'était le temps où les rois s'efforçaient de détruire en France les abus de la puissance féodale,
et de former des institutions plus régulières et moins
oppressives. L'organisation des communes avait été
un premier bienfait; l'établissement des tribunaux,
bien qu'imparfait dans le premier moment, ne fut
pas d'une moindre importance. Déjà, sous Louis IX,
il y avait eu de grands bailliages établis en Normandie, dont la juridiction s'étendait sur des bailliages plus circonscrits. Le grand bailli fut encore
dans le principe choisi parmi les hommes d'épée;
mais, à la différence des comtes et des vicomtes, il
n'eut point de commandement militaire, et ses
lieutenans et conseillers furent des hommes de robe.
Ainsi, la justice commença à être rendue par des
magistrats qui connaissaient un peu les lois, et les
peuples ne furent plus, comme auparavant, livrés

[1] *Gallia Christiana*, tome 2, page 518, cité par M. Langevin, dans son Supplément.

à l'arbitraire et aux caprices des capitaines et des gens d'armes.

Falaise eut un bailliage dépendant du grand bailliage de Caen, avec un lieutenant particulier dans la ville ; mais le grand bailli ou son lieutenant-général, qui siégeaient à Caen, venaient souvent eux-mêmes tenir les assises ou audiences, aux époques déterminées. La juridiction du bailliage de Falaise fut un démembrement de celle du vicomte ; elles s'étendirent toutes deux conjointement sur le même territoire [1].

Un tribunal du contentieux s'établit ensuite dans la ville, pour la perception des impôts ; il était dirigé par un lieutenant, et dépendait de la généralité d'Alençon.

Falaise devint successivement un chef-lieu de juridiction pour l'impôt du sel ou de la gabelle, et pour les eaux-et-forêts. Des officiers particuliers y furent établis pour ces différentes administrations.

Enfin, il y eut dans la ville un siége de la maréchaussée, avec un prévôt, pour la répression du brigandage. Le prévôt portait l'épée, et faisait arrêter par ses archers les vagabons et les voleurs ; mais il ne les jugeait pas seul, et il était tenu d'appeler à son siége les officiers du bailliage, au nombre de six au moins. Il les présidait, et ce tri-

---

1 La juridiction de l'ancien bailliage et de la vicomté, s'étendait bien au-delà des limites actuelles de l'arrondissement. Nous aurons occasion de revenir plus tard sur ce sujet, et nous donnerons un tableau par aperçu des communes qui se trouvaient dans le ressort de Falaise, avant la révolution.

bunal jugeait sans appel. Les archers du prévôt furent aussi chargés de mettre à exécution les ordonnances des autres juges. Leurs fonctions ressemblaient beaucoup à celles de nos gendarmes actuels.

Ces divers tribunaux ne furent pas tous institués à Falaise dans le même temps, et leur organisation ne fut peut-être même pas dès l'origine telle que nous l'avons présentée. Mais il nous a été impossible d'obtenir de plus amples détails, et l'insuffisance des documens[1] n'a pas même permis de déterminer l'année précise de l'établissement de chacun d'eux. Nous avons donc choisi, pour en entretenir nos lecteurs, l'époque à laquelle le plus grand nombre furent organisés. Les princes qui contribuèrent principalement à ces utiles institutions, furent Saint Louis, Philippe-le-Bel et Philippe-de-Valois. Le bailliage remonte au premier de ces souverains ; le tribunal d'élection ou du contentieux fut créé sous Philippe-le-Bel ; enfin, l'établissement des juges gruyers ou des eaux-et-forêts, et celui des juges du grenier à sel, semblent appartenir au règne du premier des Valois. Nous ferons connoître plus tard les changemens qui pourront survenir dans ces différentes administrations judiciaires.

En l'an 1338, il y eut un hiver très-rigoureux qui désola le pays. Un moine de l'abbaye de St.-

[1] Nous les avons recueillis dans les manuscrits de la ville, dans l'ouvrage de M. Langevin, dans l'Histoire de Caen, par Huet, et dans celle de M. l'abbé de la Rue ; enfin, dans un Mémoire rédigé, en 1738, par M. de Cerny, lieutenant civil et criminel du bailliage de Falaise.

André, située à peu de distance de Falaise, en a
conservé le souvenir dans des vers ainsi conçus :

> Tu qui leiras cet escrit remembre,
> Que le vintiesme de novembre,
> L'an mil trois cent et trente üit,
> Cheiren grand neis jour et nüit,
> Et apres gela ci forment,
> Que homs ne poet fere froment, etc. [1]

Mais un plus grand fléau menaçait la province,
et devait troubler le repos dont elle jouissait depuis
plus d'un siècle. La guerre qui s'éleva dans ce temps
entre les rois de France et d'Angleterre, rappela
nos aïeux sous les armes, et ramena ces scènes de
carnage auxquelles ils n'étaient plus accoutumés.

En 1346, Édouard, roi d'Angleterre, se jeta tout-
à-coup, avec une puissante armée, sur les côtes de
Normandie, et s'empara de plusieurs places ; il
prit entre autres Caen, et traita ses habitans avec
une extrême rigueur : il voulait effrayer le pays,
afin qu'on n'osât pas lui résister.

Il envoya bientôt une partie de ses troupes vers
Falaise, tandis qu'avec le reste il gagnait la Haute-
Normandie et les plaines de Crécy. Falaise heureusement ne fut point enlevée, et son territoire fut
seulement dévasté ; elle dut son salut à ses hautes
murailles et à ses guerriers. Édouard, qui voulait
« épargner ses gens et son artillerie », avait recommandé à ses lieutenans de ne point tenter l'assaut
des villes murées et des châteaux forts ; ils s'avan-
çaient donc simplement, « ardant et éxilant le plat
» pays[2]. » Leur chef, pendant ce temps, mettait

----

[1] *Neustria Pia*, page 740.   [2] Froissard et Masseville.

à exécution ses grands desseins ; il vainquait à Crécy, et il enlevait Calais à la France.

Philippe-de-Valois, et Jean, son fils, luttèrent faiblement contre ce fier rival. Philippe mourut en 1350, accablé de vieillesse et d'ennuis ; Jean demeura seul chargé d'un fardeau qu'il ne pouvait soutenir.

Dès la première année de son règne, il assembla les états de la province à Pont-Audemer, et leur fit la demande de subsides pour continuer la guerre. Après une longue délibération, on lui octroya ce qu'il réclamait. Parmi les députés des bonnes villes à cette assemblée, on retrouve celui de Falaise, qui se nommait Denis de Pierres [1].

Le reste de la vie de Jean fut une suite de désastres pour tout le royaume ; la Normandie surtout, voisine de l'Angleterre, fut exposée à des invasions continuelles. Nous ne remarquons point cependant que Falaise ait vu les ennemis sous ses murailles à cette époque, non plus que pendant le règne de Charles V. Elle contribua, par ses libéralités et par la valeur de ses soldats, à soutenir la cause de ces souverains ; mais elle ne ressentit point de près les fléaux de la guerre, et son enceinte redoutable la mit toujours à l'abri des surprises. Une armée d'invasion, comme celle de Lancastre et de Charles-le-Mauvais, causait sans doute de grands ravages dans tout le pays qu'elle parcourait ; mais elle se gardait de former aucun siége et de tenter des assauts, qui l'auraient anéantie. Toute place

[1] Ordonnances du Louvre, tome 2, page 401.

forte,

forte, pourvue de vivres, était en sûreté. On conçoit donc que Falaise se soit ainsi maintenue tant que les Anglais n'eurent point d'armée régulière, et que les rois de France purent tenir la campagne.

Charles VI, dans la deuxième année de son règne, satisfait sans doute du dévoûment des Falaisiens, leur accorda le renouvellement de tous leurs privilèges. La charte de confirmation est datée de Paris, au mois de janvier 1681 ; elle rappelle en leur faveur :

1º. La faculté d'exercer librement leur commerce dans tout le royaume, la ville de Mantes exceptée ;

2º. La prérogative de pouvoir impunément prêter à intérêt jusqu'à 99 pour 100 ;

3º. Enfin, le maintien de la commune, telle qu'elle avoit été primitivement constituée [1].

Le roi charge le baillif de Caen et le vicomte de Falaise de l'exécution de son ordonnance, et il termine par cette réserve : « Sauf, en autres choses, » notre droit, et en tout le droit d'autrui, *salvo* » *in aliis jure nostro et in omnibus quolibet alieno.* »

Nous voyons par cette charte que c'était le vicomte qui faisait exécuter dans le pays les ordres du roi. Ce vicomte était au-dessus du maire par sa juridiction, mais son pouvoir devait être toutefois très-borné dans la commune. Les franchises municipales, concédées par Philippe-Auguste, donnaient aux bourgeois la faculté de se faire administrer et juger par leurs pairs ; et le vicomte, qui n'était point électif, et qui même était souvent étranger à

---

1 Cette pièce est au chartrier de l'hôtel-de-ville, grande liasse, no. 13.

la ville, ne pouvait par conséquent s'immiscer dans les affaires intérieures. Cependant nous remarquons que, dès l'année 1393, le vicomte prend le titre, dans ses actes, de « garde en la main du roi de la » juridiction de la ville de Falaise. » On doit penser dès-lors qu'à cette époque la charte de franchise cessa d'être exécutée loyalement, et que la faculté d'élire le maire fut tacitement révoquée. Peut-être les troubles politiques servirent-ils de prétexte pour enlever l'administration de la ville à l'élu du peuple, et la faire passer à l'homme du roi, et au chef de son choix. Quoiqu'il en soit, il est certain que les deux fonctions furent dans la suite réunies dans la même main, et que les vicomtes devinrent les directeurs de la commune, sous le nom de vicomtes-maires. Ce fut un privilége de moins pour la ville, qui n'eut plus, comme autrefois, son chef électif et particulier.

Les vicomtes du pays, depuis le commencement du siècle jusqu'en 1393, furent Jean Joniaus, Guillaume Lachère, Gilles Liber, Guillaume Michel, Regnault Bigault et Pierre Bigault.

Les maires, pendant ce même période de temps, furent Nicolle le Tanneur, Galien de Pierres, Raoul Huymelin, Jean de Pontoise, Hermeu le Bec, Thomas Bertin, Jean de la Moricière, Denis de Pierres, Thomas de Brieux, Richard Taillefer, Richard Vestin, Robert Anpois et Jacques Tallebot.

Enfin, le premier vicomte-maire, depuis 1393 jusqu'en 1400, fut Guillaume le Diacre 1.

Nous ne retrouvons de ce siècle aucun autre fait

1 M. Langevin, pag. 145 et 172.

digne d'être rappelé. Nous ne pouvons cependant
omettre une anecdote qui n'offre pas par elle-même
un grand intérêt, mais qui fait bien connaître
quelle était encore, à cette époque, la grossièreté de
nos aïeux.

En 1386, une truie dévora le fils d'un manœuvre
de la ville, nommé Janet. Cet accident parvint à
la connaissance du juge, qui condamna l'animal à
subir publiquement la peine du talion. L'enfant
avait eu le visage et un bras déchirés; la truie fut
mutilée de la même manière, et ensuite pendue
par la main du bourreau. L'exécution se fit sur la
place publique, en présence de tout le peuple; le
vicomte-juge y présidait « à cheval, un plumet sur
» son chapeau et le poing sur le côté. » Pour comble
d'horreur, le père de la victime fut tenu d'assister
à cette exécution; on voulait le punir, dit l'historien de ce fait, pour n'avoir pas surveillé son
enfant. Quand l'animal fut amené sur le lieu du
supplice, il avait des vêtemens d'homme, une veste,
des hauts-de-chausses et des gants. On lui avait
appliqué sur la tête un masque représentant une
figure humaine.

Cet événement parut si remarquable dans le
temps, qu'on en conserva le souvenir par une peinture à fresque qui se voyait encore, il y a six ans,
dans l'église Ste.-Trinité. Si quelque chose pouvait
étonner, après le récit de cette scène dégoûtante,
ce serait de voir que l'on choisit une église pour y
reproduire un supplice de ce genre[1].

---

[1] M. Langevin, qui, dans ses Recherches sur Falaise, raconte cette anecdote, cite les auteurs qui en ont parlé avant

Mais revenons maintenant à la guerre qui se continuait entre l'Angleterre et la France, et rappelons des événemens d'une bien autre importance pour le pays.

Henri V, un des petits-fils et des successeurs d'Édouard III, venait d'humilier la France à la journée d'Azincourt, et le désordre était au comble dans toutes les provinces ; la faiblesse du royaume était encore augmentée par la querelle des grands et la démence du roi Charles VI, et il semblait que le monarque Anglais n'eût plus qu'à s'y montrer et à tenter un dernier effort pour en consommer la ruine.

En 1417, il parut dans la Normandie, et il s'empara de quelques villes principales. Caen, Lisieux et Bayeux furent promptement enlevées, et le vainqueur s'avança dans le pays. Il traînait à sa suite une nombreuse armée, et rien ne semblait plus devoir lui résister. Le 4 de novembre il arriva devant

---

lui ; Brillon, dans son Dictionnaire de Jurisprudence, et l'auteur de l'Histoire des baillifs de Caen. Il dit que l'exécution coûta 10 sous 10 deniers tournois ; plus, un gant neuf de 10 sous que reçut l'exécuteur. Sa quittance doit exister encore dans les registres des tabellions de la ville. La chapelle où l'on avait représenté ce supplice, fait partie d'une construction plus ancienne que le reste de l'édifice actuel. L'architecture est celle du 13e. siècle.

Ces tabellions étaient des officiers publics, qui tenaient note et dressaient acte de toutes les affaires importantes qui se traitaient entre les particuliers. Ils furent établis à Falaise dès le 13e. siècle. M. Langevin donne les noms des principaux, depuis 1340 jusqu'en 1560 à-peu-près. (Voir ses Recherches et le Supplément, pag. 146, 177 et 12.

Falaise, et dès le jour même il en forma le siége en personne, avec toutes ses forces.

Falaise était défendue par deux braves capitaines, Gilbert de la Fayette, depuis maréchal de France, et Olivier de Mauny ; le premier commandait dans la ville, et le second dans le château. Tous deux, secondés par une bonne garnison, résolurent de soutenir l'attaque, et de se défendre jusqu'à la dernière extrémité.

Henri plaça son frère, le duc de Glocester, sur les hauteurs de Guibray, tandis que lui-même, avec le reste de l'armée, attaquait la ville du côté du château. Il avait une multitude d'armes de siège, dont il fit usage pour battre les murailles, et il fit lancer, entre autres, une grande quantité de bombardes, qui renversèrent plusieurs édifices de la ville, et ruinèrent les maisons. Cependant, malgré tous ces désastres et des assauts multipliés, les habitans ne se rendirent qu'au bout de deux mois à-peu-près, et lorsqu'ils manquèrent tout-à-fait de vivres. Le vainqueur leur accorda une honorable capitulation.

Ce fut le 2 janvier 1418 que la ville ouvrit ses portes à Henri V ; et le château ne se rendit qu'un mois plus tard, après avoir été sans relâche « battu » et miné » par l'armée anglaise[1]. Le roi eut tant de déplaisir d'avoir été retenu près de trois mois

1 Voir, sur ce siège, la Chronique de Nagerel, page 170, et Masseville, tome 4, page 63. Ces deux écrivains se sont trompés en avançant que la reddition n'eut lieu que le 15 ou le 17. La capitulation fait connaître que la remise de la place eut lieu le 2.

sous cette place, qu'il condamna Manny à une prison perpétuelle. Après cette expédition, il retourna vers Caen, et renonça, pour le moment, à pénétrer plus avant dans le royaume. La résistance qu'il avait éprouvée, l'avait découragé ; et d'ailleurs il attendait de nouvelles troupes pour remplacer celles qu'il laissait dans les garnisons.

Ce siége de Falaise, par Henri V, est un des plus mémorables de tous ceux qu'a soutenus cette ville. Jusques-là, ses murailles l'avaient défendue, et les assiégés, derrière cette enceinte redoutable, bravaient impunément les traits ennemis. Mais au temps de Henri V, les armes à feu commençaient à être en usage, et les historiens nous disent que ce prince fit jeter sur la place un nombre infini de bombardes, et qu'il battit les remparts avec des instrumens de siége de tout genre. Les balistes et les catapultes lancèrent surtout des pierres énormes, qui portaient la ruine et le désordre de toutes parts. Nous en retrouvons encore fréquemment quelques-unes dans les fossés de la ville ou dans les débris du château ; leur masse énorme et grossière est vraiment effrayante, et l'on conçoit difficilement comment une machine pouvait les lancer. Du reste, en les voyant, on peut se faire une idée de l'effet qu'elles devaient produire lorsqu'elles tombaient au milieu d'un groupe de combattans ou sur les murs d'un édifice. Ce fut pendant ce siége que le clocher de l'église Ste.-Trinité et la nef furent renversés. L'église actuelle a été reconstruite depuis sur les ruines de cette première, dont la fondation montait, à ce qu'il paraît, à une haute antiquité. De nos jours, l'édifice n'offre plus aucune partie de la construction primitive 1.

.La capitulation de Falaise, en 1418, existe dans le chartrier de la ville, en anglais et en français 2. Ces deux pièces sont des expéditions prises sur les originaux qui se trouvent à la tour de Londres. La pièce anglaise est intitulée : *The treatises of Ffalois*, et présente les dates et les noms des stipulans de part et d'autre ; mais elle est du reste incomplète, et ne contient que le résultat des conventions, sans aucun détail. La capitulation française est entière et par articles ; c'est un traité en forme, où tout est prévu et réglé. Nous voudrions pouvoir la donner en entier, ou du moins en citer quelques articles ; mais le genre de notre ouvrage ne nous permet point d'offrir des morceaux de ce genre. Les stipulans étaient « Thomas conte de Salesbury, Henri sire » fitz Hugh, Jonh Cornevail et William Haring- » ton, chivalers, pour le tres excellent roy de » France et d'Angleterre, d'une part, » et « d'austre

1 D'après M. Langevin, l'église Ste.-Trinité serait la plus ancienne paroisse de la ville ; elle aurait existé dans les temps les plus reculés, et Mathilde, épouse du Conquérant, l'aurait seulement reconstruite ; sa dédicace aurait eu lieu dans le même temps a-peu-près que celle de St.-Gervais, en 1126, par Geoffroi, archevêque de Rouen. M. Langevin cite une charte de laquelle il résulterait que Guillaume aurait été baptisé dans l'ancienne église Ste.-Trinité, et qu'en souvenir de cet événement, Mathilde, sa femme, aurait consacré sous .ce nom l'abbaye qu'elle fit élever à Caen. Nous consignons ici ces faits, dont nous ne pouvons contester ni reconnaître l'authenticité. (Voir les Recherches sur Falaise, pag. 123, 134, 135, etc.

2 Grande liasse, n°°. 12 et 20.

» part les nobles chivalers messieur Guillem de
» Meulhon, messieur Gilbert de Moustiers seigneur
» de la Fayette, capitains des gens d'armes... et le
» seigneur de Granville pour les assiégés. , &c. »
Une des stipulations, concernant les habitans, portait : « Qu'il étoit ottroié a toutz et a chescun des
» gens et habitants en la dite ville de Faloise qui
» voudront demourer et résider dans la dite ville,
» licence de y demourer et attendre seurement, sans
» que ascun empeschement leur soit mis ne donné
» du lour corps, n'en leurs biens, meubles et hé-
» ritages ne possessions dedens la dite ville », &c. ;
on exigeait d'eux seulement qu'ils « demourassent
» gens lièges et obessans au roy... et à ses heires et
» successours », &c. Le « chastel » fut spécialement
exclu de la capitulation ; et en effet, il se défendait
alors vigoureusement, et ne fut pris qu'un mois plus
tard. Sa garnison éprouva le courroux du vainqueur.

Henri V, de retour à Caen, confisqua les biens
de tous ceux « qui étoient absents aux bailliages de
» Caen et de Falaise, et les donna à ses gens [1]. »
Il s'occupa ensuite, avant de marcher vers Rouen,
de satisfaire aux demandes des villes de Basse-
Normandie, qui venaient de se rendre, afin de
se les attacher. Les bourgeois de Falaise obtinrent,
par différentes chartes, des avantages et des priviléges que nous allons relater.

Par deux chartes datées de Bayeux et d'Evreux [2],
le 24 mars et le 3 avril 1418, ils sont autorisés à
lever un impôt sur toutes les boissons qui se vendent

1 Chronique de Nagerel, page 170.
2 Grande liasse, pièces 15e. et 16e.

dans leur ville et dans les faubourgs, pour en employer le produit « à réparer et à reconstruire les
» murs, les tours, l'horloge et les fontaines 1, » et
en général « pour toutes les affaires d'icelle ville. »
Le tarif porte « 25 sous tournois sur chaque pièce de
» vin de Bourgoigne, d'Orliens, et de Bassirette,
» et 15 sols sur chaque pièce de cidre, cervoise,
» bierre et boschet, &c. »

Une autre charte 2, également datée de « la ville
» royale de Bayeux, le 24 mars, » concède aux
bourgeois de Falaise « tous les droits, franchises,
» libertés, hérédités, dont ils jouissaient à l'ar-
» rivée du roy. » Seulement celui-ci se réserve « tout
« le terrain situé dans les vallons, au-dessous de la
» ville et en dehors des murs, où il veut creuser
» des étangs pour la défense de la ville 3, » et il

1 Il est ici fait mention, pour la première fois, des fontaines de la ville dans un titre public. D'après les traditions,
nous en avons attribué l'établissement au duc Robert-le-
Libéral, et ce passage ne contredit en rien cette opinion. Il
fait même connaître qu'elles existaient anciennement, et que
leur reconstruction était devenue indispensable. Peut-être
étaient-ce les assaillans qui avaient eux-mêmes détruit les
canaux extérieurs, pendant le siége, afin de réduire plus aisément la place.

2 Grande liasse, no. 15 bis.

3 Ces étangs ont long-temps subsisté, et quelques vieillards
ont encore vu les eaux sur une partie du terrain où ils étaient
établis ; ils séparaient l'enceinte murée de la ville d'avec les
faubourgs. Il ne reste plus maintenant de toute cette masse
d'eau que l'abreuvoir public qui se voit encore à l'entrée du
grand cours. On pense, en général, dans la ville, que ces
étangs existaient aux premiers temps de Falaise ; il semble au
contraire, par cette charte, qu'ils furent creusés par Henri V.

» s'oppose même à ce que qui que ce soit construise
» ou édifie au dedans des fossés qu'il a fait ou qu'il
» veut faire établir », &c.

Les franchises de la ville étaient peu connues du
roi, et la plupart des titres étaient même égarés,
à ce qu'il paraît. Il ordonna donc qu'une enquête
se fit en présence de « ses gens des comptes, » pour
constater quels avaient été jusques-là les priviléges
de Falaise. Dix-sept des principaux bourgeois jurés
furent appelés, et tant par titre que par serment,
ils établirent toutes leurs anciennes prérogatives,
au nombre de vingt à-peu-près. Le procès-verbal
que les commissaires dressèrent de l'information,
existe encore, et nous en avons une copie sous les
yeux [1]. Il est à la date du 11 avril, et rédigé très-
régulièrement. C'est une pièce curieuse que nous
voudrions encore pouvoir offrir au public, si l'espace nous le permettait [2].

Le roi, dans la même année, par une charte

---

[1] Grande liasse de l'hôtel-de-ville, pièce 17.

[2] Nous citerons seulement les noms des dix-sept bourgeois
jurés dont la déclaration fut reçue. Les descendans de quel-
ques-uns d'entre eux existent encore dans le pays.
Voici l'ordre dans lequel ils déposèrent :
Sandrin-Semon Henier, de la paroisse d'Ernes ; Gnilliàm
de la Chaeze, seigneur de Ners ; Raoul de la Chaeze, sei-
gneur du Tremblay ; Raoul de Corday, seigneur de Mesnil-
Hernier ; Raoullet de Corday, de Versainville ; John Patart ;
Michel Rouxel, de Martigny ; Robert Bonnet, d'Eraine ;
Martin le Poichier ; Laurent Meslin ; Robert Taillebost ;
Johan de Cautelon, ou de Cantelou ; Girot Jehan ; Michel
Brazdefer ; Johan Bertin ; Robin de Ffoulon et Johan de Va-
nembras. « Tous de la ville de Falaise, jurés, etc. »

datée de Caen, le 20 mai, augmenta de 800 écus
d'or les sommes accordées pour la reconstruction
des murailles. Ces 800 écus d'or devaient « être
» perçus sur l'impôt du sel. »

Ainsi, voilà quatre importantes concessions faites
par le même prince, en moins de trois mois, à une
ville qu'il n'avait enlevée qu'après un long siége.
On reconnaît qu'il cherchait par tous les moyens à
se concilier ses habitans, et à mettre leur place à
l'abri de toute attaque. Le maintien des franchises
et des libertés de la commune dut être surtout
agréable aux Falaisiens.

En 1419, 1420 et 1421, ils obtinrent de nouvelles
concessions et de nouvelles faveurs. Les anciennes
chartes de Jean-Sans-Terre, de Philippe-Auguste
et de Louis IX, furent rappelées et confirmées [1];
l'impôt sur les boissons fut renouvelé [2], et d'autres
du même genre furent établis [3]; le roi spécifia partout que le produit en serait employé pour les
besoins de la commune, et surtout pour « les répa-
» racion et emparement de la ville. »

Il y eut en effet d'immenses travaux exécutés à
cette époque dans Falaise. Le roi venait d'en nommer
gouverneur [4] le fameux Jean Talbot, son meilleur
capitaine. Ce guerrier ne négligea rien pour mettre

[1] Grande liasse de l'hôtel-de-ville, n°. 26, charte du 12 janvier 1420, datée de Rouen.

[2] Grande liasse n°. 28, charte du 18 janvier 1421, datée
de Rouen.

[3] Grande liasse, n°. 21 et 24, chartes datées de Rouen et
de Mantes, le 13 mars et le 6 juin.

[4] Manuscrits, chronique, M. Langevin et autres.

la ville en état de soutenir un siége. Il voulut, entre autres, que l'on élévât cette grande tour, de cent pieds de haut environ, qui défend le château du côté de l'ouest. Il en jetta lui-même les fondemens ; et comme il suivait le roi dans ses campagnes, il chargea de la direction de l'ouvrage, pendant son absence, le vicomte de Falaise, nommé Gérard Desquay. Ce vicomte répondit parfaitement à la confiance de son chef, et le monument fut exécuté avec cette perfection que l'on y admire encore de nos jours. On lui donna le nom de tour Talbot, qu'il a porté pendant long-temps. Les paiemens des ouvriers furent faits authentiquement devant le tabellion de la ville, nommé Roussel [1], en 1420, 21 et 22.

Talbot fit encore construire dans l'intérieur du donjon, de belles salles pour sa demeure, et il les fit orner de riches peintures à fresque. Ces salles, qui portaient également son nom , ont subsisté jusque dans le dernier siècle, et les plus anciens du pays les ont encore vues. Malheureusement on n'a point conservé le souvenir des sujets représentés sur les murailles, et cette perte est maintenant irréparable par la négligence de nos devanciers. M. d'Aubigny, qui, bien jeune encore, en a vu quelques portions, assure que l'on y remarquait « entre autres, des hommes à cheval, armés à l'antique [2]. » On retrouvait encore, au temps de la

---

[1] Voir les manuscrits et les ouvrages de MM. de la Frenaye et Langevin.

[2] Note manuscrite communiquée par M. le comte d'Aubigny.

révolution, quelques empreintes à demi-effacées, sous les grands ceintres des fenêtres.

Ce fut dans ce même temps que l'on reconstruisit la chapelle St.-Prix, dans le donjon. Elle tombe maintenant en ruines, et les voûtes sont presqu'entièrement écroulées [1].

Tels furent les événemens qui se passèrent dans cette ville, pendant le règne du roi Henri V. Ce prince ordonna encore que la cour ecclésiastique, établie jusques-là dans la ville de Séez, fut transférée à Falaise. Elle y demeura jusqu'en 1450 [2]. Il fit aussi démolir, en 1422, un lieu nommé « l'ostel fort » de la Ffaloise, » situé dans la ville, et appartenant aux religieux de Cormeilles. Ce lieu sans doute était dangereux en temps de siége, car il ordonna que les fossés fussent comblés, et il fit connaître, par sa charte, que c'était « pour le bien et utilité » de la chose commune [3], &c. »

Cette charte de Henri V est datée de Rouen, le 16 juillet 1422, et la mort le frappa le 31 août suivant, à Vincennes. C'est donc un des derniers actes de son règne, et l'on voit que jusqu'à la fin il s'occupa de Falaise et de sa prospérité. Nul roi n'a publié autant de chartes en faveur de cette ville, et n'a fait de plus nombreuses concessions à ses habitans. Depuis le jour de la reddition de la place, en 1418, jusqu'en 1422, nous retrouvons dans le chartrier de la ville, dix-neuf pièces, tant publiques

1 Manuscrits de la ville et M. Langevin.

2 M. Langevin, page 365.

3 Grande liasse de l'hôtel-de-ville, nº. 29.

que particulières[1], émanées de lui, et remplies de dispositions bienfaisantes; les termes mêmes en sont généralement affectueux et touchans : « A la sup- » plication de nos bien amez les bourgeois , ma- » nants et habitans de notre bonne ville de Fa- » loise, &c..., nous accordons à nos bien aimés » les bourgeois de Falaise, &c., &c. » Les princes qui lui succédèrent ne montrèrent pas, à beaucoup près, le même intérêt pour cette ville; et les Falai- siens purent regretter Henri V comme un bien- faiteur, quoiqu'il eût fait éprouver à leur ville de grands désastres pendant le siége. Il fit pour les ré- parer tout ce qui fut en son pouvoir, et il pardonna même au brave Mauny, qu'il avait fait renfermer par humeur, après la reddition du château[2]. Avant de mourir, il le fit mettre en liberté, ayant su que dans sa prison, il avait montré beaucoup d'empres- sement pour contribuer aux reconstructions des murailles détruites pendant les assauts.

La régence du duc de Bedfort et le règne de Henri VI, jusqu'en 1450, ne présentent pres- qu'aucun fait historique. Talbot continua d'être gouverneur de la ville, mais il dut y séjourner très-

1 Nous n'avons point parlé de sept chartes de gratifications faites à différens individus de la ville ou à des capitaines, pour les services qu'ils avaient rendus : les uns reçurent des terres, parmi lesquelles on remarque celles de Couvrigny, de Neuri, d'Écajeul, de Magny-le-Freulle, etc., toutes voisines de Falaise; d'autres obtinrent des offices, tels que celui du courtage de la poissonnerie, celui du mesurage des voides (ou pastel), etc. (Voir la grande liasse, pièces 13, 18, 19, 22, 23, 25.)

2 Rolles Normands, page 263.

rarement. Un capitaine en second, qui commandait sous lui, Gerard Huyn, fit construire un pont dans le vallon, sur l'emplacement du cours actuel. Ce pont, qui portait son nom, servait sans doute de communication entre la muraille du château et la campagne, par-dessus les chaussées des deux étangs. Il fut détruit dans le dernier siècle[1], lorsque les étangs et les fossés de la ville furent desséchés.

En 1438, on releva la nef de l'église Ste.-Trinité, détruite vingt ans auparavant. Une inscription, placée à peu de distance du grand portail, fait connaître la date de ce travail, et fait mention d'une peste qui survint dans le même temps.

Du reste, s'il ne se passa rien de remarquable dans Falaise, pendant les quatre-vingt-sept années de la domination anglaise, qui suivirent la mort de Henri V, du moins cette ville demeura tranquille, et les malheurs de la France ne l'atteignirent point. Mais enfin, Charles VII ayant recouvré plusieurs parties de ses états par le courage de ses capitaines et les merveilleux exploits de Jeanne d'Arc, il s'avança vers la Normandie pour la faire rentrer également sous son obéissance. Il chassa les Anglais par degrés des différentes villes ; et, maître de Caen et de tout le pays, il songea bientôt à Falaise. Les Falaisiens avoient passé deux siècles sous les rois de France, et ils se seraient sans doute volontiers remis entre leurs mains. Mais les chefs Anglais commandaient dans la place, et une forte garnison la défendait. Il fallut donc encore se préparer à un siége,

[1] Manuscrit de M. l'abbé Hébert, sur le diocèse de Séez, communiqué par M. Lesassier-Boisauné.

et braver de nombreux bataillons qui s'étendirent de toutes parts autour des murailles. Des historiens contemporains ont fait le récit de cet événement ; nous en donnerons les détails d'après eux.

« Le sixième jour de juillet (1450) fut mis le
» siége devant Fallaise, et s'y trouva premier Pos-
» thon de S. Treille (Saintrailles), bailly de
» Berry ; et le lundy après, maistre Jean Bureau,
» trésorier de France, avec lequel estoient les fran-
» çois archiers pour conduire l'artillerie, dont il
» estoit gouverneur. Tantost après que les anglois
» de la place les aperceurent, ils allèrent devant et
» les assaillirent tres aprement : et a iceluy assault
» se gouverna le dit trésorier tres vaillamment en
» soy deffendant contre les dits anglois. Et pendant
» vint le dit seigneur de S. Treille à son secours,
» et tellement fut deffendue la dicte artillerie, que
» les dits anglois furent reboutez jusques aux portes
» de leur forteresse [1]. »

Après ce premier combat, où les deux partis firent l'essai de leurs forces, le roi Charles VII lui-même partit de Caen, pour venir en personne commander le siége. Il s'établit « à une lieue près du
» dit Fallaise, en une abbaye, nommée Saint-
» Andrieu (Saint André). Avec lui estoit le roy de
» Cecile (Sicile), le duc de Calabre, son fils, les
» comtes du Maine, de St.-Pol et de Tanquarville,
» le vicomte de Loumaigne, et plusieurs, et fut
» mis le siége tout autour de la dicte ville de Fal-
» laise, &c..... »

[1] Chronique d'Enguerrand de Monstrelet, tome 3, page 50, édition de 1595.

La

La chronique indique les postes qui furent assignés aux divers capitaines :

« Le duc d'Alençon fut logé a un lieu nommé
» la Guibray, et.... le comte de *Dunois* du costé
» de devers le Maine.... Au droict de la porte fu-
» rent logés Monsieur de Beauvais, Jean de Lor-
» raine et le baillif de Berry... De l'autre part vers
» Caen furent logés les comtes de Nevers, d'Eu,
» Mr. de Culand grand maistre d'hôtel du roy,
» Mr. d'Orval, Mr. de Montigny, et plusieurs
» autres, &c..... Au dessous de Guibray estoient
» logés deux mille francs archers, et près du sei-
» gneur Dunois estoit logé le seigneur de la Forest,
» gouverneur du Maine, &c... En ce temps le con-
» nestable de France et le comte de Clerremont,
» Mons de Laval, Mr. de Loheac, maréchal de
» France, Mr. de Rays de Coytigny admiral de
» France, le maréchal de Jalongnes, le seneschal
» de Poitou, &c... et deux mille francs archers y
» vindrent[1], etc. »

Ainsi, toute la cour, et les premiers capitaines du
temps, ces preux chevaliers si vantés, se trouvaient
devant la ville, Dunois, Saintrailles, les maréchaux, les amiraux, avec les meilleures troupes du
roi. Les Anglais, de leur côté, avaient une « gar-
» nison de mil cinq cents combattants anglois, les
» mieux en point qui fussent en Normandie, dont
» estoient conduiseurs et capitaines, sous le sire de
» Thallebot, deux gentilshommes anglois : l'un An-
» drieu Troslet et l'autre Thomas Cathon[2], etc. »

[1] Chronique de Nagerel, page 205.
[2] Monstrelet, page 30, tome 3.

7

Cette garnison cependant n'osa pas tenter les chances d'un siége soutenu contre la formidable armée française. Dès que les positions furent prises, on parlementa. Ce fut Dunois qui fut chargé par le roi de traiter avec eux. Voici quelles conditions furent arrêtées :

Les assiégés promirent de mettre « en l'obéissance » du roy la ville et chasteau de Fallaise le 22e. jour » dudit juillet, ou cas qu'ils ne seroient secourus » en dedans le dit jour, pourveu aussi que le sire » de Thallebot, qui estoit seigneur de la dite place, » du don du roy d'Angleterre.... et prisonnier du » roy au chasteau de Dreux seroit délivré et mis » en franche liberté, &c... »

Ainsi, la délivrance du plus grand capitaine anglais de ce temps, fut une des conditions de la capitulation ; et lorsque le terme indiqué fut arrivé, les soldats de la garnison, comptant sur la parole de Charles VII, lui ouvrirent les portes de Falaise et se retirèrent librement. Charles VII « receut la » ville et le chasteau en obéissance et en ordonna » capitaine Pothon de S. Treille, son grand écuyer, » baillif de Berry 1. » Il crut sans doute que ce vaillant chevalier serait flatté de commander dans une place que le héros anglais avait reçue pour son partage lors de la conquête de Henri V 2.

1 Monstrelet, page 31.

2 Talbot fut mis en liberté peu de temps après, et il périt à la bataille de Châtillon, en 1453. On a prétendu que son tombeau se trouvait autrefois à Falaise, et l'on y avait même placé une inscription pour en perpétuer le souvenir. Mais on a depuis reconnu l'erreur, et l'on sait que Talbot n'a jamais pu reposer en cette ville. Son cœur fut déposé à Waterfort,

Un poëte du temps a aussi décrit cette prise de Falaise dans un ouvrage peu connu de nos jours. Nous ne pouvons résister au désir d'en citer un fragment ; c'est un passage bien peu épique, mais curieux par son ancienneté.

Ce jour fut assiégé Falaise
Par Poton, bailly de Berry,
Du Bureau arriva malaise
Et fut ung tantinet marry;
   Il conduisoit l'artillerie,
Mais des que les anglois le virent,
En grant bruyt, tumulte et crierie,
Saillirent sur lui et ferirent.
   Poton si vint a son secours
Avec ses gens sus pié sus bille
Et frapperent tant de coups lours
Qui les chasserent dens la ville.
   Pendant le roi partit de Caen
Pour venir auprès de Falaise
A sainct Salvin 1 vers Argenten
En ung lieu où il fut tres aise.
   Et tantost après sa venue
Les françois Falaise assaillirent

Qui ne fist par grande tenue
Ains traictié et trestes réquirent.
   Dunoys par le commandement
Du roy a eulx parlementa
Et fist illec l'appointement
Lequel tint comme il traicta.
   C'est assavoir qu'ils devoient tendre
La ville dedens certains jours,
Ou cas qu'ils ne sçauroient defendre
Et qui ne leur viendroit secours.
   Pourveu que Talbot leur maistre
Qui estoit prisonnier a Evreux 2
Et qu'ils reputoient leur bras destre
Seroit delivré quant et eux.
   Si fut la journée attendue
Mais les anglois ne viudrent point
Parquoi la ville fut rendue
Et la eut le roy par ce point, etc. 3

Falaise, redevenue ville française pour la seconde fois, recouvra le repos intérieur dont les guerres continuelles et le séjour prolongé des étrangers 4

en Angleterre, et sa dépouille demeura pendant long-temps à Châtillon ; on l'a depuis transportée également en Angleterre.

1 Le roi coucha en effet le premier jour à Saint-Sylvain, entre Caen et Falaise ; mais ce fut à St.-André, du côté d'Argentan, qu'il s'établit pendant le siége.

2 D'après Monstrelet, c'était à Dreux qu'était renfermé Talbot.

3 Extrait de l'ouvrage intitulé : *Les Vigiles de la Mort du feu roi Charles VII, en rymes françoises*, par Martial de Paris, ou d'Auvergne, un vol. in-4°. Paris, 1493, sans pagination, avec gravures de bois, etc....

4 Outre les grandes constructions qui rappellent en cette ville la domination des rois anglais, on y retrouve encore fréquemment des monnaies d'or et d'argent à leur effigie.

dans ses murailles, l'avaient privée depuis long-
temps. Ses annales semblent aussi, de ce moment,
n'offrir plus le même intérêt. Il faut avouer cependant que le récit des combats n'est pas le seul
qui doive charmer des lecteurs ; le fracas des armes
a lui-même sa monotonie ; il est pénible d'ailleurs
de retrouver partout le même peuple luttant sans
cesse pour la défense de ses foyers, et l'on doit se
reposer volontiers après une crise qui a tout boule-
versé autour de soi. Nous sommes donc persuadés
que les simples événemens que nous trouverons à
raconter, dans l'espace de plus d'un siècle, ne
seront pas lus avec une entière indifférence par les
habitans de ce pays. Ils aimeront à retrouver leurs
aïeux dans toutes les différentes positions où la
fortune les a placés.

La fin du règne de Charles VII n'offre rien qui
se rattache à Falaise. Ce prince mourut en 1461,
maître de la France, que les Anglais avaient en-
vahie pendant les dernières années de son père ; il
emporta dans le tombeau le surnom de Victorieux.

Louis XI, son fils, qui parvint au trône après lui,
céda dans le commencement la Normandie à son

Nous en possédons quelques-unes très-bien conservées ; la
plus remarquable est un *noble d'or* de Henri VI, avec les
armes de France et d'Angleterre parsemées sur l'écusson et
sur le revers ; le roi y est représenté armé et debout, sur un
vaisseau. (Voir Leblanc, monnaies de France, page 298.)
Cette pièce a été trouvée dans les fondemens d'une loge, à
Guibray, en 1820, par M. Guérin, entrepreneur de bâtimens ;
il nous l'a cédée avec beaucoup d'obligeance, et nous la déposerons au cabinet que l'on forme à l'hôtel-de-ville, pour
les objets curieux recueillis dans les environs.

jeune frère, le duc de Berry. Mais il voulut bientôt
après la reprendre, et il vint dans la province lui-
même avec quelques troupes. En 1465 il entra dans
Falaise qui ne songea point à lui résister [1]. En peu
de temps il eut chassé son frère de toute sa prin-
cipauté.

Ce même prince, en 1467, accorda des lettres-
patentes aux villes de Rouen, de Caen et de Falaise,
pour favoriser leur commerce réciproque ; elles
purent en conséquence échanger entre elles leurs
marchandises et les faire transporter sans être soumises à aucunes rétributions pour le fisc [2]. C'était
une prérogative, si l'on se reporte aux entraves
que le commerce général pouvait éprouver par les
nombreux impôts établis pendant ce règne. Mais
les Falaisiens avaient joui de priviléges bien plus
étendus sous les anciens rois, et ils regrettèrent
sans doute que les chartes de Jean-Sans-Terre et
de Philippe-Auguste ne fussent pas rappelées en
entier par leur successeur. On s'accoutume difficilement à se voir privé d'un grand avantage dont
on a joui pendant long-temps.

Le commerce de Falaise, à cette époque, con-
sistait en pelleteries et en étoffes teintes. C'était
dans le vallon de l'Ante, comme nous l'avons observé déjà, que les pelletiers avaient leurs établissemens ; les teinturiers devaient y avoir également
placé leurs ateliers. En temps de guerre, ils ren-
traient tous dans la place, et leurs opérations étaient
suspendues. Il existe encore une rue de la Pelleterie,

1 Masseville, tome 4e, page 274, et mémoires de Commines.
2 Masseville, page 279.

dans le centre de la ville, où les tanneurs et leurs ouvriers se réfugiaient sans doute pendant les siéges.

Une grande révolution politique, qui occupa tout le monde chrétien à cette époque, amena dans les murs de Falaise, sous le règne de Louis XI, des rejetons d'une famille auguste. L'empire d'Orient venait de s'écrouler avec fracas, et le fier Mahomet II, maître de Constantinople, en avait expulsé les Paléologues, derniers successeurs des Césars. Cette race malheureuse et proscrite se répandit dans les divers états de l'Europe, et vint demander un asile aux rois chrétiens. Georges Paléologue choisit la France pour sa retraite, et le monarque français le reçut et l'accueillit avec bonté. Il voulut même lui accorder des secours et un petit gouvernement pour le dédommager de ses disgrâces. Il le nomma en conséquence vicomte de Falaise, et l'établit dans cette ville, remplie de souvenirs honorables. Georges Paléologue eut la sagesse d'oublier ses grandeurs passées au sein d'une tranquille retraite. Il passa ses derniers jours dans ses humbles fonctions, et à sa mort il les légua à son fils Guillaume, avec l'exemple de ses vertus.

Georges Paléologue choisit pour son lieutenant Jean Vauquelin, seigneur des Yveteaux, qui s'était dévoué à sa fortune. Le père de ce Jean Vauquelin s'était signalé dans les guerres contre les Anglais, sous Charles VII, et s'était retiré dans sa vieillesse à Falaise. C'est le premier auteur connu de la famille des Vauquelin, si distinguée dans ce pays.

L'épitaphe de Jean Vauquelin rappelle la fortune de Georges Paléologue, auquel il s'était attaché;

elle se voyait au château des Yveteaux, et peut-être s'y trouve-t-elle encore maintenant. Nous en donnons ici la traduction, parce qu'elle remet sous les yeux un grand souvenir historique.

« Ci gît le très-noble Jean Vauquelin, fils de
» Fralin, écuyer, seigneur des Yveteaux, lieu-
» tenant de la ville et vicomté de Falaise, sous
» le très-illustre Georges Paléologue, issu des em-
» pereurs de Bizance, qui se réfugia en France,
» après la prise de Constantinople par les Turcs,
» et fut nommé par le roi gouverneur de Falaise [1], etc. »

Guillaume Paléologue obtint, après son père, comme nous l'avons dit, la dignité de vicomte de Falaise. Ce fut encore un descendant, ou du moins un allié de cette famille, que ce Guillaume de Byssipat, seigneur de Hanaches, qui se trouvait vicomte en 1500 à-peu-près. Il devint *gentilhomme de l'hôtel* du roi Louis XII, et périt glorieusement dans un combat. Un poëte contemporain l'a célébré dans un chant lyrique de plus de six cents vers; il le représente comme un des premiers orateurs et des plus vaillans guerriers de son temps. Nous empruntons quelques vers à cet ouvrage bizarre, afin de donner une idée du poëte et de son héros. Nous prenons au hasard :

..... Afin que mon dueil ayse
Je prie a tous que le trespas désplaise
Du feu gentil viconte de Falaise.
Je dys gentil

---

[1] Ces détails sont extraits en partie d'un manuscrit in-4°. conservé chez M. Charles de Vauquelin, de Sassy. Le nom des Paléologues est inscrit sur les registres des vicomtes de Falaise, depuis 1473 jusqu'à la fin du 15e. siècle.

> Et le puis dire ainsi ; tel estoit-il....
> .... Fort bien saydoit de la plume et oustil
> Des orateurs.....
> Plume dorée
> Avoit en main digne d'être adorée....
> .... Bon grec parloit.
> Et beau latin aussi quand il vouloit.
> Du maternel son esprit tant valoit
> Que ung seul mot amender ny failloit...

Après quatre cents vers à-peu-près d'éloges magnifiques, de ce genre, il ajoute :

> Or est-il mort ; las c'est mon : mais comment ?
> Il estoit jeune et de si belle taille.
> Se on dit qu'il soit laschement mort, on ment ;
> Il fut occis combattant vaillamment
> En aspre, dure et tres forte bataille, etc. 1

On connaît le nom des autres vicomtes de Falaise, pendant le cours de ce siècle. Le matrologue de St.-Lazare, conservé dans l'hôtel-Dieu, les désigne dans l'ordre suivant : Jean Auber, Nicolas Pothier, Guillaume Lachère et Geoffroi de Genouville, pendant le gouvernement des Français ; Girard Desquay, Guy de la Villette, Jean Schynth et Guillaume Plomton, pendant l'occupation de la ville par les Anglais 2. Tous ces vicomtes portaient l'épée, et cependant ils exercèrent les fonctions de maires ou de chefs de la commune ; les anciennes franchises de la ville n'étaient plus respectées.

Falaise eut aussi, pendant ce siècle, plusieurs

---

1 L'auteur de ces vers est le poëte Crétin ; ils se trouvent imprimés dans un livre curieux sur les *Illustrations de Gaule*, par Jehan le Maire de Belges, imprimé à Paris, en 1528, chez François Regnault, etc.

2 Recherches sur Falaise, page 147.

chefs militaires particuliers, gouverneurs de la place
et du château fort. Outre le maréchal de la Fayette,
Talbot et Pothon de Saintrailles, que nous avons
indiqués, on trouve encore rappelés dans les manuscrits : Guillaume du Merle, Jacques de Toute-
ville, Henri de Vendôme et Jean Blosset, grand
sénéchal de Normandie[1].

Deux titres que nous retrouvons, se rattachent
encore à l'histoire de Falaise pendant le 15e. siècle;
nous les rappellerons avant de la terminer.

L'abbé de St.-Jean, l'un des principaux personnages du pays, obtint du pape Sixte IV de grands
honneurs et de grandes prérogatives; il lui fut,
entre autres, permis de porter la mître, l'anneau
et les autres insignes de la dignité pontificale; il
eut aussi le droit de donner la bénédiction solen-
nelle après les principales cérémonies religieuses,
et de consacrer les églises et les divers ornemens du
culte sacerdotal. Ces grâces lui furent accordées
pour lui et ses successeurs, à perpétuité. La bulle
est datée de Rome, au mois de décembre 1475.
C'était alors un grand événement que d'obtenir
pour un monastère de pareilles distinctions[2].

Des habitans de la ville reçurent, en 1493, une
charte du roi Charles VIII, pour la construction
de halles et de loges dans l'enceinte de Guibray.
C'est le plus ancien titre authentique de ce genre,
concernant la foire, qui se soit conservé dans les registres et les dépôts publics. Les deux tiers des revenus de ces constructions étaient accordés, à ce qu'il

---

1 Recherches sur Falaise, page 137.
2 Neustria Pia, page 755.

paraît, aux fondateurs, et le reste devait revenir au roi. Des arrêts du conseil, postérieurs, et notamment celui de 1642, rappellent un autre titre du même genre, en date de 1494. Nous en ignorons le contenu [1].

Les frères de Lahaie, peintres, naquirent, vers l'an 1500, à Falaise ; ils ont laissé plusieurs tableaux dans les églises de cette ville, qui leur acquirent de la célébrité dans le temps [2]. Nous ne connaissons aucun de leurs ouvrages.

Les cinquante premières années du 16e. siècle offrent peu d'événemens ; voici quels furent les principaux :

En 1521, on commença la reconstruction du chœur de l'église Sainte-Trinité. Ce travail ne fut entièrement terminé qu'en 1540 [3]. Les habitans de la paroisse contribuèrent, par leurs libéralités, à l'achèvement de cet édifice ; un bourgeois, nommé Herpin [4], fournit, entre autres, des sommes considérables.

1 Nous avons puisé ces renseignemens dans des actes de l'ancien bailliage, déposés au greffe du tribunal civil, et dans une liasse de pièces concernant Guibray, que M. Loriot, juge de paix et ancien syndic de la foire, a bien voulu nous confier.

2 M. Langevin, page 443.

3 On peut consulter les inscriptions qui se trouvent à gauche du sanctuaire, dans l'intérieur de l'église, et sur les colonnades extérieures.

4 M. Langevin pense que les statues qui se voient à l'une des fenêtres extérieures du chœur, vers le midi, sont celles d'Herpin et de sa femme, bienfaiteurs de l'église. Herpin est couvert d'une toque, et enveloppé d'une robe à longs plis ; sa barbe est longue comme celle des anciens rois. Sa femme

Les chapelles latérales de St.-Gervais, du côté
de la nouvelle halle, doivent dater aussi de la
même époque. On y remarque extérieurement de
larges écussons, avec la salamandre et les armes
du roi François Ier.

En 1528, les revenus domaniaux des vicomtés
de Caen, de Falaise et de Bayeux, furent engagés
au duc de Ferrare; le roi se retint seulement « les
» estats de capitaine et de bailly de Caen, de capi-
» taine de Falaise¹, &c. » Ainsi, les malheureuses
guerres d'Italie se faisaient ressentir jusques dans
nos provinces reculées. Ce n'était plus le roi de
France, mais un petit prince étranger qui venait y
recueillir les impôts publics. Un tel état de choses
était humiliant, et les habitans de ce pays ne durent
s'y soumettre qu'à regret. Nous ignorons pendant
combien de temps ils y demeurèrent assujétis.

Quant à l'impôt en lui-même, il ne s'élevait pas
alors à une somme bien considérable. De Bras
assure qu'au temps du roi Louis XII, le corps de

a un costume élégant, qui lui presse la taille, et sa figure
ronde est assez gracieuse. Nous doutions que ce costume pût
appartenir à des bourgeois de Falaise, du seizième siècle ;
mais un passage de l'historien de Caen, de Bras, nous ramène
à l'idée que les statues pourraient en effet être bien celles des
deux époux. « Le marchand bourgeois portoit robe d'un fin
» drap noir ou tanné, à longues et larges manches ouvertes,
» parement de damas, la barette ou toque à l'arbalestre qui
» estoit une toque à rabat par derriere où estoit attaché un
» ruban de soie sur le carré de devant. Les dames et bour-
» geoises de ville pour leurs bonnes robes estoient d'écarlate
» rouge, doublées de velours par les larges manches, la
» queue de satin, etc... » (Antiquités de Caen, pag. 83, 84.)
¹ De Bras, page 95.

la taille ne se montait qu'à douze cent mille livres
pour toute la France. Sous son successeur, il s'élevait au double peut-être, ou tout au plus à trois
millions. Cette somme répartie sur toute l'étendue
du sol français, il en demeurait bien peu à la
charge de la vicomté de Falaise. Du reste, les objets
de consommation étaient également au taux le plus
modéré. « Le bon vin françois ou de Bourgogne
» n'estoit vendu que 2 sols le pot, et le plus ex-
» cellent de Beaune et d'Orléans, 2 sols 6 deniers
» ou 3 sols au plus... Le froment ne se vendoit que
» 2 ou 3 sols le boisseau ; l'orge 18 deniers et 20 de-
» niers. La dinée de l'homme à cheval, aux fa-
» meuses hôtelleries, ne coustoit que 4 ou 5 sols...
» La façon d'un accoustrement ne valoit que 4 ou
» 5 sols, les bonnets 7 sols 6 deniers, les chapeaux
» 4 sols, les souliers à homme 7 ou 8 sols, la jour-
» née de l'homme 2 sols, et de la femme 18 ou
» 20 deniers, le chapon 2 sols, &c., et conséquem-
» ment toutes choses à prix compétent [1], &c. »

Un autre état, fourni par le même auteur, fait
connaître quelle était l'importance de Falaise relativement à Caen, à la même époque. Le roi d'Angleterre ayant ordonné qu'on levât une taxe de
guerre sur les villes closes, « Caen fut cotisée à
» 5000 livres et Falaise à 2500 [2]. » Il y avait donc
une différence de moitié entre les deux villes. Ainsi
le prix des vivres et des objets de consommation,
qui était très-modique à Caen, comme nous le
voyons par le récit de l'historien de cette ville,
pouvait encore être moins considérable à Falaise.

[1] De Bras, page 83.   [2] *Idem*, page 135.

Nous croyons plaire à nos lecteurs en leur offrant ce petit détail statistique, qui date de trois siècles maintenant.

En 1532, le roi François Ier. visita la Normandie, et le 2 avril il traversa Falaise, en se rendant à Caen 1. Rien ne rappelle qu'il ait laissé dans cette ville aucune marque de sa munificence.

Trois mois plus tard, il publia de Vannes, où il se trouvait, des lettres-patentes concernant la foire de Guibray 2. Il se plaint de nombreuses usurpations commises, par des bourgeois, à son préjudice, et il rappelle à ses officiers d'anciens arrêts qu'ils doivent faire exécuter. Cette charte est toute fiscale, et plus onéreuse que profitable pour les habitans de la ville; ils durent la recevoir avec déplaisir. Les anciens rois ne les avaient pas accoutumés à tant de rigueur.

En 1540 ils eurent enfin un vicomte choisi parmi les hommes de justice, et qui porta la robe. Les rois avaient reconnu combien les capitaines étaient peu propres aux fonctions judiciaires, et ils mirent un terme à de grands abus, en n'y appelant plus que des magistrats civils. François Ier., qui amena ce changement, avait, quelque temps auparavant, créé près des bailliages des procureurs *du roi* et des lieutenans criminels. Il y en eut à Falaise tant que dura l'ancien système d'administration judiciaire 3.

---

1 De Bras, page 107.

2 Pièce déposée au greffe du tribunal civil, et intitulée: *Extrait des registres de la Cour du Parlement*, datée du 4 novembre 1532, et signée *Robertot*.

3 Voir le Mémoire de M. de Cerny, déposé au greffe, et les Recherches de M. Langevin.

Le vicomte ne jugeait les affaires qu'en premier ressort, et l'on appelait de ses décisions devant le baillif. Il ne connaissait point des cas royaux ni des causes nobles. L'office de maire, qu'il avait usurpé, le rendait juge de police dans la ville.

La vicomté de Falaise s'étendait dans un rayon considérable, et contenait, en 1540, quinze sergenteries à épée. Nous les indiquerons d'après le papier terrier dressé, dans la même année, par ordre du roi.

La sergenterie de Falaise est inscrite la première, ensuite viennent celles de Thury, des Bruns, de Bretheuil, de Bretteville, de Tournebu, de Saint-Pierre-sur-Dive, de Jumel, du Houlme, de la Forest, de Briouze, de la Ferté-Macé, de Séez, du Breton et de Montagu.

Chacune de ces sergenteries contenait un certain nombre de communes ou paroisses, qui se montaient en masse à près de trois cents. On conçoit d'après cela que le territoire de la vicomté s'étendait bien au-delà des limites actuelles de l'arrondissement. Il embrassait des communes situées au-delà de Séez, du côté d'Alençon ; la ville entière de Séez, métropole de Falaise pour le spirituel, en dépendait pour le civil ; Vauxelles, un des faubourgs de Caen, en-deça de l'Orne, en faisait également partie.[1]

1 On peut consulter, au greffe du tribunal civil, l'abrégé du papier terrier, dont l'original était aux archives du Parlement. Nous regrettons de ne pouvoir nous étendre un peu plus longuement sur cette pièce, qui contient des détails curieux sur l'état du pays, en 1540.

Le dernier vicomte d'épée fut Jean Picard, vers 1527, et le premier vicomte de robe fut Jacques Desbuats, en 1540. Il n'y eut point de maire particulier dans la ville depuis cette époque jusqu'en 1749; les vicomtes, comme leurs prédécesseurs, s'en attribuèrent les fonctions, sous le titre de vicomtes-maires.

Le règne de François Ier. se termina, et celui de son fils Henri II s'écoula sans qu'il survint rien de nouveau dans cette ville.

François II ne régna que quinze mois au plus, et nous retrouvons de lui un monument historique en faveur des Falaisiens. Au mois de novembre 1560, il data d'Orléans, où il mourut quelques jours après, une charte de confirmation des anciens priviléges de la ville[1]. Il rappelle l'ancienne charte de Philippe-Auguste, donnée après le siége, en 1204, et il en ordonne l'exécution. Ainsi, les habitans de la ville purent encore exercer le commerce par toute la France, sans être assujétis à aucune taxe envers le roi; ils purent prêter à un intérêt exorbitant, pourvu qu'il ne s'elevât point jusqu'à cent pour cent; enfin, les priviléges de leur commune furent maintenus, à l'exception toutefois qu'ils n'eurent plus de maire particulier et électif. Deux écrivains[2] ont prétendu qu'ils n'y renoncèrent qu'à cause des frais considérables qu'entraînait l'élection : nous ne pouvons penser qu'un motif de ce genre

---

[1] Pièce déposée au greffe du tribunal, sous le titre de *Priviléges des Bourgeois de Falaise.*

[2] MM. Siard et de la Gaillionnière, dans l'inventaire du chartrier de la ville.

ait amené les bourgeois à renoncer à leur plus belle prérogative.

Charles IX confirma la même charte en 1561[1]. Ses lettres de confirmation furent enregistrées au parlement de Rouen, le 23 août, en sa présence, et l'expédition en fut remise aux députés de Falaise, qui l'étaient venue réclamer[2]. C'est le dernier titre de ce genre que nous retrouvions dans les archives de la ville.

Nous arrivons maintenant à une époque malheureuse pour la France, et principalement pour la Normandie. Les querelles de religion armèrent les citoyens les uns contre les autres, et remplirent nos contrées de deuil et de désolation pendant plus de trente ans. Falaise fut, comme les autres villes, prise et reprise par les différens partis, et souffrit plusieurs fois les horreurs du pillage. Nous nous bornerons à rappeler quelques-uns de ces événemens, et nous n'entrerons dans les détails que lorsqu'ils seront de nature à inspirer de l'intérêt.

Le premier signal de désordre qui fut donné dans ce pays, fut l'assassinat de Ravent Morel[3], lieutenant-général du vicomte. Il se rendait à sa terre de Torps, dont il était seigneur, quand il fut atteint

1 Pièce du greffe, sur les *Priviléges des Bourgeois de Falaise.*
2 Ces députés se nommaient *Foucher, Bernier* et *Fouquet.*
3 Ce Ravent Morel, sieur d'Aubigny, était fils de Jean Morel, seigneur de la Courbonnet, vicomte-maire de Falaise à la même époque. Ce sont les auteurs des familles actuelles de Morell, Morell d'Aubigny, et Morell d'Aubigny d'Assy, qui subsistent encore à Falaise et dans les environs. Les descendans ont ajouté à leur nom un *l* qui n'existe point dans les anciens titres.

par

par un coup de pistolet. La blessure heureusement n'était point mortelle, et Ravent Morel fut seulement *meurtri* [1]. C'était à la fin de 1560.

En 1562, au mois de mai, les huguenots s'emparèrent de Falaise, et y commirent de grands désordres. On leur reproche surtout la profanation et le saccagement des églises. Ils mirent le feu à celle de St.-Gervais, et ils l'auraient détruite probablement en entier, si Lesaulx, ou Dussaulx, leur ministre, ne les eût retenus. Il y avait aussi une chapelle sur la place de Guibray, qu'ils voulurent renverser ; le même ministre les en empêcha [2].

A la fin de cette année, Falaise rentra sous l'obéissance du roi ; mais il y resta beaucoup de huguenots. Ils établirent leur temple d'abord à Guibray, ensuite au Valdante, et enfin, plus tard, à St.-Laurent. Le vicomte leur assigna ce dernier faubourg, afin de les éloigner autant que possible de la ville. Ils y ont eu leur prêche jusqu'à la révocation de l'édit de Nantes.

Pendant le saccagement de Caen par les religionnaires, en cette même année, un Falaisien se distingua par un trait bien digne d'être conservé dans cette histoire. Les vainqueurs, après le pillage et le renversement des édifices, portèrent leur fureur jusqu'à profaner les tombeaux. Ils ouvrirent celui de Guillaume-le-Conquérant, en enlevèrent les ossemens du héros, et les dispersèrent. Charles Toustain, qui se trouvait sur les lieux, se saisit

[1] De Bras, page 165.
[2] Masseville, tome 5, Manuscrits de la ville et Recherches de M. Langevin.

d'un de ces ossemens comme d'une relique précieuse, et l'emporta publiquement; il le garda
pendant long-temps; et M. de Bras, qui le vit et
le mesura, prétend « qu'il étoit plus long de la
» largeur de quatre doigts ou environ que ceux
» d'un bien grand homme. » C'était un os d'une
des jambes. Il fut replacé plus tard dans le tombeau, quand on le rétablit[1].

Ce Charles Toustain, ou Toutain, devint lieutenant-général du vicomte de Falaise. Il est connu
dans le monde littéraire par une tragédie d'Aga-
memnon, dans laquelle on remarque une scène
bien grossière entre Électre et sa mère; on n'oserait
de nos jours reproduire les sales épithètes que
s'adressent ces deux reines de théâtre. La pièce
est dédiée cependant à messire le Veneur, *évêque
d'Évreux.* Une des bizarreries de l'ouvrage, c'est
qu'on y trouve des vers de seize pieds, tels que
ceux-ci :

Voicy les noires sœurs qui ont leurs foëts sanglants
        forcénés ;
Elles rouent en leur main gauche un a demi brulé
        flambeau, etc.[1]

Au reste, si Toustain n'était pas un bon poëte,

---

1 Le souvenir de cette action a été conservé sur la nouvelle
inscription du tombeau : « *Unum ex eis (ossibus) à viro nobili
qui tum aderat reservatum est et à posteris illius anno 1642 resti-
tutum, in medio choro depositum.* » etc. Voir de Bras, page 172;
Ducarel, Antiquités anglo-normandes, page 92 ; et Dibdin,
tome 2, page 32.

2 Histoire du Théâtre français, par les frères Parfait,
tome 3, page 301. La pièce ne fut imprimée qu'en 1556.

c'était un excellent citoyen. Ce dernier titre vaut mieux que tous les autres.

Dès l'année 1563, Falaise revit les huguenots dans ses murailles. Mais cette fois ils étaient commandés par l'amiral de Coligny[1], et ils ne se livrèrent point à d'aussi grands excès que l'année précédente. A la paix, qui ne tarda pas à se conclure, les troupes du roi reprirent la ville, et y tinrent garnison.

Les guerres civiles furent suspendues pendant quelques années ; mais elles reprirent en 1567, avec une nouvelle fureur. L'armée du roi, en Normandie, était commandée par le maréchal de Matignon, et celle des religionnaires par Montgommery et Coulombières. Ils recommencèrent de part et d'autre à s'entre enlever des villes, et à commettre des pillages et des massacres. En 1568, Falaise fut prise par Montgommery, et presque aussitôt après elle lui fut enlevée[2]. Il eut le temps cependant de disperser et de détruire les archives de l'abbaye de St.-Jean. Un de ses frères était alors abbé de ce monastère, et l'on a prétendu qu'il était huguenot dans le cœur, et avait lui-même donné le conseil de dévaster sa maison, pour se venger des moines qui le détestaient. Le fait est peu vraisemblable, et cependant nous le rapportons, parce qu'il est devenu historique. Peu d'années après, cet abbé de Montgommery fut égorgé dans une chapelle de son église, par un centurion de Caen, nommé Clément. Ses religieux refusaient de l'en-

[1] Masseville, tome 5, page 166.
[2] *Idem*, page 191.

sevelir, mais les magistrats de la ville intervinrent, et il fut déposé sous le chœur, comme ses prédécesseurs[1].

Nous ne trouvons, ni dans Masseville, ni dans d'autres historiens normands, que Falaise se soit souillée par des massacres, à l'époque fatale de la St.-Barthélemy. Nous aimons donc à croire qu'elle fut du nombre de ces villes de Basse-Normandie qui « restèrent calmes, tandis que le carnage régnait » dans les autres provinces. »[2] On sait avec quel héroïsme Matignon s'opposa, partout où il commandait, à l'exécution des crimes que projetaient les fanatiques. Il aura fait pour Falaise ce qu'il fit pour Alençon, pour St.-Lo, et pour tout ce pays en général. Jetons donc promptement un voile sur ces temps de désolation.

Matignon rendit un nouveau service aux Falaisiens, en chassant de leur ville, en 1574, les troupes de Montgommery, qui venaient encore de s'en emparer[3]. Falaise ne soutenait plus de siéges en ces temps-là, comme elle l'avait fait si glorieusement autrefois ; elle ouvrait ses portes à ceux qui se présentaient avec les forces les plus imposantes ; et comme les habitans se trouvaient en général partagés d'opinion, il y en avait toujours une portion qui se jetait dans les rangs des nouveaux venus. Chaque changement amenait ainsi une réaction et de nouveaux désordres ; le pillage devenait inévitable, et la famine en était souvent la suite. Il y en

1 *Neustria Pia*, page 757, et *Gallia Christiana*, tome 11, page 757.

2 Masseville, page 201.　　　3 *Idem*, page 191.

ent une, vers le temps de cette dernière prise de
Falaise, qui causa de grands ravages. Pour en
donner une idée, nous comparerons le prix des
grains en 1573, à l'état que nous en avons donné
pour le commencement du siècle

Sous Louis XII, et même sous François Ier., en
1520, « le froment ne se vendait que 2 ou 3 sols
» le boisseau, et l'orge 18 et 20 deniers, » comme
nous l'avons vu.

Sous Charles IX, en 1573, le froment se vendit
jusqu'à 105 sols, et l'orge 50 sols le boisseau.

Enfin, en l'année 1574, lorsqu'ils revinrent à un
prix modéré, le froment valait encore, à Falaise,
45 sols, et l'orge 25. L'avoine se vendait 12 sols[1].

On conçoit que le séjour d'une ville où régnaient
ainsi tous les fléaux et tous les désordres, devenait
bien insupportable pour les hommes tranquilles et
amis de la retraite, qui se trouvaient dans son sein.
Aussi, pendant cette anarchie, un écrivain qui
demeurait à Falaise, s'en retira brusquement, et
fut chercher le repos dans une terre voisine, où
il était né : c'est le célèbre Gui Lefèvre de la Boderie, que l'on connut dans le siècle sous le nom
de *Fabricius*, ou plutôt *Guido Fabricius Boderianus*.
Les savans se gratifiaient ainsi réciproquement de
noms grecs ou romains, pour se donner une plus
haute importance aux yeux du vulgaire. Comme

1 Ces détails sont tirés d'un manuscrit du temps, en forme
d'annales chronologiques, trouvé à la suite d'une chronique
d'Eusèbe, qui fait partie de la bibliothèque publique de la
ville. Le boisseau de Falaise contenait alors onze pots un
quart.

celui-ci florissait à cette époque, ainsi que ses frères, qui tous ont illustré Falaise, leur patrie, nous leur donnerons ici un petit article biographique. Ce sera pour nous et pour nos lecteurs un léger délassement.

Gui Lefèvre, né en 1541, fut un des hommes les plus laborieux de son temps. Il se livra dans sa jeunesse à l'étude des langues orientales, et il posséda « de bonne heure l'hébreu, l'arabe, le chal-» déen, le syriaque, le grec, le latin, le français, » l'italien et l'espagnol[1]. » Avec un de ses frères, Nicolas Lefèvre, il consacra plusieurs années à la publication de la fameuse Polyglotte d'Anvers, d'Arias Montanus. Plus tard, il fit paraître des ouvrages divers sur les langues et sur la théologie ; et enfin, il mit au jour un poëme intitulé : *La Galliade*, *des Hymnes ecclésiastiques* et *des Mélanges de Poésies*, qui ont eu plus ou moins de célébrité. Plusieurs de ces ouvrages furent composés, soit à Falaise, où il séjournait habituellement, soit à sa terre de la Boderie, et le reste en Hollande, où pendant qu'il suivait la cour. Gui Lefèvre avait été précepteur du duc d'Alençon, frère des rois François II, Charles IX et Henri III ; plus tard, il devint son secrétaire et l'interprète du roi Charles IX, pour les langues orientales. Il mourut en 1598.

Nicolas Lefèvre, son frère, est connu par le travail de la Polyglotte et par un autre ouvrage sur les langues. Il fut envoyé par Henri III en Italie, avec le maréchal de Bellegarde. Catherine de Mé-

[1] Biographie universelle (Michaud), tome 23.

dicis lui donna une femme de son choix, et il en
eut deux fils qui se distinguèrent dans les emplois
diplomatiques. L'un d'eux vint, à la fin de ses
jours, se faire capucin à Falaise [1].

Antoine Lefèvre, né à Falaise, en 1555, ne fut
pas moins célèbre que Gui Lefèvre, son aîné, mais
dans une carrière différente. Il se jeta dans la
diplomatie, et parvint bientôt aux premières dignités. Il fut ambassadeur de Henri III auprès de
la cour de Rome, et plus tard il fut envoyé par
Henri IV, avec le même titre, à Bruxelles, à Turin
et à Londres. Son ambassade à Londres lui fit beaucoup d'honneur, et il en revint chargé de présens [2]
par le roi Jacques Ier., par le prince de Galles et
par tous les grands de la cour. On lui attribue
d'avoir contribué, par ses entretiens, à déterminer
Henri IV à abjurer le calvinisme, et d'avoir aussi,
plus tard, découvert les intrigues du maréchal de
Biron. Comme écrivain, il a travaillé au *Catho-
licon*, et publié ses *Ambassades en Angleterre*, et un
Traité de la Noblesse. On a de plus imprimé les
lettres que lui adressèrent Henri IV et ses ministres.
Il mourut au commencement du 17e siècle. Sa fille
épousa le savant Arnaud Dandilly.

1 Biographie universelle, tome 23, et M. Langevin, p. 208.

2 Parmi ces présens, il y avait cent cinquante haquenées
qu'Antoine Lefèvre distribua à ses amis ; il n'en garda qu'une
seule pour lui, qu'il montait un jour, par hasard, dans une
chasse du roi ; celui-ci s'en aperçut, et la lui demanda. « Il
» n'est pas juste, lui dit-il, que je sois le seul de vos amis
» qui n'ait point de part à vos libéralités. » Ce mot est bien
digne de Henri IV ; il fait autant d'honneur à ce monarque
qu'à celui qu'il traitait avec cette familiarité. (Biographie
universelle, tome 23.)

Pierre Lefèvre, un autre des frères, prit le parti des armes, et se trouva, en 1571, à la bataille de Lépante. Il périt sur la brèche, au siége de St.-Lo, en 1574, avec un Vauquelin de Sassy. Matignon les avait chargés l'un et l'autre de commander l'attaque principale.

Enfin, le dernier et le moins célèbre des Lefèvre se nommait Philippe, et était dans les armes, comme le précédent. Il se jeta parmi les ligueurs, et fut tué au siége de Pont-Audemer, qu'il dirigeait, en 1590 [2].

On a long-temps parlé dans Falaise de ces frères Lefèvre, qui avaient acquis en effet une grande illustration. Leurs descendans ont vécu jusques dans le dernier siècle, et M. Langevin prétend que la famille ne s'est éteinte qu'en 1792.

A l'époque qui nous occupe, il y avait encore à Falaise un auteur dont les compilations biographiques ont fait long-temps mention; il se nommait Thomas le Coq, et il prenait le titre de *Prieur de la Trinité et de Notre-Dame de Guibray* [3]. Dans le temps où les mystères et les récits de la Bible se jouaient sur les tréteaux, ce bon prêtre eut l'idée de mettre en scène une des pages de la Genèse. Il choisit pour sujet *l'odieux et sanglant meurtre commis par le maudit Caïn à l'encontre de son frère Abel*, et il prit pour interlocuteurs douze personnages,

1 Joseph le Chevalier et M. Langevin, sur les frères la Boderie.

2 Les mêmes.

3 Voir la bibliothèque du Théâtre français, du duc de la Vallière, tome 3, page 240; et les Recherches sur les Théâtres, par M. de Beauchamps, un vol. in-4°.

dont quelques-uns paraissent bien bizarres; on y remarque, entre autres, *le Péché*, *le Diable*, *la Mort*, *le Sang d'Abel* et *le Remord de Conscience*. Le Sang d'Abel devait être le plus curieux, et l'acteur était sans doute assez embarrassé de son rôle. Du reste, cet ouvrage fut joué par toute la France, avec les extravagances du même genre, que l'on publiait encore dans ce temps. De pareils morceaux étaient dignes de figurer parmi les saturnales de la Ligue.

Cette Ligue s'organisait de toutes parts dans le royaume, et menaçait bien plus encore le roi que les religionnaires. Les Guises voulaient, avant tout, écarter du trône Henri de Bourbon, afin de s'en emparer après la mort du faible Henri III; et la religion était le prétexte qu'ils mettaient en avant pour tromper le peuple, et rendre odieux l'héritier légitime. Le calme cependant régnait depuis quelque temps en Normandie, et Falaise en jouissait comme les villes voisines; les Falaisiens profitèrent de ce repos pour relever leurs édifices détruits ou endommagés par les derniers événemens. Dès 1580, le chœur de St.-Gervais avait été reconstruit[1], et plus tard on releva les chapelles latérales du côté de la place, avec le portail. On remarque aussi quelques ornemens sur les chapelles de l'église de Guibray, qui paraissent dater de cette époque.

Dans le même temps, en 1583, le texte de la Coutume fut rédigé par ordre de Henri III, et cet événement, important pour toute la province, fut surtout remarquable pour les habitans de ce pays. Ce fut en effet un de leurs compatriotes qui joua le principal

---

[1] Manuscrits de la ville, et M. Langevin.

rôle dans la rédaction de ce grand ouvrage ; Guillaume Vauquelin fut choisi par le roi pour porter la parole en son nom, devant les états, et cet habile magistrat se montra digne, dans cette occasion, de la confiance du monarque et des hautes fonctions auxquelles il était appelé [1]. Ce Guillaume Vauquelin, sieur de Sassy, avait été d'abord, comme son aïeul Jean Vauquelin, lieutenant-général du vicomte de Falaise ; mais ses talens l'avaient élevé bientôt au-dessus de cet emploi, et il était devenu premier avocat-général au parlement de Normandie. Il se fit remarquer dans ce poste éminent, et on le jugea digne alors de soutenir la discussion qui se préparait devant les hommes les plus éclairés de la province. Il attacha son nom à ce grand corps de lois qui fut rédigé sous le nom de Coutume de Normandie, et qui servit de code à nos aïeux pendant plus de deux cents ans. C'est peut-être le plus beau titre de gloire de la famille des Vauquelin [2].

[1] On peut consulter dans Godefroi et dans Berault, commentateurs de la Coutume, les ordonnances de Henri III, et surtout les procès-verbaux des séances, page 35 et suivantes du supplément, jusqu'à la page 60.

[2] Vauquelin de la Fresnaye, dont nous parlerons bientôt, fit l'épitaphe de Guillaume Vauquelin, son oncle ; il l'appelle d'abord *honneur de son siècle*, et termine par ces vers, qui sont bien du goût du temps :

> Falaise, que tu as en regret délaissée,
> Une tombe t'auroit bien plus grande dressée,
> Que du grand Mausolé le somptueux monceau ;
> Mais elle ne pourroit egaller ton merite ;
> Car quand toute voudroit te servir de tombeau,
> Pour couvrir si grand' perte elle est par trop petite.

Poésies diverses, tome 1er., page 313.

Les députés de la vicomté de Falaise aux états qui se tinrent pour la rédaction de la Coutume générale, furent : « Jean Morel, vicomte-maire, pour la justice de la vicomté ; Edmond le Portier, » pour le tiers-état ; et messire Louis Dumoulinet, » évêque de Séez, pour les ecclésiastiques. »

La coutume locale de Falaise fut rédigée en 1586, par les députés du parlement, assistés de Maître Rolland de Morchoesne, lieutenant du bailly, à Falaise ; les séances se tinrent au couvent des Cordeliers, en présence des trois ordres de la vicomté[1]. Deux articles seulement furent admis ; ils sont maintenant d'un trop mince intérêt pour être rappelés ici[2].

Il est à remarquer que ce fut au milieu des plus grands désordres politiques que furent instituées toutes ces lois qui devaient faire cesser, dans la province, le règne de l'arbitraire ; les hommes

[1] Les trois ordres étaient alors ainsi composés :

Laignel, curé de Fourches ; Masson, curé de St.-Martin-des-Bois ; de Vanembras, curé de Nepcy ; Douezi, curé de St.-Gervais ; et Detire, religieux de Barbery, pour le clergé.

Ravent de Seran, sieur de la Tour ; Jean de la Pommeraie, sieur d'Ifs ; Ravent Morel, sieur d'Aubigny ; et Jean de la Chaise, sieur de Rouvres, pour la noblesse.

Enfin, pour le tiers-état, Guillebert d'Oisi et Alexandre Margueritte.

On y appela encore Jean Marguerit, lieutenant d'Alençon ; Jean Morel, vicomte de Falaise ; Garnier, baillif de Thury ; Boisguerin, procureur du duc de Ferrare, etc. La présence de ce dernier prouve que le domaine de Falaise était encore engagé pour les dettes de François Ier.

[2] On peut consulter Bérault, page 78 du supplément, et le procès-verbal imprimé, au chartrier de la ville.

sages poursuivaient tranquillement leurs utiles travaux, tandis qu'une multitude de fanatiques et de
turbulens armaient les citoyens les uns contre les
autres, et amenaient sur le peuple tous les fléaux
de la guerre et de la famine. Dès 1585, Falaise
s'était jetée dans le parti de la Ligue [1], et de nouveaux malheurs l'avaient aussitôt accablée. A la
fin de 1586 elle se retrouva plongée dans une grande
disette; en 1587, cette disette augmenta, et d'affreuses maladies s'y joignirent; un grand nombre
d'habitans moururent par une espèce d'épidémie.
Le blé se vendit jusqu'à 6 livres le boisseau, l'orge
69 sols, et l'avoine 45 sols, dans la ville. « Le simple
» peuple, dit l'auteur du manuscrit qui nous four-
» nit ces détails, fut réduit en telle extrême po-
» vreté, que la plus grande partie ont quitté leur
» pays pour aller mendier par villes et villages; et
» c'étoit grande pitié de les voir tomber morts par
» les chemins. » Il ajoute que l'on chassait des
hôpitaux ceux qui n'étaient point de la ville ou des
paroisses, et il termine cette partie de ses notes, sur
l'année 1587, par ces mots énergiques : « Grande
» mortalité aux villes et champs, aux povres et
» riches; grands impôts tailles et ruines [2]. »

Pour comble de désolation, la guerre civile et les

---

[1] Masseville, tome 5, page 249.

[2] Manuscrit joint à la chronique d'Eusèbe, à la bibliothèque. On ne sait trop si ce fut dans ce temps qu'une grande
peste emporta une partie de la population, ou cent cinquante
ans plutôt, vers l'année 1454, sous les rois d'Angleterre, ou
enfin en 1693, comme nous le verrons plus tard. Le souvenir
du désastre s'est conservé, mais la date et les détails sont
perdus.

sièges recommencèrent. Falaise renfermait une jeunesse ardente, et les esprits étaient exaltés ; on vit une partie des capitaines et des bourgeois embrasser vivement la cause des Guises, et livrer la ville à Brissac et à ses ligueurs, tandis que les autres se rendirent à Caen, auprès du duc de Montpensier et des troupes royales. Jamais plus grand désordre n'avait régné dans le pays.

En 1589, le comte de Montpensier se présenta devant la ville, pour la ramener au parti du roi ; il traînait avec lui de grosses pièces de canon, et il était résolu d'enlever la place à tout prix.

« Dès le lendemain de son arrivée, il plaça ses » batteries contre deux des tours, et bientôt elles y » eurent fait une brèche considérable ; » mais une ardeur excessive emporta le chef et tout ce qu'il y avait de noblesse dans son camp ; « ils marchèrent » en désordre à l'attaque, et ils furent vigoureuse- » ment reçus par les assiégés, qui les repoussèrent. » L'arrivée de Brissac, qui survint avec ses gauthiers, sauva la ville d'une seconde attaque [1].

Brissac avait rassemblé cinq mille payans [2] à-peu-près, qui, pressés par la faim et soulevés par des émissaires de la Ligue, avaient quitté leurs villages et s'étaient rassemblés pour piller. Ils avaient commis de grands ravages, et se disposaient à les continuer, quand Brissac leur persuada de se mettre à sa solde et de l'accompagner. Il venait avec eux pour faire

[1] De Thou, Histoire universelle, tome 7, page 438.

[2] On nomma ces payans *gauthiers*, parce qu'ils s'étaient rassemblés d'abord à la Chapelle-Gauthier, à peu de distance de Bernay. (Masseville, tome 5, page 270.)

lever le siége de Falaise; Montpensier, qui le sut, marcha lui-même à sa rencontre.

Il y eut deux combats, l'un à Villers-Canivet et l'autre à Pierrefitte, qui furent tous deux funestes aux gauthiers. Plus de trois mille périrent dans ces occasions, et le reste, avec Brissac, se réfugia dans Falaise, avec l'intention d'y soutenir un siége. Monpensier sans doute eût bien voulu les chasser de cette place, et completter ainsi sa victoire; mais il n'osa tenter cette entreprise, et il tourna ses armes d'un autre côté[1].

La ville resta donc en proie à ces hommes grossiers, furieux de leur défaite et de la mort de leurs compagnons. Il seroit difficile de redire les excès auxquels ils se livrèrent dans l'intérieur des murs. Ceux qu'ils commirent au château de la Tour, chez Ravent de Seran, qui combattait pour le roi, donneront une idée de leur méchanceté.

Ces pillards se jetèrent sur le château de la Tour[2], avec plusieurs capitaines et soldats de la ville; ils le forcèrent aisément, et enlevèrent d'abord les bestiaux et tout ce qui leur convenait. Ils brisèrent

[1] De Thou et Masseville.

[2] Ce manoir seigneurial, situé dans la commune de Saint-Pierre-Canivet, avait été accordé, vers 1444, à Robert de Seran, par Henri VI, roi d'Angleterre, pendant qu'il occupait la Normandie. Il étoit situé dans le bois, et sur l'emplacement où l'on voit aujourd'hui un petit bocage avec un pavillon, entourés d'eau de toutes parts. Le château actuel est situé à quelque distance de là, au milieu de la prairie. Il appartient à M. le comte de Seran, descendant direct des anciens propriétaires.

ensuite les meubles et ce qui ne pouvait leur être utile ; et enfin, avant de s'éloigner, ils mirent le feu à l'édifice, afin que rien ne leur échappât.

Ravent de Seran porta plainte devant le parlement, qui se trouvait alors à Caen ; il y eut une enquête contre les auteurs de ce désastre, et la cour statua sur les dommages réclamés ; elle condamna trente des principaux coupables, tous de la ville de Falaise, à payer solidairement six mille écus au demandeur. L'arrêt portait « que ces condamnés » seroient appréhendés au corps et constitués pri-» sonniers ès prisons de Caen. » On les traitait de pillards et de voleurs, adhérens et complices de la Ligue, &c... Le peuple de Falaise fut ensuite appelé en masse, pour comparaître, à Caen, devant la cour, et se justifier ; en cas de refus, tous les habitans devenaient solidaires de la peine, et étaient tenus, par corps, de payer les dommages. L'exploit d'ajournement, comme on le pense bien, ne fut pas signifié en personne aux intimés ; il fut seulement affiché, sur un poteau, dans le lieu le plus apparent du faubourg de Vauxelles, à Caen. L'arrêt fut ensuite rendu sans que personne comparût[1].

Tandis que les Falaisiens se laissaient ainsi condamner au dehors, Brissac et ses soldats détruisaient, dans l'intérieur, le prétoire, où l'on rendait ordinairement la justice pour toute la vicomté. Cet édifice était adossé aux murailles du château, du

---

[1] Si les Falaisiens eussent été d'humeur à chicaner dans cette occasion, ils auraient pu du moins faire valoir une bonne exception. Les pièces de cette singulière procédure sont au chartrier de M. de Seran.

côté de la ville, et par conséquent il était à l'abri de toute atteinte, en cas de siége. Mais il masquait la place publique à ceux de la garnison, et comme ils voulaient voir, de la forteresse, ce que faisaient les bourgeois, Brissac le fit démolir[1]. Cet acte de tyrannie et ses autres violences eussent dû le rendre odieux, et animer les esprits contre lui ; mais la multitude était égarée, et elle s'obstina à demeurer dans le parti de la Ligue.

Cependant les choses, au dehors, prenaient une nouvelle face : Henri III avait péri sous le fer d'un fanatique, et Henri IV venait de se faire reconnaître par les troupes royales. Il pressa plus vivement, qu'on ne l'avait fait jusques-là, Mayenne et ses ligueurs ; il les vainquit à Arques, leur enleva plusieurs villes de la Picardie et du Maine ; et enfin, il résolut de les chasser entièrement de la Normandie. Dans ce dessein, il s'avança vers Alençon, qu'il prit en peu de jours, s'empara d'Argentan, Séez et de Domfront ; au mois de janvier 1590, malgré la rigueur de l'hiver, il vint mettre le siége devant Falaise, qui se trouvait sur son passage.

Le siége de Falaise, par Henri IV, a été longuement décrit par l'historien de Thou, qui vivait à cette époque[2]. Nous lui emprunterons les traits les plus saillans, pour en donner une idée à nos lecteurs.

1 Manuscrit de M. Brée l'aîné, et Recherches de M. Langevin, page 189. On rendit depuis la justice dans le couvent des Cordeliers, jusqu'en 1624.

2 Voir son Histoire universelle, tome 7, page 584 et suiv.

A l'approche de l'armée royale, les troupes de la garnison résolurent d'abord d'incendier les faubourgs. Ils commencèrent par celui de Guibray, et ils y brulèrent quelques maisons ; mais Biron, qui survint avec l'avant-garde royale, éteignit le feu et sauva le quartier.

Biron investit ensuite la ville avec la cavalerie ; et le roi, après l'avoir lui-même reconnue, jugea qu'il la devait attaquer d'abord du côté du château. « La place, dit l'historien, est commandée par un » rocher hérissé de pointes, qui n'en est séparé » que par un précipice. » Ce fut sur ce rocher que l'on plaça deux pièces d'artillerie, qui devaient accabler ceux qui passeraient de la ville dans la forteresse, ou même du vieux donjon dans la tour ronde. En même-temps on dressa deux autres batteries sur une colline un peu moins élevée [1], pour foudroyer, de ce côté, les tours du château. On voulait les enlever, afin d'attaquer ensuite plus facilement la ville.

Brissac fut alors sommé de se rendre. Il répondit qu'il avait juré de ne point capituler, et il « ajouta » que dans six mois il donnerait une plus ample » réponse. » Le roi, mécontent, jura qu'il changerait ces six mois en six jours.

Il fit battre sans relâche une des tours du château, qui se trouve à la pointe occidentale, vers la prairie [2] ; on dirigea contre elle près de cinq cents

[1] Ces batteries furent sans doute établies sur les champs Cosnard, ou même encore au-dessous. Le mont Bizet ou Bezet semble trop éloigné pour que l'artillerie, au temps de Henri-Quatre, ait pu atteindre de-là jusqu'aux murailles du château.

[2] On la nomme encore la Tour la Reine.

boulets, qui finirent enfin par y ouvrir une large brèche. Le roi commanda que sans retard on montât à l'assaut de ce côté.

Les soldats qu'il y envoya pénétrèrent assez facilement jusque dans le château, parce que ceux de la forteresse, écrasés par l'artillerie du rocher, n'osèrent se montrer. Mais arrivés à la porte de la ville, du côté de la place publique, ils éprouvèrent une vive résistance. Les habitans étaient tous armés et combattirent avec acharnement. Il se fit de part et d'autre un grand carnage avant que cette partie des remparts fût enlevée. Mais enfin d'autres soldats franchirent les étangs qui se trouvaient glacés, et gagnèrent le haut des murailles de différens côtés. La ville alors fut forcée, et il ne resta plus aux bourgeois qu'à périr ou à mettre bas les armes[1].

On dit que dans ce moment une jeune Falaisienne se signala par un trait d'héroïsme digne d'admiration. Elle combattait auprès de son amant, et tous deux soutenaient les efforts d'une multitude d'ennemis. La victoire enfin se déclara pour les assaillans, et le jeune homme tomba frappé d'un coup mortel. Son amante le vit et résolut de ne pas lui survivre. Vainement les vainqueurs, touchés de son courage, voulurent la sauver; elle combattit sans se lasser, jusqu'a ce qu'un trait vint l'atteindre elle-même. Fière alors de mourir avec celui qu'elle

---

1 Quelques-uns de ces derniers détails sont empruntés à Masseville et à Mézerai; Mézerai parle seul des étangs glacés. Comme il était à peu-près contemporain, et qu'il était né à deux lieues de Falaise, il avait sans doute obtenu ces détails sur les lieux.

aimait, elle s'inclina sur son corps, et ils expirèrent ensemble. Une même tombe reçut ensuite leurs glorieuses dépouilles. 1

On raconte un autre acte de courage d'une femme, que le peuple surnommait la grande Eperonnière. Cette femme avait également combattu à l'une des portes, et s'était fait remarquer par son obstination à soutenir l'assaut. Le roi l'avait distinguée, et quand la ville fut prise, il la fit appeler. Elle parut devant lui avec assurance, et lui demanda instamment de pardonner aux femmes et aux vieillards. Le roi fut touché de sa demande, et lui permit de se renfermer dans une rue, avec ses effets précieux et les personnes qu'elle voudrait sauver. Il lui promit que le soldat ne pénétrerait point dans cette enceinte. Cette femme dut choisir alors la rue qu'elle habitait, et elle y appela ses compagnes et ses amis ; plusieurs bourgeois lui confièrent aussi leurs richesses, qu'elle réunit autour d'elle, et le roi défendit que l'on pillât ce quartier, qui fut clos aux deux extrémités. C'est, à ce qu'il paraît, celui qui a conservé depuis ce temps le nom de Camp-fermant ou Campferme, en mémoire de cet événement 2.

1 Il paraît que le jeune guerrier s'appelait Herpin-Lachesnaye, et qu'il était fils de ce Herpin qui avait concouru à la reconstruction d'une des églises de la ville. Le nom de l'héroïne n'a point été conservé.

2 M. Langevin a trouvé une charte du 14e. siècle, où l'on fait mention du Camp-Clos, *Castrum clausum*. Cette partie de l'anecdote de l'Éperonnière serait donc déjà réfutée par ce passage. Il est possible cependant que ce camp-clos ne soit pas le quartier que l'on nomma depuis Camp-ferme ou ferment.

Veilà des traditions que nous avons recueillies
et que nous avons dû rappeler. Nous sommes loin
cependant d'en soutenir l'authenticité. La première
de ces aventures se trouve dans Masseville, qui
raconte le siège dans son Histoire de Normandie [1].
Nous avons lu la seconde dans des manuscrits et
dans l'ouvrage de M. Langevin. Toutes deux subsistent dans les récits populaires.

Après la prise et le pillage de la ville, la garnison
du donjon demanda à capituler ; mais le roi refusa
toute proposition, et voulut qu'elle se remît à sa
discrétion. Brissac vint donc humblement demander
son pardon, qui lui fut accordé ; la plupart des
siens obtinrent aussi leur grâce, et furent renvoyés
absous ; mais huit des plus coupables furent jugés
et exécutés sur le lieu [2]. Exemple salutaire, et juste
punition de tant de brigandages ! Les grandes richesses de Brissac furent données à Biron, pour
prix de ses services.

Le roi avait, à ce qu'on assure, établi sa demeure, pendant le siège, dans le château de la
Courbonnet, peu éloigné de la ville, et séparé seulement des murailles par les étangs [3]. C'est de-là
qu'il dirigeait ses opérations, et suivait les mou-
vemens des assiégés dans le château. Ce fut aussi
de-là, sans doute, quand il eut pris la ville, qu'il

1 Tome 5, page 290.

2 De Thou et Masseville.

3 Il y a non loin de l'emplacement de ce château, un champ
qu'on nomme encore le *Champ des Hallebardes*. On croit que
les gardes du roi y campaient. Le château de la Courbonnet
fut démoli en 1816 par une compagnie noire.

écrivit à Gabrielle ce billet, dans lequel il lui rendait compte de ce qu'il avait fait depuis un mois :

« Mon ame, depuis le partement de Lyceran, j'ai pris les
» villes de Séez, Argentan et Falaise, ou j'ai attrapé Brissac
» et tout ce qu'il avoit amené de secours pour la Normandie.
» Je pars demain pour aller attaquer Lisieux, en m'appro-
» chant du duc de Mayenne qui tient assiégé Pontoise. Mes
» troupes sont crues depuis le départ de Lyceran, de bien
» six cents gentilshommes et bien dix mille hommes de pied ;
» de façon que, par la grâce de Dieu, je ne crains rien de
» la Ligue. J'ai fait la scène la nuit que je ne pensois pas faire
» en Normandie il y a un an. »

》 De Falaise, ce huitième janvier. »

« P. S. En achevant cette lettre, ceux de Bayeux m'ont
» apporté les clefs, qui est une très bonne ville[1]. »

Le roi, quoique mécontent des Falaisiens, ne leur enleva point, à ce qu'il paraît, tous leurs anciens priviléges[2] ; mais Henri III avait supprimé, peu de temps avant de mourir, l'ancienne foire de Guibray, et son successeur ordonna que le parlement

---

1 Ce billet de Henri IV est dans la collection de ses lettres à la bibliothèque royale ; il a été imprimé dans la nouvelle Histoire de Normandie, par M. de la Frenaye, page 413.

2 Les seules lettres patentes de Henri IV, que nous ayions trouvées aux archives de la ville, ont pour objet des droits à percevoir sur les boissons ; c'est le renouvellement des anciennes chartes de Henri V, roi d'Angleterre, qu'avaient déjà confirmées Charles IX et Henri III. Il y en a de 1594 ; elles déterminent que l'on paiera 25 sols tournois pour une pièce de vin d'Orléans, de Bourgogne ou d'Espagne, et 20 sols pour les autres espèces ; 5 sols pour les pièces de cidre et menues boissons, etc. Il est possible qu'il y ait eu d'autres concessions faites par le même prince ; mais dans ce cas, les titres ont disparu. Nous ne croyons pas, au reste, qu'il ait renouvellé les franchises municipales. Il avait eu trop à se plaindre des Falaisiens.

enregistrât les lettres de ce prince, restées jusques-là sans exécution. Cette nouvelle jeta la consternation parmi les habitans de Guibray, qui se trouvaient ruinés par cet événement. Ils résolurent d'implorer la clémence du monarque, et de lui adresser quelques réclamations. Ils députèrent vers lui leurs principaux compatriotes, et Nicolas le Sassier fut chargé de porter la parole en leur nom.

Ils ne pouvaient faire un choix qui fût plus convenable dans la circonstance. Nicolas le Sassier était avocat et député aux états de la province ; il avait trois fils qui combattaient dans les armées royales, et lui-même, pendant la guerre de Normandie, avait pris les armes contre les ligueurs. Il avait de plus perdu beaucoup de ses biens, que les gauthiers et les soldats révoltés de Lisieux et d'Argentan avaient pillés et détruits ; enfin, à l'arrivée du roi dans Falaise, sa maison avait été incendiée par les soldats de la ville. Il fit valoir tous ces motifs, et fut reçu favorablement.

Le roi eut égard à sa demande, et consentit à révoquer les lettres de suppression qu'il avait lui-même confirmées. Il rétablit la foire avec ses anciens « droicts et priviléges » ; et il ordonna qu'elle s'ouvrirait tous les ans, comme par le passé, « le » prochain mercredy après la feste de Notre Dame » de la my aoust. » Sa charte est datée du camp de Saint-Denis, le 19e. de juillet 1590[1]. C'était le

---

1 La charte de Henri IV sur le rétablissement de la foire, est entre les mains de M. le Sassier-Boisauné, l'un des descendans de Nicolas le Sassier. C'est lui qui nous l'a communiquée, ainsi que celle du 23 juillet, dont nous parlons plus

7e. mois depuis la prise de Falaise, et le 4e. depuis la victoire d'Ivry.

Non content de cette faveur, qu'il accordait aux habitans de Guibray, le roi voulut encore honorer spécialement leur député. Il lui remit une charte, le 23 juillet, par laquelle il déclare qu'il le prend, lui et les siens, « sous sa protection et sauvegarde » particulière. Il lui accorde ensuite d'autres distinc- tions, et le dispense, entre autres, de tout service aux portes des villes, et de « tout logement des » gens de guerre. » Enfin, il lui permet « d'ap- » poser à ses maisons les panonceaux et bâtons » royaux, » &c., &c.

Nicolas le Sassier revint dans cette ville, comblé des bontés de son roi ; et après avoir dignement rempli la mission qu'on lui avoit confiée, il y vécut encore quelques années, honoré et chéri de ses concitoyens. A sa mort, on le déposa dans l'église de Guibray, et une double inscription, placée sur sa tombe[1], fut destinée à perpétuer le souvenir du service qu'il avait rendu à sa patrie.

Henri IV, dans le même temps, choisit un Fa- laisien pour son médecin. Il se nommait Roch le Baillif, sieur de la Riviere, et il avait passé ses

bas, et une troisième, du même temps, en faveur de Nicolas et de Jacques le Sassier. Elles sont originales, et portent la signature du roi Henri IV lui-même. Il en existe une qua- trième, moins importante, c'est l'ordre donné par le roi, de séquestrer les biens de cinq bourgeois qui s'étaient signalés parmi les ligueurs. Ils se nommaient Raoul, Collart, le Prieur, Bondis et Lasne.

[1] L'inscription latine est un jeu de mots, comme on en

premières années à Paris et à Rennes, exerçant
à-peu-près l'état de charlatan. Dans une maladie
grave, il donna des soins au duc de Nemours,
et le rappela à la vie. Cette guérison le rendit fameux, et le duc de Bouillon le présenta au roi,
qui le nomma son premier médecin. Roch le Baillif
se mêla des intrigues de la cour, et s'attacha à
Gabrielle, maîtresse du roi. Il fut très-loué et très-
dénigré de son temps, et les biographes qui se sont
occupés de lui, l'ont tour-à-tour traité d'empirique
et de grand médecin. Il faut croire du moins qu'il
eut quelque talent, puisqu'il se maintint pendant
plus de dix ans dans son poste élevé, et qu'il
mourut honoré de la confiance et des faveurs de
Henri IV. Cet homme étrange était né à Falaise,
en 1540 à-peu-près, et décéda à Paris, en 1605.
On a de lui plusieurs ouvrages d'astrologie et de
médecine. Le plus recherché est le *Desmostérion*,
contenant *trois cents aphorismes latins-français*,
suivi d'un *Traité de l'antiquité et de la singularité
de la Bretagne armorique*. C'est un volume in-4°.,
imprimé à Rennes en 1578 [1].

Un écrivain d'un autre genre florissait à cette

---

faisait alors. L'auteur fait allusion au titre de sieur *de la Roche*,
dont se qualifiait Nicolas le Sassier.

> *Cur das huic rupem cum is rupes nomine et re,*
> *Cur gramen, patriæ quod fuit ipse salus.*

« A quoi bon élever une roche à celui qui fut un rocher
» de nom et d'effet:
» A quoi bon placer un gazon sur celui qui fut le sauveur
» de sa patrie. »

[1] Voir la Biographie universelle (Michaud).

même époque dans le pays, et ses talens l'élevaient au premier rang des beaux esprits de son siècle. Nous voulons parler du poëte Vauquelin de la Fresnaie, qui publia le premier, en France, un art poétique et des satyres, et ouvrit ainsi cette double carrière où Boileau l'a laissé depuis si loin derrière lui. Vauquelin se livra, dès sa première jeunesse, à la poésie, et publia un recueil de *Foresteries*, qui n'eut point de succès. Plus tard il étudia le Droit, et se rendit à Caen, où il épousa la fille du fameux de Bras, l'historien. De Bras lui céda ses fonctions de lieutenant-général du bailliage, et dans ce poste élevé, Vauquelin se distingua par ses lumières et par son intégrité. Mais son goût dominant était pour la poésie, et sans cesse il y revenait dans ses loisirs, comme il le rappelle dans ses différens ouvrages. Dans sa vieillesse, il abdiqua ses fonctions publiques, pour se livrer tout entier aux muses. Il passa ainsi ses dernières années, tantôt à Falaise, sa patrie, et tantôt à Caen. Il était lié avec tous les hommes instruits de cette province, et sa modestie et l'amour du repos l'empêchèrent seuls d'aller chercher de plus grands honneurs à Paris, où l'appelaient ses amis et le roi lui-même. Vauquelin a publié plusieurs ouvrages, entre autres, un *Traité pour la Monarchie de ce royaume contre la division*, &c... Mais son livre de poésies est le plus célèbre. Il fut imprimé en 1605, chez Macé, à Caen, en deux volumes in-12; outre son *Art poétique* et ses *Satyres*, il contient des *Idillies*, des *Épigrammes* et des *Épitaphes*. Il y en a d'adressées à presque tous les hommes célèbres du temps, et

aux principaux membres de sa famille. Nous regrettons que l'espace nous manque, pour entretenir
nos lecteurs de ce qu'ils offrent de remarquable.
Nous voudrions surtout pouvoir citer une pièce
imitée d'Horace, où se trouvent des vers dignes de
nos poëtes les plus gracieux. Jean Vauquelin de la
Fresnaie mourut à Caen, en 1507, et il repose dans
le caveau de sa famille, à Sassy, près de Falaise. Il
vécut soixante-treize ans, et laissa plusieurs enfans ;
l'un d'eux fut le poëte des Yveteaux, dont nous
parlerons plus tard [1].

1 Tous les biographes se sont occupés de Vauquelin de la
Fresnaie. On peut consulter spécialement Huet, Masseville,
Moréri, la Biographie universelle, etc. Nous trouvons aussi
beaucoup de détails sur ce poëte, dans la Collection des Poëtes
français, avant Malherbe, six volumes in-8°. ; dans le Moréri
des Normands, et dans le manuscrit conservé par M. Charles
de Vauquelin, de Sassy, l'un de ses descendans.

Le portrait que nous offrons de Jean Vauquelin a été copié
sur un original placé, par l'auteur lui-même, dans sa chapelle
de Sassy, où il est enterré. Il s'est fait peindre au milieu d'un
groupe de ses parens, au pied d'un crucifix ; il porte la robe
rouge, emblème de sa dignité. Sa tête est fort belle.

Plusieurs écrivains de Caen ont eu l'idée de revendiquer
Jean Vauquelin comme étant né dans leurs murs. On assure
même que ses poésies doivent faire partie d'un recueil des
poëtes de cette ville, que l'on prépare en ce moment. Nous
serons peu embarrassés pour établir l'erreur de nos voisins
dans cette circonstance ; il nous suffira de citer quelques vers
de Vauquelin lui-même, pour prouver qu'il était de Falaise,
et qu'il ne se rendit à Caen que pour y occuper des emplois
publics. Il parle ainsi dans une satyre adressée à *Jean Morel,
vicomte de Falaise,* son ami :

> Le mois qui porte encor jusqu'à cet age
> Du nom d'Auguste, auguste témoignage ;

Il nous reste peu de chose à ajouter sur Falaise à la fin de ce siècle. Cette ville avait éprouvé de grands désastres qui influèrent sans doute, pendant long-temps, d'une manière fâcheuse, sur sa prospérité intérieure. Il fallut plusieurs années avant qu'elle pût se relever et redevenir prospère. Cependant, comme à dater de cette époque elle cessa, pour ainsi dire, d'être une place de guerre, et qu'elle n'eut plus à soutenir aucun siège, il est probable que ses habitans ne tardèrent pas à reprendre des habitudes nouvelles, et à chercher, dans le repos domestique, un bonheur qu'ils n'avaient pu trouver au milieu des discordes et des guerres civiles. Les hommes distingués qu'elle avait vu naître dans ce siècle, et ceux qui bientôt après brillèrent encore dans ses murs, durent contribuer surtout à opérer une utile révolution sur les mœurs de leurs concitoyens. Nous les trouverons en effet beaucoup plus calmes dans la suite ; et dans les deux siècles qui nous restent à

> Est le septième a cette heure, *depuis*
> *Que je parti tout morne et plein d'ennuis*
> *D'avecque vous , quitant de ma naissance*
> *Les lieux si doux* quant et la connoissance
> Des vieux amis , *pour vivre en cette part*
> *Ou le grand duc Guillaume le Batart*
> (*Qui jadis eut naissance et nouriture*
> *Entre nos rocs*) eleut sa sépulture *;*
> Pour y tenir , puisqu'il plaist à mon roy ,
> Le pois égal des us et de la loy , etc.
>
> *Satyres ,* tome 1er., page 252.

A coup sûr on ne s'avisera point de contester un témoignage comme celui-là. Jean Vauquelin restera donc à Falaise ; et Caen, qui donna le jour au grand Malherbe , ne nous enviera point un poëte qui fut au-dessous du sien.

parcourir, nous n'aurons guère que des événemens
intérieurs à raconter, qui n'inspireront peut-être
pas un intérêt bien vif à tous les lecteurs, mais qui
consoleront les esprits sages des longs récits de combats et de désordres qui nous ont occupés le plus
souvent jusqu'ici.

De Bras et Belleforest ont décrit Falaise tel qu'ils
l'avaient vue dans les cinquante dernières années
du 16e. siècle. Nous rappellerons quelques traits de
leur description, qui completteront ce que nous en
avons dit nous-mêmes.

« Falaise, dit Belleforest, est tout ainsi qu'une
» nef longue et estroiste, n'ayant que troys rues,
» deux desqu'elles la fendent et vont continuans
» de l'un bout de la ville à l'autre[1]. »

» Le chateau est sur un roc qui commande la
» ville, armé de fossés tres profonds et ceint de
» deux estangs, l'un desquels pour l'infinité des
» sources ne peut être tari ni mis à sec aucune-
» ment... Sur l'autre il y a des moulins, l'un pour
» les foulons et l'autre pour les esmouleurs de cou-
» teaux desquels on fait à Falaise des meilleurs qui
» se voyent dans ce royaume,[2] ». &c.

« La ville de Falaise est plus habitée de noblesse
» et de gens de justice que de marchans, et ainsi
» le commerce et trafic n'y est guère grand. Elle est

---

1 L'ancienne ville ressemble encore à cette description. On
y remarque les trois rues, deux desquelles s'étendent d'une
extrémité jusqu'à l'autre. Du reste, elle a probablement eu
de tout temps la même forme et la même distribution.

2 La coutellerie de Falaise a long-temps conservé cette réputation ; cette branche d'industrie n'existe plus dans la ville
depuis trente ans à peu-près.

» assise en bon air et sain et en paysage tres beau,
» a cause des prairies et collines qui y verdoyent
» en tout temps et pour le nombre infini de fon-
» taines qui arrousent son terroir de toutes parts
» et les ruisseaux desquelles viennent laver et net-
» toyer la ville... » ..... « Non loin de la ville est
» ce gros et fameux bourg nommé la Guibray, où
» se tiennent ces foires par toutes les Gaules et
» Germanie renommées [1], et les jours auxquels
» elles commencent estans députés à la my aoust,
» a savoir le mercredy après l'Assomption Notre
» Dame et finissant le mercredy après inclusive-
» ment. Je laisse le grand abord du peuple qui y
» vient, la richesse des marchandises, le nombre
» des loges et le revenu qu'on en tire, et le droit
» de juridiction des juges de la foire [2], &c... »

Voici maintenant comment s'exprime de Bras :

..... « A l'un des faubourgs de Fallaise sont et
» tiennent ces tant renommées et riches foires de
» Guibray lesquelles.... consistent en toutes sortes
» de marchandises, et où de toutes nations s'as-
» semblent un grand nombre d'hommes qui la
» fournissent, tant de grands chevaux, haquenées
» de prix, de bestiaux, oiseaux, orfèvreries, riches
» ornements d'église, draps de soie, de laine, pel-
» leteries, épiceries, estain, tableaux exquis, toiles,

1 Tous les écrivains de cette époque ont parlé de Guibray
comme d'un lieu très-célèbre. « Le bourg de Guibray, dit
» l'historien de Thou, est l'endroit de la province le plus
» renommé, à cause de la foire qui s'y tient tous les ans. »
(Tome 7, page 580.)

2 Cosmographie universelle, page 217. Cet ouvrage fut
publié en 1575.

» fil, cuyvre, cuirs et autres rares marchandises
» de merceries, et si assemble un si grand nombre
» de peuple que les batteleurs, baladins et pauvres
» quaymans s'y trouvent pour y profiter. Et pour
» la conservation de ces foires le sieur vicomte du
» lieu y tient sa justice et y établit un guet par
» chaque nuit, comme aussi le vibaillif et ses ar-
» chers n'y faillent pour faire punition des voleurs
» et coupe-bourses..., » &c.

« Par l'un des côtes dudit Fallaise flue une petite
» rivière qu'on appelle Ante, et de l'autre est em-
» brassée de grands et profonds estans. Y sont aussi
» dedans la ville de belles et claires fontaines bouil-
» lantes, et *sont ceux de cette dite ville de bon et
» subtil esprit* [1], » &c.

Ce qui a le plus frappé ces deux historiens, c'est
la foire de Guibray, si importante et si célèbre depuis tant de siècles. De Bras, qui vivait à quelques
lieues de Falaise, et qui avait choisi pour gendre
un de ses poëtes, était aussi charmé du nombre de
beaux esprits qu'il avait trouvés dans cette ville. En
effet, comme nous l'avons vu, les Vauquelin et les
Lefèvre la Boderie brillaient tous à cette époque. Ils
étaient la gloire et l'ornement de leur siècle, et ils
commencèrent cette réputation littéraire de la Normandie, que Malherbe et Corneille portèrent depuis
au plus haut degré.

Le dernier vicomte-maire de Falaise, à la fin de
ce siècle, fut Jean Malfilâtre, sieur de Martimbosc.
C'était encore un des érudits de son temps, et il a

[1] Antiquités de Normandie, page 57. Cet ouvrage parut
en 1588.

laissé un livre traduit du grec, intitulé : *Discours de Grégoire Nazianzène pour condamner et marquer d'infamie l'empereur Julien l'Apostat* [1].

Les gouverneurs de la ville furent René de Cossé, sous François Ier.; Timoléon de Cossé, sous Charles IX ; et le comte de Brissac pendant les orages de la Ligue. Henri IV y plaça Jacques de Montmorency, auquel succéda, peu de temps après, le baron de Bouteville, son fils [2]. Comme on le voit, c'étaient tous personnages historiques que l'on appelait à cet important gouvernement. Ils appartenaient aux premières familles de France.

Pendant la première moitié du 17e. siècle, on vit s'élever dans la ville deux établissemens religieux et une nouvelle maison de charité.

Jacques Labbé, curé de Martigny, fonda les Capucins en l'année 1616. Ils furent établis d'abord sur l'emplacement de l'ancienne léproserie, à Guibray, et le fondateur leur céda une rente de 50 liv. que lui devait la ville ; la chapelle St.-Marc servit d'église à ces nouveaux religieux.

En 1620, ils obtinrent l'emplacement des grandes écoles et l'ancien presbytère de St.-Gervais, situés dans la rue aux Chevaux. Ils quittèrent aussitôt Guibray, et vinrent fonder un couvent dans l'intérieur des murs. Françoise Vauquelin, veuve d'Ungy, ainsi que Siméon Turgot et Nicolas Lefèvre, les aidèrent de leurs libéralités. Le nouvel établissement ne tarda pas à devenir considérable.

Mais ce qui contribua plus que tout le reste à

1 Note biographique, communiquée par M. F. Pluquet.
2 Manuscrits et M. Langevin.

l'augmentation de cette maison, ce fut l'abandon que lui fit l'état d'une portion des anciennes murailles et des anciens fossés. Maîtres de cet emplacement, les religieux formèrent de beaux jardins dans le vallon, et leur habitation devint, en peu de temps, une des plus agréables de la ville [1].

Les Capucins subsistèrent à Falaise jusqu'à la révolution, et la rue qu'ils habitaient porte encore leur nom. Cette communauté ne possédait point de biens, et vivait uniquement d'aumônes.

Un autre établissement plus utile fut institué dans le même temps, par Françoise Daverton de Coulange, épouse de François Vauquelin, bailli d'Alençon. Cette pieuse dame fit venir de Pontoise, en 1623, des religieuses Ursulines, pour leur confier les jeunes filles de cette ville, et elle les plaça dans une maison de la rue du Campferme, qu'elle avait préparée pour les recevoir. La communauté demeura dans cette rue pendant quarante ans, et se fit remarquer par son exactitude à remplir ses devoirs ; mais se trouvant alors trop à l'étroit, elle obtint, en 1663, un autre emplacement, et s'établit dans un beau parc, entre Falaise et Guibray, à peu de distance du monastère de St.-Jean [2]. Les Ursulines

[1] Voir, sur les Capucins, les manuscrits de la ville, les Recherches de M. Langevin, page 122, et Masseville, tome 6, page 349.

[2] Voir, sur les Ursulines, les mêmes ouvrages et les mêmes manuscrits. L'ancien emplacement de la communauté forme maintenant d'agréables vergers sur le chemin de la Tour-Grise à Guibray. Leur première maison était située un peu au-dessus des Cordeliers, dans la rue du Campferme : on la démolit en ce moment.

se livrèrent constamment à l'enseignement, et remplirent ainsi les intentions de leur bienfaitrice. C'est la seule communauté de femmes que l'on ait vue dans cette ville. Elle fut supprimée en 1792.

Pierre de Pontcarré, évêque de Séez, protégea ces établissemens naissans, et contribua par ses soins à leur prospérité [1].

Dans le temps où des particuliers s'occupaient ainsi de pieuses fondations, la masse des habitans de la ville se réunissait pour concourir à une œuvre de bienfaisance.

L'hôtel-Dieu ne suffisait plus pour le grand nombre de pauvres, et l'on sentait le besoin d'un nouvel hospice. Des bourgeois sollicitèrent et obtinrent qu'une maison fût ouverte dans la rue de la Pelleterie, pour y recevoir les vieillards infirmes et ceux qui ne pouvaient plus travailler. L'établissement n'eut, dans le principe, aucuns revenus, mais la charité publique le soutint. Plus tard, le gouvernement le prit lui-même sous sa protection, et lui assigna une portion des revenus de la ville. Il fut mis alors sous la surveillance du maire, et assujéti aux mêmes réglemens que l'hôtel-Dieu. On y plaça des hospitalières pour prendre soin des malades, et on lui donna le nom d'Hôpital-Général ou Hôpital St.-Louis, qu'il a conservé depuis ce temps. C'est encore une de ces utiles institutions que les Falaisiens doivent à la bienfaisante sollicitude de leurs pères.

L'histoire ne nomme aucun de ceux qui concoururent à cette belle fondation ; l'honneur en rejaillit

---

[1] *Gallia Christiana*, tome 10, et Masseville, tome 6.

sur tout le peuple de la ville, qui s'empressa d'y prendre part [1].

Les autres événemens de cette époque sont peu nombreux et peu remarquables.

La fin du règne de Henri IV et la minorité de son fils, n'offrent aucuns détails pour l'histoire générale de la ville.

A la majorité de Louis XIII, en 1614, les états-généraux furent convoqués, et trois personnages de ce pays y furent envoyés. François Vauquelin représentait Alençon, dont il était bailli; Guillaume Vauquelin, lieutenant-général de Caen, et Gilles Olivier, syndic de Falaise, représentaient le grand bailliage de Caen pour le tiers-état [2]. Du reste, il ne se passa rien de remarquable à cette assemblée, qui fut la dernière jusqu'en 1789.

Cinq ans après, les troubles recommencèrent en France, et principalement en Normandie. *La Ligue du bien public* se forma, et les mécontens s'emparèrent de plusieurs villes. Le roi, dans cette circonstance, se vit réduit à parcourir lui-même quelques-unes de ses provinces, pour les maintenir sous son autorité. Il vint donc dans celle-ci, et fut même forcé d'assiéger le château de Caen, occupé par les rebelles. Mais il ne paraît pas que Falaise ait pris aucune part à ces nouvelles guerres. Elle se souvenait encore des scènes de la Ligue, et les traces de ses désastres n'étaient point effacés. Les Falaisiens

---

[1] On peut consulter les Recherches de M. Langevin, p. 111, et l'inventaire du chartrier de la ville, par MM. Siard et la Gaillonniere.

[2] Masseville, tome 6, page 81.

aimèrent mieux les réparer tranquillement que de s'exposer à de nouveaux fléaux.

Le siége de Falaise par Henri IV avait donc été réellement le dernier période de la gloire militaire de cette ville, et depuis ce temps elle ne reparut plus sur la grande scène historique. Nous devrons, en conséquence, à l'avenir, dégager nos récits de tous les événemens publics contemporains, et nous renfermer dans le cercle le plus étroit. L'intérêt décroîtra de plus en plus ; mais on nous le pardonnera. On sait assez que le genre de cet ouvrage ne comporte point d'ornemens étrangers.

On se rappelle que le palais de justice, que l'on nommait aussi la juridiction ou le prétoire, avait été démoli, en 1589, par les principaux ligueurs. Depuis ce temps on n'en avait point reconstruit, et l'on tenait les audiences dans les salles des Cordeliers. En 1624, les habitans de la ville songèrent à élever un nouvel édifice, et les deux paroisses proposèrent d'y contribuer ; chacune d'elles offrit même d'en faire seule les frais, pourvu que l'édifice s'élevât sur son territoire. Il y eut alors un concours, et ceux de la Trinité l'emportèrent sur ceux de St.-Gervais ; ils offrirent 3500 liv., qui furent destinées à la reconstruction projetée ; on chargea les donateurs eux-mêmes de l'exécution de l'ouvrage, et ils s'en acquittèrent avec empressement.

Le nouveau tribunal fut placé sur la place publique, comme l'ancien, mais à l'autre extrémité. Il était entre l'église et la fontaine, à peu de distance de l'ancien cimetière. On y rendit la justice jusqu'à la fin du dernier siècle [1].

1 Recherches sur Falaise, page 190.

Dès l'année qui suivit cette entreprise, en 1625, les mêmes paroissiens de la Trinité commencèrent des travaux pour l'entier achèvement de leur église. C'est de ce temps que date la chapelle de la Vierge[1], située derrière le chœur, et probablement aussi le beau portail et les trois dernières chapelles latérales de ce côté. L'ouvrage ne fut entièrement terminé qu'en 1631.

Nous rappelerons ici une discussion qui s'était élevée, peu d'années auparavant, entre les deux curés de la Trinité et de St.-Gervais, sur le droit de préséance dans les cérémonies publiques. Les deux partis présentèrent leurs titres et firent valoir leurs anciennes prérogatives. Le fameux Bertaud était évêque de Séez, et ce fut devant lui que l'affaire fut portée. Il l'examina, et ne put reconnaître de quel côté se trouvaient les droits. Dans cet embarras, il eut recours à un moyen terme, et il ordonna que dans toutes les grandes réunions « le plus » ancien curé marcheroit le premier. » Cette décision était la plus sage qu'il fût possible de prendre ; elle termina pour jamais toutes ces discussions.

Louis XIII avait renouvellé, pendant son règne, les chartes de ses prédécesseurs sur l'impôt des boissons, et l'avait maintenu au même taux que le fondateur[2] ; le produit en était également destiné aux réparations et reconstructions des édifices publics[3]. On fit un relevé du montant de cet impôt

---

1 Recherches sur Falaise, page 131.

2 Henri V, roi d'Angleterre.

3 Les chartes ou lettres-patentes de Louis XIII, sont encore au chartrier de la ville.

en 1634; il avait rapporté, dans cette année, 800 liv. à la ville [1].

Occupons-nous maintenant de quelques hommes de lettres qui succédèrent à cette génération de beaux esprits qui avaient illustré Falaise pendant le 16e. siècle.

Antoine Montchrestien se présente le premier. Fils d'un apothicaire de cette ville, il avait été élevé dans des temps malheureux, et son caractère inquiet s'était développé au milieu des troubles de la Ligue. Il eut plusieurs querelles dans sa jeunesse, qui lui devinrent presque toutes funestes. Après un duel avec des frères Gourville, on le laissa pour mort sur la place. Plus tard, il tua lui-même un de ses adversaires, et fut obligé de se réfugier en Angleterre, pour se soustraire aux poursuites de la famille. Il ne revint en France que pour se jeter dans de nouvelles intrigues, et prendre part aux guerres des réformés, sous Louis XIII. Il se battit vaillamment dans plusieurs rencontres, et s'étant trouvé à l'assemblée de la Rochelle, il s'y fit remarquer par son éloquence vive et entraînante. Il vint ensuite en Normandie, et se mit à courir les campagnes voisines de cette ville pour y lever des troupes. Mais une nuit il fut surpris dans le village des Tourailles, avec quelques-uns des siens, et le seigneur du lieu ayant cerné la maison, il fut sommé de se rendre et massacré par les paysans. Son cadavre fut ensuite traîné à Domfront, où on lui fit son procès. Il fut condamné comme rebelle et ennemi du roi.

1 MM. Siard et la Gaillonniere, inventaire du chartrier, page 11, au verso.

La vie d'un pareil homme offre peu d'intérêt, et ne semble guère digne de l'histoire. Cependant, comme écrivain, il a laissé un nom, et il a publié des ouvrages qui annoncent une grande instruction. On a de lui sept tragédies, qui furent presque toutes jouées avec succès ; l'une d'elles, *Marie Stuart* ou *l'Écossaise*, fut dédiée au fils de cette reine, Jacques Ier., et valut à l'auteur son retour en France. Il dédia plus tard à Louis XIII et à la reine-mère, Marie de Médicis, un *Traité d'Économie politique*, assez remarquable pour son temps ; il y parle du commerce, des manufactures, de la navigation, des devoirs des princes, &c. Il traduisit encore, en vers français, les *Psaumes de David*, et commença une *Histoire de Normandie*. Il serait devenu probablement un des écrivains les plus distingués de son temps, s'il eût été mieux dirigé, et s'il eût fait surtout un meilleur emploi de son temps [1].

Paul Varin, sieur Desperières, fut un gentilhomme Falaisien qui vivait à la même époque. On sait peu de choses sur sa vie, et seulement il apprend lui-même qu'il s'attacha, pendant les guerres civiles, à la fortune de Henri IV, et qu'il se trouva « à toutes » ses batailles [2]. » Paul Varin a laissé des ouvrages de controverse et un livre où il annonçait la fin du monde pour l'année 1666. On connaît aussi de lui *les Espines de Mariage pour retirer les jeunes filles et autres de folles et précipitées amours et éviter les*

[1] Outre la Biographie universelle, de Michaud, on trouve un long article sur Montchrestien dans l'Histoire du Théâtre Français, par le duc de la Vallière, tome 3, page 518 et suiv.

[2] Préface d'un livre de controverse, dédié à Henri IV.

périls de mariage. Paris, 1604, un vol. in-8°. ¹ Le titre bizarre et ridicule de cet ouvrage ne peut donner une haute idée de celui qui le composa.

Le poëte Elis n'est connu pareillement que par ses écrits. Il publia un volume de poésies, en 1628, sous le titre d'*OEuvres diverses du sieur Elis de la ville de Falaise.* C'est un recueil d'odes, de strophes et de sonnets, dédiés à divers personnages. Il y en a même d'adressés au roi, sur la prise de la Rochelle et la défaite des Anglais dans l'île de Rhé. Elis avait les défauts de son temps, le mauvais goût et les jeux de mots, et il ne les rachetait point par des idées vives et saillantes comme Malherbe, son contemporain. Il est du reste entièrement oublié de nos jours ; quoiqu'il ait joui, de son temps, d'une assez grande réputation. Quelques-unes de ses strophes ne manquent pas d'harmonie ².

René le Normand, sieur Dubois, publia un volume in-4°. sur le rétablissement de la milice en France, sur les armées navales, sur le commerce, &c. ³ Nous ignorons si ce livre eut un grand succès dans le temps ; mais il serait impossible d'en soutenir maintenant la lecture. Louis XIII en accepta la dédicace, quand il parut, en 1632. L'auteur signe à la fin : *René le Normand, de Falaize, en Normandie.*

1 Note biographique de M. F. Pluquet.

2 L'ouvrage du poëte Elis est à la bibliothèque de la ville. On voit, par deux de ses pièces, pag. 206 et 257, que les eaux minérales de Vaton, situées aux portes de Falaise, étaient très-fréquentées de son temps. Nous reparlerons plus tard de ces eaux, dont on ne fait plus un grand usage aujourd'hui.

3 Ce volume est à la bibliothèque de Caen.

Ces différens écrivains furent plus ou moins
connus, plus ou moins estimés de leurs contemporains ; mais il y eut dans le même temps un
Falaisien qui les effaça tous par sa célébrité : c'est
le fameux Nicolas Vauquelin, sieur de Sassy, plus
connu sous le nom de des Yveteaux.

Vauquelin des Yveteaux était le fils aîné du poëte
Vauquelin de la Fresnaie. Il fut élevé soigneusement
par son père, et destiné d'abord à la magistrature ;
à trente ans il remplissait les fonctions de lieutenant-général près le grand bailli de Caen. Mais il
se dégoûta promptement de cette place, et la remit
à l'un de ses frères. Peu de temps après il fut appelé
à Paris par l'abbé de Tyron, qui le présenta à la
cour. Des Yveteaux plut à Henri IV, qui ne tarda
pas à le nommer précepteur d'un de ses bâtards,
le jeune Vendôme, fils de Gabrielle ; ayant eu le
bonheur de réussir dans cet emploi, le roi le prit
plus que jamais en affection.

En 1609, quand il fallut donner un précepteur
au dauphin, ce fut de nouveau sur des Yveteaux
que Henri IV jeta les yeux ; il lui adressa une
charte très-honorable [1], et lui remit son fils avec
une pleine confiance ; il ne doutait pas que le jeune

---

[1] « Nous avons advisé, dit le roi dans cette charte, de
» bailler au dauphin un precepteur bien choisi...... et après
» avoir recherché par le nombre infini des hommes de sçavoir
» et beaux esprits qui se trouvent en notre royaume, nous
« n'en avons point trouvé de plus propre à cet effet que notre amé
» et féal *Nicolas Vauquelin sieur des Yveteaux*, etc... »
Ce choix était d'autant plus glorieux pour des Yveteaux,
qu'il avait en effet des concurrens bien recommandables ; on
cite, entre autres, l'illustre Scaliger, si vanté par les érudits.

prince

... ne ... d'un tel maître toutes les instructions ... de ... un jour le rendre digne de régner
sur la France.

Des Yveteaux resta auprès de son élève jusqu'à son
avénement au trône, sous le nom de Louis XIII,
et à cette époque il quitta la cour pour s'enfermer
dans la retraite, à quelques lieues de Paris. Là il
fut comblé de bienfaits de la part du nouveau roi
et de la reine mère, et il en reçut entre autres une
pension de 6,000 liv., avec de grands témoignages
d'estime. Souvent même, dans la suite, on vit le
royal élève rappeler auprès de lui cet ancien maître,
pour jouir encore de ses entretiens et de ses conseils.
La conversation vive et enjouée du vieillard,
dissipait pour un moment l'humeur sombre et
chagrine du monarque; il reprenait dans ces en-
trevues un peu de sérénité et même de gaieté.

Ainsi, quoique retiré du monde, des Yveteaux
conservait toujours des relations avec la cour.

Dès les commencemens il y avait introduit
Malherbe, son contemporain et son ami, et plus
tard il y produisit l'illustre Mézerai. C'est même
à lui que la France doit cet historien, si l'on en
croit les biographes. Mézerai voulait faire des vers,
et se laissait entraîner par l'exemple de quelques
beaux esprits que l'on vantait alors. Des Yveteaux
changea cette fausse direction du jeune écrivain,
et le ramena dans la bonne voie. Cet acte de dis-
cernement mériterait seul à des Yveteaux la reconnaissance publique.

Dans sa vieillesse, cet homme si distingué tomba
dans de ridicules travers. Il avait disposé dans Paris

une charmante maison avec de beaux jardins ; il s'y renferma avec une femme qu'il aimait, et il s'y livra à des amusemens indignes de son âge. Il s'habillait en berger, ainsi que sa compagne, et se promenait avec elle, une houlette à la main, en chantant et jouant des instrumens. Ses amis le trouvaient ainsi, au milieu d'un petit troupeau, et rêvant aux fables de l'âge d'or. La mort vint atteindre ce nouveau Tircis occupé de ces jeux enfantins ; il la reçut en épicurien, et aux sons d'une musique harmonieuse ; son dernier sonnet peint l'indifférence qu'il fit paraître à ce moment suprême.

Les poésies de Des Yveteaux ont été recueillies dans *les Délices des Muses françoises*, 1 vol. in-8.º, avec celles de Malherbe[1], de Racan et des plus illustres auteurs contemporains. Le poëme *de l'Institution du Prince*, composé pour le duc de Vendôme, en fait partie. Comme auteur, il a plus de délicatesse que de force dans la pensée, et plus de grâce que de variété. Sabbatier a dit de lui, « que » son chant était plutôt celui de la fauvette que du » rossignol. »

Du reste Falaise, quoique sa patrie, posséda peu ce premier de ses beaux esprits. Il passa une partie de sa jeunesse à Caen, et le reste de sa vie à Paris

---

[1] La Fresnaie et des Yveteaux avaient tellement illustré le nom de Vauquelin, qu'on le célébrait avant tous les autres dans ce pays. Le poëte Lemoine s'écrie, en rappelant les plus beaux souvenirs poétiques de la Normandie :

Que les nymphes de l'Orne étoient alors superbes
Du nom des Vauquelins et du nom des Malherbes !

ou dans la Picardie. Il avait quatre-vingt-dix ans quand il mourut, le 9 mars 1649[1].

Nous devons encore mentionner ici, parmi les personnages distingués qu'a produits Falaise, un homme de guerre estimable dont les biographes ont conservé le nom. Il se nommait Fortin de la Hoguette, et il était le fils d'un président de cette ville qui, s'étant dévoué à la cause royale pendant les troubles civils, avait été anobli par Henri IV. Le jeune Fortin fut destiné aux armes, et il se fit remarquer, dans toutes les occasions, par « son » humanité, son désintéressement et sa fidélité iné- » branlable à ses devoirs. » On cite entre autres de lui deux traits également honorables : il commandait à Blaie, pour le roi, en 1636, et les princes révoltés, voulant s'emparer de la place, conçurent le projet de l'entraîner dans leur parti. Ils lui dépêchèrent en conséquence le comte de Grammont, et ils lui firent promettre de l'avancement et des richesses, s'il consentait à livrer la place. Mais le fidèle commandant demeura inflexible ; il voulait même faire juger Grammont, comme traître et

[1] Une multitude d'auteurs se sont occupés du poëte des Yveteaux ; nous citerons entre autres St.-Evremond, Ninon de Lenclos, Michel le Vasseur, Moreri, et en général tous les biographes. Son éloge fut imprimé en 1662, à Caen, dans un livre sur les *Illustres François* de cette époque. Nous avons extrait ce petit article de ces différens ouvrages, en abrégeant et en supprimant à regret une foule de détails.

Le portrait que nous offrons de Nicolas Vauquelin des Yveteaux a été copié sur un bel original de Porbus, conservé chez M. Frédéric de la Frenaye, allié de la famille des Vauquelin.

parjure à son roi, et s'il consentit à l'épargner, ce fut seulement par égard pour son extrême jeunesse. Dans une autre circonstance, il se trouvait dans le dénuement, et les fermiers du trésor lui proposaient une gratification qu'avaient touchée ses prédécesseurs ; il la refusa avec indignation. « Ce serait » chose honteuse, dit-il, qu'un officier du Roi » reçût une autre paie que la sienne. » Un pareil caractère est bien digne à coup sûr d'un souvenir historique. Fortin de la Hoguette épousa, dans sa vieillesse, la sœur de l'archevêque de Paris, Hardouin de Péréfixe, si connu par *la vie de Henri IV*. De cette union sortirent plusieurs enfans, qui reçurent de leur père une éducation solide et religieuse. Le second embrassa l'état ecclésiastique, et devint successivement évêque de St.-Brieux et de Poitiers, et enfin, archevêque de Sens. Il refusa l'ordre du Saint-Esprit, que lui offrait Louis XIV ; il allégua pour excuse, son défaut de naissance. Il mourut très-regretté des pauvres et du clergé de son diocèse. Le père et le fils se distinguèrent, comme on le voit, par des vertus bien rares dans le monde, l'humilité et le désintéressement. Le père est connu comme auteur de deux ouvrages sur l'éducation, dont l'un est intitulé : *Testament* ou *Conseils d'un père à ses enfans*. Ce livre fut bien accueilli dans le temps, et réimprimé plusieurs fois en France et en Hollande. Il est totalement oublié de nos jours, même dans le pays de l'auteur[1].

[1] Cet article est emprunté, presque textuellement, à la biographie universelle (Michaud), et à Masseville, Histoire de Normandie, tome 6.

Nous retrouvons plus tard, dans l'histoire de Normandie, un marquis de la Hoguette, qui fut fait lieutenant-général en 1693, et qui périt glorieusement quelques mois après à la bataille de la Marsaille [1]. Nous ignorons s'il appartenait à cette famille des Fortin de la Hoguette. Peut-être était-ce le frère aîné de l'archevêque; mais nous ne pouvons rien affirmer à cet égard.

Il nous reste à rappeler, sur la dernière partie de ce siècle, un petit nombre d'événemens peu importans.

La taille s'était levée jusque-là sur les habitans, d'après un mode très-onéreux. On les imposait par cotisation, et d'après le revenu présumé de chacun; de cette manière, il y avait beaucoup d'arbitraire, et les charges n'étaient jamais également réparties.

Pour remédier à cet abus, les bourgeois réclamèrent et obtinrent un nouveau mode de perception. Le tarif fut établi, et toutes les denrées furent, sans exception, assujetties à des droits. Dès-lors on ne paya plus que d'après la consommation; la taxe de chacun se trouva en rapport avec ses dépenses et sa fortune. Il ne fut plus possible de se soustraire aux charges communes; et les impôts devinrent à-la-fois plus abondans et moins onéreux pour le peuple.

Louis XIV, en adoptant ce nouveau genre de perception, abolit les anciennes chartes sur les boissons. L'impôt des vins rentra comme les autres dans le tarif; mais au lieu de revenir exclusivement à la ville, comme autrefois, il en entra la moitié

1 Masseville, tome 6, pages 271 et 274.

dans les caisses du roi ; cependant le peuple soulagé reçut ce changement comme un bienfait. Il rendit grâce au monarque qui s'était montré favorable à de justes réclamations. Ces heureuses améliorations s'opérèrent pendant les années 1658 et 1662. Lors de l'établissement de la taille, les impôts s'élevaient difficilement à 10 ou 12,000 liv. Ils se montèrent, avant la fin du siècle, à près de 20,000 liv. [1]

Dans la même année 1662, l'évêque de Séez, Roussel de Médavy, voulut établir un séminaire dans la ville, et il obtint à ce sujet des lettres-patentes du roi. Les habitans y formèrent opposition et refusèrent l'établissement. Il y eut une vive contestation, qui fut cependant suivie d'un arrangement. Il fut convenu « que le séminaire n'auroit » ni église ni chapelle particulière ; qu'il ne possèderoit point d'héritages dans la ville ni dans la » banlieue ; qu'il n'aurait pas plus de 1,500 liv. » de revenu ; et qu'enfin, il ne pourrait rien recevoir, ni par donation ni par testament, d'aucun » habitant de la ville ou des faubourgs, etc. [2] » A ces conditions, qui furent arrêtées et signées, le séminaire put s'établir à Falaise ; il s'installa, en conséquence, dans la rue aux Chevaux, où il s'est maintenu jusqu'à la révolution. Il jouissait alors, à ce qu'il paraît, d'une brillante réputation, et l'on y faisait de bonnes études ecclésiastiques.

[1] On peut consulter l'inventaire du chartrier, par Messieurs Siard et la Gaillonnière, page 20, et les 40 et 41.ᵉ liasses des titres de la ville.

[2] Inventaire du chartrier, page 10, au *verso*.

La résistance des habitans semble très-remarquable, quand on songe surtout à l'époque à laquelle ils élevèrent cette difficulté. Du reste, leur conduite prouve qu'ils étaient fatigués de voir les biens du pays tomber en main-morte dans les communautés, et leur réclamation, sous ce rapport, peut être considérée comme une sage mesure prise dans l'intérêt général.

Dans le même temps il y avait à Falaise des protestans qui semblent y avoir joui d'une certaine liberté. On retrouve une transaction d'un autre genre, passée entre eux et des bourgeois catholiques, qui s'engagèrent à supprimer des fenêtres qui donnaient sur le prêche des réformés. La pièce est à la date de 1666, et se voit encore au chartrier de l'hôtel-Dieu [1]. L'esprit du peuple avait bien changé, comme on le voit, depuis le temps de la Ligue; mais la révocation de l'édit de Nantes, qui survint bientôt après, chassa les protestans de Falaise, et ils n'y ont jamais reparu. Il n'en existe peut-être pas une famille dans la ville au moment où nous écrivons.

Sous les différens rois, depuis Philippe-Auguste, la juridiction du maire s'était maintenue dans la ville, quoique la première dignité municipale eût passé depuis long-temps entre les mains du vicomte, qui était le premier magistrat civil de toute la vicomté. Louis XIV renouvela, par ses ordonnances, ces anciennes prérogatives de la commune, et il y eut des *plaids* ou audiences du maire et de ses échevins, comme il y en avait eu anciennement,

1 M. Langevin en fait mention, page 48 de ses Recherches.

c'était une juridiction particulière et pour les seules affaires de la commune. On y jugeait en dernier ressort jusqu'à la somme de 150 liv. Les lettres de Louis XIV, sur ce point, ne furent pas du reste particulières à la seule ville de Falaise, et s'appliquèrent aux différentes villes du royaume ; elles furent enregistrées en 1669 [1].

Sous le même règne, mais trente ans plus tard, il y eut à Falaise un lieutenant de police, établi pour le maintien de l'ordre et la prompte répression des contraventions. Ce fut un démembrement de la puissance municipale, qui seule jusque-là avait eu cette juridiction. La mairie perdit ensuite successivement et en peu de temps toutes ses autres attributions judiciaires [2].

Voilà tout ce que nous offrent les histoires du temps.

Masseville parle encore d'un ouragan terrible qui désola la France, en 1683. Il prétend qu'il commença aux portes de Falaise, et qu'il se répandit de-là par toute l'étendue du royaume [3]. Mais aucune tradition locale ne fait mention de ce désastre, et nous ne pouvons que le mentionner en passant.

Le même écrivain parle ensuite d'une famine et d'une peste qui survinrent en Normandie, en 1693 [4]. Ce passage de l'historien nous semble plus digne d'attention.

1 Pièces du chartrier de l'hôtel-de-ville, et Recherches sur Falaise, par M. Langevin, page 187.

2 Langevin, page 187.

3 Masseville, page 234, tome 6.

4 *Idem*, page 326.

Si l'on en croit les vieillards, à une époque qui n'est pas encore très-reculée, la population de la ville aurait été en partie détruite par une contagion. Ils en racontent quelques détails vagues, et ils montrent les champs funèbres où l'on déposait les morts; ils indiquent même une croix à demi-renversée et presque détruite, à peu de distance d'un chemin public, comme un monument destiné à perpétuer la mémoire de cette grande calamité. Selon eux, il y a cinquante ans, on parlait beaucoup plus de cet événement qu'on ne le fait aujourd'hui, et l'on en redisait les circonstances; les plus anciens en avaient presque été les témoins.

En rapprochant cette tradition du récit de Masseville, on peut penser que la grande peste de Falaise date de cette année 1693. « Il mourut alors près de quinze mille personnes dans la seule ville de Rouen, » dit l'historien; s'il en périt à Falaise dans la même proportion, on peut porter le nombre des morts à deux ou trois mille environ. Quelle horrible dépopulation pour une petite ville! Doit-on s'étonner après cela que le souvenir d'un semblable désastre se soit conservé chez un grand nombre de générations successives.

Le prix du boisseau de blé, pendant cette année, s'éleva à 8, 9 et même 10 liv. Mais dans le cours de ce siècle il s'était maintenu à 25, 30, 40, 50 sols, et par intervalles seulement, il avait monté jusqu'à 3 livres 10 sols. Ainsi la valeur moyenne était de 35 à 40 sols, à-peu-près 1.

Si nous jetons maintenant un coup d'œil général

_____

1 Masseville, pièces du chartrier, et Notes de M. de Larue.

sur l'histoire de Falaise pendant tout ce siècle, nous reconnaîtrons qu'elle offre peu d'intérêt, et que ses annales sont même devenues insignifiantes. Cependant la France, à cette époque, était au plus haut point de sa gloire : Louis XIV régnait, et l'Europe entière s'inclinait devant lui ; jamais aucun règne n'avoit produit tant de grands-hommes ni tant de merveilles. Mais c'était cette prospérité même du royaume qui enlevait à nos provinces toute leur importance. Tant qu'elles avaient été le théâtre des guerres civiles et étrangères, l'attention s'était portée sur elles ; on avait noté tous les combats qui s'étaient livrés dans leur sein, tous les siéges qu'avaient soutenus leurs places fortes. Mais tout étant devenu calme et prospère dans l'intérieur, on reportait ses regards sur une autre scène ; les grands événemens du dehors occupaient seuls ; l'histoire ne consignait que les faits extraordinaires. Ainsi le moment du repos domestique était venu pour nos aïeux, et par conséquent celui de la monotonie ; ils occupaient moins la renommée que leurs devanciers, mais aussi rien en retour ne troublait la paix de leurs foyers ; ils pouvaient vieillir sous le toit qui les avait vu naître. Gardons-nous donc de les plaindre d'avoir laissé des annales froides et décolorées. Rien n'est plus uniforme que le tableau d'une longue paix et d'un bonheur continuel ; le peuple le plus heureux est sans doute celui qui occupe le moins de place dans l'histoire.

Le commerce de la ville durant ces jours de tranquillité, se développa et prit des accroissemens. On n'avait vu dans Falaise, pendant long-temps, que des pelletiers et des teinturiers ; plus tard, la coutellerie s'y était introduite et y avait acquis d'heureux perfectionnemens ; mais à ces branches d'industrie vint se joindre, dans le 17.e siècle, l'importante fabrique de serges et de toiles. Il nous serait difficile de donner des détails sur l'étendue de ce commerce dans les premiers temps ; on peut penser toutefois qu'il était déjà considérable, puisque les écrivains de cette époque le cite comme étant le principal en 1698. « On fabrique à Falaise des » serges et des toiles, » dit Masseville dans sa description de cette ville [1]; et il omet de parler des autres branches d'industrie, comme étant purement accessoires. Du reste, Falaise devait encore subir dans la suite une nouvelle révolution commerciale, comme on pourra le remarquer à la fin de cette histoire.

Masseville n'est pas le seul écrivain qui ait écrit sur Falaise, dans le cours du siècle que nous venons de parcourir.

André Duchesne lui consacra trois colonnes dans ses *Antiquités des Villes et des Châteaux de France* [2], publiés en 1635. Mais la description qu'il en donna, copiée presque servilement sur celle qu'avait offerte Belleforêt, soixante ans auparavant, ne mérite pas d'être rapportée. On n'y trouve même aucun trait digne d'être cité.

Pierre Chancel, *professeur en rhétorique*, *eloquentiæ professor*, prononça deux discours en l'hon-

1 Etat géographique de la Normandie, tome 1.er, p. 158.
2 Pages 1000 à 1004.

neur de Falaise, sa patrie, en 1686. L'un, écrit en latin de collége, rappelle les prétendues victoires des Falaisiens sur les peuples du Latium. Les Hénètes, les Euganéens, les Aborigènes, les Véiens sont évoqués successivement par l'orateur ; viennent ensuite les Romains, et César lui-même, qui dut échouer devant Falaise; enfin, le grand Guillaume, avec les Tancrède, les Robert, les Henri, les Richard, se montrent à leur tour pour relever l'honneur de leur ville *natale*. On ferait difficilement de nos jours, en s'étudiant à charger son style, un morceau plus ridiculement emphatique que celui-là. Les dix pages qu'il contient ne valent pas une ligne de bons sens.

Le second discours est écrit en Français, et n'est pas moins ampoulé que le premier. On y retrouve les mêmes rêveries, et jusqu'à cette ridicule prétention de faire remonter Falaise au déluge. Mais au moins, dans ce fatras, on remarque encore, de temps en temps, quelques traditions recueillies, quelques fondations mentionnées. Du reste, on a peine à concevoir comment les lettres se retrouvaient à ce point de barbarie dans la ville qui avait, un siècle auparavant, vu fleurir les Lefèvre et les Vauquelin. Il semblait qu'un mauvais souffle eût passé sur elle, et y eût éteint les lumières. Aussi était-ce dans ce temps que les poëtes mirent en proverbe, sur le théâtre, la simplicité et la niaiserie falaisiennes. Regnard et Lesage se signalèrent, entre autres, par les sarcasmes les plus piquans et les plus amers[1] ; leurs plaisanteries devinrent même telle-

---

[1] On peut lire *le Bal*, *la Foire de Guibray*, *Turcaret*, etc.

ment populaires en France, que près d'un siècle
après eux, on les reproduisait encore sur la scène
française. Mais les temps sont changés maintenant,
et les Falaisiens se sont bien relevés de cet engour-
dissement passager; ils ne redoutent plus, depuis
long-temps, d'injustes préventions. L'étranger peut
visiter aujourd'hui les descendans des Sotencour et
des Matthieu Crochet[1], et il ne sera plus tenté, en
les quittant, de remettre au jour de vieilles pointes
émoussées et des bouffonneries devenues sans objet.

Les discours de Chancel furent prononcés devant
les principaux de la ville assemblés pour l'entendre;
l'auteur les désigne en style burlesque, sous les
noms de préteurs, sénateurs et chevaliers. Il leur
dédie ensuite ses ouvrages, mais il place avant tous
les autres, dans sa dédicace[2], le *très-illustre et très-
noble Alexandre Fouasse, écuyer, sieur de Noirville,
conseiller du roi, etc, etc*. C'était le président de
l'assemblée, et le plus distingué par ses lumières
et par ses vertus. Peut-être avait-il pris sous sa protection l'auteur des harangues, qui lui prodigue les
épithètes les plus brillantes et les plus recherchées[3].

1 Personnages d'une comédie de Regnard, intitulée *le Bal,*
ou *le Bourgeois de Falaise*.

2 Ces deux discours, avec les dédicaces, furent imprimés
en 1686. Il en existe des exemplaires chez quelques-uns des
habitans de cette ville. Un d'entre eux nous a remis le sien
pour être déposé à la bibliothèque de la ville.

3 Il fait ainsi l'anagramme de ces deux noms *Alexandre
Fouasse :*

                    Ardor es axe fluens.

Nous avons cherché le mot de cette énigme, mais nous
n'avons pu le découvrir.

On nous pardonnera cette petite digression. Nous avons essayé jusqu'ici de caractériser les mœurs publiques aux différentes époques de cette histoire. Il nous a semblé que l'éloquence de l'orateur Chancel et l'admiration dont il fut l'objet, étaient très-propres à donner une idée de l'ignorance et du mauvais goût qui régnaient alors dans Falaise. C'est encore là de l'histoire telle surtout qu'on nous la demande aujourd'hui.

Quant aux causes qui ramenèrent cette barbarie dans le pays, il serait difficile de les déterminer. C'était cependant à cette époque que le génie normand étonnait le monde par ses prodigieuses conceptions; c'était le temps où Corneille, le père du théâtre français, créait à-la-fois parmi nous, par la force de ses combinaisons, la tragédie, la comédie, l'opéra et le drame.

Un avocat de Falaise, nommé Bellanger Dufrenaux ou Desfrenaux, publia dans le même temps un petit volume intitulé : *Le Voyage de la Foire de Guibray*. C'est un tissu d'aventures romanesques écrites d'un style commun et sans goût. Sur deux cents pages dont le livre se compose, dix au plus concernent Guibray, et ce sont probablement les meilleures. L'auteur, qui devait bien le connaître, décrit le champ-de-foire assez fidèlement, pour que l'on s'aperçoive aisément aujourd'hui que les lieux et les usages ont peu changé depuis plus de cent ans. La distribution des quartiers était absolument telle que nous la voyons encore; les noms des rues n'ont même pas varié. Il paraît que dès le temps de Desfrenaux, le commerce de chevaux

était un des plus considérables de cette foire ; il
prétend même qu'on en amenait à Guibray, en
temps de paix, non seulement des différens points
de la France, mais encore « d'Allemagne, d'Angleterre, de Hollande et d'Espagne [1]. » Nous remarquerons au reste ici, à l'occasion de la prospérité
toujours croissante de la foire de Guibray à cette
époque, qu'il avait été rendu par le roi, en son
conseil, plusieurs réglemens importans en sa faveur
dans le cours du siècle. Les plus célèbres sont à la
date de 1647, 1693 et 1695 ; ils réglaient les droits
du domaine et du roi sur les loges, et en assuraient
la libre jouissance et possession aux propriétaires;
ils étaient seulement tenus à une redevance annuelle
de 2000 liv. envers le trésor.

[1] Voyage de la Foire de Guibray, page 102. A la page
103, l'auteur prétend que parmi les spectacles de l'une des
foires de son temps, il s'en trouvait un qu'un Italien annonçait ainsi : *La huitième merveille du monde se voit ici... Niente se
puo vedere magiore...* Les curieux se pressaient de pénétrer
dans la loge, et qu'y voyaient-ils...? « Une femme muette de
» naissance.... » Il fallait rire de la merveille, dit l'auteur,
et continuer sa promenade. Nous observons au surplus que
c'est Desfrenaux qui raconte cette anecdote, et non pas nous.
Ce trait est le meilleur de son livre.

Il seroit assez curieux de comparer avec la description de
la foire de Guibray, par Desfrenaux, une vue de la même
foire, prise à vol d'oiseau, en 1558, par Chauvel, et gravée
par Gochin, qui se trouve à la bibliothèque du Roi, sous le
n°. 1026, au milieu de dessins et de manuscrits relatifs à la
Normandie. Dibdin, qui l'a soigneusement examinée, la cite
comme un morceau très-curieux. (Voyage en France, tome 3,
page 219.) Si quelqu'un la possédait dans ce pays, ainsi que
la vue de Falaise, par Zeiller, publiée un peu plus tard, il nous
obligerait beaucoup en nous la communiquant. Nous pourrions
en offrir des copies lithographiées.

Desfrenaux est encore auteur d'un livre oublié, *sur l'Eucharistie*. Un tel sujet paraît bien grave pour cette plume profane. Le style de cet écrivain est du reste si trivial, et quelques-unes de ses expressions sont si basses, que l'on a peine à croire qu'il appartint à une classe distinguée. Son voyage est dédié à M. *de Marguerit, conseiller au parlement, et seigneur de Versainville et de Guibray.*

M. Langevin parle d'un peintre de ce pays, nommé Bonnemer, qui dut être reçu à l'académie en 1675, et qui mourut en 1689 [1]. Nous n'avons pu trouver son nom, ni l'indication de ses ouvrages de peinture, dans les dictionnaires biographiques que nous avons consultés. Il est probable que, quoique académicien, il n'eut qu'un talent très-médiocre.

Masseville et M. Langevin citent encore un nommé Ourry, sieur de la Chaperie, assesseur ou juge à Falaise, qui publia un ouvrage de pratique sur le droit. Ce livre eut deux éditions, et la seconde parut en 1684. Nous ne le connaissons aucunement, mais c'est dans tous les cas une de ces productions qui ne peuvent plus inspirer maintenant aucune espèce d'intérêt.

Enfin, Caillebotte, dans son histoire de Domfront [2], prétend que ce fut un bourgeois de Falaise qui fonda, en 1691, les bains de Bagnoles, devenus depuis si célèbres. Ce service rendu à l'humanité par un simple particulier, doit obtenir dans cette histoire une mention honorable. René Laloë, en

---

1 Supplément des *Recherches historiques sur Falaise*, p. 15.
2 Page 49.

formant

formant un établissement utile à son pays, s'est
placé bien au-dessus de ces mauvais écrivains, qui
furent sans doute beaucoup plus vantés que lui par
leurs contemporains ; tant il est vrai que la renommée ne s'attache pas toujours à celui qui en est
le plus digne.

Mais hâtons-nous de passer à un nouveau siècle,
et donnons seulement encore, en achevant celui-
là, les noms des gouverneurs de la ville et des
vicomtes-maires, depuis 1600 jusqu'en 1700.

Le premier gouverneur de Falaise, après le baron
de Montmorency-Bouteville, qui commandait cette
place à la fin du 16.e siècle, fut Pierre de Harcourt-
Beuvron, de la noble famille d'Harcourt, dont
nous citerons plus d'une fois des personnages dans
le cours de cet ouvrage. Les enfans et petits-enfans
de Pierre de Harcourt lui succédèrent dans le gouvernement de la ville, durant près de cent ans,
et dans l'ordre suivant :

Jacques de Harcourt, de 1617 à 1622.

Charles de Harcourt de Croisy, de 1622 à 1624.

Gui de Harcourt, de 1624 à 1628.

Odet de Harcourt de Croisy, de 1628 à 1661.

Enfin, Louis de Harcourt, de Thury, et Odet de
Harcourt, de la Motte, son fils, successivement,
depuis 1661 jusqu'en 1700 [1].

Quant aux vicomtes-maires, après Jean de Malfilâtre, nous trouvons Guillaume Morel, petit-fils
de Jean Morel ; Jean Mallet, sieur des Douaires ;
Guillaume de Marguerit, sieur de Guibray ; Enguer-

---

[1] M. Langevin, Recherches sur Falaise, et Laroque, Généa-
logie de la maison d'Harcourt.

rand de Guerville, sieur de Millesavattes; François de Guerville, et Jean-Baptiste de Guerville [1].

Comme on le voit, le titre de vicomte devenait à son tour héréditaire dans les familles, et les mêmes noms se reproduisaient à la suite les uns des autres. Ce n'était plus le temps où le peuple de Falaise avait pu choisir lui-même ses maires, et chercher les plus dignes partout où ils se trouvaient. Les envahissemens de pouvoir lui avaient enlevé depuis long-temps ce privilége, et plus d'un demi-siècle devait s'écouler encore avant qu'il pût le recouvrer. En attendant, il voyait ses dignités municipales livrées aux gens de robe, et c'était au palais de justice que se trouvait son hôtel de ville. On sent combien une pareille confusion de pouvoirs devait être préjudiciable à ses intérêts.

Les événemens du 18.e siècle sont assez nombreux, et la plupart même sont dignes d'intérêt; nous les exposerons le plus succinctement possible.

En 1702, les Anglais ayant menacé de faire une descente sur les côtes de Normandie, la noblesse prit les armes, sous le commandement du maréchal de Matignon [2]. Il y eut un régiment de Falaisiens qui inscrivirent sur leur drapeau le nom de leur ville natale. La bonne contenance des braves Normands effraya les Anglais, qui n'osèrent débarquer. Les régimens furent en conséquence dissous et renvoyés dans leur foyers. Les Falaisiens revinrent comme les autres, sans avoir eu l'occasion de se signaler. Ils n'étaient plus appelés à briller, comme leurs pères,

[1] M. Langevin, Recherches sur Falaise, pages 148 et 149.
[2] Masseville, tome 6, page 503.

sur les champs de bataille, contre les ennemis de leur patrie.

En 1712, un prisonnier Anglais, enfermé dans le château, se jeta de désespoir du haut de la grande tour[1]. On s'occupa pendant quelque temps de cette mort tragique, et le souvenir s'en est ainsi conservé jusqu'à nous.

En 1720, le chancelier de France demanda des détails sur l'organisation judiciaire dans toute l'étendue du bailliage de Falaise. Le premier lieutenant-général du baillif, M. de Cerny, envoya un mémoire, qui ne remplit pas, à ce qu'il paraît, les intentions du ministre.

En 1735, une nouvelle demande fut adressée par la chancellerie, et le même M. de Cerny, complétant son travail, envoya un second mémoire plus étendu que le premier.

Falaise était alors le siége d'une vicomté et d'un bailliage. Le vicomte était maire de la ville, et avait de plus une juridiction sur un grand nombre de paroisses. L'appel des jugemens rendus à la vicomté était porté devant le bailliage.

Le bailliage de Falaise dépendait du grand bailliage de Caen, et n'avait que des lieutenans-généraux du grand baillif. Le bailliage, outre les appels de la vicomté de Falaise, connaissait encore de ceux des vicomtés de St.-Pierre-sur-Dive, Briouze et Méheudin. Ces quatre vicomtés formaient ensemble deux cent cinquante paroisses.

Il y avait de plus, dans le ressort de ce bailliage, dix-huit hautes-justices, de la création de 1702, formant ensemble soixante-onze paroisses.

M. Langevin, page 32.

Voici maintenant quel était, d'après le mémoire, le personnel du bailliage et celui de la vicomté, en 1735.

M. de Cerny occupait la charge de premier *lieutenant-général civil et criminel*, depuis plus de quarante ans, et il y réunissait celle de premier *enquesteur commissaire examinateur*.

Ces deux charges réunies lui revenaient à 50,000 l. d'achat. Pour tout salaire, il touchait sur les tailles 12 livres 10 sols, et sur le domaine du roi, 20 livres; mais il avait ses droits manuels et ses épices, qui se montaient à 12 ou 1500 livres au plus, sur quoi encore il y avait « le prest et le droict annuels » à diminuer.

Le sieur André de la Frenaye était second *lieutenant-général civil et criminel;* son titre valait 30,000 l. Son salaire était de 33 liv. 10 sols, et le produit annuel de sa charge pouvait se monter à 800 liv.

Le sieur André de la Frenaye était encore *lieutenant particulier assesseur criminel* et second *enquesteur commissaire examinateur.* Le premier de ces titres valait 10,000 liv., et rapportait 30 liv. 10 s. de gages; le second n'était estimé qu'à 3,000 liv., et n'était point gagé.

La charge de *procureur du roi* était occupée par le sieur de Trévigny, *au droit de son père.* Cette charge ne revenait au titulaire, dans le principe, qu'à 3000 livres, et lui valait 75 liv. de gages; avec le casuel, il en pouvait retirer 600 liv.

Les offices de premier *avocat du roi* et de premier *procureur du roi de police*, étaient entre les mains de Noël André de la Frenaye. Ils lui revenaient ensemble à 11,500 livres, et il en retirait 600 liv. à peu-près.

Enfin , L. P. Antoine Moulin de Grandchamp était second *avocat du roi* et second *procureur du roi de police*. Ses offices étaient estimés , comme ceux de son collégue, à 11,500 liv. , et le produit en était le même.

Tels étaient les officiers du bailliage. Mais les trois derniers faisaient également les fonctions dans le bailliage et dans la vicomté , et l'auteur du mémoire observe avec justesse « que cela paraissait irrégu- » lier par bien des raisons. » En effet, puisqu'on appelait au bailliage des affaires de la vicomté , il était inconvenant de retrouver les mêmes magistrats aux deux juridictions.

L'office de *vicomte*, dans le même temps, était oc- cupé par le sieur de Sainte-Marie , ainsi que celui *de lieutenant de police*. Il jouissait de 800 liv. de gages pour ces deux emplois, et, tous droits et épices compris, il devait en recueillir 2,000 liv. par année. La seule charge de *lieutenant de police* lui coûtait 25,000 liv.

Le sieur de Garencière était *lieutenant du vicomte*, et ne touchait pas de gages. Son emploi était de 1500 liv. d'achat, et le produit éventuel de 300 liv.

Dix *assesseurs* étaient en outre appelés à siéger , soit au bailliage , soit à la vicomté. Deux étaient *rapporteurs certificateurs des saisies et criées d'héri- tages*, et les huit autres remplissaient les fonctions de juges. C'était le même abus que pour le *pro- cureur du roi* et les *avocats du roi*, puisqu'ils sié- geaient à la fois et indistinctement aux deux juridictions. L'auteur du mémoire pense qu'il eût été plus sage d'en attacher quatre à chaque tribunal, sans la faculté de passer de l'un à l'autre.

L'office des *assesseurs* valait 1500 liv. d'achat, et n'était point gagé ; leur revenu annuel était estimé à 100 liv.

Il y avait de plus un office de *garde scel* près les tribunaux, qui valait 500 liv. d'achat, et dont on estimait le revenu à 60 liv.

Enfin, indépendamment de tous ces officiers de justice, on comptait encore à Falaise « dix *procu-* » *reurs* et au moins autant d'*avocats.* » L'auteur du mémoire termine, au reste, en observant, surtout à l'occasion des hautes-justices nouvellement créées, « qu'il serait à souhaiter qu'il n'y eût pas tant de » siéges de justice, ni tant de praticiens. » Il paraît que le peuple était principalement à plaindre lorsqu'il avait à plaider devant ces nouveaux justiciers. Mais, dans toutes les circonstances, le sort des familles n'est-il pas réellement déplorable, lorsqu'elles sont réduites à s'adresser aux tribunaux pour régler leurs intérêts ? Il y a un siècle, le pauvre peuple de Falaise nourrissait dix-huit ou vingt officiers de justice, et autant au moins d'avocats et de procureurs. Maintenant il n'a plus d'épices à payer à ses juges, mais les procureurs, qui n'ont fait que changer de nom, sont encore là avec les receveurs du timbre, de l'enregistrement, et tous les autres fléaux du même genre. Quand donc la civilisation trouvera-t-elle un moyen de nous débarrasser de toutes ces misères ?

Ces détails paraîtront longs peut-être, mais nous

voulions faire connaître une organisation judiciaire qui s'est pendant long-temps maintenue dans le pays. Les mémoires de M. de Cerny nous ont semblé curieux, et nous en avons extrait ce qui nous a paru rentrer dans le cadre d'une histoire locale[1].

Nous devons rappeler maintenant une entreprise très-utile qui fut exécutée avec de grands frais, et qui depuis près d'un siècle contribue à l'agrément et à la salubrité de la ville.

Nous avons vu que les fontaines publiques avaient été établies par Robert-le-Libéral, entretenues par les ducs, restaurées par Henri V, et enfin, réparées et conservées par les habitans. Mais ces fontaines sont alimentées par une source qui est éloignée de près d'un quart de lieue, et les conduits de grès qui amenaient autrefois les eaux, se brisaient fréquemment, et exigeaient des réparations et une surveillance continuelles. La ville, au moindre accident, se trouvait privée d'eau, et le peuple souffrait souvent pendant plusieurs jours. Il devenait donc urgent de placer de nouveaux acqueducs, et d'assurer pour tous les temps l'approvisionnement de la ville. Ce devait être un des premiers soins d'une administration prévoyante et éclairée.

En 1735, M. de Levignen, intendant d'Alençon[2],

[1] Les deux mémoires sont au greffe du tribunal civil, et c'est là que nous en avons pris connaissance. Nous les avions précédemment cités dans deux ou trois occasions différentes.

[2] Falaise dépendait de la généralité d'Alençon pour les finances, et avait un subdélégué qui était une espèce de sous-préfet, chargé de l'administration et de la surveillance des travaux publics. Les fonctions de subdélégué étaient ordinairement remplies par un des magistrats du bailliage. M. Noël de la Frenaye, avocat du roi, était *subdélégué* en 1735.

voulut se signaler par un grand service rendu aux Falaisiens. Il fit en conséquence établir de larges conduits de plomb souterrains, depuis le grand herbage de la Courbonnet, qui domine Falaise, au midi, jusqu'aux différens quartiers de la ville, où sont placées les fontaines. Les eaux, coulant dans ces conduits, devaient arriver sûrement à leur destination, et les réparations devenaient en même-temps moins fréquentes et moins coûteuses. C'était donc un double avantage que cette innovation devait procurer aux habitans de la ville.

Aussi le peuple de Falaise témoigna-t-il hautement sa reconnaissance pour un tel bienfait, et s'empressa d'en constater le souvenir par un monument. Il fit graver sur une table de bronze, de vingt pouces de long, la date de la construction des canaux et le nom de celui qui avait fait entreprendre et exécuter ce grand travail. Cette table fut ensuite placée sur une des fontaines de la ville, où chacun pouvait la voir et prendre connaissance de l'événement qu'elle rappelait. L'inscription, latine selon l'usage, était conçue dans les termes les plus flatteurs pour celui qui en était l'objet.

Il paraît que, pendant les troubles civils de la révolution, ce monument si simple offusqua les regards des réformateurs, et fut condamné à disparaître, comme tant d'autres choses respectées jusques-là. On l'enleva du lieu où le peuple l'avait placé, et on le jeta dans un des greniers de l'hôtel-de-ville, au milieu de décombres et d'anciens emblèmes de la royauté renversés et brisés. Depuis ce temps il était oublié, et le hasard nous l'a fait dé-

couvrir dernièrement. Nous nous sommes empressés de le tirer de l'obscurité pour le replacer
dans un établissement public[1] ; et comme l'inscription rappelle un événement mémorable pour
une petite ville, nous en offrons ici le texte en entier à nos lecteurs :

HOS AQUARUM FONTES
PLUMBEIS MANANTES ALVEIS
INSTRUXIT
D. D. LALLEMANT, COMES DE LEVIGNEN,
SUPREMUS REI ÆRARIÆ ET POLITICÆ,
APUD ALENCONIENSES PRÆFECTUS.
URBS FALÆZIA
LEVE QUIDEM, SED QUOD ETERNUM
VELIT, AMORIS HOC ET GRATITUDINIS
MONUMENTUM
EREXIT,
REGNANTE LUDOVICO DECIMO QUINTO
ANNO CHRISTI MVCCXXXV.
CURAVERVNT D. NICQLAUS
DE SAINTE MARIE, EQUES,
URBIS VICE-COMES
MAIOR JURIDICUS, REI
POLITICÆ PREFECTUS, ET
GUIBREARUM NUNDINARUM
JUDEX SENES-CALLUS,
ET D. NATALIS ANDRE,
EQUES, REGIS ADVOCATUS.

Les armes de France, les armes de la ville, et
celles de MM. de Levignen, de Sainte-Marie et
André, sont gravées en tête et aux angles de la
table. On lit au revers le nom du graveur, qui
s'appelait Lebrun.

Le même comte de Levignen rendit un autre

---

[1] Nous l'avons déposée provisoirement à la bibliothèque
publique de la ville.

service non moins important au peuple de cette ville, en faisant exécuter et achever le bel hôpital général actuel, qui renferme maintenant un si grand nombre d'orphelins et de malheureux. Cet édifice avait été projeté dès l'an 1687, et le roi lui-même en avait approuvé et autorisé les travaux, par une ordonnance spéciale. Mais l'ouvrage avait à peine été commencé, et les divers intendans l'avaient entièrement négligé pendant plus de trente années. M. de Levignen, qui ne songeait qu'à se rendre utile, voulut que ce monument s'élevât encore sous son administration. Il en fit jeter les fondemens sur un vaste plan, et dès l'année 1746, l'édifice était presque achevé; en 1754 il se trouvait tel à-peu-près que nous le voyons maintenant, et il put recevoir les pauvres et la communauté, qui jusque-là avaient habité l'ancien emplacement de la rue de la Pelleterie. Ce nouveau bienfait valut à son auteur un nouvel hommage public. L'édifice lui fut pour ainsi dire dédié par une inscription que l'on plaça en son honneur sur la porte principale [1]. Elle rappelle le zèle et le dévoûment que ce sage administrateur fit paraître pour l'achèvement de cet asile de la vieillesse et de la souffrance. C'est encore un de ces titres de gloire qui méritent d'échapper à

[1] Voici cette inscription fidèlement copiée: « *Curiâ et benevo-*
» *lentiâ D.[i] D.[i] F.[ci] Lallemant equitis comitis de Levignen, Betz,*
» *Macqueline et Ormoy, regis ab omnibus consiliis, libell.[m] sup-*
» *plicum magistri, justitiæ, politicæ ac ærarii in generalitate*
» *Alenconii præfecti, extructum hoc ctochodrochium.* 1746. »

Le style, comme on le voit, n'est ni bien clair ni bien élégant. L'inscription des fontaines était rédigée avec plus de soin.

l'oubli des générations. Quand un homme use de
son pouvoir pour faire des actions aussi nobles et
aussi généreuses que celles-là, il se rend digne de
l'éternelle reconnaissance de la postérité.

M. de Levignen n'omit rien pour assurer à son
établissement tout ce qui pouvait contribuer à sa
prospérité et à son accroissement. Il obtint de la
ville un conduit particulier qui amenât les eaux
publiques jusques dans les cuisines et les salles de
l'hôpital. Il voulut aussi que l'on perçât une rue
qui conduisît de la ville jusqu'à l'entrée principale
de la maison. Tous ces divers travaux, dont il
pressait vivement l'exécution, amenèrent, entre
lui et l'administration municipale, quelques légères
discussions, qui n'eurent aucune suite[1]. Elles ne
pouvaient affaiblir les sentimens de vénération dont
on était pénétré pour un administrateur qui n'avait
cessé de faire le bien du pays pendant une longue
suite d'années.

Nous n'avons pu découvrir si le comte de Levignen était originaire de Falaise ou des environs ;
son nom et les titres qui lui sont donnés dans l'inscription de l'hôpital, feraient plutôt penser qu'il
était Alsacien ou peut-être même Allemand. Dans
tous les cas, on ne peut trop recommander sa mémoire aux habitans de cette ville. Il s'est placé au
premier rang de leurs bienfaiteurs, et il a mérité
d'être inscrit parmi les hommes les plus distingués
qui figurent dans ces annales.

La construction de l'hôpital général coûta plus de
100,000 liv., à ce qu'il paraît. La ville y contribua,

[1] Inventaire, page 31.

en quelques années, pour une somme de 41,889 liv. ; le reste fut payé par l'intendance générale 1.

Tandis que Falaise voyait se former ces établissemens utiles dans son sein, d'importantes améliorations étaient apportées à son régime municipal.

En 1749, le tribunal des vicomtes avait été supprimé, et la dignité de maire, que ces magistrats avaient usurpée pendant plus de trois cents ans, se trouvait ainsi rendue à son indépendance. L'intendant pourvut, dans le premier moment, à la formation d'une mairie, et désigna même pour maire le sieur André de la Frenaye, déjà subdélégué et avocat du roi. Mais les habitans de la ville réclamèrent au conseil contre cette nomination, et prétendirent que les formes de l'élection, établies par les lois du temps, n'avaient point été suivies ; ils demandèrent en conséquence qu'il plût à Sa Majesté de l'annuller, et ils sollicitèrent en même-temps une ordonnance qui leur assurât pour l'avenir une constitution municipale.

Le roi reçut la requête des « nobles et principaux » bourgeois de Falaise2, » et, y faisant droit, annulla d'abord la nomination du sieur André de la Frenaye à la place de maire.

Le roi, prenant ensuite en considération les besoins de la commune et les anciens droits et priviléges dont elle avait joui sous quelques-uns de ses

1 Inventaire du chartrier de la ville , page 17, au *verso*. La ville paya plus tard encore 9,000 liv.

2 Voir au greffe une pièce intitulée : Arrêt du conseil du roi, à la requête des nobles et principaux bourgeois de Falaise , etc...

prédécesseurs, rendit en sa faveur le célèbre arrêt du 28 juillet 1752.

Par cet arrêt, l'hôtel-de-ville était constitué, et sa composition se trouvait ainsi réglée :

Il devait y avoir à l'avenir un maire, un lieutenant de maire, deux échevins, un procureur-syndic, un receveur et un greffier.

Tous ces chefs de la commune étaient électifs, et devaient former ensemble le conseil ordinaire de la ville. Le maire, le lieutenant et les deux échevins ne pouvaient être élus pour plus de deux années ; le procureur-syndic, le receveur et le greffier, ne pouvaient l'être que pour trois ans.

Les assemblées générales de la commune devaient se composer en outre de vingt prud'hommes, également électifs. Ces vingt prud'hommes pouvaient être pris indistinctement parmi « les gentilshommes » ayant domicile, les officiers du bailliage et autres » juridictions, les avocats et principaux bourgeois » et marchands. »

Les élections devaient se faire de la manière suivante :

D'abord le peuple, assemblé dans les paroisses, devait élire quarante notables de la ville, pour le représenter.

La paroisse Ste.-Trinité devait nommer seize de ces notables ;

Celle de St.-Gervais, seize ;

Celle de Guibray, six ;

Et celle de St.-Laurent, deux.

Ces quarante notables, ainsi élus par le peuple, devaient se réunir, le lendemain de leur élection, au presbytère[1] de la Trinité, pour choisir les vingt prud'hommes qui feraient partie du conseil général de la commune.

C'était ensuite à ces vingt prud'hommes qu'il appartenait de procéder à la nomination du lieutenant de maire, des échevins, du procureur-syndic, du receveur et du greffier. Ils ne pouvaient les choisir que parmi eux ou parmi d'anciens prud'hommes sortis de fonctions.

Les vingt prud'hommes devaient ensuite présenter au roi trois candidats pour la place de maire. Ces candidats ne pouvaient être non plus pris que dans leurs rangs.

Le roi nommait le maire, et le choisissait parmi les candidats présentés.

Le maire et le lieutenant de maire ne devaient jamais être renouvelés tous deux en même temps. L'un sortait de charge une année, et l'autre l'année suivante. Ainsi, la commune ne se trouvait jamais sans chef, et celui qui restait « devait instruire le » nouvel entrant des affaires de la ville. »

Il était dit encore, dans l'arrêt, que lorsqu'une place de prud'homme viendrait à vaquer, il y serait pourvu dans une assemblée générale du conseil de la commune. Cette assemblée devait avoir lieu dans les quinze jours qui suivraient la vacation de l'emploi.

Enfin, les prud'hommes ne pouvaient non plus être élus que pour trois années; et, sortis de leurs

---

[1] On n'indiqua sans doute le presbytère, dans l'arrêt du conseil, que parce qu'il n'y avait point alors d'hôtel-de-ville. Plus tard, ce fut dans cet hôtel que l'on s'assembla.

fonctions, ils ne pouvaient y être rappelés qu'après un intervalle de trois autres années [1], etc., etc.

Telles étaient les bases de l'arrêt de Louis XV, pour la commune de Falaise. On le mit à exécution dès le 29 octobre 1752.

Les élections eurent lieu dans les paroisses, et l'on vit figurer, comme le portait l'ordonnance, parmi les notables élus, « des gentilshommes, des » magistrats, des avocats, des bourgeois et des » marchands [2]. »

[1] Tous ces détails sont puisés dans les seize articles du réglement de 1752, dont des copies se retrouvent au chartrier et au greffe du tribunal civil.

[2] Les notables étaient, pour la Trinité, M. le comte d'Aubigny; M. de Saint-Germain, écuyer; M. Doüesi, avocat; M. d'Ernes, écuyer; M. Thomas de la Barberie aîné, et M. le Courtois, secrétaires du roi pour le grand conseil; M. Delange, assesseur; M. Angot, assesseur; M. Duval-Bignon, assesseur; M. Boisdany, avocat; M. de Préval, président de l'élection; M. Saulnier, président au grenier à sel; M. Vardon, juge gruyer; M. Gourdel, procureur; M. de Fourneaux, tanneur; M. Elie, bourgeois rentier.

Pour Saint-Gervais. MM. de Cerny, lieutenant-général au bailliage; de Cerny l'aîné, écuyer; Vaudeloges, écuyer; de Préville, écuyer; de Mannetot, écuyer; Verneville, conseiller, lieutenant au bailliage; Filleul, marchand de vin; Duval-Mannoury, droguiste; Cantepie, bourgeois rentier; Thomas de la Rue, chapelier; la Couture, bourgeois rentier; Lépine-Ferdane, receveur au grenier à sel; Fauvel, tanneur; Gondonniere, médecin; Moriniere, chirurgien; Capelle, apothicaire.

Pour Guibray. MM. de Sainte-Marie, écuyer; Boscher, assesseur; Loriot, notaire; Loriot, procureur; Maline-Dumanoir, bourgeois rentier; Desmoulins-Gondouin, rentier.

Pour Saint-Laurent. MM. de Rougemont, conseiller au grenier à sel; Anzerey de Beauprey.

Les prud'hommes furent ensuite choisis avec le même esprit d'indépendance et sans distinction de rang[1].

Enfin, les membres du conseil ordinaire furent nommés et installés dans leurs fonctions.

Le maire fut choisi par le roi parmi les trois candidats que lui présentèrent les prud'hommes[2].

Cette institution était belle, comme on peut le voir, et conciliait habilement les libertés du peuple et les garanties que réclame le pouvoir. C'était la seconde fois que la commune de Falaise était ainsi dotée par ses rois, de chartes municipales, vrais chef-d'œuvres de sagesse pour les temps qui les virent naître.

Ce qui nous restera plus tard à dire sur ce sujet, se réduira à bien peu de chose. Nous signalerons seulement les changemens qui furent apportés à ce dernier système.

Le nouveau conseil de ville quitta le palais de justice pour aller s'établir dans un local particulier. Ne trouvant pas d'abord un emplacement qui lui convint, il s'empara provisoirement des anciennes constructions de l'hôpital général, dans la rue de la Pelleterie. Les travaux qui furent faits pour y placer l'hôtel-de-ville s'élevèrent encore à plus de 25,000 liv.[3]

1 Les prud'hommes étaient MM. d'Aubigny, Douësy, Delange, Duval-Bignon, la Barberie, le Courtois, Angot, Boisdany, Gourdel, de Cerny, Mannetot, Filleul, Vaudeloges, Verneville, Duval-Mannoury, la Rue, Lépine-Ferdane, Boscher, Maline-Dumanoir et Rougemont.

2 Le maire choisi par le roi fut le sieur Douësy, avocat.

3 Inventaire du chartrier, pages 30 et 31.

C'est

C'est ici le lieu de mentionner quelques-uns des services que rendirent à la communauté les nouveaux administrateurs. Nous rassemblerons, dans un court exposé, tout ce qu'ils exécutèrent de plus remarquable dans l'espace de trente-cinq ans environ.

On s'occupa d'abord de l'établissement d'une caserne. La ville était démantelée, et ne pouvait plus, quoiqu'il arrivât, redevenir une place de guerre ; mais elle était située dans un riche pays, abondant en fourrages, et pouvait en tout temps servir de garnison. La consommation qu'entraînait le séjour des troupes, devait contribuer à sa prospérité. On acheta, en conséquence, à Guibray, un vaste local, connu sous le nom d'Auberge du Sermon, et on le disposa pour recevoir de la cavalerie. Les frais d'acquisition et de réparation furent acquittés par la ville [1].

On s'empressa en même-temps d'acquérir des pompes publiques pour les incendies [2]. Dans toutes les villes, et même dans les simples bourgs, ces pompes sont nécessaires pour arrêter les progrès du feu si prompt à se communiquer d'une maison à une autre. Mais à Falaise, elles sont plus indispensables peut-être encore que partout ailleurs. En effet, le grand faubourg de Guibray, situé sur une hauteur, et construit presque tout en bois, est le théâtre d'une des premières foires de la France. Le moindre accident, la plus légère imprudence, peuvent amener un incendie. Que deviendrait cet

1 Inventaire du chartrier, page 31, au *verso*.
2 *Idem*, page 30.

immense quartier sans les prompts secours que des
pompes, habilement dirigées, peuvent y apporter ?
Quand on songe aux affreux désastres qui seraient
la suite d'un embrâsement général de cette partie
de la ville, on se trouve heureux d'avoir à sa disposition les moyens de prévenir une semblable calamité, et l'on ne saurait trop donner d'éloges aux
maires qui portèrent, les premiers, leur sollicitude
sur ce point. Ils rendirent un grand service à leur
pays.

Les maires de Falaise dirigèrent encore la reconstruction de l'hôtel-Dieu qui tombait en ruines, et
ne répondait plus à l'étendue croissante de la ville
et à l'importance des autres établissemens publics.
L'hôtel-Dieu fut agrandi et disposé plus convenablement pour la commodité du service et la salubrité intérieure. L'église fut reconstruite avec goût,
et devint dans son ensemble un des plus jolis édifices de Falaise [1].

Une belle promenade s'élevait en même-temps
au pied du château, vers le nouvel hôpital général [2].
Cet emplacement, pendant des siècles, avait été
submergé, et le vaste étang qui le couvrait était un
des boulevards de la ville, du côté de la forteresse ;
mais insensiblement, après le temps des guerres,
on avait négligé de l'entretenir, et les eaux, souvent

[1] Inventaire du chartrier, et M. Langevin, p. 111. L'hôtel-
Dieu fut rebâti en 1764, sous l'administration de M. Chauvel.
Il existe à la façade plusieurs inscriptions à demi-effacées,
l'une porte ces mots : *Auctoritate senatus populique Falesiensis.*
Le peuple de Falaise, bon, mais le sénat de Falaise ! Cela rap-
pelle les préteurs et les sénateurs de Chancel.

[2] *Idem,* page 32.

croupissantes, étaient devenues contagieuses pour le quartier. D'abord on avait resserré le canal, et planté sur ses bords une pépinière royale qui produisait quelques revenus au fisc ; mais le peuple, n'en profitant point, eut l'idée de demander au roi l'abandon de tout ce terrain. Le roi s'empressa de souscrire à cette demande, et même il voulut que son architecte fournît lui-même les dessins de la promenade que projetait la ville. Servandoni demanda en conséquence le plan brut du terrain, et envoya ensuite de Paris des dessins élégans, qui furent soumis au conseil de la ville[1]. Malheureusement ils se trouvèrent sur une trop vaste échelle, et on ne put les exécuter. Mais la promenade que l'on planta était suffisante pour la population à laquelle on la destinait. Elle remplissait agréablement le vide qui se trouvait entre les murs du château et les jardins de l'hôpital. On ne conserva de l'ancien étang qu'un abreuvoir de soixante pieds de long à-peu-près, pour les chevaux de la ville, afin qu'on ne fût point obligé de les conduire jusque dans le vallon, où se trouve la rivière.

Les anciens fossés, sous les murailles vers le midi, furent aussi remplis et livrés à la culture. De nombreux jardiniers se répandirent sur ce sol renouvelé et fécond, et lui firent produire en abondance des légumes et des fruits. Ce fut une richesse de plus pour la ville.

On projeta encore à cette époque une halle pour les cotons, dont le commerce devenait très-considérable dans Falaise, et des greniers publics pour les

[1] Les dessins de Servandoni se voient encore au chartrier.

temps de disette [1]. Ces deux entreprises ne pûrent être exécutées. Sans doute les revenus de la ville ne suffisaient pas pour faire marcher de front tant d'ouvrages importans.

Cependant nous voyons bientôt après deux nouveaux projets mis en quelques années à exécution.

Le premier et le plus considérable, fut la construction de ce bel hôtel-de-ville, si simple et en même-temps si gracieux, si élégant, si supérieur à tout ce que les villes d'une médiocre importance, comme Falaise, élevaient alors dans le même genre. L'administration consacra cinq années et plus de 60,000 liv. à la confection de cet édifice. Elle travailla pour elle et pour ceux qui lui succéderaient. L'hôtel-de-ville actuel semble en effet destiné à servir pendant plusieurs siècles aux besoins d'une ville qui ne paraît pas destinée à prendre de très-grands accroissemens. On établit le nouveau monument à l'extrémité de la place Trinité, sous les murs du château, la façade tournée vers la ville. C'était la disposition la plus convenable que l'on pût choisir [2].

Le second projet qui fut exécuté, n'était pour ainsi dire qu'une conséquence du premier. En effet, l'ancienne juridiction ayant été détruite par un incendie, et l'édifice de la rue de la Pelleterie devant

1 Inventaire du chartrier, page 54 au *verso*. On est revenu bien des fois sur le projet de halle pour les cotons ; enfin, ne pouvant l'exécuter, le conseil de la ville voulut au moins établir un entrepôt public, et désigna, pour servir à cet usage, les caves du nouvel hôtel-de-ville, en 1786. (Délibération du conseil de la ville, etc.) Ce fut M. Legris-Belille qui dirigea l'établissement.

2 On peut consulter les délibérations municipales, depuis 1778 jusqu'en 1786.

se trouver vacant par suite de la translation de la commune au nouvel hôtel-de-ville, on eut l'idée d'y établir le palais de justice. Mais il fallait quelques travaux assez considérables pour ce changement de destination, et on se hâta de les entreprendre[1]. Ainsi tout dans la ville changeait de face et se renouvelait en se perfectionnant. L'administration était animée des intentions les plus généreuses et les plus paternelles, et le peuple se félicitait d'avoir à la tête de sa commune des hommes aussi remplis de zèle et de devouement pour ses intérêts.

Outre ces bienfaits extérieurs, le conseil de la ville se signalait encore par d'heureux efforts, pour rassembler et mettre en ordre les archives municipales, et pour les assurer à l'avenir contre les injures du temps et les négligences des employés de l'administration.

En 1767, il fit fonder un chartrier, et deux jurisconsultes laborieux et actifs, choisis dans son sein, consacrèrent plus de deux années à ce travail ingrat et rebutant. Pleins d'un zèle infatigable, ils inventorièrent et classèrent toutes les pièces qu'ils purent se procurer; et non contens de les déposer avec soin dans des cases séparées et habilement disposées, ils dressèrent encore un long procès-verbal de leurs opérations, et facilitèrent ainsi, pour l'avenir, toutes les recherches que l'on aurait à faire plus tard dans l'immense collection des papiers publics.

1 Les dépenses furent avancées par la ville, mais ensuite acquittées par MONSIEUR, frère du roi (depuis Louis XVIII), alors apanagiste du domaine de Falaise. (Délibérations du Conseil.)

C'est ce travail précieux de MM. Siart et de la Gaillonnière[1] que nous avons retrouvé sur les tablettes du chartrier actuel, et qui nous a servi si souvent de guide pour l'histoire de ces dernières années. Nous nous sommes fait un devoir de le citer toutes les fois que nous lui avons emprunté quelque chose, et nous ne pouvons trop le recommander à ceux qui s'occuperaient de l'histoire de la ville pendant les deux derniers siècles jusqu'en 1769. La collection des registres municipaux fournit ensuite les documens dont on peut avoir besoin jusqu'à nos jours.

Un des maires les plus recommandables de Falaise, M. Brunet de Mannetot, se procura plus tard une copie fidèle des titres de la ville, dont les originaux se

[1] M. Siart était avocat au parlement, ancien procureur du roi et échevin de la ville, en exercice. Il se retira du conseil en 1778; et le conseil, dans cette circonstance, voulant reconnaître « sa capacité, son désintéressement et les services qu'il » avait rendus à la ville, jusqu'à y avoir sacrifié sa fortune, » délibéra d'une voix unanime que pour récompenser « ce digne » citoyen d'une manière proportionnée à ses pénibles travaux,» le roi serait supplié de lui accorder un titre honorifique avec des priviléges, comme s'il était en fonctions, et le roi le nomma en conséquence échevin honoraire de la commune de Falaise.

M. Grandin, chevalier de la Gaillonnière, était également avocat et conseiller de la commune. Il n'a cessé pendant toute sa vie de remplir des fonctions municipales. C'était un homme doux, honnête, passionné pour la noblesse et pour les titres héréditaires; il est même auteur d'un ouvrage sur les familles nobles de Normandie, qui n'a point vu le jour. M. de la Gaillonnière est mort en 1822, à l'âge de 90 ans, aimé et estimé de ses concitoyens.

L'inventaire du chartrier fut commencé en 1767, et clos le 18 décembre 1769.

trouvent, soit à la tour de Londres, soit à la bibliothèque du roi. Il dut les premiers à M. de Bréquigny,
de l'Académie française, que le roi avait envoyé, en
1765, à Londres, pour faire un relevé de tous les
actes publics concernant la France, conservés dans
les dépôts de l'Angleterre. Les copies sont toutes
certifiées véritables, et signées par M. de Bréquigny.
Les autres pièces, copiées sur nos chartes nationales,
à la grande bibliothèque, portent aussi un caractère
d'authenticité. Nous en avons souvent fait usage
dans le cours de cette histoire. La grande liasse qui
les contient était déposée, sans inscription, sur les
tablettes du chartrier, quand nous en avons fait
l'examen [1].

Voilà tout ce que l'administration municipale de
Falaise nous présente de plus important jusqu'à la
révolution de 1789 [2]. Nous nous arrêtons là, pour
le moment, et nous observerons simplement en
passant, que déjà, à cette époque, depuis bien des
années, la mairie de Falaise n'était plus régie par
l'arrêt de 1752. Elle avait été comprise, comme toute
la France, dans les dispositions des édits royaux de
1766 et 1771. Depuis le dernier de ces édits, elle
était gouvernée par un maire et par quatre échevins

[1] Nous replacerons soigneusement et avec des inscriptions
nouvelles, l'inventaire et cette liasse importante dans le
chartrier. M. de Labbey, maire, a eu la bonté de nous les
confier sous récépissé, pour nous faciliter le travail de cet
ouvrage.

[2] Nous ne parlons point de l'élargissement de quelques rues,
de l'établissement des reverbères (en 1784), ni de plusieurs
objets d'une mince importance. Nous craignons même de
n'être entrés déjà que dans trop de détail.

que le roi nommait à son gré. Le reste du conseil
était composé de notables, pris par le maire et les
échevins parmi les différentes classes de la société.

Voici quelle fut la suite des maires, depuis 1752
jusqu'en 1789 :

MM. Douësy, de Combray, de Grantemesnil,
élus par les délégués du peuple ; de la Barberie [1],
Chauvel [2], nommés par l'intendant ; Angot-Desrotours [3], Thomas de la Barberie, Brunet de Mannelot [4], désignés par le roi. Il y en eut un dernier
(M. de Longpré) au commencement des troubles,
mais il n'accepta pas [5].

Jetons maintenant un coup d'œil sur quelques

[1] M. de la Barberie devint secrétaire du contrôleur général
Bertin, et de son successeur Tourette.

[2] M. Chauvel était un ancien officier de cavalerie, anobli
par Louis XV. Son portrait se trouve encore dans une maison
de cette ville, ainsi que les lettres-patentes qui l'anoblissent.

[3] M. Angot-Desrotours, bourgeois de Falaise, était l'aïeul
de MM. Desrotours actuels, dont l'un est député, directeur
de la manufacture des Gobelins ; et l'autre contre-amiral et
gouverneur de la Guadeloupe.

[4] Lors de l'installation de M. de Mannelot, l'usage d'offrir
le bon vin de ville au nouveau maire, subsistait encore. En
conséquence, le sieur Goubin, trésorier-receveur, fut chargé
d'acheter *vingt-quatre bouteilles de bon vin de Bourgogne*, qui
furent envoyées au maire, de la part de ses administrés. (Délibération du 18 septembre 1782.) D'après un autre usage, on
adressait à l'intendant, à Alençon, au commencement de
chaque année, un certain nombre de *poulardes* et de *culottes
de mouton*. Ce petit présent gastronomique coûta, en 1783,
une somme de 77 liv. 10 s. à la ville. (Délibération municipale
du 25 juillet de cette année.)

[5] Délibération du 24 septembre 1789.

+ Helie non poter...

faits d'un autre genre, que nous avons omis pour ne pas interrompre le sujet principal de cette histoire.

Pendant le 18.e siècle, les lettres furent très-peu cultivées à Falaise. Nous avons soigneusement recherché les noms de ceux qui avaient pu mettre au jour quelques ouvrages pendant ce long période de temps, et nous n'avons rien découvert qui soit digne d'intérêt.

Un Foucher, médecin, fut reçu à l'académie de Caen, et publia un discours de réception sur les devoirs d'un académicien. C'est un lieu commun rebattu, et qui n'est relevé par aucune idée saillante. Le style en est cependant assez clair et assez correct 1.

Un Duparc prononça, devant la même académie, une oraison latine contre les détracteurs des Normands. Ce n'est pas tout-à-fait du Chancel, mais c'est toujours de l'emphatique et du déclamatoire. On voit que l'écrivain conçut et exécuta son ouvrage sous l'inspiration de l'école, et pour être débité dans un collége. 2.

Capelle, simple pharmacien, se fit également auteur à cette époque ; mais ce fut du moins dans un but d'utilité. Son discours ne roulait ni sur les perfections requises pour être académicien, ni sur les titres de gloire de nos aïeux les Normands. L'honnête apothicaire se contentait de publier des *Epreuves faciles à tout le monde, sur les sels qui sont le plus en usage en médecine, pour distinguer les bons*

1 Ce discours fut imprimé en 1763.

2 Ce discours, prononcé dans le collége Bourbon, fut imprimé en 1743.

des mauvais. D'après ce titre, on sent tout l'intérêt que doit offrir son ouvrage ! L'auteur y analyse successivement une vingtaine de sels plus efficaces les uns que les autres, depuis l'*epsum* et le *glauber*, jusqu'à l'*ammoniac* et au *sel fixe d'Abyssinie.* Il obtint du reste une approbation de l'Académie des Sciences, et il vendit ensuite son petit volume pour le prix modique de *six sols.* Il eût été difficile de se montrer plus modeste que cet écrivain ; car le *visa* des académiciens semblait valoir à lui seul cette somme. Une telle garantie d'infaillibilité ne pouvait être trop bien payée... 1.

Un médecin, nommé Fourneaux, publia encore un mémoire sur *le plantage des terres incultes, biens propres des paroisses, etc.* C'était, à ce qu'il paraît, le résultat de ses observations, et nous y avons remarqué plusieurs faits qu'il serait peut-être utile de reproduire encore aujourd'hui. Nous pourrons revenir sur les idées de cet auteur, lorsque nous nous occuperons des bruyères et autres terrains vagues qui restent à défricher dans les environs de la ville 2.

1 On lisait même, à la fin du livre, le *permis d'imprimer* du lieutenant de police, si rassurant pour le public ! Mais de quoi s'avisait la police d'alors, de chercher quelque chose à redire dans des formules d'apothicaire ! Nous avions cru jusque-là que Messieurs de la Faculté avaient eu de tout temps la licence *impugnè purgandi* (et même *saignandi* et *tuandi*) *per totam terram.* Ceux de Falaise auraient-ils été seuls exceptés de cette règle générale.

2 Le mémoire du médecin Fourneaux parut en 1764. L'auteur fut pendant long-temps échevin de la commune ; et l'on retrouve dans les archives municipales un titre fort honorable pour lui. Il paraît qu'il se dévouait depuis long-temps, avec

Nous noterons encore une petite brochure de M. Helie de Cerny, l'avocat-général que nous avons déjà cité (ou peut-être son fils), *sur les bains de Bagnoles.* Un Falaisien, dans le dernier siècle, avait fondé cet établissement, et un autre Falaisien prenait la plume pour le recommander au public et en faire connaître l'utilité. Tous deux méritent des éloges pour leurs bienfaisantes intentions. Leurs tentatives, du reste, n'ont pas été perdues, et de nouveaux efforts ont été, depuis eux, couronnés du succès₁.

Après ces Falaisiens qui ont écrit, nous en trouvons un qui n'a laissé que des observations scientifiques, mais qui ne mérite pas moins de figurer dans cet ouvrage. Il se nommait Le Breton, et exerçait la profession de simple marchand cirier. Mais la nature l'avait formé avec un rare génie d'observation pour les sciences astronomiques, et, à l'aide de quelques livres et de mauvais instrumens,

désintéressement, au service des hôpitaux et des pauvres, et principalement « dans les maladies populaires et épidémiques » qui ont très-fréquemment régné dans la ville. » Le conseil, voulant le récompenser, présenta un placet au roi « pour sol- » liciter de sa justice et de son amour pour le bien public » une faveur pour M. Fourneaux, proportionnée à ses services. (Délibération du 25 septembre 1777.) Nous n'avons pu savoir quelle distinction obtint, à cette occasion, celui que l'on recommandait ainsi à la bienveillance de Sa Majesté ; mais son dévoûment et son désintéressement nous ont paru dignes ici d'une mention particulière.

1 On peut consulter, à ce sujet, un mémoire de M. Louis Dubois, sur les Archives annuelles de la Normandie, tome premier, page 122. Ce mémoire est intitulé : *Notice sur les Bains de Bagnoles.* (Orne.)

il parvint à approfondir et à résoudre plusieurs problêmes scientifiques. Il fut en relation avec des membres de l'Académie des Sciences, et il soumit même à cette société des idées nouvelles sur différens phénomènes physiques. Nous avons sous les yeux une lettre du célèbre Mairan, son secrétaire perpétuel, qui lui annonce que MM. Cassini, de Thury et Le Monnier, ont fait l'examen, par ordre de l'Académie, d'un de ses mémoires sur les *Antipodes*; qu'il résulte de leur rapport que les observations de l'auteur sont dignes d'intérêt, et que l'idée surtout « en est juste et nouvelle... » M. Le Breton prédisait les éclipses et les autres phénomènes célestes. Le peuple de la ville, encore ignorant sur ces matières, avait pour ses talens la plus haute vénération.

Dans la guerre, Falaise n'avait pas, depuis longtemps, produit d'hommes bien distingués; mais dans le milieu du 18.e siècle, un gentilhomme, né dans ses murs, un de ses gouverneurs, se couvrit de gloire dans une circonstance mémorable, et mérita des titres et des honneurs, dont sa famille s'énorgueillit encore, à bon droit, de nos jours.

Tous ceux qui ont parcouru l'histoire du dernier siècle, se souviennent de la lutte que la France soutint contre l'Angleterre, et des dangers auxquels nos provinces maritimes se trouvèrent plus d'une fois exposées. En 1757, les Anglais occupaient plusieurs points de la Bretagne et de la Normandie, et nos troupes, peu nombreuses et assez mal dirigées, ne rassuraient guère sur le sort de ces belles contrées. Une attaque vive, une surprise, pouvaient

amener encore l'ennemi jusque dans le sein de la
France, et nous replonger dans des guerres comme
celles dont nos aïeux avaient eu tant de peine à se
débarrasser. Au mois de mai 1758, plus de treize
mille Anglais débarquèrent vers Saint-Malo, et
s'avancèrent de-là pour surprendre Saint-Brieuc.
Nos forces n'étaient point réunies, et de faibles
mesures pouvaient compromettre la sûreté de la
province entière. Il fallait d'habiles manœuvres et
un homme de génie pour tout sauver; et le duc
d'Aiguillon, le commandant en chef de l'armée et
de la Bretagne, semblait ne comprendre ni l'importance du danger, ni ce qu'il pouvait entreprendre pour repousser l'ennemi.

Mais un brave général, qui n'avait qu'une autorité secondaire, fit dans cette occasion, de lui-
même, ce que son chef eut dû lui commander.
A la tête de la cavalerie, il se jeta brusquement sur
la gauche des Anglais, et y jeta le désordre. Ce
coup fut décisif : les Anglais, mis en déroute de
ce côté, se rompirent bientôt de toutes parts, et
regagnèrent leurs vaisseaux en toute hâte. Plus de
cinq mille d'entre eux restèrent sur le champ de
bataille, et les autres, effrayés, ne songèrent plus
à tenter de pareilles entreprises. La Bretagne ainsi
fut sauvée.

Ce fut le comte d'Aubigny, brigadier des armées
du roi, qui exécuta ce brillant fait d'armes. Son
fils avait combattu à ses côtés, et s'était montré
digne de son père. Ce fut lui qui fut chargé de
porter à Versailles les nouvelles de cette victoire,
et qui reçut, pour son père et pour les autres chefs,

les félicitations du prince et de la cour. On publia
un bulletin où leur mérite fut exalté. Plus tard,
il est vrai, ce mémorable combat de St.-Cast devait
être différemment apprécié, par suite des démêlés
qui s'élevèrent entre le duc d'Aiguillon et les Etats
de Bretagne[1]. Mais cette grande affaire ne rentre
aucunement dans notre sujet, et nous nous garderons de l'aborder ici.

Quoiqu'il en soit, le comte d'Aubigny fut comblé
d'honneurs et de récompenses dans le premier moment. Il fut nommé lieutenant-général et comman-
deur de l'ordre royal et militaire de St.-Louis. Le
roi lui accorda de plus l'insigne honneur d'enlever
du champ de bataille quatre pièces de canon laissées
par l'ennemi. Il lui fut permis de les apporter sur
ses terres, et de les exposer devant un de ses châ-

[1] Les Bretons attribuèrent tout l'honneur de la journée de
St.-Cast au comte d'Aubigny, et ils accusèrent hautement le
duc d'Aiguillon d'impéritie et de lâcheté; ils prétendirent
même, dans les premiers momens, que ce général s'était tenu
caché dans un moulin pendant le combat. « Si notre général
» ne s'est pas couvert de gloire, écrivait la Chalotais, il s'est
» du moins couvert de farine. » En 1772, quand la première
humeur fut passée, les Bretons continuèrent à désigner le
comte d'Aubigny comme l'auteur de la déroute des Anglais.
« Sans la promptitude avec laquelle M. d'Aubigny, qui com-
» mandait la gauche, prit sur lui d'attaquer l'ennemi, on
» laissait échapper l'occasion de combattre, et les Anglais se
» rembarquaient, etc., etc. » C'est dans le dernier écrit des
Etats de Bretagne que se trouve ce passage. Les autres sont
bien plus énergiques.

Le comte d'Aubigny se ressentit un peu du mécontentement
que causait à la cour l'affaire du duc d'Aiguillon; il s'en con-
sola en passant ses dernières années, comme un sage, au
sein de sa famille.

teaux. On les a vues, jusqu'à la révolution, dans la grande avenue d'Aubigny, tournées vers la grande route de Caen. C'est bien-là la plus digne récompense de la valeur, et la plus noble décoration de la demeure d'un héros.

Le comte d'Aubigny était fils de Marc-Antoine de Morell d'Aubigny, gouverneur de Falaise en 1712, après son oncle, Noël de Morell de Putanges. Les Morell d'Aubigny descendaient des anciens vicomtes, du nom de Morel, dont nous avons plusieurs fois entretenu nos lecteurs. Cette famille avait succédé, en 1700, à celle de Harcourt, et conserva le gouvernement de la ville jusqu'en 1778. Ils furent les derniers gouverneurs militaires que l'on ait vus à Falaise.

Outre la victoire de Saint-Cast, Marc-Antoine d'Aubigny est encore connu par l'intrépidité qu'il avait montrée à l'escalade de Gand, en 1746, et par la campagne de Hanovre, où il se distingua dans plusieurs circonstances. On peut citer entre autres la défaite des Hanovriens à Alimberg, en Hesse, à laquelle il prit beaucoup de part.

Son fils, le marquis d'Aubigny, était brigadier des armées du roi, et se fit également connaître avantageusement dans les camps. Nous avons vu qu'il se signala, sous les ordres de son père, à Saint-Cast, et il lui donna même alors, à ce qu'il paraît, des conseils utiles, qui contribuèrent au succès de l'attaque. Déjà, avant cette attaque, il s'était fait remarquer à l'escalade de Berg-Op-Zoom, en 1747. Le père mourut en 1777, âgé de soixante-seize ans ; le fils ne lui survécut que peu d'années, et expira en 1784, âgé seulement de cinquante-huit ans. Tous deux furent enterrés à Aubigny, dans le caveau de leurs ancêtres [1].

Il ne nous reste que deux événemens historiques, assez peu importans, à mentionner sur Falaise, avant la révolution.

Le premier est le passage du comte d'Artois (aujourd'hui Charles X) par cette ville, en 1777.

Le second est le passage du roi Louis XVI dans cette même ville, en 1786.

Quand le comte d'Artois passa, le conseil de la ville lui fut présenté à l'hôtel de M. de Ségrie, où le prince s'arrêta pendant près de deux heures. Dans les quartiers qu'il traversa, on avait préparé des arcs de triomphe, et exposé les produits de l'industrie manufacturière de la ville. On voulait donner au Roi, « par la réception de son auguste » frère, des marques sensibles de l'attachement » et de la fidélité de la ville au service de Sa » Majesté [2]. »

1 Peu de maisons ont une collection de portraits de famille plus complète que la famille d'Aubigny. Nous ferons connaître plus tard les statues de six générations de ces hommes distingués, qui se trouvent dans une de nos églises. En attendant, nous avons cru devoir offrir la copie du portrait de celui qui vainquit à St.-Cast. C'est une des notabilités de ce pays. L'original est chez M. le vicomte d'Aubigny d'Assy, qui nous l'a confié. M. d'Aubigny d'Assy est un des arrières-neveux du comte d'Aubigny.

2 Les Falaisiens seront flattés sans doute de connaître comment leurs pères reçurent le Roi Charles X, actuellement régnant, lorsqu'il les visita, bien jeune encore, il y a cinquante ans. Voici quelques détails authentiques :

A la nouvelle de l'arrivée du Prince, le conseil s'assembla,

Quand

Quand le Roi lui-même dut passer, neuf années plus tard, le conseil de la ville s'assembla pour dé-

et arrêta « qu'il serait fait sept manteaux pour chacun de » MM. les officiers municipaux, et autant de rabats, pour se » présenter en corps à la porte de la ville par laquelle le » Prince ferait son entrée ; lesquels dits rabats et manteaux » resteraient à la ville, etc. » On ajouta « qu'il serait de plus » distribué des gants blancs à toute la compagnie. »

Le conseil arrêta encore que deux clefs dorées seraient pré-sentées au Prince, dans un bassin d'argent, avec le vin de ville, « du meilleur qu'il se pourrait trouver. »

Enfin, il arrêta « que le canon, *autant qu'on en pourrait re-* » *couvrer*, serait tiré lorsque le Prince arriverait, pendant son » repas et à sa sortie. »

Les choses se passèrent en effet à-peu-près de cette manière. « Le Prince entra au bruit de l'*artillerie* et de toutes les cloches » que l'on avoit envolées. »

Quand il fut arrivé, « le corps municipal, avec leurs man-» teaux et leurs rabats, se rendit en la maison de M. de Sé-» grie, où le Prince devoit dîner. Le duc d'Harcourt fit la » présentation, et le corps municipal salua profondément le » Prince, qui rendit le même salut autant de fois et de la même » manière, avec beaucoup de bonté et d'affabilité. » Après quoi on se retira « de la même manière et dans le même ordre. » (Extrait du compte rendu, sur les registres de la commune.)

Le Prince avait trouvé la porte de Guibray, à son arrivée, « ornée de feuillages et de guirlandes de lierre depuis le » Calvaire jusqu'à la Tour-Grise. » La porte elle même était chargée de tapisseries et de *pavoirs* de la manufacture qui était alors dans la ville. Pendant le dîner, on transporta toutes ces merveilles à la porte le Comte, où le Prince put les revoir en-core à son départ. « L'artillerie et les cloches le saluèrent à » sa sortie comme à son entrée. »

Tous ces faits sont consignés sur les registres municipaux du temps, à la date du 6 et du 12 mai 1777. On y voit de plus qu'il en coûta à la ville 677 liv. 10 s., tant « pour décoration » des portes de la ville, que pour journées faites, achats de » manteaux, rabats, et autres objets, etc. »

14

libérer sur les moyens de recevoir dignement ce monarque. Mais on fut informé que Sa Majesté ne s'arrêterait point, qu'elle refusait d'avance toute espèce d'honneurs, et que même le conseil municipal ne lui serait point présenté. On dut se conformer aux ordres du souverain. Cependant, on arrosa les rues sur son passage ; on orna les maisons de guirlandes de fleurs, et l'on s'efforça de lui témoigner son amour par des signes extérieurs d'allégresse. Le Roi parut touché de ces transports ; il traversa la ville au pas, reçut les fleurs que l'on jeta dans sa voiture, et laissa le peuple enchanté de sa bienveillance [1]. Hélas ! ce Prince alors si chéri devait périr bientôt par une mort sacrilège !... Mais ces scènes de douleur ne doivent pas encore nous occuper ; et Falaise, d'ailleurs, comme on le verra plus tard, ne devait pas se souiller un jour, en prenant part à cet odieux forfait.

A l'époque où la révolution commença, l'administration, dans tout le pays dont Falaise était le chef-lieu, se trouvait ainsi composée :

Il y avait un bailliage pour toutes les affaires judiciaires ; ce bailliage avait, comme autrefois, une juridiction sur plus de trois cents paroisses, et se composait,

D'un lieutenant-général civil et criminel ;

D'un lieutenant-général de police ;

D'un lieutenant criminel ;

D'un lieutenant de police ;

---

[1] Nous aurons occasion de reparler de ce voyage de Louis XVI, quand nous arriverons à l'histoire d'Harcourt.

De huit conseillers ;

D'un procureur du roi ;

Et de deux avocats du roi [1].

Il y avait auprès de ce tribunal trente avocats [2] et dix procureurs, sans compter les greffiers, commissaires de police, huissiers et autres.

Il y avait de plus une sénéchaussée royale, composée d'un sénéchal royal [3] ;

De deux avocats du roi ;

D'un procureur du roi ;

De quatre syndics et de trois prévôts.

Ce tribunal était principalement établi pour la foire.

Il y avait encore un tribunal des eaux-et-forêts, formé seulement d'un juge [4] et d'un procureur du roi ;

Un tribunal de l'élection, ayant un président [5], un lieutenant, trois élus et un procureur du roi ;

Un tribunal du grenier à sel, ayant également

[1] Le lieutenant-général, en 1789, était M. Boscher du Fay ; les autres membres du bailliage étaient MM. Hue de Prébois, Le Clerc de la Sauvagère, Foucher de la Balanderie, Loriot de la Tour, Chauvin de la Normandière, Catois de la Chapelle, Marguerit de la Haye, Libert-Deslonchamps, Leroy-Lacocherie, Moulin de Grandchamp, Bertrand de l'Hodiesnière, et Brunet (actuellement Président).

[2] M. Richomme père était doyen des avocats. On remarque parmi les autres des noms devenus plus ou moins célèbres dans ce pays, tels que MM. Edouard Blacher, Jarry, Legot, Picquet, Henry-Larivière, Dehaussay, Quéru, de la Gaillonnière, etc.

[3] Le sénéchal royal était M. Libert-Deslongchamps.

[4] Le juge forestier était M. Le Sassier-Boisauné (actuellement sous-inspecteur des forêts).

[5] Le président de l'élection était M. Hébert.

un président[1], un procureur du roi, un grenne-
tier, un contrôleur, etc. ;

Un tribunal des maréchaux de France, ayant un
lieutenant des maréchaux[2] ;

Et une subdélégation, avec un lieutenant de l'intendant, ou subdélégué[3].

Enfin, il y avait encore un bureau des finances,
où figuraient un receveur des tailles[4], un receveur
des consignations, un directeur des aides, etc., etc.

Ces diverses institutions subsistaient, pour la
plupart, depuis long-temps ; mais elles devaient
toutes disparaître dans un moment, et avec elles
les autres institutions municipales et religieuses.
Telles étaient la municipalité, de la rénovation de
1771, les divisions paroissiales de la ville[5], et les
nombreuses communautés[6] dont nous avons parlé
précédemment. Un changement général se préparait ; et nous remettons à dessein, sous les yeux,
tout ce qui s'écroulait, pour montrer en opposition
ce qui s'allait établir.

[1] Le président du grenier à sel était M. Cosnard de la Vallée.

[2] Le lieutenant était M. Malherbe de Fresnay.

[3] Le subdélégué était M. Moulin de Grandchamp.

[4] Le chef du bureau des finances était M. le chevalier de
Combray.

[5] Les quatre curés de la ville, en 1789, étaient MM. Loriot, le jeune, pour la Trinité ; Godechal (encore vivant),
pour Saint-Gervais ; Masson, pour Guibray ; et Loriot l'aîné,
pour Saint-Laurent.

[6] Outre les Prémontrés de Saint-Jean, les Cordeliers, les
Capucins, les Ursulines, il y avait encore des dames de la
Providence, établies sur la fin du 17e siècle, et des dames de
la Charité, ou sœurs-grises, dont la maison avait été fondée
depuis cinq ans seulement, par M. Fouquet.

Nous ne devons pas omettre de rappeler que, dès les temps les plus reculés, Falaise avait été placée sous la juridiction spirituelle des évêques de Séez. Ainsi, elle se trouvait soumise à-la-fois, à Caen, pour l'administration judiciaire; à Alençon, pour les finances; et à Séez, pour le spirituel. Ses dépendances s'étendaient jusqu'aux portes des deux premières de ces villes, et embrassaient, pour le temporel, la ville de Séez elle-même, comme nous l'avons observé déjà[1].

Le premier événement qui annonça les innovations, fut l'assemblée des Notables, en 1787. Il y eut une réunion nombreuse d'électeurs à Alençon, pour toute la généralité, et chaque bailliage ou arrondissement fut appelé à choisir ses députés particuliers. Les suffrages se portèrent, au bureau de Falaise[2], sur MM.

Le comte d'Oilliamson, brigadier des armées du roi[3];

[1] Louis du Moulinet, évêque de Séez, avait été assigné à Falaise, en 1601, par un nommé *Sergent*, pour n'avoir pas voulu, selon un usage antique, descendre dans son hôtel, le jour de son installation. Au moment de la cérémonie, le propriétaire de l'hôtel, qui recevait ainsi l'évêque, était à la vérité assujéti à débotter Son Excellence, à lui laver les pieds, et à tendre des toiles depuis sa porte jusqu'à l'autel de l'église cathédrale; mais en retour il dînait à l'évêché, et, qui plus est, il avait la dépouille entière de l'évêque, ses habits, sa mule, *son épée* et sa bourse même. Par composition, l'évêque fut obligé de céder un pré au propriétaire de l'hôtel, pour le dédommager. (Almanach du diocèse de Séez, 1789).

[2] Ce bureau avait pour président le marquis de Vendœuvre, et pour secrétaire M. Picquet, avocat à Falaise.

[3] M. le comte d'Oilliamson vit encore; il est lieutenant-général et grand'croix de l'ordre de St.-Louis.

Brunet de Mannetot, maire de Falaise ;

De Boisperré, ancien procureur du roi à Falaise ;

Et Bourget, médecin à Falaise.

L'assemblée de la généralité d'Alençon se tint à Lisieux, sous la présidence de l'évêque. On y prononça de longs discours, et l'on y fit surtout des rapports très-étendus sur l'état du pays, et sur les améliorations que réclamaient les circonstances. Mais les députés se séparèrent ensuite sans avoir rien exécuté. Le temps et les moyens leur manquèrent, à ce qu'il paraît, bien plus que les intentions[1].

Après ces assemblées de Notables, dans les provinces, vinrent, comme on le sait, les Etats-Généraux. On y appela des députés de toutes les parties de la France, et de nouvelles élections eurent lieu dans les villes principales. L'assemblée élective de Falaise prit son député dans une des paroisses les plus reculées du centre du bailliage ; elle choisit

M. Poulain de Beauchesne,

Dont les talens et la délicatesse ne répondirent pas à la confiance qu'il avait inspirée dans le pays. Ses concurrens, à Falaise, avaient été

MM. Jarry, avocat,

Et Bertrand de l'Hodiesniere, procureur du roi.

Il paraît que l'élection ne se fit pas sans de grandes discussions : les rivalités furent poussées fort loin[2].

1 On peut consulter le procès-verbal des séances, un volume in-4.º de 324 pages.

2 M. Poulain de Beauchesne était de St.-Martin-l'Aiguillon, commune située maintenant dans le département de l'Orne et dans l'arrondissement d'Alençon ; M. Jarry était de St.-Pierre-

Pendant les premiers mois de l'assemblée des
Etats, des lois furent portées sur l'abolition de la
gabelle, des dixmes, des exemptions, des tailles,
etc., etc. Le peuple de Falaise, à la nouvelle de ces
innovations législatives, se porta à des excès. Il se
plaignait depuis long-temps de la rigueur des impôts, et il fit éclater sa joie par des violences coupables. Les papiers de la direction des aides furent
pillés et brûlés. Ce mouvement dut faire craindre
un avenir bien orageux. [1]

Peu de temps après, le régime municipal fut
changé. Un maire électif, avec un conseil municipal électif, remplacèrent le maire et les échevins
que le roi nommait depuis long-temps. Il y eut, à
la même époque, un procureur et un substitut
établis auprès de la commune. Ces nouveaux fonctionnaires, également électifs, étaient chargés spécialement « de défendre les intérêts et de poursuivre
» les affaires de la communauté. [2] » Le maire, les
municipaux, le procureur et le substitut, ne devaient être élus que pour deux ans.

sur-Dive ; et M. Bertrand de l'Hodiesnicre, de la Carneille.
Ces trois communes, très-éloignées l'une de l'autre, dépendaient toutes, à cette époque, du bailliage de Falaise. Aucune
d'elles ne fait plus partie de l'arrondissement actuel.

[1] Il parut, dans le temps, à Falaise, un petit pamphlet, où
les causes de cet événement étaient présentées d'une manière
bien piquante contre les principaux administrateurs de la ville.
Ce pamphlet était intitulé : *Lettre de M.r V. de V., datée du
15 août 1789, en réponse à celle de son ami B., datée du 30 juillet.*
Le style de la brochure est plat et ridicule, mais le fond en
est très-méchant.

[2] Loi du 14 décembre 1789.

Le premier maire élu alors à Falaise, fut M. André de la Frenaye, que l'on désigna depuis sous le nom de marquis des Yveteaux[1] ;

Le premier procureur de la commune, M. Quéru.

Au mois de janvier 1790, les anciennes divisions provinciales du royaume furent supprimées, et tout le territoire de la France se trouva partagé en quatre-vingt-trois départemens. L'antique province de Normandie se vit alors dépouillée de son beau nom, et son sol forma à lui seul cinq des départemens nouveaux. Falaise fut enclavée dans celui du Calvados, et Caen devint le chef-lieu de son administration. Alençon cessa dès-lors d'avoir aucune autorité sur elle.

On donna le nom de district à chacune des subdivisions dans les départemens, et Falaise se trouva le chef-lieu de l'un des districts du Calvados. Mais la ville perdit beaucoup à cette innovation. Le district de Falaise n'embrassait que cent quarante-deux communes, tandis que le territoire de son bailliage s'était étendu sur plus de trois cents paroisses ; il avait eu surtout d'immenses dépendances du côté de Brionze, de Carrouges, de Séez, et la nouvelle division allait le resserrer de ce côté presque jusqu'aux murailles de la ville. Ce préjudice était incalculable, et devait porter atteinte à sa prospérité. On ne tarda pas à le reconnaître, et l'on s'en plaignit bientôt ; mais il n'était plus temps, et Falaise n'a pu encore, jusqu'à ce jour, obtenir une indemnité de territoire qu'elle a déjà tant de fois, et avec tant de raison, réclamée du gouvernement.

[1] Le marquisat des Yveteaux est entré dans la famille André de la Frenaye, par une alliance avec les Vauquelin.

Les Falaisiens avaient eu l'imprudence de ne pas envoyer un de leurs concitoyens pour les représenter aux Etats-Généraux, et c'est ce qui les perdit; ils furent mal défendus, ou plutôt ils furent trahis; les députés des villes voisines placèrent, sans opposition, dans leurs différens districts, tout ce qui leur convenait; et du côté de l'Orne surtout, on ne laissa à Falaise que quelques bois et quelques bruyères chétives et stériles 1.

La division par districts et par départemens, s'appliqua, non seulement aux affaires administratives, mais encore aux affaires judiciaires, et même en peu de temps, aux affaires ecclésiastiques.

1 M. de Beauchesne était, comme nous l'avons dit, de la commune de St.-Martin l'Aiguillon, qui se trouvait comprise dans le nouveau département de l'Orne. Le député de Falaise oublia dès-lors ses commettans, pour songer aux intérêts de son village; et MM. Goupil de Préfeln et Courmesnil, députés d'Argentan, profitant de son indifférence, firent étendre le nouveau district d'Argentan jusqu'aux portes de Falaise. Au lieu de prendre la limite naturelle, la rivière d'Orne, on vint chercher le ruisseau de la Baize pour marquer la séparation des deux districts et des deux départemens. Ainsi Bazoches, et tout le canton de Putanges, furent éloignés du centre qui leur convenait, et attachés à Argentan, contre leurs intérêts. Il est probable qu'enfin le gouvernement voudra bien s'occuper, tôt ou tard, de réparer cette injustice. On ne cessera de le demander, tant pour l'avantage de Falaise, que pour celui du pays que l'on en a violemment et mal à propos séparé.

Les Falaisiens, mécontens, se vengèrent de leur député par un mauvais calembourg. Faisant allusion à son nom de *Poulain*, ils dirent qu'on avait cru à Falaise qu'il pourrait devenir un bon *cheval*, mais qu'à Versailles on avait reconnu qu'il n'était qu'une *rosse*.

Dès le mois d'août 1790, les bailliages furent supprimés, et les tribunaux de district les remplacèrent. Falaise fut en conséquence le chef-lieu d'un de ces tribunaux, qui se composaient de cinq juges électifs et d'un officier du ministère public. On procéda, dans la ville, à la nomination des nouveaux magistrats. M. Edouard Blacher, avocat, fut le premier juge élu, et se trouva ainsi président du district. Le premier commissaire du gouvernement fut M. Leroy-Lacocherie.

Les justices de paix furent encore établies par la même loi, et il y en eut deux pour Falaise. Chacune d'elles eut un juge électif.

Enfin, les circonscriptions d'évêchés furent aussi changées, et Falaise cessa d'appartenir au diocèse de Séez, et dépendit de celui de Bayeux[1]. Cette organisation subsiste encore aujourd'hui.

C'était en moins d'une année que toutes ces grandes mutations s'étaient opérées, et la face des choses se renouvelait rapidement. Encore deux années, et l'on ne devait plus retrouver en France aucune des institutions que les Etats-Généraux y avaient trouvées à leur installation.

Le tribunal de commerce fut établi à la fin de 1790, ou dans les premiers jours de 1791. Il se composa de cinq notables commerçans de la ville, dont le premier élu prit le nom de président, et les autres celui de juges. Ce tribunal s'est maintenu à Falaise jusqu'à ce jour, tel, à-peu-près, qu'il y fut constitué dès le principe. M. Crespin fut élu le premier pour le présider.

1 Loi du 12 juillet 1790.

L'abbaye de St.-Jean et les monastères furent supprimés dans le même temps , et leurs biens furent
confisqués et vendus plus tard au profit du trésor.
Les particuliers qui achetèrent les édifices , les transformèrent en habitations bourgeoises, et renversèrent ce qui ne leur convenait point.

Quand les Etats-Généraux , sous le nom d'Assemblée Constituante, eurent ainsi exécuté tous
leurs changemens et rempli leur mission , ils furent
dissous, et une nouvelle assemblée, que l'on nomma
Législative , leur succéda. Les députés de la France
y vinrent encore siéger en foule. Ceux que Falaise
y envoya , furent,

MM. Henry-Larivière , avocat ,

Legot , avocat,

Et Vardon.

Ces trois députés , ayant sans doute répondu à
l'attente de leurs concitoyens , furent élus de nouveau pour représenter Falaise à la troisième assemblée. Ils siegèrent à la Convention.

On sait le grand œuvre qu'accomplit la Convention. La royauté tomba sous ses coups , et le roi
de la France, renversé de son trône, déchu de son
pouvoir, fut par elle condamné à l'échafaud. Ses
membres , à la majorité de cinq voix , pronon-
cèrent ce grand arrêt.

La postérité a soigneusement recueilli les suffrages
des votans , dans cette mémorable cause. Ceux des
députés Falaisiens n'ont point été perdus. Nous les
consignons ici comme un document historique de
la plus haute importance.

Une première question fut agitée : Louis sera-t-il
jugé par la Convention ?

Henry-Larivière et Legot répondirent :
Non.

Vardon répondit également :
Non ;

Et il prononça, à cette occasion, un discours très-remarquable pour motiver son opinion [1].

Vint ensuite l'appel nominal sur les quatre questions que les juges devaient résoudre.

Sur la première question : Louis Capet est-il coupable de conspiration, etc., etc. ?

Henry-Larivière se refusa de prononcer, et motiva son opinion. Il demanda le renvoi « de la décision » au peuple souverain [2]. »

[1] Vardon, dans son discours, établit très nettement la distinction qui existe entre le législateur et le juge ; il soutient que le premier seul a le droit de faire la loi, mais qu'il ne peut jamais l'appliquer ; que ce serait un horrible despotisme, une monstruosité, que de confondre des pouvoirs aussi distincts que ceux-là, et d'ériger une assemblée de législateurs en une cour de justice criminelle, appliquant le code pénal. Il déclare qu'il n'a point reçu de mission pour juger, et qu'il ne veut point dépasser son mandat. Si Louis est coupable, que sa déchéance soit sa peine capitale ; la Convention n'a pas le droit d'en prononcer une autre, etc.

[2] Henry-Larivière se fonda aussi sur ce qu'il ne pouvait être à-la-fois « législateur et juré. » Ce principe seul, énergiquement développé, comme il le fut alors par un grand nombre de députés, devait arrêter les membres de la Convention. Mais dans les révolutions on ne raisonne pas ; on s'abandonne aux grandes passions, et de-là les grands crimes et les grandes erreurs. Legot, dans une lettre qu'il écrivait à cette époque, à une dame de cette ville, fait bien connaître au reste les prétendus républicains qui s'établissaient juges du roi qu'ils avaient détrôné : « Louis XVI, appelé à la barre de la Convention, s'est exprimé très-bien, très-judicieusement et

Vardon et Legot répondirent :

Oui , Louis est coupable.

Sur la troisième question : Le jugement de Louis Capet sera-t-il soumis à la ratification du peuple?

Les trois députés répondirent unanimement :

Oui.

Sur la quatrième question : Sera-t-il sursis au jugement qui condamne Louis Capet ?

Les trois députés répondirent également :

Oui.

Enfin , sur la grande et décisive question (la deuxième, que nous plaçons à dessein la dernière, à cause de son importance) : Quelle peine sera infligée à Louis?

Voici le vote individuel des trois députés :

Henry-Larivière : La détention , l'exil à la paix.

Vardon : La détention , le bannissement à la paix.

Legot : la détention , le bannissement à la paix.

Ainsi se termina, pour Falaise, ce grand procès, et le sang d'un roi ne souilla pas, du moins, les pages de son histoire [1].

» avec fermeté... Mais c'est une victime qui s'explique devant » ses bourreaux !... Il a contre lui *tant d'intrigans acharnés* qui » croient faire fortune en votant sa perte, que je désespère » de son salut... Quant à moi , ajoute-t-il , je ne voterai cer-» tainement pas sa mort. Si je le faisais, je mentirais à ma » conscience, à la justice, à l'humanité, et je coopérerais au » déshonneur de la France... »

[1] Deux des députés de Falaise , MM. Legot et Vardon , sont morts, et le jour de la justice est venu pour eux. Voici les souvenirs qu'ils ont laissés dans le pays :

Legot était un avocat distingué , qu'une passion effrénée du jeu jetta dans de grands excès ; il siégea au Conseil des Cinq-Cents, et il fut ensuite un des premiers membres de la

Mais tandis que ces événemens se passaient au
dehors, l'intérieur de la commune était le théâtre
de scènes bizarres et tumultueuses. L'ancien culte
religieux ayant été détruit, de nouvelles cérémonies
y étaient substituées; l'église où l'on avait adoré
la Trinité mystérieuse, était devenue le temple de
la Raison; l'hymne des Marseillais remplaçait le
cantique de Sion, et l'on voyait le disciple de Marat
s'asseoir à la place du prêtre de l'évangile dans la
chaire « que l'on avait appelée jadis la chaire de
vérité. »1.

Dans les rues, sur les places, au milieu des promenades publiques, on célébrait des fédérations,
des fêtes de la patrie, des festins patriotiques. Des
pompes triomphales traversaient la ville et offraient
à tous les regards des spectacles inusités. Le peuple
paraissait en un mot plongé dans l'ivresse ou dans
le délire. C'étaient les saturnales de la révolution.

Toutefois, au milieu de ses extravagances, le

cour de cassation; mais il ne sut pas s'y maintenir, et il a
passé ses dernières années dans la plus complète misère. Il
mourut en 1820, entièrement oublié de ses anciens compatriotes.

Vardon est mort à Paris, messager d'état, à la fin de la révolution. Il n'avait ni grands talens ni grands défauts. C'était
un homme ordinaire, et qui ne semblait appelé à jouer aucun
rôle public. La révolution seule pouvait le tirer du rang des
simples bourgeois.

M. Henry-Larivière fut proscrit au 9 fructidor, et quitta
la France, où il ne reparut qu'en 1814, avec le roi Louis
XVIII. Il fut nommé, à son retour, avocat-général à la cour
de cassation, et il siége maintenant comme conseiller à cette
même cour. Il se fit un nom parmi les orateurs des chambres
législatives; mais il ne nous appartient pas de le juger ici.

1 Expressions d'un arrêté municipal du temps.

peuple de Falaise, faible et égaré, ne se montra jamais cruel. Ses chefs et lui furent ridicules, mais ils ne furent point méchans. Ici, l'on ne vit point, comme dans un trop grand nombre de villes, l'infâme guillotine s'élever pour assouvir les fureurs de la populace ; le bourreau ne se montra jamais au milieu des assemblées de citoyens ; le sang des nobles et des prêtres ne fut point répandu. Deux hommes périrent, mais sans que le peuple fût complice de leur mort. Ce furent deux crimes isolés, deux assassinats, et l'on ne compta pas plus de coupables que de victimes. Heureuse encore la ville qui sortit d'une pareille crise, sans offrir de plus grands exemples de désordres ! Non, les Falaisiens ne sont point sanguinaires.; ils l'ont prouvé à la funeste époque de la St.-Barthélemy, et pendant les jours plus désastreux encore de 1793.

Mais hâtons-nous de jeter aussi le voile sur ces temps malheureux ! La tâche la plus pénible de l'historien est maintenant remplie 1.

L'administration municipale fut encore changée en 1795, et des administrateurs électifs furent subs-

---

1 Nous n'avons redit en détail aucun des événemens de la révolution, et l'on appréciera facilement les motifs de cette espèce de réticence. Ce n'est pas à nous à rappeler des faits qui vivent encore dans presque tous les souvenirs, et dont le récit réveillerait peut-être des passions et des haines qui commencent à s'éteindre. Nos neveux pourront, s'ils le veulent, parcourir les archives de la ville, pendant les dix années de nos troubles civils ; ils y trouveront des détails curieux et qui leur offriront de graves sujets de méditation. Puissent-ils en profiter, et se montrer surtout plus sages que leurs dévanciers !

titués aux maires et aux municipaux de 1789. Les
maires, pendant les cinq dernières années, outre
M. de la Frenaye, avaient été MM. Crespin et
Blacher l'aîné. Ils eurent pour successeur, en qualité de président des nouveaux administrateurs,
M. Boscher, ancien lieutenant-général du bailliage, qui mourut dans ses nouvelles fonctions. Il
fut remplacé par M. de la Gaillonnière, qui céda
lui-même promptement sa présidence à M. Angot-
Ducoisel ; et celui-ci, enfin, fut le dernier chef
de la commune, pendant le 18.ᵉ siècle. Comme on
a pu le remarquer, cette malheureuse commune
avait éprouvé bien des variations depuis cinquante
ans environ. Sa prospérité, toutefois, était loin de
s'être accrue depuis quelques années, et surtout
au milieu des derniers changemens.

Pour nouvelle disgrâce, on lui enleva, dans le
même temps, le tribunal de district, qui lui offrait
au moins un débris de son ancien bailliage. Le
gouvernement républicain, cherchant à innover
de toutes manières, eut l'idée de ne placer qu'un
seul tribunal dans chaque département. Le chef-
lieu fut donc choisi pour devenir le centre de toutes
les affaires judiciaires. Les districts ne conservèrent
que des juges de paix, pour les causes d'une très-
mince importance. Falaise vit s'éloigner alors ses
derniers magistrats et son barreau ; c'était peut-
être le coup le plus funeste qui pût lui être porté,
dans les circonstances difficiles où l'on se trouvait.
Heureusement, la nouvelle institution ne put se
maintenir, et les tribunaux d'arrondissement devaient être promptement constitués. Nous parlerons

rons bientôt de cette organisation, qui fut enfin la dernière jusqu'à nos jours.

Jetons ici quelques regards en arrière, et voyons quels avaient été le commerce et les charges de la ville, pendant le siècle qui vient de s'écouler.

Au commencement de ce siècle, l'ancien commerce avait fleuri, et il était même parvenu au plus haut point de sa splendeur. Les serges, les draps, et, en général, toutes les étoffes de laine avaient été fabriquées à Falaise, en grande quantité, et y avaient amené l'aisance et même la richesse. Les cuirs forts, les cuirs du Brésil avaient été recherchés dans ses tanneries; sa coutellerie s'était soutenue, et enfin la chapellerie, nouvellement introduite dans ses murs, y avait prospéré, et avait encore accru le nombre des branches de son industrie, déjà considérable.

Mais différentes causes amenèrent successivement la chûte des fabriques de serges et de chapeaux, et enfin celle des principales tanneries. Voici ce que nous lisons, à ce sujet, dans un mémoire très-curieux, publié en 1802, par un administrateur de l'arrondissement [1] :

« Une cupidité coupable engagea un négociant » à faire fabriquer des serges à trois lames au lieu » de cinq; la découverte de cette friponnerie fit » naître la méfiance, de suite le discrédit, et bientôt

---

[1] Ce mémoire est l'ouvrage de M. de Rulhière, sous-préfet ; il est intitulé : *Mémoire sur la ville de Falaise,* et contient seulement 26 pages in-4.° Nous en avons extrait plusieurs passages pour cette dernière partie de notre histoire. C'est un document précieux sur l'état de la ville, et même des environs, à la fin du 18.° siècle.

» après l'abandon de cette branche d'industrie...
» Elle passa toute entière à Lisieux, qui la con-
» serva et la possède encore. »

« Il y avait des manufactures de chapeaux, qui
» fournissaient aux troupes et à toute la province.
» Un droit de 9 deniers, maladroitement établi sur
» chaque chapeau, a fait disparaître le fabricant,
» et l'a déterminé à aller s'établir dans des com-
» munes où il ne payait aucun droit, ou de moins
» forts. »

Enfin, « long-temps Falaise a possédé dans ses
» faubourgs des tanneries de cuirs du Brésil et de
» cuirs forts ; le nombre des maîtres tanneurs se
» montait à cinquante, dont trente au moins fai-
» saient un commerce très-étendu. Un droit im-
» posé, en 1759, sur les cuirs apprêtés, a décou-
» ragé une partie des tanneurs, et a ruiné les
» autres. » A peine, à la fin du siècle, comptait-on
dans la ville « quatre ou cinq corroyeurs ou mé-
» gissiers. »

Il ne restait donc à Falaise que la coutellerie,
qui disparut elle-même par degrés, sans qu'on en
indique la cause. « De trente boutiques que l'on
» comptait dans l'enceinte de la ville autrefois, à
» peine s'il en demeurait quatre » à la fin du siècle[1].

La ruine du pays semblait donc assurée, si une
nouvelle industrie, plus générale que les autres,
n'eût promptement occupé la population.

Mais vers 1740, la filature et le cardage des cotons s'introduisirent dans la ville, et s'étendirent

---

[1] Tout ce que nous plaçons entre des guillemets est copié
sur le mémoire.

de-là dans toutes les campagnes voisines. On prétend qu'en peu d'années ce genre de travail devint
universel, et qu'au moment de la révolution, il
occupait « quarante ou cinquante mille bras. »
Les négocians de la ville faisaient, dans cette seule
partie, « pour 100 ou 120,000 fr. d'affaires chaque
» semaine. » Les cotons que l'on filait étaient « en
» grande partie envoyés à Rouen pour y être em-
» ployés ; » le reste alimentait des fabriques de
siamoises et de retors, qui s'étaient promptement
formées dans la ville, et qui trouvaient de nombreux débouchés dans la Bretagne et dans le Maine.
Il s'en consommait aussi pour la fabrique de bonnets de coton, qui se développait rapidement depuis
près de vingt ans [1].

Un négociant bien connu [2] nous a communiqué
le tableau suivant, de la quantité des cotons que
l'on filait dans le pays en 1789, et du produit des

[1] Voici comme on raconte l'introduction à Falaise des métiers à bonnets :

« Vers 1740, un nommé *Graffet* apporta dans la ville un
» métier à bas très-imparfait, qui, dit-on, venait d'Angle-
» terre. Il l'employa, ainsi que quelques autres qu'il eut en-
» suite, à faire des bas de laine. Quelques fabricans s'établirent
» dans le même genre, peu de temps après ; et ce fut en 1770
» que M. Liard-Bascourty fit les premiers bonnets de coton...
» L'essai fut heureux.... La foire de Guibray fit connaître au
» loin les nouveaux produits des fabriques du pays... De-là
» naquit dans Falaise le commerce de la bonneterie, etc. »
Ce petit passage est extrait d'un mémoire manuscrit de
M. Lebaillif fils, l'un de nos premiers filateurs actuels. Nous
lui emprunterons d'autres idées quand nous parlerons du commerce tel qu'il existe maintenant dans la ville.

[2] M. Leclerc, ancien président du tribunal de commerce.

fabriques de siamoise, de retors et de bonnets, qui existaient alors. Nous ne pouvons mieux faire connaître l'industrie falaisienne de cette époque, qu'en plaçant ce tableau sous les yeux de nos lecteurs.

Il se fabriquait cent mille livres de coton par mois, ou douze cent mille livres par an, qui, à 3 liv. 10 s. la livre, l'un dans l'autre, formait un produit annuel approximatif de . . 4,200,000 liv.

Les fabriques de siamoise rapportaient. 81,000

Celles de retors. . . • . . , . . . 63,000

Et enfin, celles des bonnets de coton. 132,000

Total du commerce des cotons. 4,476,000 liv.

Il y avait alors à-peu-près,

Trente métiers de siamoise,

Trente de retors,

Et cent cinquante de bonnets de coton [1].

Le bon ouvrier gagnait, à ces divers travaux, « 25 s. par journée, » les moins habiles ou les paresseux, « 15, 16 ou 17 s. » Enfin, les femmes pouvaient encore gagner facilement « 15 s. »[2].

Il en résulte que la population pouvait vivre à l'aise, et que les impôts, quoiqu'onéreux, devaient se trouver acquittés, sans trop exciter de murmures.

Mais l'invention des mécaniques amena tout-à-coup la ruine des ouvriers filateurs, et les réduisit à la misère. Le travail des mains devint inutile,

1. Il sera curieux de comparer ce petit nombre de métiers à bonnets avec ce qu'il en existe aujourd'hui dans la ville.

2. Mémoire de M. de Rulhière, page 7.

quand des machines ingénieuses purent y suppléer.
Celui qui avait jusque-là gagné 25 s. dans son atelier, vit tomber son salaire à 5 ou 6 s., qui ne
suffisaient plus à ses besoins les plus pressans. En
vain le commerçant trompé, comme l'ouvrier,
voulut introduire dans la ville les nouvelles manufactures, pour se livrer à d'autres spéculations;
le peuple mécontent ne le permit pas, et menaça
de détruire les nouveaux établissemens. Aveuglé
par son désespoir, il rejetait ainsi la seule planche
qui pût le sauver. Les filatures mécaniques lui
eussent du moins ouvert un asile; il eût gagné
moins d'abord qu'à son travail manuel, mais enfin
il eût vécu. En s'opposant à l'établissement des manufactures, il combla sa misère. La crise qui suivit
fut longue et douloureuse. Elle coïncida malheureusement avec les désastres de la révolution, la
disette d'argent, la famine et les autres fléaux qui
se répandirent alors. Que de sujets de désolation
pour une malheureuse contrée! Cependant il n'arriva, comme nous l'avons dit, ni grandes révoltes
ni grands désordres. Le peuple souffrit en silence,
et attendit un meilleur avenir. Puissent les circonstances, qui semblent maintenant plus favorables, amener enfin cet heureux changement. Nous
rendrons compte, dans la seconde partie de cet ouvrage, de l'état actuel du commerce de la ville, et
des sujets d'espérance qui s'offrent pour l'avenir.

Dans le temps où le commerce des cotons vint à
tomber dans ce pays, la foire de Guibray commençait à perdre elle-même de son importance.
Les nouvelles routes ouvertes rendaient le com-

merce par commission plus facile, et il devenait par conséquent moins indispensable de se réunir dans les foires pour exécuter les échanges. Guibray, depuis des siècles, était le rendez-vous annuel de tous les marchands de la Bretagne, de l'Anjou, de la Touraine, de la Picardie, de la Flandre, et en général de toutes les provinces du Nord. Ils se montrèrent moins empressés de s'y rendre, quand ils eurent des moyens plus simples et moins dispendieux de communiquer les uns avec les autres. Les ministres de Louis XVI s'étant occupés surtout d'ouvrir de vastes routes sur tous les points du royaume, les villes les plus éloignées purent établir entre elles de nombreuses communications. Le commerce ainsi se trouva simplifié ; les foires se trouvèrent condamnées à une décadence progressive.

La foire de Guibray avait fait, jusqu'en 1780, la principale richesse de la ville. Venant à décroître, ce fut une calamité de plus ajoutée à toutes celles qui affligèrent peu après les malheureux Falaisiens. C'était réellement pour eux un moment d'épreuves en tous genres [1].

1 Deux nouveaux réglemens, confirmatifs des anciens, furent encore rendus sur la foire de Guibray, en 1743 et en 1778 ; la loi de 1790 (27 juin) confirma aussi toutes les décisions prises antérieurement à ce sujet. Une des principales défendait de vendre aucune marchandise hors de l'enceinte de la foire, et d'y établir aucune baraque, sous peine de 500 liv. d'amende. Ces sages réglemens, si long-temps observés, sont du reste entièrement méconnus par l'administration actuelle.

M. Coquebert de Montbret, membre de l'Institut, a eu la bonté de nous communiquer une note puisée dans les archives manuscrites du commerce, conservées au ministère de l'intérieur, bureau de statistique, dont il a été directeur général.

Cependant les impôts ne diminuaient point à mesure que la prospérité décroissait ; le fisc maintenait ses droits, et même aggravait les charges autant qu'il le pouvait. Au commencement du siècle, au moyen du tarif, le peuple de Falaise avait supporté un fardeau assez considérable. Il ne réclamait toutefois que faiblement, parce qu'il était satisfait du mode de perception. Plus tard, des intendans avides voulurent rétablir la taille, et il fallut de grands efforts et de nombreuses réclamations pour détourner cette mesure. La taille enfin reparut, un peu avant la révolution, et le peuple fut alors surchargé. Il paya, dans l'année 1788, jusqu'à 130,000 liv. d'impôts de tous genres, au trésor public [1]. Mais l'industrie permettait encore

Il résulte de cette note « que les ventes de Guibray, vers » 1778, se montaient, année commune, à six ou sept mil- » lions... » D'autres renseignemens, pris dans le pays, nous portent à penser que cette évaluation est bien au-dessous de la réalité. Nous lisons même, dans *des Recherches statistiques*, rédigées en 1803, par M. de Rulhière, que « les ventes se » sont quelquefois élevées jusqu'à vingt-cinq millions, » et encore on n'y comprenait pas la vente « des beaux chevaux » normands, qui précède la foire. » En prenant un terme moyen, on devrait, nous le pensons, pencher plutôt pour la seconde évaluation que pour la première.

1 Ces impôts se composaient, 1.º de 11,000 liv. d'impôt foncier ; 2.º 25,000 liv. de capitation, jointe à la corvée ; 3.º de 24,000 liv. de taille ; 4.º de 40,000 liv. de droit des Aides sur les boissons ; 5.º enfin, de 29,000 liv. de droit sur le sel. (Mémoire, page 2.) Sur toutes ces sommes, la ville conservait à peine 50,000 liv. pour l'entretien des hôpitaux et les autres charges publiques. Le reste était dévoré par les traitans et par le fisc. En 1700, les revenus que Falaise retirait, pour

de supporter ce fardeau. Ce fut à la chûte du commerce que les charges devinrent tout-à-fait insupportables. Aussi nous avons vu que le peuple, dans la disette de 1789, avait commis quelques excès, et brûlé les papiers des agens de la finance. Bientôt la misère devint complète ; au lieu de cinq cents pauvres, on en compta dans la ville quinze cents ; au lieu de douze cent vingt-sept contribuables, le nombre, en peu d'années, descendit à mille quatre-vingts[1]. De tels résultats font mieux connaître l'état de souffrance d'une population, que tout ce que l'on pourrait dire de plus énergique sur ce sujet.

En résumé, nous trouvons donc que le moment de la révolution fut une époque funeste pour Falaise, de bien des manières :

Elle perdit son bailliage et ses vastes dépendances ;

Elle vit décroître son commerce, et ses habitans tomber dans la misère ;

Elle ne trouva plus dans sa grande foire les mêmes ressources qu'autrefois ;

Elle souffrit de la disette d'argent et de deux famines successives ;

son service, du produit du tarif, se montaient à 20,000 liv. à-peu-près ; en 1730, ils s'élevaient à 25,000 liv. ; en 1768, à 33,745 liv. (Inventaire du chartrier, page 21, au *verso*.) Ils arrivèrent, à ce qu'il paraît, à 50,000 liv. avant la fin du siècle. Quelle progression énorme de charges ! Le fisc, au temps où Louis XIV avait établi le tarif, n'avait pris que la moitié ; ainsi, la ville qui payait 40,000 liv., en conservait 20,000. Plus tard, elle fut plus maltraitée, et les surcroîts d'impôts que payèrent ses habitans, ne lui profitèrent pas dans la même proportion.

[1] Mémoire de M. de Rulhière, page 9.

Enfin, nous pouvons ajouter, entre autres disgrâces qu'elle éprouva, que ce fut alors qu'on lui
retira le régiment qui n'avait cessé, depuis trente
ans, de tenir garnison dans ses murs [1].

Toutes ces considérations nous serviront plus
tard à expliquer le décroissement progressif de la
population, que l'on remarque depuis trente années
dans l'intérieur de la ville [2]. Pauvre cité de Guillaume, en quel état de décadence sommes-nous
forcés de te montrer ici réduite !...

Le prix moyen du boisseau de blé, au commencement du 18.e siècle, était de 2 liv. environ,
quoiqu'il se fût élevé, même auparavant, pendant
des disettes, jusqu'à 9 et 10 liv. Dans le cours du
siècle, il augmenta progressivement jusqu'à 6, 7
et 8 liv. Cependant il ne dépassait guère 5 liv. en
temps ordinaire. Pendant la grande disette de 1790,
il monta jusqu'au prix le plus excessif ; mais c'était
une crise épouvantable, et qui ne peut servir de
base pour établir aucune espèce d'évaluation [3].

1 Les régimens jetaient dans la ville 3 ou 400,000 fr. chaque
année. C'étaient ordinairement des dragons qu'on y envoyait.
M. de Rulhière, dans ses Recherches statistiques (1803),
déplore la perte que Falaise a faite quand on lui a enlevé cette
source de richesse. Il observe que cependant c'est une des
garnisons de France les plus propres à refaire les chevaux ; que
les fourrages y sont bons et à bas prix, les eaux excellentes
et estimées, etc., etc.

2 La population s'est élevée à 14,000 âmes ; elle a tombé
depuis à 13,000, 12,000, etc..... Mais n'anticipons pas sur un
travail que nous présenterons en entier plus tard.

3 Il est assez curieux, en parcourant les mercuriales pendant
la révolution, de voir le prix du boisseau de blé porté à 12,

Nous avons soigneusement indiqué jusqu'ici tous les auteurs qui ont écrit sur Falaise, aux différentes époques que nous avons parcourues. Nous trouvons, dans le dernier siècle, Moréri, *Dictionnaire historique*; Savary, *Dictionnaire de Commerce*; Expilly, *Dictionnaire géographique*; Longuerue, *Dictionnaire géographique de la France*, etc., etc. Mais tous ces auteurs se copient presque toujours les uns les autres, et Savary seul offre quelques détails plus étendus. Nous possédons aussi un manuscrit que nous croyons composé il y a cent ans à-peu-près. Il ne s'occupe guère que des antiquités, et nous l'avons plusieurs fois cité, avec les autres, dans le cours de cette histoire.

Falaise, pendant le dernier siècle, dut s'étendre beaucoup dans les faubourgs; ses portes, jusque-là fermées, furent ouvertes, et même détruites en grande partie, comme inutiles et incommodes. L'intérieur et l'extérieur se trouvèrent dès-lors unis, et la ville se présenta sur une plus vaste échelle. La nouvelle route de Caen et d'Angers[1] dut contribuer

15 ou 1800 liv.; mais c'étaient des livres de papier, et cette monnaie-là n'avait plus beaucoup de cours. Un bourgeois, à la poissonnerie, payait alors un plat de morue 1,000 ou 1,200 liv., sans se ruiner. On était riche à millions, et l'on n'avait pas souvent un franc de bon argent. Quelle étrange époque que celle-là! Nos enfans croiront-ils aux récits qu'on leur en fera?

1 Cette route fut ouverte en 1780, et traversa la ville dans la ligne la plus droite, depuis la porte Marescot jusqu'à la porte de Caen. Jusque-là le grand chemin s'était étendu en sens inverse. On entrait par la porte de Guibray, ou même par celle du château, et l'on sortait par la porte Lecomte pour aller à Caen.

aussi à lui donner de l'extension au-delà des anciennes murailles. On s'empressa de bâtir sur l'emplacement des jardins, du côté de Caen. Ce quartier s'animant, devint le plus fréquenté; il est même aujourd'hui tellement recherché, que si jamais la ville doit s'accroître encore, il est probable que ce sera de ce côté. L'impulsion est donnée; on arrivera jusqu'à l'emplacement du nouveau Calvaire, avec le temps, et peut-être ira-t-on même au-delà.

Il ne nous reste plus qu'à parler d'une spéculation qui devait enrichir ceux qui l'avaient entreprise, et dont le succès eût également contribué à la prospérité de la ville. Malheureusement les résultats ne répondirent point à l'attente générale.

En 1785, des chimistes prétendirent que le terrain de l'ancien *Camp de Foire*, au-dessus de l'hôpital général, devait contenir du charbon minéral; ils engagèrent en conséquence plusieurs habitans de la ville à se réunir, et à faire travailler pour atteindre la mine. Des actionnaires s'offrirent, et l'abbaye de St.-André s'engagea, entre autres, à fournir le bois. On creusa des puits très-profonds, et dès l'année 1790 on se trouvait déjà à six cent soixante-quatre pieds au-dessous du sol. On ne découvrait rien encore; mais l'espoir du succès semblait toujours fondé. La révolution, qui survint à cette époque, détruisit la compagnie, et les fonds manquèrent tout-à-coup. Il fallut donc interrompre les travaux au moment peut-être où ils touchaient à leur terme. La mine fut abandonnée, et depuis, personne n'a songé à sacrifier de nouvelles sommes pour tenter les chances d'une entreprise si délicate [1]. Il serait bien à désirer cependant que l'on s'assurât enfin, d'une manière certaine, si l'emplacement peut réellement contenir le minéral qu'on y cherchait. Les géologues actuels pourraient examiner de nouveau le terrain, et faire un rapport sur ce qu'ils auraient observé. Le charbon de terre est si rare en France, et il serait tellement utile dans ce pays, qu'on ne doit négliger aucun des moyens qui peuvent amener des découvertes de ce précieux combustible [2].

Exposons maintenant les faits peu nombreux du siècle où nous vivons.

Vers 1800, l'ordre tendait à se rétablir de toutes parts en France, et la commune de Falaise reçut, comme les autres, des institutions qui devaient enfin être plus durables que celles que l'on avait essayées pendant les dix dernières années.

La mairie fut organisée telle que nous la voyons aujourd'hui. Elle eut un maire avec deux adjoints dont le choix dépendait du chef de l'Etat. On lui donna de plus un corps municipal de trente notables, qui devaient être également désignés par le gouvernement.

Le premier maire nommé, au commencement du siècle, fut M. Valois de St.-Léonard; ses deux adjoints furent MM. Bellencontre et Dupont.

L'arrondissement remplaça aussi, dans ce temps,

1 Un pharmacien de la ville, M. Lepetit-de-St.-Laurent, dirigeait les travaux. Il avait consulté MM. Buffon, Lesage et Duhamel, et promettait toujours le succès. Il est mort sans avoir vu l'effet de ses prédictions.

2 Voir à la fin de l'ouvrage, l'article Géologie.

le district, ou plutôt le nom seul du district fut changé, et sa circonscription forma le nouvel arrondissement de Falaise. Il y eut un administrateur principal, établi au chef-lieu, pour correspondre avec les différens maires des communes, et leur transmettre les instructions des autorités supérieures. Cet administrateur prit le titre de sous-préfet, qui indiquait sa dépendance du chef de département, que l'on nommait dès-lors préfet. Cette institution du reste devait aussi se maintenir, et nous la retrouvons également telle qu'elle fut organisée à cette époque.

Il en est de même des tribunaux de première instance, qui furent placés alors dans les chefs-lieux d'arrondissemens, et qui devaient tenir lieu des anciens bailliages et des tribunaux de district, successivement renversés. Le tribunal de première instance de Falaise fut composé de trois juges, dont le principal avait le titre de président, et l'on y attacha de plus un commissaire du gouvernement pour remplir, avec un substitut, les fonctions du ministère public. Tout cela existe encore aujourd'hui, et seulement le premier nom de l'officier public a été changé depuis en celui de procureur impérial, et enfin en celui de procureur du roi.

Lors de l'établissement de l'arrondissement de Falaise, M. Belleau, père, en fut nommé le premier sous-préfet.

Lors de la composition du tribunal civil, on lui donna pour président M. Chauvin la Normandière, ancien juge du district, et M. Morel fut investi des fonctions de commissaire du gouvernement.

Quant au tribunal de commerce, il subsistait toujours, et ne devait subir aucun changement notable. Depuis M. Crespin, il avait eu pour présidens M. Legris-Belisle et M. Morin l'aîné.

Ce fut au moment où tout se réorganisait ainsi, et dans les premiers jours du siècle, que les Falaisiens virent reparaître dans leurs murs les ministres de la religion de leurs pères, que la révolution en avait éloignés. Ils furent reçus avec joie dans la ville, et les temples se rouvrirent aussitôt, sous la protection du nouveau gouvernement. Les Consuls, qui s'étaient substitués au Directoire, se montraient disposés à rétablir l'ordre ancien sur les points les plus importans. Le premier de ces Consuls surtout, Napoléon Bonaparte, montrait un très-grand zèle pour arracher le peuple à l'anarchie, et pour relever des institutions que l'on avait renversées sans y rien substituer de raisonnable; il préludait ainsi à l'exécution de ses grands desseins, et bientôt on devait le voir s'élever lui-même sur le trône de ces anciens rois, que la révolution semblait n'avoir renversés que pour lui faire hommage de leur magnifique héritage... Mais ces grands événemens contemporains sont bien connus de nos lecteurs, et nous éloignent d'ailleurs de notre sujet. Hâtons-nous donc d'y rentrer, et de terminer enfin cette trop longue histoire.

Le premier sous-préfet de l'arrondissement, M. Belleau, ne conserva pas long-temps ses fonctions. C'était un administrateur d'une probité sévère, que rien ne pouvait écarter de la ligne de ses devoirs. On exigea de lui quelque chose qui lui parut injuste ; il se retira plutôt que de céder aux injonctions de son chef. L'opinion publique le récompensa de sa fermeté, et il emporta dans sa retraite l'estime de ses administrés.

M. de Rulhière l'aîné lui succéda, mais pour peu de temps seulement. On avait conçu dans Falaise une très-haute idée de son caractère et de ses talens 1.

M. de Rulhière, le jeune, actuellement encore sous-préfet, fut appelé à remplacer son frère dans ses fonctions. Cet administrateur gouverne l'arrondissement depuis plus de vingt-cinq ans 2.

Dans la ville, le nouveau maire s'occupa de former un établissement qui avait de tout temps manqué au pays, et qui devait cependant contribuer à sa prospérité. Nous voulons parler du collége qui fut installé dans l'ancien château de Falaise, en 1802, et qui eut pour fondateurs MM. Choron et Coessin. M. Choron est un homme d'un rare mérite, qui débutait alors, et qui, dans ses rêves de théorie, avait pensé qu'il était possible d'établir, dans une petite ville, une école sur une vaste échelle, comme

1 M. de Rulhière l'aîné mourut à Paris en 1804. Il venait d'être nommé préfet d'Aix-la-Chapelle.

2 M. de Rulhière, le jeune, est auteur du *Mémoire sur la Ville de Falaise*, dont nous avons cité plusieurs passages, et des *Notes statistiques* sur l'arrondissement, dont nous avons aussi parlé. Le second travail est bien plus étendu et plus complet que le premier. Il méritait de voir le jour à l'époque où il fut composé.

MM. de Rulhière frères étaient neveux du célèbre académicien Rulhière, auteur de l'Histoire de Pologne et du Poëme des Disputes.

dans une capitale. Il donna le nom à sa nouvelle maison d'*École libérale et industrielle*, et il ne se proposait rien moins que d'y enseigner les *langues latine et grecque*, *les élémens de la littérature*, *des sicences exactes et du dessin*, pour la partie libérale ; et pour la partie industrielle, *la géométrie descriptive et les arts*, *la physique expérimentale*, *l'arpentage*, *l'agriculture*, *etc.*, *etc...* Tout ce cadre était beaucoup trop vaste pour Falaise, et M. Choron ne réussit pas[1]. Mais il donna l'impulsion, et prépara tout pour un autre genre d'établissement plus conforme aux besoins de la ville.

Après lui vint M. Hervieu, qui fonda simplement un collége pour les humanités, et qui l'éleva en peu de temps au plus haut point de prospérité. En 1812, ce collége était le plus considérable et le plus estimé de tout le département. M. Hervieu, le nouveau directeur, avait été, avant la révolution, professeur de philosophie au séminaire de Falaise, et l'on savait que, dans l'émigration, il avait dirigé l'éducation d'un jeune prince d'Allemagne[2]. Le public avait une grande opinion de son mérite, et beaucoup de confiance dans ses qualités person-

1 M. Choron est connu de toute la France actuelle par les excellentes méthodes qu'il a introduites dans l'enseignement de la musique. Il est chargé de la direction d'une école que protége le gouvernement, et qui est une des premières dans ce genre. M. Choron a publié, depuis son départ de Falaise, un Dictionnaire des plus célèbres Musiciens, et il a eu pendant un moment la direction de l'Académie royale de Musique.

2 Le jeune Starhemberg, fils de l'ambassadeur d'Autriche près la cour de Londres.

nelles.

nelles. Tout concourait ainsi pour assurer le succès de sa nouvelle maison.

L'éducation avait été depuis bien long-temps négligée dans Falaise, et il était urgent de relever la population de l'état d'ignorance et de nullité où elle paraissait plongée. Voici comme un homme de talent jugeait, à cette époque, la jeunesse de la ville, et en général la société entière :

« On ne trouve point ici le goût pour les sciences » qui éclairent l'esprit humain, ou pour les arts » qui font le charme de la société ; on peut même » dire qu'ils y sont entièrement négligés. Les jeunes » gens, dépourvus de maîtres, n'ayant point de » modèles sous les yeux, ne peuvent être doués » d'aucune émulation ; rien n'éveille leur curio-» sité, et ne peut leur inspirer le désir d'acquérir » ou de manifester des connaissances. La chasse, » la table, quelques tristes parties de jeu, voilà » ce qui occupait leurs pères ; voilà ce qui remplit » à-peu-près le vide de leurs journées. Si, dans la » société, on trouve encore ce ton, ces manières » honnêtes qui distinguent ce qu'on appelait autre-» fois la bonne compagnie, rarement on a occasion » d'y entendre de ces entretiens qui font les délices » de l'homme instruit ou de celui qui a le désir » de l'être ; en revanche, on y parle très-perti-» nemment chevaux, chiens, etc., etc... »

Il est donc vrai, comme nous le disions, qu'une bonne éducation devenait indispensable pour civiliser cette masse par trop grossière. Les efforts que l'on tenta pour y réussir ne furent pas perdus. Le but fut atteint, du moins en partie.

16

En 1805, dans les premiers temps de l'Empire, le chef du gouvernement voulut appeler auprès de lui les représentans de la France, et il y eut des élections dans les départemens. Falaise dut désigner deux candidats, parmi lesquels son député serait choisi par le nouveau sénat. MM. d'Arthenay et Faucillon-Ferrière se partagèrent alors les suffrages, et M. d'Arthenay obtint ensuite la voix des sénateurs, et alla siéger à la chambre législative. Il fut renommé une seconde fois par les électeurs de Falaise, en 1810, et alla reprendre sa place dans les réunions parlementaires du temps. Son concurrent, lors de la nouvelle élection, avait été M. Morel, procureur impérial.

Sous le règne belliqueux et brillant de Napoléon, la ville de Falaise n'éprouva ni prospérité ni revers. Son commerce était languissant et même presque mort. Mais cependant le peuple vivait, et supportait avec courage les fardeaux publics, tristes conséquences de la guerre. On était ébloui par les grandes merveilles qu'opéraient nos armées, et l'on se figurait un âge d'or lorsque les épées seraient rentrées dans le fourreau. Ces espérances de l'avenir faisaient supporter le présent. On ne songeait guère à des maux que l'on regardait comme passagers.

La naissance d'un héritier de l'Empire fut célébrée dans la commune comme un événement heureux, et bientôt après, le passage de Napoléon lui-même, par Falaise devint l'objet de l'attente générale, et fit le sujet de tous les entretiens. Il passa en effet, ce monarque si impatiemment désiré ; il traversa la ville en triomphateur, au mi-

lieu d'arcs nombreux ornés de festons et de guirlandes de fleurs. Mais le peuple ne gagna rien à
cette superbe parade. A peine entrevit-il un moment son maître que de vastes projets préoccupaient
alors. Il envoya quelques-uns des siens pour saluer le héros par des chants d'allégresse ; mais
les chants furent mal accueillis , et les députés
bourgeois furent repoussés par les gardes. L'Empereur était absorbé , rêveur , tout entier aux nouvelles qu'il recevait du dehors , et il oublia, dans
cette circonstance , les égards que méritaient des
sujets dévoués qui le prenaient pour leur père. On
le vit presser son départ , et quitter en toute hâte
la ville qui avait donné le jour au conquérant
de l'Angleterre , sans même saluer , en passant ,
le berceau de ce grand homme. Il semble toutefois qu'il eût pu s'arrêter un moment pour méditer
sur les ruines du vieux château de Guillaume. Là ,
tout lui eût parlé des hauts faits de ce fils d'une
simple pelletière , qui devint , comme lui , le premier capitaine de son temps ; là , il eût pu se rappeler également , comment cet ancien héros sut
régner , jusqu'à sa mort , sur les peuples qu'il avait
su vaincre.... De tels sujets n'étaient pas indignes
sans doute d'occuper ses souvenirs. Peut-être même
en eût-il retiré , dans le temps , quelques utiles
réflexions pour son propre avenir [1]....

Après le départ de Napoléon , il survint une

---

[1] Napoléon passa deux fois dans l'espace de vingt jours.
Mais, la première fois , il ne fit que traverser rapidement
la ville, et ce ne fut qu'à la seconde qu'il s'arrêta et descendit au château de la Frenaye. On lui avait préparé un

disette ; et le peuple fit un léger mouvement ; mais les bons citoyens se montrèrent, et le calme se rétablit aussitôt. On peut même assurer que la tranquillité publique ne fut pas sérieusement troublée.

On vit, dans le même temps, arriver dans la ville un prélat de l'Eglise de France, exilé, pour des opinions religieuses, par le chef tout-puissant de l'Empire.

repas dont il goûta fort peu. Après quelques minutes de repos, il remonta en voiture, et se dirigea rapidement vers Séez.

Les musiciens de la ville se présentèrent sous les fenêtres du château, et voulurent faire entendre l'air chéri de la Nation : *Où peut-on être mieux qu'au sein de sa famille.* Mais l'Empereur leur fit dire de se taire ; et comme ils continuaient, « il fit ordonner aux lanciers de faire leur devoir. » On chargea les malheureux musiciens, « qui se retirèrent confus. » Le peuple parut indigné de cet acte de brutalité, qui ne convenait guère en effet à un souverain de fortune, et surtout à celui qui s'était proclamé d'abord le premier citoyen de la République française.

Du reste, le peuple de Falaise paya *chèrement* l'honneur qu'il reçut alors. Ceux qui seraient curieux de rapprochemens, peuvent comparer ce qu'il en coûta, en 1777, pour recevoir Charles X, alors frère du Roi, et ce que payèrent les administrateurs de la commune, pour les fêtes du passage de S. M. Impériale, en 1811.

Nous avons rappelé l'exécutoire de 677 liv. 10 s., donné par le maire, en 1777.

En 1811, on donna d'abord un premier exécutoire de 8103 f.; peu de jours après le passage ; et plusieurs années après, on payait encore une foule de mémoires qui élevèrent la dépense en définitive à plus de 20,000 f. Vingt mille francs, bon Dieu ! quelle profusion pour des arcs de triomphe de papier peint et pour quelques guirlandes de lierre ! Il faut convenir qu'il était dur après cela de se voir chargé, comme une vile canaille, par les gardes impériales.

Ce prélat était M. de Boulogne, évêque de Troye, et l'un des premiers orateurs sacrés de cette époque. Il avait assisté au Concile de Paris, assemblé par Napoléon, mais il n'avait pas voulu se prêter aux volontés du despote. L'exil fut la peine de sa résistance.

M. de Boulogne fut reçu avec empressement par les familles les plus distinguées de la ville, et l'on assure même que quelques personnes ne craignirent pas de se compromettre, en lui témoignant hautement le plus vif intérêt. Plus tard, l'évêque exilé redevint plus heureux, et se trouva même élevé au faîte des honneurs. Mais il ne paraît pas s'être ressouvenu alors de ses anciens amis, et du moins, on ne l'a jamais revu parmi eux. Il n'a point fait la visite de remerciement à ceux dont il avait reçu l'hospitalité dans les jours du malheur.

En 1814, le trône du triomphateur s'écroula, et les princes de l'ancienne famille des rois reparurent en France. Les Falaisiens, fatigués du joug impérial, saluèrent avec joie le nouveau Monarque, et se félicitèrent de revoir enfin des jours tranquilles, après de trop longues disgrâces. Tout leur présageait alors un brillant avenir.

Un régiment de l'ancienne armée vint en garnison dans la ville, et l'on s'empressa de recevoir ces vieux guerriers, comme des amis et comme des frères. Il y eut des réunions nombreuses où toutes les classes se rapprochèrent. Les anciennes inimitiés disparurent ; les souvenirs du passé s'effacèrent. Ce moment fut, pour Falaise, le plus heureux dont elle eût joui depuis bien des années.

Il ne devait pas malheureusement se prolonger long-temps [1].

Le 20 mars, et le retour inattendu de Bonaparte, rejetèrent la discorde dans toute les classes des citoyens, et même dans beaucoup de familles. On vit quelques têtes ardentes embrasser la cause nouvelle, et s'y dévouer tout entiers... Les autres, chagrins et désolés, se renfermèrent dans leur intérieur, et attendirent en silence des événemens dont il était facile de prévoir le résultat. C'était une dernière crise, mais qui devait avoir des conséquences funestes.

M. de Rulhière ayant quitté ses fonctions, on envoya, pour le remplacer, un autre administrateur. Etranger au pays, arrivant au milieu d'une révolution, on pouvait craindre qu'il n'appesantît son pouvoir sur la ville, et qu'il ne le fît sentir surtout à ceux qui se montreraient opposés à son gouvernement. Mais le nouveau sous-préfet, quoique jeune, était sage et modéré. Il contint prudemment toutes les opinions, prévint les querelles des particuliers, et rendit surtout un grand service à la ville, dans la journée du 8 juillet 1815. Sans

---

1 A l'époque des fêtes données à la garnison, en 1814, on vit paraître, à Falaise, une petite brochure destinée à en perpétuer le souvenir. On y trouve une très-jolie chanson *aux Chasseurs du 9.e régiment*, par M. Lebourgeois-Lahoussaye. Il y a également des couplets par MM. Joyau, Camus, Sérant, Salomon Lecouturier et Charles Morel. Tous y protestent de leur amour et de leur dévouement pour « *Louis-le-Désiré*, ce bon roi » qui venait « de dissiper enfin les orages qui avaient » si long-temps désolé notre patrie... » Nous empruntons ces expressions au dernier des auteurs cités, qui a signé l'introduction...

lui, les soldats et le peuple se seraient peut-être
chargés publiquement, et de grands malheurs en
seraient arrivés. Il se montra partout dans cette
occasion, et il fit entendre sa voix paternelle aux
hommes de tous les partis. On l'écouta, on suivit
ses conseils, et les attroupemens se dissipèrent. La
commune fut sauvée d'un danger qui, quelques
instans plutôt, semblait inévitable [1].

Pendant cette révolution des cent jours, M. Morel,
procureur impérial, fut élu député, et envoyé à la
nouvelle chambre que l'on voulait organiser. Il
figura à la grande cérémonie du Champ-de-Mai,
comme représentant de la ville de Falaise.

Ce fut au second retour des Bourbons, en 1815,
que les Falaisiens firent éclater un enthousiasme
qu'il serait difficile de décrire. Pendant trois mois
les chants et les réjouissances publiques ne furent
pas interrompues, malgré le séjour des Prussiens
dans la ville, et tous les fléaux qui sont la suite
d'une invasion étrangère. On dansait dans les rues,
sur les places et jusque dans les carrefours. La
population presque entière, si calme et si froide

---

[1] Nous nous abstenons soigneusement de faire l'éloge des
hommes vivans, et l'on en peut facilement apprécier les motifs. Si, dans cette circonstance, nous rendons cette justice à
M. Lelièvre, c'est parce que nous avons entendu vanter de toutes
parts sa modération, et que nous savons qu'il a quitté pour
jamais cette ville où il n'a paru qu'un moment, et où il n'a
conservé aucune espèce de relation d'intérêt ou d'amitié. La
postérité est venue pour lui dans Falaise, et l'on peut y juger
maintenant les actes de son administration. Nous croyons
remplir un devoir, en acquittant ici hautement envers lui la
dette de la reconnaissance publique.

même, dans les temps ordinaires, semblait être dans un moment de prestige et d'enchantement. Les étrangers qui passèrent dans la ville à cette époque, remarquèrent cet enivrement de joie; et c'est un de ces faits qui doivent encore être conservés, parce qu'on en trouve très-peu d'exemples dans l'histoire. Ce n'est que dans les révolutions que les hommes sortent ainsi de leur caractère, et que l'on remarque ces événemens singuliers qui n'appartiennent point aux mœurs habituelles d'un peuple [1].

Le zèle que montra surtout la garde nationale urbaine, qui fut établie alors, est devenu célèbre dans tout le pays. Pendant plus de deux ans on a vu les simples citoyens, sous les armes, faire le service de nuit et de jour, comme des soldats de

[1] On fit aussi des chansons pour cette époque mémorable, et le peuple les redit pendant long-temps. La plus célèbre et la plus digne d'être conservée, est celle de M. Poupinet, sur Guillaume-le-Conquérant. Dibdin la cite, ainsi que plusieurs autres, dans son voyage en France. (Tom. 2, pag. 224 et suiv.) Nous ne pouvons résister au désir de la placer ici nous-mêmes

LA NAISSANCE DE GUILLAUME LE CONQUÉRANT.

RONDE.

Air : *La Boulangère a des écus.*

DE GUILLAUME-LE-CONQUÉRANT
Chantons l'historiette :
Il naquit, cet illustre Enfant,
D'une simple amourette:
Le hasard fait souvent les Grands...
Vive le fils d'Arlette,
Normands,
Vive le fils d'Arlette !

FILLE d'un simple pelletier,
Elle était gentillette ;
ROBERT, en galant chevalier,
Vint lui conter fleurette :
L'Amour égale tous les rangs.
Vive le fils d'Arlette,
Normands,
Vive le fils d'Arlette !

FALAISE dans sa noble tour
Vit entrer la fillette;
Et c'est-là que le dieu d'amour
Finit l'historiette....
Anglais! honorez ces amans;
Vive le fils d'Arlette,
Normands,
Vive le fils d'Arlette !

GUILLAUME assembla ses guerriers
Au son de la trompette :
L'olive embellit ses lauriers;
Sa gloire fut complète.
Ah! vivent de tels Conquérans...
Vive le fils d'Arlette,
Normands,
Vive le fils d'Arlette !

garnison. Malheur aux voyageurs qui traversaient
Falaise, sans être pourvus des passeports que la loi
les obligeait de porter; ils n'échappaient point à la
sévère consigne des corps-de-garde bourgeois, où
l'on veillait à toute heure.

Le Roi, rentré dans ses états, voulut appeler une
nouvelle chambre législative autour de son trône.
Il demanda de fidèles députés au peuple qui le re-
recevait avec tant d'amour, et l'on s'empressa de
répondre à son appel; les élections commencèrent
de toutes parts dans les arrondissemens.

Sept candidats furent présentés au grand collége
de Caen par l'arrondissement de Falaise; et l'on
remarquait à leur tête un magistrat de cour sou-
veraine, distingué par vingt années de travaux dans
la carrière du barreau. Cet homme estimable obtint
les suffrages du grand collége, et devint à son tour
le député de Falaise. La ville put du moins se féliciter d'avoir envoyé un législateur à la chambre
élective[1].

A peine investi de ses fonctions, M. Picquet songea
d'abord au bien public. Il avait long-temps étudié
et médité les lois civiles, et les besoins des familles
lui étaient connus. Il commença donc par solliciter,
avec les plus vives instances, une loi nécessaire,
une loi indispensable dans l'état actuel des choses.
Il voulut que le Roi fût instamment prié de pourvoir à la législation incomplète de l'absence, par
rapport aux militaires que trente ans de guerre

[1] Les autres candidats proposés par l'arrondissement, étaient
MM. Faucillon-Ferrière, Leclerc, d'Arthenay, de Rulhière,
de Vanembras et d'Oilliamson.

avaient éloignés de leurs familles. Il fit un rapport précis et éloquent pour faire sentir l'urgence d'un pareil travail, et il eut la satisfaction de voir ses collègues, malgré les grandes questions politiques qui les occupaient alors, se ranger à son avis, et présenter au Roi le projet d'adresse qu'il avait rédigé [1].

La session fut promptement terminée, et une nouvelle chambre fut élue en 1816, dans laquelle Falaise eut le déplaisir de ne pas avoir de représentant. Mais le projet de loi de son député n'avait point été égaré dans les archives du ministère ; il fut un des premiers soumis aux nouveaux députés, et il enleva tous les suffrages. Il devint une des lois du royaume, et à coup sûr une des plus utiles que l'on ait rendues sur des matières transitoires. Son auteur, du fond de sa retraite, put se féliciter du moins d'avoir inspiré cette heureuse idée législative [2].

Après avoir parlé de M. Picquet comme député à l'une de nos chambres parlementaires, qu'il nous soit permis de le peindre, en peu de mots, comme avocat, comme magistrat et comme homme privé.

M. Picquet, né à Falaise, avait débuté au barreau de cette ville, et dès sa jeunesse il avait brillé parmi de nombreux rivaux. Mais la révolution l'interrompit, et il fut même obligé de s'éloigner de sa ville, où des opinions trop bien connues pouvaient

1 On peut consulter, pour connaître la proposition et ses développemens, le Moniteur de 1815, pag. 86, 120 et 454.

2 La loi sur les militaires absens fut publiée le 13 janvier 1817.

l'exposer à quelques dangers. Il y revint cependant après les plus grands orages, et il y séjourna encore quelque temps. Mais enfin il eut l'idée de s'établir sur un plus vaste théâtre, et il choisit Caen pour y exercer sa profession d'avocat.

A Caen, M. Picquet fut bientôt au premier rang. Dans le barreau renommé de cette ville, on comptait à cette époque plusieurs orateurs du mérite le plus élevé. Mais nul ne déploya jamais plus d'âme et de chaleur que lui pour la défense des intérêts privés; nul ne montra plus de conscience et de délicatesse dans le choix des affaires; nul, en un mot, ne réunit à un plus haut degré les perfections de l'orateur ; c'était le *vir probus dicendi peritus*, tel que l'avaient conçu et défini les anciens.

Accablé par les fatigues du barreau, M. Picquet fut appelé à siéger parmi les magistrats de la cour, et ce fut encore pour remplir de pénibles fonctions. Il fut nommé avocat-général, et chargé du service devant les chambres civiles. Le repos en ce moment lui eût été nécessaire; mais le repos était incompatible avec ses devoirs. Il se dévoua sans mesure au travail, et acheva de s'épuiser.

Aussi, quoique jeune encore, il s'inclina rapidement vers la tombe. Son courage avait surpassé ses forces; et déjà, quand il partit pour la chambre de 1815, il était atteint d'une fièvre lente qui le consumait. Quand il revint, le mal augmenta promptement, et il mourut au commencement de 1817.

Il avait été bon parent, bon ami, bon confrère, et il fut sincèrement pleuré de ceux qui l'avaient connu. La cour, qui perdait un de ses premiers magistrats, lui donna de vifs et unanimes regrets.

Dans le temps où il mourut, cette ville perdit encore un de ses principaux habitans. Nous devons aussi un souvenir à cette renommée contemporaine. Le nom du vertueux Edouard Blâcher ne doit point périr dans sa patrie.

Fils d'un père avocat, M. Edouard Blâcher se consacra de bonne heure à l'étude des lois. Il acquit promptement de vastes connaissances, et, à la révolution, il était déjà célèbre parmi ses concitoyens.

En 1790, on le nomma pour présider le district, et il eut le courage d'accepter ces fonctions. Ce fut un bonheur pour cette ville, qui le trouva toujours impartial et rempli de ses devoirs. Il fit beaucoup de bien à cette époque, et ne prit point de part aux erreurs qui furent commises. Il dut surtout à la droiture de son caractère et à sa probité naturelle, d'échapper aux passions qui s'agitaient autour de lui.

A la suppression du district, il rentra dans la vie privée, et se consacra de nouveau à ses fonctions chéries d'avocat. Il devint alors l'interprète fidèle des lois pour ses concitoyens, et il porta les lumières d'un esprit juste et supérieur au milieu de cette législation transitoire, qui ne fut pendant long-temps qu'un véritable cahos. L'infatigable avocat ne se lassait jamais de rechercher sur chaque matière le vrai sens de la loi, et il se trompait rarement. Il fut ainsi, pendant douze ans, l'oracle de la contrée ; sa réputation s'étendait bien au-delà des limites de cet arrondissement. On venait souvent le consulter des villes éloignées et des départemens circonvoisins.

Ce fut-là le triomphe de cet habile jurisconsulte, qui n'écrivit jamais, mais qui laissa de nombreux élèves remplis de ses doctrines. En 1808, la magistrature le réclama de nouveau, et, à la mort de M. de la Normandière, il fut désigné, presque malgré lui, pour présider le tribunal civil. Il finit sa carrière en remplissant dignement ces fonctions, et il ne cessa de travailler que lorsque, abattu par l'âge, il sentit ses facultés prêtes à l'abandonner. Il mourut alors doucement, entouré des hommages publics. Il avait à-la-fois honoré la magistrature et le barreau par ses talens et par ses vertus. On ne peut trop recommander sa mémoire aux générations de légistes qui viendront après lui[1].

1 Nous citerons ici, en partie, l'opinion qu'émit, sur M. Blâcher, il y a plus de vingt ans, le premier administrateur de l'arrondissement (M. de Rulhière), dans ses *Notes statistiques*, page 72 du manuscrit :

« Parmi les jurisconsultes, il en est un dont je ne dois point » omettre de parler, M. Blâcher, à qui l'on n'a qu'un seul » reproche à faire, c'est d'avoir refusé, en l'an 8, les fonctions » de président, ayant préféré conserver son cabinet. Il s'est » acquis une telle réputation de lumières et de probité, que » des hommes de loi viennent de Paris le consulter. » Son désintéressement surtout est au-dessus des plus grands éloges. Plusieurs fois nous avons entendu des avocats regretter de ne pas voir le portrait du président Blâcher figurer dans une des salles du tribunal civil. Il semble qu'en effet cette récompense était due à ce respectable magistrat. Pour nous, nous ne pouvons que consigner ici ces regrets, qui nous ont paru dignes d'être recueillis et rendus publics.

Nous avons laissé la commune livrée encore à sa joie d'avoir revu son Souverain remonter sur le trône ; mais en même-temps nous avons rappelé que les malheurs de l'invasion et des discordes intérieures nuisaient à sa prospérité. Elle eut beaucoup à souffrir pendant un ou deux hivers ; et la dernière disette, en 1817, la plongea de nouveau dans la désolation. Mais le commerce, qui reprit alors un peu d'activité, la ranima par degrés, et elle arrive ainsi jusqu'aux jours où nous écrivons, sans aucun changement notable. Le reste appartient maintenant à la seconde partie de cet ouvrage, où nous tâcherons de la représenter telle que nous la voyons. C'est un tableau fidèle que nous nous efforcerons de tracer pour ceux qui viendront après nous.

Rappelons quelques petits événemens arrivés depuis 1815.

En 1816, l'ancien maire, M. de St.-Léonard, se retira, et une autre administration succéda à la sienne. C'est une ère nouvelle pour la mairie de Falaise, puisqu'elle fut, à cette époque, recomposée en entier. Ce fut M. de Labbey, maire actuel, qui remplaça M. de Saint-Léonard. MM. de Brébisson et Legrand furent les adjoints du nouveau maire.

L'administration de M. de Saint-Léonard a été douce et paternelle pour la ville. Le chef de la commune était un homme franc, ouvert et d'une grande loyauté de caractère. Il n'offensa jamais personne avec une intention méchante. S'il parut brusque quelquefois, c'était un effet de sa franchise même, et de son humeur vive et pétulante ; mais le fiel n'approchait point de son cœur, et il se montra toujours facile à pardonner les fautes et les erreurs.

Pendant les quinze années de sa gestion, la ville ne vit s'élever aucun édifice nouveau. Le collége seul fut établi, et fut constamment protégé ; tout le reste languit et se ressentit de l'état de souffrance où la population entière était alors plongée. Les revenus de la commune étaient cependant perçus ; mais il paraît qu'ils recevaient une mauvaise direction. Trop faible ou trop confiant peut-être, le chef n'en surveillait pas assez sévèrement l'emploi. De-là quelques murmures qui s'élevèrent dans les derniers temps.

Mais on ne peut trop le dire et le répéter, les plaintes ne s'adressèrent jamais directement au maire. Tout le monde connaissait sa probité rigide et sa délicatesse. C'était une de ces âmes honnêtes dont le soupçon ne pouvait même approcher.

On accusait les circonstances qui n'étaient pas favorables..... On s'en prenait à certaines causes vagues qui ne pouvaient toujours durer.... On se consolait ainsi, en songeant que le moindre événement pouvait amener des réformes qui seraient enfin jugées indispensables... [1]

---

[1] M. de Saint-Léonard est mort il y a huit mois environ. C'était dans la société l'homme le plus aimable du pays. Vif, spirituel, il brillait surtout par des reparties nombreuses et par une conversation continuellement animée. Il a emporté les regrets de tous ses anciens administrés.

Du reste, avant de terminer, l'auteur de cette histoire croit devoir adresser quelques réflexions à ses lecteurs. Il est étranger dans cette ville, et il n'a connu presque aucun des hommes qu'il a eu l'occasion de juger dans ces derniers temps:

La seule construction importante que l'on ait commencée dans la ville, sous l'ancienne administration, fut celle de la prison ; mais c'était le département qui en faisait les frais. Ce bel établissement ne fut achevé qu'en 1822, et il sert maintenant de maison d'arrêt pour l'arrondissement. L'ancienne masure, malsaine et incommode, a été détruite. La prison nouvelle est à peu de distance de l'hôtel-de-ville, sous les murs du château, du côté des rochers et du faubourg du Valdante.

La nouvelle administration commença par faire réparer les chemins publics, repaver quelques rues, et elle a depuis entrepris, en 1824, la construction d'une grande halle pour les grains. Mais ces travaux appartiennent plus particulièrement à la seconde partie de l'ouvrage, et nous y renvoyons nos lecteurs.

c'est du moins un préjugé en sa faveur, puisqu'il n'a pas eu ainsi à se défendre de préventions toujours dangereuses chez des contemporains. Pour composer cette délicate partie de son ouvrage, il a soigneusement consulté tous ceux qu'il a rencontrés dans le monde ; il a saisi les épanchemens de tout genre dont il a été témoin, et il s'est fait ensuite une opinion personnelle et indépendante sur les hommes et sur les événemens. Il se flatte d'avoir ainsi rencontré le plus souvent ce qui approche le plus près possible de la vérité ; il affirme même que, sur un grand nombre de points, il n'a fait que reproduire les témoignages tels qu'il les recueillait ; il les a traduits seulement pour les fondre dans son histoire. Il est possible toutefois qu'il se soit plus d'une fois trompé, malgré toutes ces précautions ; mais il proteste du moins qu'il n'a jamais voulu tromper, et il désire que ses lecteurs en soient avant tout convaincus. L'homme a toujours été de bonne foi, bien que l'écrivain ait pu commettre des erreurs. L'infaillibilité n'est point un don fait à sa faiblesse.

Falaise

Falaise avait vu plusieurs sessions législatives se passer sans qu'elle y eût envoyé un seul représentant. Enfin, elle fut appelée, par la nouvelle loi de 1820, à faire aussi son choix et à nommer un député. Son collége électoral se rassembla donc en 1821, et les élections eurent lieu dans la ville pour tout l'arrondissement [1]. Le président du collége était M. Bazire, ancien avocat, conseiller à la cour royale de Caen, et député sortant. Il obtint le plus grand nombre des suffrages, qui se partagèrent entre lui et M. Fleury, ancien négociant de cette ville. Voici quel fut le résultat du dépouillement du scrutin :

M. Bazire obtint 204 suffrages ;

M. Fleury en eut 200 seulement.

En conséquence, M. Bazire fut proclamé député de l'arrondissement de Falaise, et envoyé à ce titre à la nouvelle chambre législative.

Cette chambre ayant été dissoute avant la mort Louis XVIII, les élections recommencèrent dans toute la France, en 1825. Cette fois on vit à Falaise d'autres candidats se joindre aux anciens, et les suffrages se portèrent, le premier jour, sur quatre concurrens à-la-fois ; mais deux d'entre eux n'ayant eu que peu de voix, se retirèrent le

---

1 L'arrondissement électoral de Falaise est bien plus étendu que son arrondissement civil ; il se compose, outre les cinq cantons de l'arrondissement, de quatre cantons de Condé-sur-Noireau, Vassy, Saint-Pierre-sur-Dive et Mésidon. Les deux derniers étaient autrefois dans les dépendances de Falaise. Celui de St.-Pierre surtout semble disposé pour appartenir à cette ville ; et s'il y avait jamais un nouveau travail, plus régulier que le premier, il est probable qu'on l'y réunirait encore.

lendemain¹., et le balotage eut lieu entre les deux premiers rivaux. Le résultat du scrutin fut ensuite prononcé ; les votes s'étaient ainsi portés sur les deux candidats:

M. Bazire avait eu 249 suffrages ;

M. Fleury en avait eu 199 seulement.

Ainsi, M. Bazire fut élu de nouveau, et se rendit à la chambre, où il siége encore aujourd'hui.

L'histoire de Falaise se termine ici pour nous. Cependant nous donnerons encore deux articles nécrologiques sur deux écrivains de cette ville que la mort a frappés il y a trente mois environ².

1 Les nouveaux candidats étaient MM. de Vanembras et de Séran.

M. de Vanembras est mort depuis cette époque, au mois de décembre 1825 ; c'était un ancien militaire émigré, rempli d'honneur et de délicatesse. Il avait été commandant de la garde nationale de Falaise en 1815.

M. de Séran est colonel du régiment des chasseurs du Gard. Il a fait la dernière campagne d'Espagne, en 1823, et il s'est trouvé à la prise de Lorca.

2 Falaise pourrait citer dans ce moment quelques noms recommandables dans les sciences et dans les lettres. Mais les auteurs vivent encore, et nous ne rappellerons point leurs ouvrages. Nous mentionnerons seulement ici, comme rentrant dans notre sujet, les *Recherches sur Falaise*, par M. Langevin, qui parurent en 1814, et le *Supplément* avec *la Falaisienne*, qui furent publiés en 1826.

Les écrits de M. Langevin nous ont été d'un grand secours pour composer cette histoire ; et nous nous sommes empressés de signaler tous les emprunts que nous leur avons faits. M. Langevin a bien voulu en outre nous aider plus d'une fois, en particulier, de son expérience et de ses conseils. Nous sommes heureux de pouvoir lui en adresser publiquement nos sincères remercîmens.

Le premier mort, quoique le plus jeune, est Bernard Faucillon, fils d'un négociant qui présidait à Falaise le tribunal de commerce il y a peu d'années. Bernard Faucillon avait fait ses études au collége de cette ville, et l'on avait remarqué chez lui, de bonne heure, d'heureuses dispositions pour la poésie. A l'époque de la naissance du jeune Napoléon, il fit quelques vers brillans, et ses compagnons d'études en ont même long-temps retenu quelques-uns.

Plus tard, Faucillon, tout en cultivant les Muses, se rendit à Caen, et s'efforça de se livrer à l'étude des lois. Déjà sa tête trop vive le portait à changer fréquemment de travaux, et cependant il suivit avec exactitude les écoles où se formaient les jeunes légistes, et il acquit même assez de connaissances pour réclamer, comme les autres, le titre de licencié. Il soutint en conséquence une thèse publique, et se fit surtout remarquer, pendant la discussion, par une tenue bizarre et des manières déclamatoires. On lui accorda le diplôme qu'il avait sollicité.

Faucillon étudia ensuite la médecine, les mathématiques, le droit public, l'histoire ; et au milieu de tous ces travaux, il ne cessait de composer des vers. Il entreprenait deux poëmes, terminait deux ou trois tragédies, et publiait des élégies et des fragmens qui n'étaient que les essais d'une muse encore inhabile. Ceux qui le connaissaient et le fréquentaient alors, étaient frappés de l'exaltation extrême de ses sentimens et de la multitude de pensées différentes qui se pressaient dans son esprit.

Du reste, ses gestes prompts et expressifs, sa démarche vive et pétulante, pouvaient donner à tout
le monde une idée de la fougue et de l'emportement
de son imagination.

Il veillait habituellement, et passait des nuits
entières à lire et à composer. Sa nourriture en
même-temps était très-sobre, et souvent il restait
des jours entiers sans prendre aucuns alimens. Il
se fatiguait ainsi l'estomac et se détruisait la santé,
tandis qu'il épuisait par l'étude ses facultés intel-
lectuelles.

Aussi cette tête ardente se dérangea bientôt, et
une fin tragique vint abréger les jours de ce malheureux jeune homme. Un soir il se renferma dans une
grande maison qu'il habitait seul en cette ville,
et, dans un de ses transports, il se donna la mort.
Il était alors âgé de trente-un ans à peu-près. C'était
le premier août de l'année 1824.

Faucillon était né avec des talens naturels, de
l'imagination, et une disposition remarquable pour
la poésie. Mais toutes ces qualités furent gâtées
chez lui par une exaltation prodigieuse, par un
grand désir de paraître original, et peut-être aussi
par un amour-propre excessif né de l'isolement dans
lequel il se trouva presque toujours placé. S'il eût
été bien dirigé, il eût pu devenir un homme très-
distingué, et faire honneur à sa patrie. Il ne fut au
contraire apprécié que par un petit nombre d'amis;
et il est mort comme un insensé dans la ville qui
l'avait vu naître, et où il n'était connu que de ses
parens et de quelques voisins. Bizarre destinée, qui
nous sera toujours présente, et qui nous offrira

sans cesse les plus tristes sujets de méditation !...

Le seul ouvrage de Faucillon qui ait vu le jour, est le recueil d'élégies dont nous avons parlé. Le titre est mal choisi, et plusieurs morceaux sont faibles et sans coloris ; mais on en trouve d'autres qui décèlent un talent plus véritable. Une de ses tragédies, *la Châtaigneraie*, fut reçue à l'Odéon, et sur le point d'être jouée en 1819 ; la retraite d'un des directeurs, qui protégeait le poëte, la fit rentrer dans les cartons. Elle est parmi les manuscrits du défunt, avec d'autres écrits que nous ne ferons point ici connaître ; ils exigeraient à eux seuls un article particulier. [2]

Le second auteur dont nous voulons parler, est M. André de la Frenaye, fils des anciens magistrats de ce nom, que nous avons cités depuis un siècle dans cette histoire. Son père, connu sous le nom

---

1 L'auteur de cette histoire fut intimement lié avec Faucillon, et il se rappellera toujours avec attendrissement les relations qu'il eut avec cet infortuné. Il espère qu'on lui pardonnera quelques détails assez étendus qui se sont échappés de sa plume quand il a voulu s'occuper de son ancien ami.

2 Parmi les poésies de Faucillon, nous recommandons à nos lecteurs l'*Epitre à lord Byron*, où l'on remarque de beaux passages, et surtout la petite pièce intitulée *Le Cimetière*, qui est la meilleure du recueil. On y trouve bien le caractère d'une méditation sur des tombeaux, et deux ou trois tableaux y sont surtout très-bien tracés. La sensibilité s'y montre sans affectation, et le dernier souvenir à Héloïse et à son amant Abeilard, laisse une impression touchante à la sortie de ce champ de la mort. Cette pièce, quoique tous les vers, surtout vers la fin, n'en soient pas également soutenus, méritera toujours d'être lue. Elle prouve que Faucillon avait, comme nous l'avons dit, le germe d'un talent très-distingué.

de marquis des Yveteaux, allié des Vauquelin et
l'héritier d'une partie de leur domaine, avait été
remarqué par la légèreté, la grâce et la finesse de
son esprit. A plus de quatre-vingts ans il composait
encore des vers de société charmans, et on le citait
partout comme le modèle des vieillards aimables.
Le fils ne cultiva point les Muses, et son esprit
n'offrait même aucune trace de la délicatesse et de
l'enjoûment de son père. Mais il se jeta dans les
compilations historiques, et il fit plusieurs efforts
pour mettre au jour des ouvrages qui pussent être
utiles. On a de lui une *nouvelle Histoire de Normandie*, qui n'est, à proprement parler, qu'une
histoire de Guillaume-le-Conquérant, avec un chapitre sur les Tancrède et les Guiscard, qui soumirent
la Pouille et la Sicile. On trouve encore, à la fin
du livre, des extraits curieux du poëte Beneoit de
Ste.-More, et même un fragment d'un vieux manuscrit sur Falaise. L'ensemble de l'ouvrage est in-
cohérent et bizarre ; mais il y a quelques recherches
curieuses. On reconnaît que l'auteur ne savait pas
faire un livre.

Les autres écrits de M. de la Frenaye sont, 1.º une
Notice sur Falaise, peu connue dans la ville, quoiqu'elle présente de précieux renseignemens. Nous
l'avons plusieurs fois citée, et nous nous félicitons
d'avoir pu nous la procurer ; il en existe peu d'exemplaires, et elle n'est point dans le commerce ; 2.º un
*Mémoire sur la race des Cerfs sans bois, de la forêt
de Cinglais*. L'auteur prétend que cette espèce a
existé, et il en apporte pour preuves quelques faits
récens recueillis parmi les chasseurs ; 3.º un autre

Mémoire, sans titre, *dédié à M. de Montlivault, préfet du Calvados*, et qui a pour but de réclamer de promptes réparations pour les chemins du Pays-d'Auge, et de demander surtout l'exécution d'un projet de grande route, depuis long-temps arrêté, entre Falaise et Saint-Pierre ; 4.º un troisième Mémoire, *dédié au roi Louis XVIII*, également sur les chemins vicinaux, et principalement sur ceux des environs de Falaise ; 5.º enfin, un Mémoire sur les moyens à employer pour *rétablir la race des chevaux normands, etc., etc.*

Comme on le voit, l'auteur était fécond, et presque toujours occupé d'améliorations publiques. Malheureusement il n'écrivait pas bien, et son style même offensait souvent la langue. Mais c'était un homme du monde qui prenait la plume, et l'on pouvait lui pardonner ce qu'on n'eût pas excusé dans un écrivain par état. On lui doit surtout des éloges pour tant d'efforts tentés, avec le plus grand désintéressement, dans le but de se rendre utile à son pays. Ses travaux n'ont pas tous été perdus, et l'administration a plus d'une fois suivi des plans qu'il avait indiqués. On prétend même que c'est en grande partie à ses vives sollicitations que l'on doit l'ouverture de la nouvelle route de Lisieux. Ce bienfait seul suffirait pour recommander sa mémoire. Quoique écrivain médiocre, il avait l'amour des livres, et principalement des raretés bibliographiques. Il possédait, entre autres, un manuscrit de Robert Wace, dont il avait extrait et publié des fragmens.

M. André, baron de la Frenaye, était membre

de la nouvelle société des Antiquaires de la Normandie. Il mourut le 4 août 1824, âgé de soixante-
huit ans. On trouve un éloge de M. de la Frenaye
dans le premier volume des Mémoires de la *Société
des Antiquaires*, à la fin du rapport sur l'année
1824. On y parle avantageusement de son *Histoire
de Normandie*.

Falaise, le 31 décembre 1826.

F. GALERON.

*N. B. Les armes de Falaise offrent un écusson avec
trois tours d'argent semées sur un champ de gueules.
Nous avons omis d'en faire mention dans cette histoire, parce que nous n'avons pu découvrir à quelle
époque elles furent données à la ville. Nous pensons
toutefois que ce fut dans un temps reculé, et lorsque
Falaise était encore une place de guerre. Les trois
tours, au milieu du champ, sont un emblême de sa
force et de sa puissance.*

*Les armes de Falaise ont été dessinées par M. Al-
phonse de Brébisson, et placées en vignette au titre
de cet ouvrage. La gravure, soigneusement exécutée,
les fera mieux connaître que nos descriptions.*

STATISTIQUE

DE

L'ARRONDISSEMENT DE FALAISE.

DEUXIÈME PARTIE.

DESCRIPTION DE LA VILLE DE FALAISE.

Aperçu général sur la Ville et sur ses environs.

L'ASPECT général de la ville est très-agréable et très-pittoresque, lorsqu'on se place, pour l'examiner, sur une des collines qui l'environnent.

C'est du haut de la roche de Noron, et du lieu même que l'on a surnommé le *Pendant* ou le Montmirat, *Mons mirabilis*, qu'elle se présente surtout sous le point de vue le plus favorable.

A droite on voit la route de Bretagne, le bois et l'herbage de la Courbonnet, l'hôpital général, le grand cours et la riante prairie de l'Ante, sur laquelle l'œil charmé s'abaisse et plonge presque d'aplomb.

En face est le château qui se présente avec ses précieux débris, son vieux donjon, sa grande tour et tous ses souvenirs ; un peu au-dessus, et pour ainsi dire à la dérobée et à travers les ruines, se montre Guibray, dont le groupe serré forme à lui seul comme une petite ville.

Enfin, à gauche, et sur deux plans différens, apparaissent la ville jusqu'au delà de St.-Gervais, et

le Valdante jusqu'à la route de Caen. A l'entour , et
à des distances plus ou moins rapprochées , on distingue le château de la Frenaye , celui du Mesnilriant, celui de Versainville , la plaine, les bruyères ,
et à l'horizon , la chaîne des montagnes d'Auge et
celles du pays Hiémois [1].

La même vue se reproduit au sommet de la grande
tour, et peut-être avec plus de charme encore. Là ,
du moins , les souvenirs sont plus puissans et plus
énergiques. On se rappelle les combats qui se sont
livrés au pied de ces murailles , les héros qui sont
venus y tenter successivement le sort des armes. Les
Guillaume, les Henri d'Angleterre , les Philippe-
Auguste, les Talbot, les Dunois, et enfin le Béar-
nais , revivent un moment dans les illusions, et
viennent repeupler ces lieux, aujourd'hui déserts
et couverts de mousses et de ronces sauvages. Il y
a là le sujet de la plus riche méditation. Que celui
qui rappela légérement que « Falaise *même* eut ses
» jours de vaillance, » vienne passer une heure sur
cette ruine majestueuse ! il sera peut-être tenté d'y
accorder sa lyre , et la France pourra compter une
Messénienne de plus. Le sujet du moins ne man-
quera pas au poëte. Il est Normand , et il sentira
battre son cœur, en jettant les yeux sur la pre-

---

[1] Nos lecteurs ont sous les yeux un dessin de Falaise, pris
de ce point de vue. Il suffit pour leur donner une idée du charmant spectacle qui s'offre de-là à l'observateur. Ce dessin est
l'ouvrage de M. Charles de Vauquelin , de Sassy, qui l'eût
étendu davantage , et y eût placé surtout l'hôpital général,
la promenade et le hameau pittoresque de la Courbonnet,
si les dimensions trop resserrées de sa pierre lithographique
le lui eussent permis.

mière demeure de ce guerrier Normand qui soumit jadis Albion , et qui d'avance effaça les affronts que nous devions subir un jour de la part de cette fière rivale... Guillaume sut établir sa race sur le trône d'Angleterre , et elle y a régné pendant près de deux cents années ; aujourd'hui même encore, ce sont les descendans de nos barons qui siègent les premiers dans les conseils du souverain de la Grande-Bretagne , et qui écrasent de leur orgueil et de leur faste aristocratique, la masse du peuple Anglais. Où trouver dans les annales de cette nation si glorieuse, quelque chose qui nous abaisse, vis-à-vis d'elle , à ce degré d'humiliation ?... [1].

Les autres points d'où l'on peut observer la ville, sont en général :

A l'ouest et au midi, le Mont-Bézet, la route de Bretagne et la bruyère de la Courbonnet. Chaque pas que l'on fait en ces lieux présente un site nouveau. Le dessinateur pourrait y saisir des études variées et du plus vif intérêt.

A l'est, on peut se placer sur les bruyères de St.-Clair et dans la plaine de Guibray ; on voit de-là

---

[1] M. Casimir de Lavigne avait un peu maltraité Falaise, dans le vers que nous venons de citer , et son *même* était *même* injurieux pour la patrie du Conquérant. Mais nous venons de lire dans une Messénienne nouvelle (*le Départ*) quelques vers d'une autre genre , qui doivent réconcilier les Falaisiens avec lui. Il est probable que le poëte , s'il passe jamais par cette ville, achèvra de payer son tribut à la mémoire du plus grand des Normands, et qu'il effacera ainsi ce premier vers malencontreux, qui lui échappa sans doute au milieu d'une composition précipitée.

Voici la strophe dont nous voulons parler ; il est évident qu'elle s'applique au vieux donjon de Falaise. L'auteur, en

quelques parties de la ville , qui ne s'aperçoivent point des autres côtés.

Enfin, l'une des positions les plus heureuses pour découvrir Falaise , est la petite colline de Rouge-mont, au point surtout où l'on y arrive par le chemin de Versainville, au-dessus du pavé et de la nouvelle manufacture. De ce côté, Falaise apparaît, jusqu'à l'église de St.-Gervais , en amphithéâtre et comme une place inaccessible. Les vieilles ruines de la porte le Comte sont ses défenses vers cette partie. Un dessinateur y trouverait un heureux sujet pour offrir le pendant de la vue déjà donnée du côté de Noron.

Nous ne faisons point ici mention de plusieurs autres points, tels que la route de Caen , le chemin de Longpré, etc., parce qu'il nous est impossible de tout indiquer, et que nous voulons d'ailleurs laisser quelques surprises à l'amateur de paysages. Qu'il parcoure, pendant deux heures seulement, les en-

quittant la France , se rappelle ses monumens et ses merveilles poëtiques :

Elle me montre au nord ses murs irréguliers

Et leurs clochers pieux sortant d'un noir feuillage

Où j'entendis gémir , pendant les nuits d'orage,

Et la muse des chevaliers ,

Et les spectres du moyen âge ;

Ses vieux donjons normands, bâtis par nos aïeux ,

Et les créneaux brisés du château solitaire

Qui raconte leur gloire , en parlant à nos yeux

De ce Bâtard victorieux

Dont le bras conquit l'Angleterre.

MESSÉNIENNES NOUVELLES, *page* 23.

Ce brillant passage ne semble-t-il pas présager pour l'avenir une Messénienne entière sur ce sujet patriotique.

virons de Falaise, et il trouvera bientôt à occuper ses crayons. S'il éprouve un instant d'hésitation, ce ne sera certainement qu'à cause de l'embarras du choix[1].

Les anciens disaient que Falaise ressemblait à « une nef estroicte et longue, décorée seulement » de trois rues, dont il y en avoit deux qui s'éten-» doient d'un bout à l'autre[2]. »

Cette remarque était juste pour la vieille ville, entourée de ses remparts et environnée d'eaux qui la séparaient des faubourgs et de toute autre habitation.

Mais maintenant les remparts ont en partie disparu, les portes ont été ouvertes, les fossés comblés, et les faubourgs sont réunis à la ville par de nouvelles constructions. La forme ancienne n'est plus la même. Ce n'est plus seulement une nef, c'est une masse d'habitations semées sur un vaste terrain, entremêlées de ruines, de jardins, de bosquets, de promenades ; c'est un charmant paysage ; c'est un des sites les plus poétiques et les plus romantiques de la Normandie. Voici quelques vers qu'inspiraient naguère ces beaux lieux à l'un de ces poëtes que l'Angleterre nous envoie tous les ans pour admirer notre belle province, et pour lui demander des inspirations. L'auteur semble entraîné

[1] Un habile paysagiste de l'école moderne, Saint-Martin, a passé plusieurs mois à Falaise, et il en a remporté un très-riche portefeuille. Il a laissé quelques esquisses de ses dessins au château de la Frenaye, et l'on y remarque, entre autres, une charmante vue du donjon, prise du chemin sur le pré, au milieu de ces jardins et de ces vergers qui s'élèvent en amphithéâtre au-dessus des tanneries de la Roche.

[2] Belleforest et Duchesne, pages 217 et 1002.

par la richesse de son sujet , et il s'abandonne aux
écarts de sa vive imagination :

Reclining on the rocks, FALAISE,
   That front thy still majestic towers,
Ah me ! what dreams of other days
   Shed glory on the passing hours !
The Window'd keep, the yawning breach,
   Moss-mantled vault, and chiming bell,
Creneille, crag, moat, and dungeon, each
   Had some old feudal tale to tell :
Whilst in each form that stood beside
   Thy fountains dancing into day,
So quaintly coif'd, methought I spied
   Thy peasant-princess of VERPREY.

It was a pride — I ask not why —
   To stand where stood her potent son,
And think that Time himself must die,
   Ere three such realms again be won ;
But let that pass, etc. , etc. . . . .
          Farewel to Normandy, vers 37 et 38.

« Assis sur les rochers qui font face à tes tours
» si majestueuses encore, ô Falaise ! quel charme
» n'ai-je pas éprouvé en me rappelant le souvenir
» des temps qui ne sont plus ! Le donjon percé de
» fenêtres, la brèche ouverte, la voûte chargée de
» mousse, la cloche et son carillon, ces créneaux,
» ces rochers, ces fossés, ces souterrains, tout m'a
» redit quelque vieille histoire des siècles féodaux ; et
» près de tes fontaines jaillissantes, dans chacune
» de ces femmes à la coiffure bizarre, mais gra-
» cieuse, qui viennent s'y rassembler, il m'a semblé
» revoir encore ta princesse-bourgeoise Verprey [1]. »

1 Le poëte a mis dans ses vers la *paysanne-princesse* Verprey.
Quelques auteurs prétendent que *Verprey* était le nom du père
d'Arlette.

« Je ne sais, mais je me trouvais glorieux de fouler
» le sol qu'avait foulé son fils puissant ; j'étais fier
» de songer que le temps lui-même cesserait d'être
» avant qu'un autre recommençat une telle con-
» quête des trois royaumes, etc., etc... [1] »

Dibdin, un autre voyageur anglais, dans un
livre devenu fameux en France, où il a été traduit
et publié avec soin, a aussi consacré quelques pages
en l'honneur de Falaise, et il a célébré ses monumens et son antique gloire. Nous aurons plus d'une
occasion de reparler de son ouvrage, et même nous
combattrons, quand il en sera temps, plusieurs
de ses assertions trop légères et trop hasardées. Mais
ici nous pouvons offrir quelques-unes de ses idées
sur l'intérêt qu'inspire cette ville à ceux qui savent
penser, et qui recherchent avant tout les nobles
inspirations de l'histoire et de la poésie.

Dibdin s'étonne d'abord de ce que ses compa-

[1] Les dernières lignes surtout sont bien anglaises, comme
on le voit ; l'orgueil patriotique s'y montre jusque dans la
reconnaissance d'une grande humiliation nationale. L'auteur
de ce fragment lyrique est M. Wiffen, connu par ses traduc-
tions, en vers anglais, de la *Jérusalem délivrée*, du Tasse, et
des poésies de Garcilasso. Prêt à quitter la Normandie, au mois
de septembre dernier, il voulut adresser ses adieux à cette
province, et il publia le dithyrambe dont nous avons extrait
ces vers. Les lieux qu'a visités l'auteur y sont rappelés successivement, et retracés en traits rapides. Il y a de la confusion dans le tableau, mais plusieurs parties en sont brillantes
et vivement coloriées. M. Wiffen veut bien du reste nous
donner un souvenir au milieu de cette galerie normande, et
nous nous empressons de lui en témoigner publiquement
notre reconnaissance. Jamais non plus nous n'oublierons ses
manières franches et cordiales, ni son extrême urbanité.

triotes préfèrent le séjour de Caen à celui de Falaise, et il croit en trouver la cause dans « le grand
» nombre des maisons d'instruction et des maîtres
» de toute espèce » que présente la première de ces
villes. Puis il ajoute, après s'être consulté lui-même :
« Pour moi et pour tous ceux qui aiment une
» société choisie, un climat doux et une abondante
» variété archéologique ; pour tous ceux, en un
» mot, qui voudraient lire les fabliaux des vieux
» Bardes Normands, qui voudraient les lire en
» paix, avec charme et recueillement, alors la
» question (entre les deux villes) n'est plus dou-
» teuse, et la préférence appartient au lieu d'où
» je vous adresse ma dernière épître normande. [1] »

C'était de Falaise, en effet, qu'il datait sa singulière lettre ; et cette ville l'occupait tellement, même
après qu'il l'eut quittée, que de Paris il décrivait
encore ce qu'il y avait remarqué. Une autre lettre,
datée de la capitale, contient un long article en
entier sur Falaise. Le voyageur ne se détachait
qu'avec peine des souvenirs délicieux que cette ville
lui avait laissés...

Mais nous-mêmes, nous devons ici, quoiqu'à
regret, renoncer aux brillantes descriptions et aux
illusions de la poésie, pour nous occuper sans retard des arides détails de la statistique proprement
dite. C'est-là le but principal de cet ouvrage, et le
temps est venu de nous y consacrer tout entiers.
Hâtons-nous donc d'entrer en matière, et rem-

_____

[1] *Voyage archéologique et pittoresque en France*, t. 2, p. 316
de la traduction française, par M. Théodore Licquet.

plissous

plissons la tâche difficile que nous nous sommes imposée.

TOPOGRAPHIE DE LA VILLE [1].

La ville de Falaise est située sous le 48° 53' 35" de latitude, et sous le 2° 33' 40" de longitude occidentale de Paris.

L'étendue entière de la commune de Falaise, dont la forme est à-peu-près circulaire, est évaluée à environ 1020 hectares, ainsi répartis : terres labourables, 750 hectares. — Prés et herbages 103 hectares 90 centiares. — Bruyères, rochers, petits bois, 15 hectares 58 centiares. — Grandes routes, chemins vicinaux et d'exploitation, 19 hectares 77 centiares. — Cimetières, 2 hectares 46 centiares, — Rues, places, propriétés bâties et jardins attenans, 85 hectares. — Jardins potagers et d'agrément détachés, 41 hectares. — Abreuvoirs, viviers, etc., 41 centiares. — Anciennes fortifications, un hectare 88 centiares [2].

Elle est bornée au nord par les communes de Versainville et d'Eraines ; à l'est par celles de Villy, de Vesqueville et de la Hoguette ; au sud par celles de Saint-Pierre-du-Bû et de Saint-Martin-du-Bû ; et à l'ouest par celles de Noron et d'Aubigny.

La ville s'étend sur un sol très-inégal ; on peut la diviser, sous ce rapport, en trois parties ou quartiers.

[1] Cette article sur la *topographie de la ville* a été rédigé par M. Alphonse de Brébisson, jusqu'à la page 272.

[2] Ces mesures sont prises d'après les états de section. Ici l'acre est de 160 perches de 22 pieds, et équivaut à 81 ares 71 centiares. L'arpent est de 100 perches de 18 pieds, et égale 34 ares 19 centiares. — L'hectare contient un acre 223 millièmes.

La partie haute (le quartier de Guibray) est située sur un des points les plus élevés des environs.
Son sol est calcaire.

La partie moyenne (la ville proprement dite) est
dominée à l'est et au sud par le quartier de Guibray,
dont elle est séparée par un vallon peu profond, appelé *les Fossés de la ville*. Un autre vallon se trouve
de l'autre côté de Falaise, et renferme la basse ville.
La roche sur laquelle la ville est bâtie, est d'une nature schisteuse (phyllade quarzifère); l'extrémité
occidentale, sur laquelle est placé le château, présente des masses assez considérables de grès quarzeux, au pied desquelles on voit, vers le midi,
s'appuyer une couche de phyllade ordinaire.

La partie basse (les bas faubourgs, la Roche, le
Valdante et St.-Laurent) se trouve resserrée entre
l'éminence qui supporte la ville et la colline paral-
lèle que couronnent des bruyères, des jardins et
quelques habitations. Le sol du vallon est argileux
et couvert d'une couche épaisse de terre végétale.

Quoique la ville de Falaise soit placée sur un rocher
assez élevé, elle est dominée cependant de tous les
côtés par les collines environnantes ; l'extrémité de la
grande chaîne des rochers de Noron est le point le
plus rapproché de la ville, et en même-temps celui
qui atteint la plus grande élévation. Sa hauteur est
d'environ 70 mètres au-dessus de la petite rivière de
l'Ante, qui coule au pied.

Ces rochers sont de grès quarzeux, et appartiennent, ainsi que les côteaux voisins, aux terrains de transition.

Au nord et à l'est ces collines sont recouvertes par
des couches calcaires de formation oolitique.

La température éprouve des changemens assez fréquens, et les différences d'exposition de chaque localité présentent des variations remarquables ; ainsi la température de la basse ville est presque tou_ jours, en hiver particulièrement, de près de deux degrés plus élevée que celle du quartier de Guibray. Le thermomètre de Réaumur descend rarement à 10 degrés au-dessous du point de congellation dans les années ordinaires ; on a très-peu d'exemples qu'il soit descendu jusqu'à 15 degrés ; de même aussi, dans les grandes chaleurs, il n'est pas moins rare de le voir s'élever à 25 degrés.

Les vents d'ouest, souvent impétueux et accompagnés de pluies abondantes, sont ici les vents dominans ; la direction constante, vers l'est, des branches et parfois même du tronc des arbres isolés et placés dans une situation élevée, en donne une preuve sensible ; cette inflexion est surtout remarquable dans les arbres à rameaux allongés et flexibles, tels que les ormes et les hêtres. Les vents d'est et de nord soufflent pendant une partie du printemps et de l'été ; ils sont souvent très-froids et très-arides. En hiver ces mêmes vents règnent pendant les gelées. Ceux qui viennent du nord-ouest sont les plus rares.

La neige, qui n'atteint jamais une hauteur considérable, dure peu de temps.

L'automne est généralement pluvieux. Pendant l'été, les pluies d'orage, accompagnées d'éclairs et de tonnerre, sont plus fréquentes que la grêle ; on a cru remarquer que les campagnes qui avoisinent le bocage au sud et à l'ouest de la ville, ont souffert plus souvent que la plaine, de ce fléau, qui toutefois ne cause jamais que des ravages isolés, et à des époques assez éloignées. Les dégâts produits par la foudre sont encore plus rares.

La fin du printemps, une grande partie de l'été et le commencement de l'automne, fournissent les plus beaux jours de l'année. Les rosées sont alors très-abondantes.

La petite rivière de l'Ante, qui prend sa source sur la commune de St.-Vigor, à une lieue de Falaise, traverse, dans toute sa longueur, la partie basse de la ville, en suivant le vallon, dont une partie (le Val-dante) tire son nom de ce ruisseau, que quelques anciens auteurs ont qualifié, on ne sait pourquoi, du nom pompeux de fleuve, titre qu'on lui accorde encore quelquefois dans le pays, mais non sans sou-rire. Jadis, pour la défense de la ville, ses eaux rete-nues par des digues, et remplissant alors la vallée, pouvaient présenter aux yeux de voyageurs observant rapidement, l'apparence de la nappe d'un fleuve. Il serait donc possible que l'erreur des géographes an-ciens tînt à la foi qu'ils auraient accordée à des observations aussi peu approfondies. Il n'y a pas un siècle que les fossés, formés par les digues dont nous venons de parler, ont été entièrement détruits. Quoiqu'il en soit, cette petite rivière, dont la lar-geur ne dépasse pas trois ou quatre mètres, est de la plus grande utilité pour le pays, par le grand nombre de moulins et d'usines qu'elle fait mouvoir toute l'année ; car, malgré son peu de volume, les grandes sécheresses de l'été l'épuisent rarement, et elle ne gèle presque jamais. Sur l'étendue de la com-mune seule, il y a neuf moulins à blé, deux à tan, un à huile, et quatre filatures de coton ; en tout vingt-trois roues à augets (pots, choiseaux) mues par les eaux de l'Ante. Il arrive quelquefois que cette rivière, gonflée par un brusque dégel à la suite d'une chûte de neige un peu considérable, ou par de grandes pluies tombées subitement, inonde la basse ville ; mais ces accidens sont fort rares et ne durent jamais que quelques heures. Un faible ruisseau qui vient de Martigny, et une partie des eaux des fontaines de la ville, sont ici ses seuls affluens. Après avoir traversé les communes d'Eraines, d'Amblainville et de Coulibœuf, en recevant quelques autres ruisseaux, elle va se jeter dans la Dive, sur la commune de Morteaux. Son cours, depuis sa source, est d'environ trois lieues et demie.

La ville (partie moyenne) n'a qu'un petit nombre de puits, mais elle est abondamment approvisionnée par la riche source de Crecy, située sur une commune voisine, dont les eaux, amenées dans des conduits souterrains, alimentent quinze fontaines publiques ou appartenant à des établissemens publics, et trois autres concédées à des particuliers.

Le superflu de ces eaux, joint à quelques sources, remplit l'abreuvoir qui est au midi de la ville, à l'entrée du cours ; ces mêmes eaux, réunies à une portion de celles qui s'échappent des fontaines, forment le ruisseau qui coule dans le petit vallon dit *les Fossés de la ville*, et qui fait mouvoir deux moulins, dont un à tan.

Nulle contrée des environs n'est plus pourvue de fontaines que le faubourg de Guibray ; à chaque pas vous rencontrez des sources jaillissant à fleur de terre ; surtout dans la partie inférieure de ce quartier, vers le midi. Ces eaux sont tellement abondantes, qu'elles suffisent pour un grand abreuvoir public, pour une vaste citerne à incendie, et pour les besoins de la population en tout temps, même pendant la grande foire du mois d'août.

Le ruisseau qui coule à Vaux, au sud-est de Guibray, fait mouvoir un moulin à foulon qui dépend encore de Falaise.

D'après ce que nous venons de voir, « le sol de » la ville, dans un rayon de quelques centaines de » toises, présente une multitude de sources qui le » sillonnent dans toutes les directions. Les princi- » pales sont : les sources de Crécy, de la Roche, » de l'abreuvoir de Guibray, de la Foirie, de la » blanchisserie Davois, de Vaton et de la rivière » de l'Ante. »

« On peut ranger ces eaux, d'après leur compo- » sition, dans trois séries ; la première comprendra » les eaux les plus pures qui ne contiennent qu'une » petite quantité, par pinte, de sels solubles, telles » sont celles de la Roche, de la Foirie et de la blan- » chisserie Davois. »

« La deuxième réunira les eaux tenant du fer en » dissolution, comme quelques sources de Vaton, » et principalement la fontaine de ce nom. »

« La troisième sera formée par les eaux les plus » pesantes, chargées d'une grande quantité de car- » bonate de chaux, telles que les sources de Crécy, » du réservoir de Guibray et de l'Ante[1]. »

1 Ces observations nous ont été communiquées par M. Pellerin, médecin, qui veut bien s'occuper de l'analyse des prin-

Près de la source ferrugineuse de Vaton, il en est une autre qui n'est pas moins curieuse par la grande quantité de chaux carbonatée incrustante qu'elle tient en dissolution, et qu'elle dépose sur les mousses, les morceaux de bois, ou autres objets qui se trouvent plongés pendant quelque temps dans ses eaux, de manière à leur donner l'apparence de pétrifications.

Voilà ce que nous offre la topographie physique.

Sous le rapport médical, la ville est dans une position que l'on peut regarder comme très-avantageuse.

En effet, « elle réunit la plus grande partie des » conditions que le père de la médecine assigne aux » localités les plus favorablement situées: »

« Elle est bâtie sur un rocher, et dans un vallon » ouvert du sud-ouest au nord-est, et inclinée elle- » même dans cette dernière direction ; »

« Elle est entourée de collines couvertes de jar- » dins, de prairies, de plantations, qui forment » un site agréable et pittoresque ; »

« Elle est séparée de ses faubourgs, et ainsi sa » population ne se trouve point resserrée dans une » étroite enceinte ; elle est arrosée par des eaux » aussi belles qu'abondantes ; »

« Enfin, elle est parfaitement aérée dans tous » ses quartiers......[1] »

cipales eaux de l'arrondissement. La partie minéralogique de cette Statistique renfermera le résultat de son travail. Nous avons aussi reçu des essais d'analyses des eaux de la ville, par M. Lalande fils ; nous en ferons mention plus tard.

[1] Ces considérations sont empruntées à un Mémoire de M. Capelle, médecin, sur la topographie médicale de l'arrondissement en général. Ce travail trouvera sa place dans le 7.e cahier, d'après le plan que nous avons adopté.

Aussi les maladies n'y sont-elles ni nombreuses ni contagieuses ; et depuis que les fossés ont été desséchés, on n'y a point revu d'épidémie comme dans les temps anciens. Ce que l'on observe le plus fréquemment dans la population, c'est une disposition à la phtisie pulmonaire, aux congestions sanguines, aux maladies d'estomac et d'entrailles, connues sous le nom de gastrites et gastro-entérites. Le peuple est aussi sujet, dans les faubourgs, au goître et à une espèce de toux sèche et convulsive. Mais le genre d'industrie (la filature des cotons et la fabrique des tissus) détermine une partie de ces maladies ; les autres, telles que la phtisie et le goître, tiennent à des causes locales, et peut-être aux variations brusques de la température à l'automne, et surtout au printemps, lorsque les vents d'est et de nord-est règnent et exercent une si fatale influence sur tous les êtres organisés [1].

DIVISION PAR QUARTIERS.

Indépendamment de sa division topographique en trois portions distinctes, la ville peut se subdiviser encore naturellement par quartiers, d'après les différens groupes qui la composent.

Nous trouvons six quartiers séparés :

La vieille Ville,

Le Valdante,

Saint-Laurent,

Guibray,

Le Camp de Foire,

Et la Rue-Brette ou la Courbonnet.

[1] Notes prises dans le Mémoire de M. Capelle.

LA VIEILLE VILLE.

La vieille ville se reconnaît aisément, parce qu'elle est presque encore en entier enceinte de murailles. Les anciens remparts ont disparu dans plusieurs endroits, mais des murs d'un autre genre leur ont été substitués pour soutenir des terrasses. Ainsi la forme primitive se retrouve, et l'ancienne ville peut être considérée séparément. Elle contient un cinquième seulement de l'enceinte totale de la ville avec ses faubourgs.

La vieille ville se compose principalement des trois grandes rues dont parlaient déjà les historiens il y a près de trois siècles.

L'une de ces rues, inclinée vers le rempart du midi, part de la porte du Château où elle porte le nom de rue de la Fosse-Couverte ou des Boulangers, s'allonge ensuite entre deux rangs serrés de maisons, sous les noms de Rue-Basse et de rue aux Chevaux; et enfin, en prenant un quatrième nom, celui de rue des Capucins, elle arrive, en formant une courbe légère, jusqu'à la porte le Comte, à l'autre extrémité de la ville.

La rue du milieu, ou la Grand'rue, commence à la place du Grand-Turc, s'ouvre d'une manière assez large jusqu'à la fontaine de la Poissonnerie, et, formant ensuite un embranchement, elle va se confondre, à droite, avec les rues de la Pelleterie, Dieulafait et d'Enfer, qui arrivent directement à la porte le Comte; et à gauche, avec la suite de la Grand'rue et la rue d'Acqueville, qui arrivent à la même destination, en se courbant obliquement de gauche à droite.

La troisième rue prend à la place Trinité, et se dirigeant au nord, selon l'inclinaison du rempart de ce côté, elle va, sous les noms de rues du Camp-ferme et de St.-François, se perdre à la porte de Caen, d'où, en formant un angle avec la rue de Caen, elle va se joindre à la rue d'Acqueville, qui se termine, comme on l'a vu, à la porte le Comte.

La principale rue transversale est la rue d'Ar-gentan, à laquelle fait suite la rue de Caen, toutes deux les plus largement ouvertes de la ville. Elles sont neuves, bien construites, et coupent Falaise à-peu-près par le milieu. Elles servent de passage à la route royale, et par conséquent sont entre-tenues par le Gouvernement.

Il y a trois autres rues transversales :

Une première, la rue Tuebœuf, qui conduit de la Rue-Basse à la première partie de la Grand'rue ;

Une seconde, qui traverse de la tête de la Grand'-rue à la place Trinité, et que l'on nomme rue de la Mairie ;

Enfin, une troisième, qui amène, sous le nom de rue des Cordeliers, de la place St.-Gervais aux rues du Campferme et de St.-François.

Mais ces trois rues sont de peu d'importance et de peu d'étendue ; elles ont à-peu-près chacune soixante ou quatre-vingts pas de longueur.

Sur les autres points, on passe d'une des grandes rues à l'autre par des venelles, dont les principales portent les noms de Pasquet, Kinkerville, la Pro-vidence, du Guichet, de l'Arche, etc. Quelques-unes sont si étroites, que deux personnes ne peu-vent y passer de front.

Les places de la vieille ville sont :

La place Trinité, à l'ouest, vers le château, où se trouvent réunies l'église de la Trinité, l'hôtel-de-ville, la prison, et même une partie du château fort, dont l'ouverture unique donne sur son enceinte ;

La place du Grand-Turc, au midi, peu éloignée de la première, et sur laquelle donne la façade de l'hôtel-Dieu ;

La place de la Poissonnerie, qui n'est guère que le point d'embranchement de plusieurs rues, plus large par conséquent que ces rues elles-mêmes ;

La place Saint-Gervais, au centre de la ville à-peu-près, où se trouve l'église du même nom, et l'ancienne halle que l'on vient d'abandonner ;

Enfin, la place de la Providence ou de la Fontaine-Borgne, qui n'est non plus qu'un point d'embranchement, sans aucune forme régulière qui annonce une place véritable.

Les portes de la vieille ville étaient autrefois au nombre de six, que l'on désignait sous les noms de porte du Château ; porte du Guichet ou Philippe-Jean ; porte Ogise, Ogier ou des Cordeliers ; porte le Comte ; porte Marescot ou Mauduit ; et enfin, porte Bocey ou de Guibray.

La porte du Château était en tête de la ville, vers le sud-ouest, sous les murs du château qui la dominaient de cinquante pieds environ. Elle a disparu, et il n'en reste aucune trace. C'est maintenant une large entrée de la ville, et c'est par-là que passe la nouvelle route de Bretagne.

La porte du Guichet ou Philippe-Jean, est vers

l'ouest, et regarde le quartier de la Roche, au Valdante, où elle conduit directement de la ville ; elle subsiste encore, mais non telle qu'elle fut construite autrefois. Sa frêle maçonnerie date peut-être d'un siècle.

La porte Ogise, Ogier ou des Cordeliers, est au nord-ouest, et fait face au Valdante. Elle conduit à ce quartier du centre de la ville. Cette porte est entière, telle que la virent les anciens aux temps des guerres. Sa vue rappelle de vénérables souvenirs.

La porte le Comte, à l'est, a disparu. C'était une des principales, ou même la première de la ville, lorsqu'on y soutenait des siéges. Eloignée du château, elle ne recevait point les secours de la garnison, et devait soutenir seule les assauts qu'on livrait de ce côté. Aussi était-elle garnie de bastions et de hautes tours, qui la rendaient formidable. Elle fut renversée, il y a quarante ans, pour faciliter *l'entrée dans la ville des voitures chargées de foin*[1]. Le motif est peu noble, et accuse la barbarie de nos devanciers. Cette porte conduisait au pays Hyémois, et on la nommait *le Comte*, à cause d'un comte d'Exmes qui la fit bâtir. Quelques-uns prétendent que c'était le comte Onfroy-le-Danois, qui vivait en 912, sous Rollon.

La porte Marescot ou Mauduit, au midi, n'offre plus qu'une large ouverture pour le passage de la route royale ; elle conduisait, en traversant des étangs qui se trouvaient au-dessous d'elle, à la riche abbaye de St.-Jean, située hors des murailles.

La porte Bocey ou de Guibray, la dernière, éga-

[1] Récits des anciens du quartier.

lement au midi, n'existe plus, comme presque toutes les autres, que dans les souvenirs. Elle servait de passage pour aller de Falaise à Guibray, et autrefois aussi la route d'Alençon à Caen passait sous son arcade. On voyait encore, il y a peu d'années, une vieille tour grise qui lui avait servi de défense, et le lieu conserve même encore le nom de cette ancienne tour [1].

En général, toutes ces portes avaient à leur droite une tour de ce genre, pour renfermer leurs défenseurs. On en voit de presque entières encore à la porte Philippe-Jean, à la porte Ogise et à la porte le Comte. Chaque porte s'appuyait sur sa tour de défense ; et comme les assaillans ne pouvaient y arriver que par un chemin rapide, oblique, et en présentant le flanc aux soldats placés dans l'intérieur, ceux-ci les découvraient facilement, et les écrasaient avant qu'ils atteignissent le pied de la muraille. On remarque que toutes les tours étaient creuses, à plusieurs étages, et qu'elles pouvaient par conséquent contenir un grand nombre de combattans. Celle dont les ruines subsistent encore à la porte le Comte, avait près de cinquante pieds d'élévation au-dessus du sol, et un diamètre de vingt-sept pieds ; c'était la plus considérable. La tour de Raoul, à la porte Ogise, n'a pas plus de trente-cinq pieds de hauteur [2].

[1] M. Langevin parle d'une septième porte, du côté de Caen, au nord de la ville, qui dut être ouverte en 1782. Mais cette porte n'appartient point à la vieille cité, et même elle n'a jamais subsisté que comme ouverture faite au rempart pour donner passage à la nouvelle route.

[2] On peut voir le dessin de la porte Ogise, par M. de Vauquelin, de Sassy.

Outre ces tours qui se trouvaient à chaque porte,
on en comptait de plus un très-grand nombre le
long des remparts, au nord et au sud. On en voit
même encore qui paraissent entières, et qui appartiennent à la plus haute antiquité. La plus remarquable est au rempart du sud, à peu de distance
de l'ancienne porte du château. Elle domine sur ce
vallon couvert de jardins, où les étangs s'étendaient
dans les siècles écoulés, et elle fait face au petit
quartier du Valbuquet, dépendant de Guibray, ou
plutôt du Camp-de-Foire, d'après notre division.
Cette tour offre une élévation approximative de
quarante pieds au-dessus du sol, et, comme celles
de la porte Philippe-Jean et de la porte Ogise, elle
est maintenant occupée par des familles d'habitans.
En voyant les figures qui se montrent quelquefois
par les fenêtres de ces masures, on se rappelle involontairement ces victimes de la tyrannie féodale,
que les châtelains, selon les romanciers, retenaient
souvent enfermées, pendant de longues années,
pour venger de légères offenses. La tour du sud,
d'une pierre noire et lugubre, est la plus propre
à réveiller ces souvenirs des vieux âges. Il semble
même qu'il n'y manque plus que quelques grillages
de fer pour achever le tableau ; et pour comble
d'illusion, ses deux ou trois ouvertures en sont encore garnies. Ah ! si le paladin Rolland renaissait,
comme à cette vue il volerait à la défense de l'op-
primé. Ne croiroit-on pas qu'on le voit s'armer de
sa lance, et marcher rapidement vers l'antique muraille ? Tremble dans ta demeure, paisible possesseur
de la forteresse en ruine ! Malheureux, que vas-tu
répondre au courroux de ce roi des braves ?...

La ville, sous ses fondemens, offrait jadis des chemins souterrains dont on retrouve des traces, et qui conduisaient d'une de ses extrémités jusqu'à l'autre. Le plus considérable, que l'on reconnaît fréquemment chaque fois que l'on travaille aux maisons de la terrasse du nord, se prolongeait, à ce qu'il paraît, depuis le pied du château, sur la place Trinité, jusqu'à la porte le Comte, et même au-delà. On en a vu des voûtes, il y a peu d'années, sous la maison n.° 25 de la rue du Campferme. Aux n.°s 13 et 9 de la même rue, on voit encore deux entrées souterraines, qui y conduisaient évidemment. D'autres habitans de cette rue assurent aussi que les eaux d'égoût et les eaux qui ont servi aux usages domestiques, disparaissent naturellement sous leurs habitations, et se perdent dans des conduits dont ils ne connaissent pas la direction. Il y a quarante ans, un peu au-delà de la porte le Comte, la terre s'affaissa tout-à-coup, au milieu d'un orage, et les eaux se précipitèrent avec impétuosité dans une espèce de gouffre. On soupçonna que c'était un souterrain, mais on n'y regarda point; on se contenta de combler cet étrange abîme. Pendant l'été dernier, on travaillait au chemin public de ce côté, et le Maire eut l'idée de faire pénétrer jusque dans le gouffre dont on parlait encore dans le quartier. On reconnut bientôt une belle voûte dont on débarrassa l'entrée, et, après quelques déblaiemens, on pénétra sous une arcade de plus de cinq pieds de haut sur cinq de large, dans laquelle les hommes, et même des chevaux, avaient pu circuler librement. La maçonnerie était tellement solide, quoiqu'en simple moëllon de pierre calcaire, qu'elle paraissait à peine construite depuis quelques années. Elle n'avait souffert dans aucune de ses parties, et cependant, depuis des siècles, elle supporte d'énormes fardeaux, puisqu'un chemin public, dans un quartier très-fréquenté, pèse d'aplomb sur elle, à deux ou trois pieds de surface seulement. On ne put s'avancer au-delà de vingt pieds environ, parce que la nécessité de rendre le chemin à la circulation, força de refermer promptement l'entrée. Mais des recherches sur un autre point, mettraient à même de reconnaître la disposition et la direction de cette voie souterraine.

Il y a quatre-vingts pieds seulement de distance de la porte le Comte à la voûte dont nous parlons. Elle servait à coup sûr pour communiquer de la ville au dehors, et la sortie donnait sur le petit vallon de l'est. En se glissant dans la vallée, on échappait aux regards des assiégeans, et l'on se rendait, inapperçu, à quelque autre point où s'ouvraient sans doute d'autres souterrains, inconnus maintenant, qui conduisaient à la plaine. Dans toutes les anciennes places on reconnaît de semblables chemins voûtés. Ils faisaient partie du système de défense adopté dans ces temps reculés, où la ruse contribuait, autant que la force des armes, aux succès des entreprises militaires. Aujourd'hui l'on ne connaît plus rien de pareil, et le canon est le grand arbitre de la guerre ; ni les remparts, ni les fortes tours, ni les portes de fer, ni les souterrains, ne mettent à l'abri de ses atteintes. Aussi, que sont devenues nos anciennes villes, avec leur formidable

formidable aspect ; le moindre soldat se rit de leurs
murailles escarpées, en songeant que dans ses jeux
il les égalerait au sol. C'est ainsi que tout marche
vers la perfection, et l'art funeste de détruire les
hommes a fait lui-même ses progrès. Quel vaste
sujet de réflexions pour l'homme de lettres et pour
le philosophe !...

Mais d'autres soins nous appellent, et nous devons parcourir et décrire un nouveau quartier. Nous
reviendrons plus tard dans la vieille ville, pour
nous occuper du château fort, des fontaines et des
monumens publics actuels qu'elle renferme presque
exclusivement.

LE VALDANTE.

Sous le nom de Valdante, nous comprenons toute
cette portion de la ville qui s'étend dans la vallée
de l'Ante, depuis le pied des rochers qui supportent
la citadelle, jusqu'à la grande chaussée qui forme
la route royale. Ce faubourg se trouve ainsi, en
général, resserré entre les murailles de la ville,
au nord, et le côteau qui leur est opposé ; il est
traversé par la rivière dans toute son étendue ; et
sa forme inégale, ses rues tortueuses et irrégulières,
les vergers, les jardins qui le couvrent en partie,
contribuent à lui donner un aspect très-pittoresque,
et rendent en même-temps impossible une description exacte de toutes ses parties.

On le divise en plusieurs quartiers ou hameaux,
dont quelques-uns s'étendent jusque sur les hauteurs
du côté de la bruyère, et sur la bruyère elle-même.

Voici les noms de ces quartiers, tels qu'ils sont
connus dans le peuple :

19

La Roche, sous les Rochers, le Bourg-Alouvi, Haute-Folie, la Cavée, la Bruyère, les Fouasses, la Douitée, le Mesnilbesnard, Saint-Adrien, les Palis, le Valdante proprement dit, le Moulin-Bigot, les Maisons-Blanches, et nous y ajouterons la route de Caen.

Quelques-uns prétendent que la Roche est un faubourg particulier; mais nous ne pouvons admettre cette division. La Roche est la portion du Valdante qui part de la porte Philippe-Jean, et qui va gagner le pied du donjon et la pointe des rochers, sous le Pendant. La Roche renferme des tanneries, un moulin à huile, des blanchisseries, des teintureries, les bains publics et la fontaine d'Arlette. Ce quartier est très-animé et très-industrieux. Des hauteurs du château, il offre un coupd'œil extrêmement agréable.

Sous les rochers est un groupe de moulins à blé et à tan, qui se trouve sous le grand rocher de la citadelle. Il semble sans cesse exposé à la chûte de ces masses énormes qui le dominent. Lorsque, du petit pont de bois qui sépare les moulins, on jette les yeux au-dessus de sa tête, on ne peut se défendre d'un certain effroi mêlé d'admiration.

Bourg-Alouvi n'offre que quelques maisons semées sur le penchant de la chaîne des rochers; elles sont agréablement inclinées vers le midi, et de toutes parts environnées de vergers.

Haute-Folie, la Cavée, la Bruyère, les Fouasses, sont suspendus sur les hauteurs du côteau de Noron ou dispersés à l'entrée de la bruyère. On y arrive difficilement; mais la vue de-là se repose sur une scène très-pittoresque. Les habitans ont défriché ce sol noir qui recouvre le rocher, et en ont formé de jolis jardins ; on y recueille d'excellens légumes.

La Douitée, le Mesnilbesnard, sont de petites fermes sur le sommet du côteau, à l'extrémité de la bruyère et de la plaine d'Aubigny. Il y a de belles cours plantées d'arbres fruitiers, des prairies et des champs bien cultivés. C'est un riant bocage pendant l'été.

Les Palis, St.-Adrien, se rapprochent du centre du vallon, et offrent des groupes de maisons plus réunies. St.-Adrien renfermait autrefois une chapelle particulière, dont on voit encore les ruines. Placé au-dessus du Valdante proprement dit, la grande route de Falaise à Vire le traversait anciennement dans toute son étendue, et l'on reconnaît encore parfaitement la trace de cette route ; elle présente un mauvais pavé conduisant, par une pente rapide et dangereuse, à la bruyère qui se trouve au-dessus.

Le Valdante proprement dit, est au milieu de la vallée, et c'est-là que se trouve le seul pont véritable qui soit jeté sur l'Ante, de ce côté. Il y a dans le Valdante une masse de maisons plus serrées que dans le reste du faubourg ; elles sont en général bien bâties et bien disposées.

Le Moulin-Bigot touche au Valdante, et s'étend ensuite vers la ville, du côté des remparts et de la chaussée. Il renferme un grand moulin à blé, d'où il a pris son nom, et une fontaine dont l'eau est estimée.

Les Maisons-Blanches forment un groupe que

l'on rencontre à mi-côte, lorsque l'on quitte le Valdante et le Moulin-Bigot pour arriver à la route de
Caen. Ce quartier est peuplé, mais peu riche ; il
n'offre qu'une teinturerie, et quelques jardins qui
paraissent bien cultivés. Ceux de St.-Lambert, en
amphithéâtre, sont dans une charmante position.
Ils joignent les Maisons-Blanches au quartier des
Palis, dont nous avons parlé.

Nous réunissons la nouvelle route de Caen au
Valdante pour former des masses, et ne point trop
subdiviser. Ce quartier, qui s'agrandit de jour en
jour, offre, à gauche de la route, une longue suite
de maisons neuves, avec de jolis jardins, ornés de
pavillons et de pièces d'eau ; et de l'autre côté, des
jardins bourgeois, une prairie et une petite ferme
agréablement exposée au midi. Il semble destiné à
s'étendre de plus en plus, comme nous l'avons déjà
fait observer ; et nous ne doutons pas qu'il ne de-
vienne, avec le temps, un des plus fréquentés et
des plus considérables de la ville.

Les principales rues du faubourg du Valdante,
sont :

La rue de la Roche ou de la Brasserie, qui descend de la porte Philippe-Jean, et conduit jusqu'à
l'extrémité du quartier, au-dessus de la fontaine
d'Arlette.

La rue du Valdante, qui traverse le grand pont
et conduit à la bruyère, par St.-Adrien. C'est l'ancienne grande route, avec un peu moins d'importance qu'autrefois.

La rue Sous les Saules, qui mène du Valdante,
proprement dit, aux Maisons-Blanches. Le lit de

la rivière passe au milieu ; et d'anciens saules,
maintenant disparus, lui auront sans doute donné
leur nom.

Enfin, la rue des Herfort, qui amène de la porte
Ogise au Moulin-Bigot et au Valdante proprement
dit. Le nom de Herfort est anglais, et c'est un souvenir du séjour de ce peuple dans Falaise. Peut-être
des guerriers de ce nom périrent-ils en montant,
par ce chemin rapide, à l'assaut de la muraille,
au milieu d'une attaque livrée à la ville. Entre la
rue des Herfort et le vieux rempart, sont des terrasses et des bosquets en amphithéâtre, et d'un effet
assez remarquable.

Outre le pont du Valdante, il y a de larges pierres
de granit jetées çà et là sur l'Ante, à divers points
du vallon. La rivière est si peu large et si faiblement encaissée, que ces ponts, dignes de la simplicité d'un village, suffisent aux habitans pour
passer d'une rive sur l'autre. Les voitures traversent
le lit même de la rivière.

Sous la chaussée, à plus de vingt pieds de profondeur au-dessous de la route, il existe une grande
arche de maçonnerie qui paraît bien solidement
construite. Elle offre un passage pour les eaux de
l'Ante qui communiquent, par ce point seulement,
avec l'autre côté du vallon. Tout le fardeau de la
route royale, à l'entrée de la ville, pèse sur ce point.

Nous parlerons ailleurs de la fontaine d'Arlette,
aux souvenirs tout à-la-fois romanesques et historiques.

Saint-Laurent.

Le quartier de Saint-Laurent est, en général, cette portion de la vallée de l'Ante, et des hauteurs circonvoisines qui s'étendent au nord de Falaise, depuis le pied de la chaussée et le rempart de la ville, dans la direction de la porte le Comte, jusqu'aux limites de la commune, du côté de Versainville et d'Aubigny.

Ainsi, St.-Laurent, selon nous, embrasse dans son ensemble le hameau de la Butte, le moulin Hélie, la rue de St.-Laurent, St.-Laurent proprement dit, la Vallée, Rougemont et Vaton. Il s'étend sur un terrain inégal, et plusieurs de ses parties ne sont pas moins dignes d'attention que celles du quartier opposé. L'Ante le traverse dans toute sa longueur.

La Butte est à droite de la route de Caen, en sortant de Falaise; elle est surmontée par le beau château du Mesnilriant, et au-dessous, en amphithéâtre, se montrent des jardins et des habitations agréablement disposées.

Le moulin Hélie est dans le vallon, au milieu de prairies, et entre deux courans d'eau. Quelques maisons sont semées à l'entour, mais en petit nombre; elles sont dominées de tous côtés par le rempart, par la butte et par la chaussée.

La rue de St.-Laurent descend rapidement de la ville, par la porte le Comte. Elle est mal bâtie, à moitié enfouie par le nouveau chemin qui passe au milieu, et elle ne présente en général que l'aspect d'un faubourg misérable.

Saint-Laurent, au-dessous, est mieux disposé,

quoiqu'on n'y retrouve pas non plus le spectacle de
la richesse. Mais les maisons y paraissent propres ;
elles sont entourées de jardins, garnies de vignes, et
l'on peut s'y croire au milieu d'un village bien rassemblé et bien tenu. Une grande manufacture nouvelle, placée sur la rivière, contribue à l'animer
et à l'embellir. L'église est au milieu, assise sur
un rocher.

La Vallée présente quelques fermes et des moulins épars sur les deux rives de l'Ante. Des prairies,
des haies bien plantées, de beaux ormeaux sur le
bord des chemins, font de ce lieu un joli bocage.
C'est une promenade d'été, lorsque l'excessive chaleur force de quitter la plaine et les hauteurs.

Rougemont est ce riant côteau d'où la ville se
montre avec tant d'avantage, et dont nous avons
déjà précédemment parlé. Du côté de la rivière, il
présente quelques maisonnettes champêtres et la belle
filature nouvelle qui vient de s'élever à ses pieds ; sur
la hauteur, au-dessus de Vaton, il montre une
petite ferme pittoresque, qu'enveloppent de leur
ombre une douzaine de grands maronniers.

Vaton est éloigné de près d'un quart de lieue
de la ville, et composé de fermes qui forment un
village assez étendu. Le sol de Vaton offre beaucoup
de sources qui se réunissent en ruisseau, et ferti-
lisent les vergers de ce frais et gracieux vallon.
C'est-là que se trouve la fontaine minérale ferrugineuse, qui fut pendant long-temps le rendez-vous
de la jeunesse de la ville, pendant la belle saison.
Maintenant on la fréquente peu, quoique les eaux
n'aient rien perdu de leur ancienne vertu. La mode
ou les médecins y rameront la foule tôt ou tard.

Un peu au-dessus de Vaton, vers Aubigny, au milieu d'un champ que traverse la nouvelle route de Lisieux, on a trouvé plusieurs débris de constructions romaines. Nous y avons remarqué, entre autres, une très-grande quantité de tuiles à rebord, de dimensions différentes, des briques, des fragmens de poteries et des masses de ciment, comme les anciens seuls en savaient préparer. Nous ignorons quel établissement existait en ce lieu ; mais il serait facile de le constater, en dirigeant des fouilles sur les points où les fragmens sont le plus nombreux. Les frais seraient peu considérables, et nous ne doutons pas que l'administration, dans l'intérêt de la science, ne soit disposée à faire quelques avances pour faciliter ces travaux. Il en résulterait peut-être des découvertes qui jeteraient du jour sur l'histoire de la ville dans les siècles reculés. Cette seule considération engagera sans doute à ne pas remettre les fouilles à une époque bien éloignée. [1].

Nous ne parlons point ici de cette rue du village d'Aubigny, dont une moitié, par une incroyable bizarrerie, se trouve appartenir à la commune de Falaise. De nombreuses réclamations ont enfin déterminé l'administration supérieure à changer cette distribution. La rue d'Aubigny cessera donc bientôt de faire partie de la ville, dont elle est éloignée de

[1] A défaut de sommes votées par l'administration, les habitans de la ville, les plus éclairés, pourraient se réunir pour fournir aux premières fouilles. Deux ou trois cents francs, recueillis par souscription, suffiraient pour obtenir quelques résultats. On s'arrêterait si les tentatives n'amenaient rien d'important.

près d'une demi-lieue, et elle restera toute entière
à la commune, au milieu de laquelle elle se trouve.
Nous la rappellerons plus tard, quand nous parlerons d'Aubigny.

Nous ne remarquons, dans le quartier de Saint-
Laurent, aucune rue particulière qui mérite d'être
décrite. Quant au pont qui se trouve jeté sur l'Ante,
à peu de distance de l'église, il nous semble mesquin et du plus mauvais goût. Il fut construit il y
a trois ans, et sur un plan tellement vicieux, qu'on
fut obligé de le reconstruire en partie. La ville n'eut
point sujet de se féliciter de ce travail

GUIBRAY.

Le quartier de Guibray est à l'est de Falaise, et
s'étend en grande partie sur les hauteurs qui couronnent la ville de ce côté. Il forme là une masse
compacte ; et le grand nombre de ses habitations
le feraient prendre pour une ville lui-même, si le
silence qui règne dans son enceinte et la solitude
que l'on y remarque, ne rappelaient bientôt quelle
est sa véritable destination.

Le quartier de Guibray est le centre de la grande
foire du même nom, qui se tient chaque année dans
la ville, vers le milieu du mois d'août. Il est disposé
pour recevoir les étrangers qui y arrivent, à cette
époque, de tous les points de la France, et il leur
offre une multitude d'habitations qui suffisent pour
les besoins de ces familles pendant quelques semaines. Les maisons y sont petites en général, et
d'une médiocre élévation ; mais elles présentent
toutes, au rez-de-chaussée, un vaste magasin, avec

une large ouverture sur la rue, et au-dessus, un second magasin, avec deux ou trois petites chambres séparées seulement l'une de l'autre par quelques planches légères. Que faut-il de plus pour le marchand qui ne passe là qu'un petit nombre de jours au milieu du tumulte et de l'embarras des affaires? L'été règne encore à cette époque, et il n'a rien à redouter des atteintes du froid. Quant aux agrémens intérieurs, ils lui seraient inutiles, puisqu'il ne trouverait point le moment d'en jouir. Ainsi, ces baraques de Guibray, ces maisons de bois, pour la plupart, sont donc réellement, malgré leur petitesse apparente, très-bien appropriées à leur destination. L'œil, il est vrai, n'est nulle part charmé par leur élégance ou par leur variété; mais il n'y remarque non plus rien de chétif ou de repoussant; et c'est bien plutôt la solitude du quartier qui en éloigne, dans les temps ordinaires, que son extrême simplicité. Mais lorsqu'on s'égare seul au milieu de ces longues rues étroites, où l'on ne rencontre aucune créature vivante; lorsqu'on n'entend résonner que le bruit de ses pas, et que la vue se trouve de toutes parts bornée par ces vieilles murailles grises que le soleil n'éclaire point, alors on se sent, malgré soi, le cœur triste et resserré, et l'on se presse de sortir de ce lieu de désolation. La solitude, dans une campagne, a quelque chose de touchant, et l'on s'y abandonne involontairement à de douces rêveries; mais dans une épaisse forêt ou dans une ville inhabitée, l'homme seul est effrayé, quoiqu'il fasse, et ne peut éprouver que de sombres pensées. Le deuil qui l'environne pénètre jusqu'à son âme, et la jette dans le trouble et dans l'abattement.

Du reste, toutes les parties de Guibray n'offrent pas le même abandon ni la même tristesse. Il est quelques rues, écartées du centre, qu'habitent des familles aisées, et où l'on se retrouve à-peu-près dans la ville. Là, de nombreux artisans, avec leurs métiers bruyans et leurs chants presque continuels, rappellent que l'on est encore au sein de la civilisation. On voit quelques boutiques ouvertes, quelques habitans épars devant les maisons, et cet aspect console et fait oublier bientôt l'impression fâcheuse que l'on a ressentie. Souvent même elle a été si légère, lorsqu'on a parcouru rapidement le quartier désert, qu'on s'apperçoit à peine du changement. On n'a pas eu le temps de recevoir la sensation du dehors, ni d'en être affecté.

Mais autant Guibray est calme et silencieux pendant le cours de l'année, autant il est tumultueux et bruyant pendant l'époque de la grande foire. Celui qui l'a redouté durant onze mois, à cause de sa solitude, le fuit alors à cause de son fracas et des embarras multipliés qu'on y rencontre. Les premiers jours de ce grand marché sont en effet insupportables. On n'y voit de toutes parts qu'une multitude courant à ses affaires, et s'agitant dans tous les sens pour des intérêts de tout genre. Nul ordre au milieu de cette réunion si nombreuse; nuls égards, nuls procédés entre tous ces hommes étrangers les uns aux autres, et que la soif du gain préoccupe uniquement, et fait agir et mouvoir comme de viles machines. On se trouve pressé, poussé, heurté, har-

celé par les chevaux, les charriots, les voitures,
et par ces nombreux porte-faix qui se hâtent dans
toutes les directions, pour se rendre d'un lieu à
un autre. La chaleur en même-temps est presque
toujours excessive, et la poussière insoutenable. Bien
fou alors qui ne préférerait pas encore à ce bouleversement, à ce véritable cahos, le silence et la monotonie de ces lieux, dans tout le reste de l'année...

Le centre de Guibray présente une dixaine de
longues rues parallèles qui viennent toutes aboutir,
par leurs extrémités, à deux autres rues principales, plus larges et mieux construites, dans leur
ensemble, que les premières. Ces deux grandes rues
forment donc, pour ainsi dire, les limites naturelles
de la foire proprement dite, et c'est dans l'espace
qu'elles renferment entre elles que se font les plus
importantes affaires et tout le commerce des boutiques. Depuis quelques années, une tolérance im-
pardonnable de la part des administrateurs a permis
l'extension de la vente bien au-delà de cette enceinte;
mais on reviendra tôt ou tard aux réglemens d'après
lesquels tout ce quartier fut primitivement distribué. On reconnaît encore parfaitement son ancienne forme sur tous les points. Il était carré
à-peu-près, et s'étendait seulement un peu plus
sur la largeur que sur la longueur.

La rue du Pavillon est la plus grande des rues
principales ; et quoique irrégulièrement bâtie, elle
présente cependant deux rangs de larges boutiques
très-favorables pour l'exposition. C'est-là que s'établissent tous les marchands de nouveautés et les
plus riches orfévres, avec leur brillant étalage.

C'est-là aussi que se porte la foule des curieux et des promeneurs, à toutes les heures du jour, et principalement le soir. On y marche sur un pavé inégal, et le plus souvent au milieu d'une confusion difficile à décrire. Mais l'usage et la mode y entraînent successivement toute la population et les étrangers oisifs, et ce sont, à proprement parler, les galeries falaisiennes pendant le cours de la foire. On y remarque surtout, à l'heure du spectacle, tout ce que la ville et les environs offrent de plus élégant ; et les femmes, ainsi que les jeunes-gens, s'y rendent assiduement, au milieu de tout l'appareil de la toilette et de la parure. Heureux alors ceux qui se font distinguer par leur bon goût et par la grâce et l'aisance de leurs manières. Ils voient tous les regards se tourner sur eux, et ils recueillent les applaudissemens qu'ils sont venus demander. C'est-là le triomphe de nos aimables désœuvrés. Quant à nous, nous trouvons aussi dans ce quartier un avantage que ne présentent pas également tous les autres de la foire : c'est que du moins les chevaux et les voitures n'y circulant jamais, on n'est point ainsi exposé à se trouver estropié par ces incommodes rencontres,...

La seconde rue principale est la rue de Rugles, qui se trouve à l'autre extrémité, vers les champs ; elle est moins large que la rue du Pavillon, les boutiques y sont moins brillantes, et presque aucun curieux n'arrive jusque-là dans tout le temps de la foire. Mais les magasins de cette rue sont garnis de draps et d'étoffes de tout genre, qui attirent les véritables acheteurs, ceux par qui se soutiennent les

foires, que les promeneurs ne font qu'embarrasser.
Il se fait de très-grandes affaires dans la rue de
Rugles, et à l'extrémité de toutes les rues transversales qui donnent de ce côté. On n'y est point
fatigué, exténué par les clameurs et le fracas de
l'autre partie du quartier ; chacun vaque librement
devant les magasins, et examine ce qui peut lui
convenir. C'est un tranquille bazar, où l'élégance
manque sans doute, mais où l'on trouve en retour
le plus complet assortiment et la liberté du choix.

Les rues transversales sont au nombre de dix,
en y comprenant celles qui forment les deux extrémités du quartier, et le rendent presque carré. Les
noms de ces diverses rues font en général connaître
à quel genre de commerce on se livre dans leur intérieur, et même à quelle ville du royaume appartiennent les marchands qui s'y rassemblent. On
doit avouer cependant que toutes ces anciennes dénominations sont devenues bien trompeuses depuis
un certain nombre d'années. Il en est encore quelques-unes, telles que celles de Rouen et de Lisieux,
où se réunissent de préférence les marchands d'une
même ville, livrés à la même branche d'industrie.
Mais la confusion s'est jetée dans tout le reste, et
l'on chercherait, par exemple, vainement des épiciers dans la rue actuelle de l'Epicerie, où des Merciers de Paris, dans la rue qui porte encore leur
nom. Chaque marchand s'établit où il trouve à se
loger au plus bas prix, et où il espère rencontrer
un débit plus certain. Les réunions exclusives des
mêmes commerçans ont disparu avec les corporations dont elles pouvaient être en partie les consé-

quences, lors de l'établissement des foires, à l'époque du moyen âge.

Voici les noms divers de ces rues transversales, tels qu'ils se lisent encore à leurs extrémités :

La rue de Trun (l'ancienne Fosse aux Cuirs) est la première du côté de l'église, et elle présente un enfoncement, en forme de place, où se rassemblaient autrefois les marchands tanneurs, et qu'occupent maintenant les marchands de toiles d'Alençon et quelques drapiers de Vire. Elle est suivie par les neuf autres rues transversales, dans l'ordre suivant, en se rapprochant vers la ville :

La rue des Drapiers de Paris, la rue de Tours, la rue de Lisieux, la Fosse aux Draps, la rue des Merciers de Paris, la rue de l'Epicerie, la rue de Rouen, la rue de la Dinanderie, et enfin, la rue de l'Ouverture sur les Champs.

Toutes ces rues s'étendent en longueur, comme nous l'avons dit, depuis la rue de Rugles jusqu'à celle du Pavillon, excepté la Fosse aux Draps, qui n'a d'ouverture que d'un seul côté. On y pénètre seulement par la rue de Rugles, et l'on se trouve en effet bien plutôt au milieu d'une place ovale, ou d'une large fosse (puisqu'ainsi s'exprimaient les anciens), que dans une rue véritable. Il y a de petites loges très-basses, en cercle, autour de cette place, et c'est-là que se réunissent les fabricans de grosses étoffes de laine qui nous arrivent de Vire et de Lisieux. Du reste, nous ne conseillons pas à nos petits-maîtres d'aller promener leurs grâces au milieu de ce triste quartier. Leur élégance contrasterait trop sensiblement avec la simplicité de ces bons fabricans ; ils en obtiendraient difficilement quelques regards approbateurs.

Les autres rues transversales renferment les gros magasins de draperies, de rouenneries, de mousselines, de dentelles, de passementeries, de quincailleries, etc., etc. Il faut, au reste, les visiter soi-même pour se faire une idée de la singularité d'un pareil spectacle, dans les cinq ou six premiers jours de la vente. Le Falaisien, si tranquille pendant le reste de l'année, dans sa vieille cité, se trouve là tout-à-coup transporté dans un monde bien différent du sien. Il y a loin de ces mœurs marchandes à celles des paisibles descendans des frères d'armes du Conquérant.

La rue de l'Ouverture sur les Champs est la dernière vers les champs qui regardent la ville, comme l'indique son nom ; en face d'elle se trouvent une petite salle de comédie, la place de la Comédie, des bureaux de roulage et quelques cafés de circonstance.

Hors de l'enceinte primitive de la foire, on remarque à Guibray d'autres rues plus ou moins considérables. Nous désignerons entre autres, comme les plus importantes, celles dont les noms suivent :

La rue du Champ-de-Foire qui amène de la ville, par le nouveau cours, jusqu'à la rue du Pavillon ;

La rue du Pot-d'Etain, tortueuse, irrégulière, remplie de petites auberges, et conduisant de la rue du Champ-de-Foire à l'église et au cimetière.

La rue de Falaise, qui commence à l'extrémité de la rue du Pavillon, vers l'église, et conduit, en descendant un pavé rapide, jusqu'au quartier des
Ursulines,

Ursulines, vers la ville ; cette rue est la plus considérable, la plus habitée, et c'est-là surtout que
demeurent les nombreux fabricans de Guibray. Il y
a plus de cent maisons portant un numéro distinct ;

La rue d'Argentan, ou de la route d'Argentan, qui
sert de passage à la route royale, et qui n'offre que
peu de maisons et une longue bordure de murailles ;

Enfin, la rue de Notre-Dame, qui forme le pro-
longement de la route, et qui conduit à la place
aux Chevaux, etc., etc...

Entre les places de Guibray, nous citerons seulement la petite place du Cimetière, devant le portail
de l'église, où l'on construit quelques rangs de bar-
raques légères pendant la foire ;

Et la grande place aux Chevaux que nous venons
de nommer.

La place aux Chevaux est au-delà de l'église,
et présente un espace triangulaire, très-convena-
blement disposé pour sa destination, mais qui n'est
pas entouré par des édifices réguliers. C'est-là que
manœuvraient les régimens de cavalerie, lorsque
Falaise était une ville de garnison, et c'est-là que
s'exposent les beaux chevaux de tout genre, que les
fermiers Normands amènent à la grande foire. On
peut les faire circuler et courir librement sur les
deux côtés de la place, tandis que les curieux et les
amateurs, placés au centre, sur le pavé, observent
de-là sans danger, et forment leur choix à loisir.
Les étalages des marchands selliers sont adossés
les murailles, à droite et à gauche.

Il y a quelques champs voisins de Guibray, et
plus ou moins éloignés du centre, qui servent

aussi de place pendant le temps de la grande foire.
Là se réunissent les marchands de gros ouvrages,
tels que les tanneurs, et ces autres marchands de
chevaux communs et de bestiaux, que la prudence
force à éloigner du quartier le plus fréquenté. Mais
ces champs enlevés pour un moment à la culture,
y sont rendus aussitôt que le marchand s'est retiré,
et la charrue se promène bientôt au milieu de cette
plaine, naguère si populeuse, et devenue dans un
moment silencieuse et abandonnée. C'est un contraste réellement étrange qu'offrent ainsi toutes ces
campagnes, à quelques jours de distance les uns
des autres.

Le quartier de Guibray contient une vieille église
normande, que nous décrirons bientôt; une chapelle, sous l'invocation de S. Marc, enclavée maintenant dans une propriété particulière; une citerne
à incendie, de quarante pieds de long sur dix-huit
de large, avec une salle au-dessus pour le tribunal
de commerce; un mauvais pavillon où s'établissent
la mairie et la justice de paix pendant la foire; une
ancienne caserne mal entretenue; une salle de comédie; un abreuvoir, etc. Mais nous reprendrons
plus tard en détail une partie de ces établissemens,
pour en donner une idée plus précise à nos lecteurs.
Il nous suffit de les indiquer ici succinctement en
passant.

Voilà, du reste, Guibray tel que nous voulions
le représenter et le décrire, et nous n'avons plus
qu'à parler de quelques petits quartiers ou hameaux
que nous y réunissons, afin de former une grande
masse de tout ce qui se trouve hors de la vieille
ville, du côté de l'est.

Les petits quartiers qui peuvent se réunir naturellement à Guibray, sont au nombre de neuf; savoir:

La Frenaye, le champ St.-Michel, St.-Jean, les Ursulines, les Douits, Caudet, St.-Clair, Vaux et Guépierreux.

Le quartier de la Frenaye se compose presque uniquement, pour ainsi dire, du joli château de ce nom, qui se trouve sur le bord de la grande voie publique, entre Falaise et Guibray, et qui s'élève sur un vaste emplacement de plus de quatorze hectares. Le château de la Frenaye est entouré de jardins, de bosquets, d'avenues, de prairies et de vergers, et il peut être considéré, dans le centre d'une ville, comme un véritable lieu de délices. Il a vis-à-vis de lui une longue rangée de maisons neuves, dont quelques-unes sont bien construites, et au-dessus de son bosquet, la petite promenade publique nouvellement formée. Il unit ainsi la ville à son principal faubourg de la manière la plus agréable et la plus heureuse, et il présente aux Falaisiens la plus charmante perspective lorsqu'ils quittent leur enceinte murée, au mois d'août, pour se rendre au grand marché de Guibray. On ne peut trop admirer surtout avec quelle habileté tout cet emplacement a été disposé de manière à assurer le repos et l'agrément de celui qui en est le possesseur, sans que de maussades murailles dérobent au public la vue du vallon et de ces avenues qui forment l'ornement principal du château.

Saint-Michel offre peu de maisons, mais il renferme un champ qui sert d'emplacement à une petite foire, à la fin de septembre, et il embrasse tous ces jardins que l'on a formés dans les anciens fossés, entre la route d'Argentan et le chemin de la Tour-Grise. Il y a quelques belles pépinières dans ces fossés, dont le sol est en général d'une grande fertilité.

Le quartier de St.-Jean est, à proprement parler, l'ancien emplacement de la grande abbaye, que des bourgeois ont acheté et transformé en habitations. On y voit encore trois des grandes constructions, au milieu desquelles s'élevait l'église que l'on démolit à la fin du dernier siècle. Les vastes jardins furent aussi partagés dans ce temps, et ils servent maintenant à un grand nombre de particuliers.

Deux rues, qui se coupent en croix, forment les seules divisions de ce nouveau quartier.

Celui des Ursulines n'est autre non plus que l'enceinte de la ci-devant communauté des religieuses de ce nom. Il est séparé de St.-Jean par la grande rue de la Tour-Grise à Guibray, et il offre également des jardins entourés de murs, et deux ou trois habitations construites sur les ruines du couvent détruit. Un peu au-dessous est l'ancien Calvaire; et plus bas encore, on trouve, vers la ville, les jardins de l'hôtel-Dieu et ceux des bas fossés; dans un enfoncement, à quelque distance du Calvaire, est un petit groupe isolé et silencieux, où l'on a placé depuis peu la nouvelle école de la doctrine chrétienne.

Les Douits, Caudet, sont deux vilains quartiers, à l'autre extrémité de Guibray, du côté de la route vers Argentan. Les maisons retirées des Douits sont tristes, chétives, sales, entourées de fumiers, et la

population y paraît misérable. Les habitations de
Caudet, moins mesquines, n'offrent pas également
ment un spectacle bien agréable ; les fumiers et la
misère s'y montrent de même à chaque pas. Nous
recommandons au surplus ces quartiers à la surveillance de la police municipale, qui pourrait y
apporter quelques utiles améliorations.

En suivant la route pour se rendre à Argentan,
on trouve, à un quart de lieue environ, dans une
étroite vallée, le hameau de St.-Clair, dépendant
de trois communes. La partie qui appartient à la
ville contient une auberge, une ferme, un atelier
de maréchal, etc. Le ruisseau de Traînefeuilles,
sortant de l'étang de Couvrigny, à quelques pas
de-là, sépare, à St.-Clair, la commune de Falaise
de celles de la Hoguette et de St.-Pierre-du-Bû.

Les deux fermes de Vaux et le moulin de ce nom
se montrent dans la même vallée, à quelque distance les uns des autres. Des bois et des rochers
rendent ce lieu retiré très-agréable pour les promeneurs ; on s'arrête surtout volontiers sur les bruyères
du Mont-Rôti, qui s'étendent vers le nord, en suivant le cours du ruisseau.

On ne trouve au-delà que le petit hameau de
Guépierreux, séparé de la ville par la longue plaine
de Guibray. Ce hameau se rattache naturellement
à la Hoguette, dont il n'est éloigné que de quelques
centaines de pas seulement ; il y sera probalement
réuni tôt ou tard.

Mais rapprochons-nous maintenant de la ville,
dont nous sommes écartés de près d'une demi-lieue ;
décrivons à son tour le cinquième quartier.

LE CAMP-DE-FOIRE.

Nous avons vu, dans la première partie de cet ouvrage, que, dans les siècles reculés, le duc Robert, fondateur de la grande foire, l'avait établie d'abord au milieu de ces hauteurs qui dominent l'emplacement actuel de l'hôpital général, et que les champs voisins avaient conservé depuis cette époque des noms qui rappelaient leur première destination.

C'est le groupe que l'on appelle encore aujourd'hui le Camp-de-Foire ou le Champ-de-Foire, qui forme en ce moment le centre de notre cinquième quartier. Nous y réunissons tout ce qui se trouve hors de l'enceinte de la vieille ville, au sud de ses murailles, et nous composons de cette masse un de nos modernes faubourgs. Les six portions de ce faubourg reçoivent ensuite des noms qui les distinguent les uns des autres.

Voici les noms divers des six parties du Camp-de-Foire :

L'Ormeau, le Camp-de-Foire proprement dit, la Croix Hérault, la Mulotière, l'Hôpital général et le Valbuquet.

Le quartier de l'Ormeau offre une douzaine de maisons groupées, en forme de rue, sur les deux côtés du grand chemin de Basoche ; on y remarque une population calme et silencieuse ; elle se compose presque uniquement de quelques jardiniers.

Le Camp-de-Foire, proprement dit, est plus bruyant, à cause des fabricans de bonnets qui l'occupent en assez grand nombre. Le sifflement de leurs métiers s'y fait entendre presque continuellement, et c'est la seule chose que l'on puisse observer dans cette espèce de carrefour. Les murailles de quelques jardins bourgeois forment, entre ce quartier et celui de l'Ormeau, deux ou trois rues tristes et solitaires.

La Croix Hérault n'offre que sept ou huit maisons au-dessus du Camp-de-Foire. Un petit Calvaire a donné son nom à cet emplacement ; et le *Champ aux Œufs*, le *Champ Priseur*, le *Pré Cochon*, qui l'environnent, font assez connaître que la foire s'étendit jadis sur toute cette portion de terrain. Ces noms se sont conservés depuis huit siècles environ.

Sur les confins de la commune, du côté de la plaine de St.-Martin, on rencontre quelques petites fermes cultivées par des jardiniers. On nomme ces lieux écartées la Mulotière, et c'est un des rendez-vous populaires les plus fréquentés pendant les fêtes de l'été. Des tables servies sous des arbres réunissent les buveurs et les petites sociétés bourgeoises. On s'y livre à la joie sans aucune contrainte. C'est au-dessus de ces fermes, et dans un frais et riant vallon qui en dépend, que commencent à couler, dans de larges dalles de pierre, les eaux des sources de Clécy, qui alimentent les fontaines publiques. Ces sources, par une grande bizarrerie, ne sont point enclavées dans le territoire de la ville ; elles s'en trouvent éloignées de vingt-cinq pas environ : le petit pré qui les renferme dépend de St.-Martin.

En redescendant vers la ville, au-dessous du Camp-de-Foire, on trouve le vaste emplacement de l'hôpital général actuel. Deux rues, qui se coupent à angle droit, amènent à ce quartier du centre de la cité, et dans leur point d'embranchement, coule une petite fontaine pour les besoins des habitans. Il serait convenable que l'administration s'occupât enfin de nettoyer le terrain qui environne cette fontaine, et de creuser au-dessous un lavoir un peu mieux disposé que celui qu'on y remarque; quelques arbres plantés suffiraient ensuite pour embellir tout ce quartier. Ce travail si simple pourrait être entrepris et exécuté facilement en peu de jours et sans de grands frais[1].

La façade de l'hôpital général est vaste et étendue; vue de la promenade, elle offre au voyageur quelque chose de monumental.

Le Valbuquet, et la Fleurière qui en fait partie, réunissent le quartier des Uruslines, précédemment décrit, à celui de l'hôpital général; ils se composent uniquement de jardins ou de vergers bien plantés; et sous le frais ombrage de leurs pommiers, pendant l'été, on peut oublier facilement l'agitation de la

[1] Les deux rues qui conduisent de la ville à l'hôpital portent le même nom, quoique bien distinctes l'une de l'autre. Il serait peut-être convenable de donner un nouveau nom à celle qui s'étend le long de l'abreuvoir, à la sortie de la ville, et nous proposerions alors de lui assigner celui du fondateur de l'hôpital, M. DE LEVIGNEN. Il a mérité cette distinction par les grands services qu'il a rendus dans le pays. En général, les Falaisiens ont trop négligé jusqu'ici de perpétuer, par tous les moyens qui dépendaient d'eux, la mémoire de leurs grands hommes et de leurs bienfaiteurs. En vain l'on cherche dans Falaise une rue, une place ou un monument qui rappellent le Conquérant. Le peuple semble avoir oublié que cet homme extraordinaire naquit et fut élevé dans ses murs. C'est cependant là le premier titre de la gloire falaisienne. Toutes les renommées normandes s'éclipsent devant celle-là.

ville, dont on n'est éloigné que de quelques pas
seulement. Falaise renferme ainsi dans son enceinte une multitude de retraites champêtres, qui
font le charme de ses tranquilles habitans. Heureux
ceux qui passent ainsi leurs jours dans la douce
paix de la solitude, et qui savent surtout en apprécier et en goûter toutes les délices !...

LA RUE BRETTE.

Il nous reste à décrire le petit quartier de la rue
Brette ou de la Courbonnet. C'est le moins important
et le moins populeux de la ville.

Entre Falaise et ce quartier s'étend la grande promenade publique, resserrée d'un côté par les jardins de l'hôpital, et de l'autre par les remparts du
château fort et par les rives escarpées de la rivière
d'Ante. Cette promenade est au-delà des portes de
la ville, et se rattache par conséquent à l'un des
quartiers extérieurs. Nous la réunissons à celui qui
nous occupe, dont elle devient comme l'entrée, et
dont elle forme en même-temps la plus imposante
partie.

La rue Brette, proprement dite, a pris son nom
de son ancienne destination : c'était en effet autrefois le passage de tous les marchands de Bretagne,
qu'attiraient dans le pays les affaires de leur commerce. Cette rue n'offre maintenant qu'une double
rangée de maisons basses et sans apparence, comme
celles des autres faubourgs : des artisans et surtout
des maçons l'habitent exclusivement [1].

1 Pour ne pas prolonger une description déjà trop étendue,
nous avons évité soigneusement toute discussion des étymologies qu'offrent les noms divers de plusieurs quartiers de la

Le château de la Courbonnet s'élevait, il y a peu d'années encore, à quelque distance de la rue Brette, vers le sud, et les Falaisiens pouvaient visiter chaque jour cette demeure fameuse par de beaux souvenirs; mais le vandalisme de quelques spéculateurs a détruit cette noble résidence des anciens vicomtes de Falaise; les vieilles murailles qui avaient reçu Henri IV se sont écroulées avec fracas! Les niveleurs ont vendu jusqu'à la dernière pierre de cet antique manoir! On n'y voit plus maintenant que quelques jardins qui faisaient l'ornement du château, et un vieux colombier qui parle seul des hôtes illustres qu'il vit errer dans cette enceinte. C'en est fait pour jamais du charme qu'offraient ces beaux lieux!... Pour nous qui, bien jeune encore, avions vu debout ce monument de la renaissance, et qui nous étions exaltés aux souvenirs du grand Roi qui l'avait choisi pour sa demeure pendant quelques jours, nous regretterons long-temps, nous l'avouerons, cette destruction brutale d'un monument qui devait subsister encore durant des siècles. Nous n'excuserons jamais cette soif ardente de l'or qui porte à en acquérir par tous les moyens qui se présentent... Nous croyons aussi que les Falaisiens ont mérité le reproche d'une grande indifférence dans cette occasion. Quelques milliers de francs pouvaient sauver de la ruine un monument qui

ville. Toutefois, pour ne pas encourir le reproche d'avoir négligé cette partie, nous y reviendrons plus tard, et nous donnerons même un catalogue raisonné des anciens noms d'hommes et de lieux dans tout le pays; ce catalogue se trouvera à la suite du vocabulaire et à la fin de notre 7.e Cahier.

contribuait à l'embellissement de leur ville. Ne se trouvait-il donc aucun d'eux qui pût faire l'avance d'un tel capital ? Ne pouvaient-ils pas d'ailleurs se réunir pour former cette somme en commun ? Qu'était devenu alors leur patriotisme ? Ils célébraient à cette époque les fêtes de la restauration ; pouvaient-ils mieux prouver leur amour aux Bourbons, qu'en conservant le château qui fut un moment l'asile de leur immortel aïeul. Cet acte de générosité devait survivre de long-temps à tous leurs chants d'allégresse ; il leur eût mérité du moins la reconnaissance de leur postérité...

Le grand herbage de la Courbonnet, le bois qui le couronne, la ferme, les jardins, les vergers, ont passé dans les mains de différens particuliers ; ils sont maintenant enclos et interdits au public. C'est une charmante promenade de moins pour les habitans de Falaise, qui n'avaient pas dans les environs de lieu plus agréable que celui-là.

Les deux côtés de la route de Bretagne ne présentent encore que quelques auberges et une douzaine de maisonnettes éparses vers les rochers. Mais ce point de la ville deviendra plus important à mesure que les relations de Falaise s'étendront avec le Bocage, par les nombreuses routes qui s'ouvrent de toutes parts. Encore quelques années, et il se couvrira, comme les autres, de nombreuses habitations.

Nous ne remarquons plus que le vallon occidental de l'Ante, ou le hameau des Moulins, situé à droite de la promenade et sous les rochers de Vanembras et du Mont-Bézet. Des usines élevées depuis peu, ont amené sur ce point une population active et laborieuse; que ces établissemens prospèrent, et ils contribueront encore à augmenter l'importance de la nouvelle route de Bretagne, où le plus grand nombre des ouvriers iront loger naturellement. Tout semble donc ainsi se réunir pour assurer prochainement à cette portion de la ville de rapides accroissemens.

Mais il est temps de laisser tous ces détails topographiques, qui n'ont que trop long-temps fatigué nos lecteurs. Nous aurions dû peut-être leur en épargner un grand nombre, et leur mettre plutôt sous les yeux un plan régulier de la ville, qui pût y suppléer. Mais ce plan n'existe point, et nous ne pouvions l'entreprendre; il nous a fallu recourir à des descriptions qui nous ont entraîné bien au-delà des bornes que nous nous étions assignées d'abord. Puissions-nous seulement n'avoir pas épuisé, par une trop minutieuse exactitude, la patience de ceux qui veulent bien parcourir cet ouvrage. Nul ne sentira du moins plus vivement que nous-même combien est ingrate et rebutante une semblable composition [1].

[1] Un plan de la ville a été demandé par le conseil municipal depuis plusieurs années, et même une grande partie des sommes allouées ont été déjà versées; mais le travail commencé ne se termine point, et nous n'avons même pu obtenir quelques mesures que nous eussions voulu donner dans notre ouvrage. Espérons toutefois que ce plan si désiré sera enfin livré prochainement aux administrateurs. On ne peut guère douter qu'il ne réponde au moins par sa perfection à la prudente lenteur avec laquelle on l'exécute...

DIVISION PAR PAROISSES.

Les six quartiers de Falaise forment ensemble
deux grandes paroisses curiales et deux paroisses
succursales ; les deux premières sont connues sous
les noms de Ste.-Trinité et de St.-Gervais ; les deux
secondes, sous ceux de St.-Laurent et de Guibray ;
elles se partagent inégalement tout le territoire de
la ville.

La paroisse curiale de Ste.-Trinité embrasse toute
la moitié de la vieille ville, tournée vers l'ouest et
le château, et les deux quartiers étendus de la rue
Brette et du Valdante. Ses limites se déterminent
ainsi par celles de ces divers quartiers que nous
avons précédemment décrits, et par une ligne qu'on
peut tirer pour séparer la ville en deux parties qui
soient égales. Celle qui dépend de la Trinité serait
peut-être cependant un peu moins grande que la
seconde 1.

1 Quelques maisons de notre quartier de l'hôpital général,
qui dépend de la paroisse de Guibray, comme on le verra
bientôt, sont demeurées attachées à la paroisse Ste.-Trinité
(les cinq à six premières vis-à-vis de l'étang); mais en retour, d'autres maisons voisines de St.-Adrien, au Valdante,
appartiennent à la paroisse de Guibray, dont elles sont séparées par toute la ville et par une grande partie du Valdante
lui-même. On explique cette singularité en rappelant que,
dans une grande peste, les prêtres de Guibray vinrent seuls
porter des secours aux malades de ce quartier reculé. En mémoire de ce dévoûment, les habitans demandèrent et obtinrent
de demeurer attachés à la paroisse de leurs bienfaiteurs. Il
faut bien en effet quelqu'événement de ce genre pour rendre
raison d'une distribution aussi étrange que celle-là.

Le château de Mesnilriant, situé sur la butte, du côté de
St.-Laurent, fait aussi partie de la paroisse Sainte-Trinité,

La paroisse de Saint-Gervais comprend l'autre moitié de la vieille ville, depuis la place de la Poissonnerie environ, et la portion du quartier de Saint-Laurent qui se trouve en deçà de la rivière, dans le vallon. Ainsi, la longue rue qui descend de la ville, en dehors des murailles, par la porte le Comte, est attachée à St.-Gervais, quoiqu'elle touche, pour ainsi dire, par son extrémité inférieure, à l'église même de St.-Laurent. Il serait convenable sans doute de changer ou de modifier une telle distribution.

La paroisse de St.-Laurent ne se compose uniquement que de cette portion de notre quartier du même nom, que la rivière sépare entièrement du reste de la ville. Cette paroisse est donc fort peu considérable, et n'a guère plus d'importance que celles de nos petits villages ; il est même plusieurs communes dont la population est bien supérieure à la sienne.

Enfin, la grande paroisse de Guibray s'étend sur tout le quartier de Guibray et sur celui du Camp-de-Foire réunis. Elle va même jusque dans la vallée de l'Ante, au nord, chercher les fermes de la Frenaye, qui sont auprès de St.-Laurent. Ainsi, quoiqu'elle n'ait que le titre de succursale, cette paroisse peut rivaliser avec celles de Saint-Gervais et de la Trinité. Son étendue est même bien plus considérable en territoire. Pendant la foire, elle

quoique bien plus rapproché de celle de St.-Gervais. Toutes ces anciennes distributions pourraient du reste être revues et rectifiées en quelques points ; ce travail serait aussi simple que facile à exécuter.

contient une population de plus de vingt mille habitans.

Nous parlerons ailleurs de l'administration religieuse de ces paroisses.

DIVISION PAR JUSTICES DE PAIX.

Falaise est le chef-lieu de deux justices de paix, que l'on désigne sous les noms de première et de deuxième division. On a suivi , à peu de chose près , dans leur distribution , les anciennes démarcations admises pour les paroisses.

Ainsi , la première justice de paix renferme , dans la ville , la paroisse de la Trinité , à l'exception de tout le côté droit de la route de Caen , et la paroisse de Guibray , moins le quartier de la Frenaye ; elle reçoit en compensation , dans la Grand'rue et dans la rue du Campferme , une vingtaine de maisons qui dépendent de St.-Gervais.

La deuxième division contient les deux autres paroisses de St.-Laurent et de St.-Gervais , avec les petites modifications que nous venons d'indiquer. Toute cette distribution fut établie par la loi du mois d'août 1790 ; elle avait été préparée dans le conseil même de la ville.

Nous n'essaierons point de relever ici tout ce que ce travail de circonscription offre d'incomplet sous un grand nombre de rapports ; nous croyons toutefois qu'il est à propos d'indiquer la singulière disposition des parties de la ville assignées à chacun des cantons, relativement aux communes rurales qui dépendent des mêmes cantons. Ainsi, par exemple, nous observons que le juge de paix des communes de l'ouest et du midi a dans son ressort tout le nord de Falaise, et que, pour communiquer d'un point à l'autre de son canton, il est obligé de traverser toute la portion de la ville qui dépend de son collègue ; tandis que celui-ci, de son côté, cantonné dans le midi de la ville, ne peut arriver à ses communes du nord qu'en traversant également les deux paroisses de St.-Gervais ou de St.-Laurent, qui lui sont étrangères. On sent qu'une telle distribution n'a pas été bien entendue, et peut-être serait-il temps enfin de la modifier, et de faire disparaître du moins ce qu'elle offre de ridicule et même d'inconvenant[1].

CONSTRUCTIONS, ÉDIFICES ET MONUMENS DE TOUT GENRE.

Nous avons jusqu'ici fait connaître les différentes divisions du territoire de la commune de Falaise ; il faut présenter maintenant la description des édifices publics et des constructions de tout genre qu'elle renferme dans son enceinte.

[1] Les deux cantons se trouvant très-inégalement partagés au dehors, il serait peut-être convenable de rétablir d'abord un peu l'équilibre, en assignant au juge de paix de la première division les trois paroisses de Saint-Gervais, de Saint-Laurent et de Guibray, tandis que l'autre ne conserverait que la paroisse de la Trinité qui se rattache à ses communes. De cette manière du moins cesserait la bizarre disposition que nous avons fait remarquer. Toutefois nous ne hasardons cette idée qu'en passant, et nous ne la présentons que comme un remède provisoire. Plus tard, nous en sommes convaincus, on aura recours à une fusion plus complète pour distribuer plus également le deux divisions de cantons.

Nous

Nous diviserons ce travail en deux portions dis-tinctes.

La première embrassera la description spéciale de tous les monumens qui appartiennent à l'époque ancienne de Falaise, depuis sa fondation jusqu'au temps de la Ligue à-peu-près, c'est-à-dire, jusqu'au temps où la ville a cessé d'être une place de guerre.

La seconde comprendra tous les édifices mo-dernes, ou les constructions qui ne remontent pas au-delà de cinq ou six générations.

CONSTRUCTIONS, ÉDIFICES ET MONUMENS ANCIENS.

Pour procéder avec ordre, et éviter toute confu-sion, nous ferons un chapitre spécial pour chaque édifice digne à lui seul d'être décrit avec une cer-taine étendue ; nous confondrons tout le reste dans des chapitres généraux, en indiquant seulement dans les titres les sujets que nous y traiterons.

LE CHATEAU FORT.

Nous plaçons en première ligne le château fort ; qui non seulement est le point le plus remarquable de la ville, mais que l'on peut regarder comme un des monumens les mieux conservés, et les plus majestueux de la province.

Le château de Falaise est à l'ouest de la ville ; assis sur les rochers ou hautes falaises qui bordent le courant de la petite rivière d'Ante. Sa forme est à-peu-près celle d'un carré long, dont un des angles se termine en pointe vers le midi. L'entrée principale est tournée vers la ville, dans la direction du sud-est, et de la place Trinité. Il y avait autrefois des poternes ou entrées souterraines, au nord, à l'ouest et au midi ; elles ont maintenant disparu.

L'espace renfermé dans l'enceinte murée du château fort est d'un hectare 53 ares 75 centiares ; des remparts de 15, 20, 30 et 40 pieds d'élévation, le défendent de tous côtés ; ils reposent sur le roc vif, comme tout le reste de la ville. Les remparts de l'ouest et du midi sont plus élevés que les autres, et se montrent flanqués de hautes tours qui les soutiennent ; on voit également des tours du même genre aux autres points de la muraille. On en compte quatorze encore sur toute l'étendue du château.

La forteresse est à la pointe la plus escarpée vers le nord-ouest ; elle domine tout le vallon, et semble menacer la masse énorme de Noron qui se montre vis-à-vis d'elle. On reconnaît qu'elle fut fondée pour soutenir de longs assauts. L'ennemi, pour y arriver en dehors, devait gravir à découvert, sur des rocs presque inaccessibles, et se rallier au pied des murailles que nuls efforts n'eussent pu détruire. Les assiégés, qui le dominaient, pouvaient l'écraser aisément, avant qu'il fît un mouvement pour tenter un second assaut. La faim seule semblait donc pouvoir chasser de cet asile inexpugnable.

La forteresse se composait d'un vieux donjon carré, détruit en partie par le temps, et d'une haute et magnifique tour que nous voyons encore entière. Cette tour et ce donjon sont dignes de toute notre attention.

Quelques-uns ont soutenu que le donjon était l'ouvrage des Romains, et ils ont allégué des traditions pour appuyer leur opinion. La vue de l'édifice nous suggère d'autres idées.

Ce donjon nous offre une grande masse carrée de 60 pieds de largeur à-peu-près en tous sens, sur 15, 25, 40 et même 60 pieds d'élévation aux diffé-rens côtés. Les deux grandes façades du nord et du midi sont soutenues, dans toute leur hauteur, par cinq énormes contreforts de 27 à 30 pouces de saillie, et revêtus de pierres de taille d'échantillon de 8, 10, 12 et même 15 pouces de longueur, sur 7 à 10 d'épaisseur, selon les assises. Le pied des murs est également revêtu de ces mêmes pierres jusqu'à 10, 15, 20 et même 30 pieds d'élévation sur quelques-unes des faces. Tout le reste offre un remplissage de moëllon ou de pierres grises, cou-chés par lits et en arrêtes i.

Les murs ont 9 pieds 9 à 10 pouces d'épaisseur dans la partie la plus élevée, et quelque chose de plus dans les fondemens. L'intérieur de ces murs a été construit à bain de chaux, et les pierres y ont été jetées pêle-mêle avec la matière ; les parois du dehors et du dedans ont seuls une disposition ré-gulière. La chaux n'offre en général qu'un mélange de sable, et sur quelques points seulement on y

---

i Les mesures prises en mètres ont toutes été réduites en pieds métriques, pour la commodité du plus grand nombre des lecteurs. Le donjon est un peu plus étendu de l'ouest à l'est, que du nord au sud ; mais la différence, de moins de deux pieds, n'est pas assez sensible pour que nous ayons dû y attacher une grande importance. Nous avons cru qu'il suf-fisait de faire connaître à-peu-près quelle est la contenance de l'édifice et la mesure de ses principales parties. Une trop rigoureuse exactitude mathématique devenait inutile, et eût été d'ailleurs fastidieuse pour ceux auxquels ce livre est prin-cipalement destiné.

remarque de légers fragmens de charbon ; on ne trouve le ciment qu'au revêtement extérieur, et même on ne l'aperçoit que jusqu'à quelques pieds d'élévation au-dessus du sol. Ce ciment est rouge, et placé entre chaque assise ; il paraît être d'une qualité supérieure.

La pierre du donjon ressemble à celle que l'on tire des carrières voisines de la ville. Le temps n'a point agi sur elle jusqu'à ce jour.

Trois fenêtres s'ouvrent à l'étage supérieur, du côté du nord, et deux seulement vers le midi. L'architecture de ces fenêtres est de l'époque grossière des premiers Normands, ou de la génération qui les a précédés. Dans un grand cintre plein, de 40 pieds d'étendue d'une base à l'autre, s'offrent, à hauteur d'appui, deux petites ouvertures de 6 pieds, cintrées, et séparées l'une de l'autre par une colonne dont le chapiteau est en général d'un travail barbare. On y remarque des enlacemens en forme de nattes, et, à quelques angles, des figures informes ; le plus curieux présente une espèce d'homme à tête monstrueuse, étendu sur le côté, et tenant de chacune de ses mains une corde qui s'attache au cou de deux animaux qui semblent être des cochons, et dont les queues se réunissent et s'enlacent par derrière. Ce bizarre sujet s'étend sur les quatre faces du chapiteau ; il est de la plus affreuse grossièreté. Jamais les Romains, à coup sûr, n'ont rien produit de pareil dans les arts[1].

[1] On peut voir cette fenêtre du donjon dessinée à la planche 7 de notre atlas ; le développement du chapiteau est en entier au-dessous. Quant à la petite ouverture carrée qui se trouve

La partie inférieure du donjon, taillée dans le roc, offrait quelques appartemens souterrains où l'on ne pénètre plus. On y descendait par un escalier pratiqué dans l'épaisse muraille du nord ; la porte d'entrée se voit encore au pied de cet escalier. Des fouilles dirigées avec précaution pourraient faire découvrir quelques particularités remarquables sur ce point. [1]

L'étage supérieur se divisait autrefois en salles et en chambres, dont les murs de séparation ont disparu, ainsi que la couverture. C'était à l'angle méridional de cet étage que se trouvaient *les salles Talbot*, ornées de peintures à fresque, dont on voyait encore les restes il y a quarante ans environ ; une grande cheminée s'y remarque même encore dans l'épaisseur de la muraille ; la fenêtre qui présente le chapiteau grossier que nous venons de décrire, éclairait la salle principale.

A ce même point méridional du donjon, mais au-dessus des deux principales, il est évident qu'elle est d'une époque moins reculée que le reste de la fenêtre ; elle date probablement de trois à quatre siècles tout au plus.

Un paysagiste de Paris, M. Gué, employé à la manufacture de Sèvres, a aussi publié *une croisée du château de Guillaume-le-Conquérant*. Son dessin reproduit assez fidèlement l'objet qu'il a voulu faire connaître. La croisée qu'il a reproduite est la première à droite en entrant, du côté du nord et du faubourg du Valdante.

1 M. le comte d'Aubigny, qui a vu jadis quelques-uns des appartemens de ce bas étage, croit « qu'ils étaient destinés » à mettre des approvisionnemens. » Il assure « qu'ils étaient » garnis de pierres de taille dans une grande partie de leur » pourtour, et que l'un d'eux se nommait le Saloir. » (*Note communiquée.*)

plus en dehors, et dans un angle saillant disposé à dessein, se trouvait la chapelle de Saint-Prix, longue de 7 pieds 2 à 3 pouces seulement, sur une largeur de 6 pieds 4 pouces. Cette chapelle était voûtée, et l'autel était vers le levant ; on n'y communiquait point de l'intérieur du donjon ; l'ouverture unique était à l'est, en dehors de la forteresse, et le jour n'y pénétrait que par ce point et par une étroite fenêtre pratiquée dans le mur du sud [1].

A l'angle opposé, vers le nord, on voit une modeste chambre où naquit, selon quelques-uns, le plus illustre des Normands. On s'étonne de la petitesse de cet appartement qui n'offre que 7 pieds de long, sur 6 pieds 4 pouces en largeur, et qui, dans un enfoncement, laisse voir une étroite alcove qui semble creusée dans le mur même, et n'est profonde, sur tous les points, que de 4 pieds tout au plus. C'est-là, cependant, à ce qu'on assure, que se retiraient nos vieux ducs, pour chercher le repos auprès de leurs compagnes, et ce fut-là que dut être reçue Arlette par celui qui devait bientôt la rendre mère d'un héros. Sans doute il serait facile de contester l'authenticité de cette dernière tradition, et de placer partout ailleurs le théâtre des amours du Duc avec la jeune Falaisienne. Toutefois

---

1 Ce fut le dernier gouverneur qui détruisit la voûte de la chapelle, pour y placer un massif d'arbres qui se voit encore au-dessus. Ces arbres sont chétifs, et leurs racines pénètrent dans l'épaisseur des murs qu'ils dégradent chaque jour, et dont ils hâteront la ruine. Nous regrettons qu'on ait eu l'idée d'ajouter cette espèce d'ornement à un édifice qui se recommande de tant d'autres manières à l'admiration des curieux et des antiquaires.

les chants d'un vieux Barde viennent à l'appui de nos récits populaires, et des vers de Benoit de Ste.-More semblent désigner assez bien l'humble enceinte dont nous parlons.

L'auteur décrit d'abord l'entrée d'Arlette dans le château, et montre les *amis* du prince qui la conduisent jusqu'à leur maître ;

> :.... Tòt fut la porte défermée ;
> Et tôt eissi l'ont ens menée
> Deciqu'en la chambre *voutice*
> Ou out maint ymaige peintice
> A or vermeil et à colors.......1

A la vérité, l'on ne retrouve plus ni l'or vermeil, ni les couleurs, mais la chambre est encore voûtée, et cette retraite ne semble pas trop mal choisie pour une entrevue comme celle d'Arlette et de Robert : un jour trop vif n'en trouble point le doux mystère, et le tumulte du dehors ne saurait guère y pénétrer ; les vents mêmes, dans leur furie, ne pourraient jamais ébranler les murs énormes qui l'entourent.

Un dernier petit appartement étroit se voit encore du même côté, et comme taillé pareillement dans l'épaisseur de la muraille. On ne pouvait y renfermer qu'un ou deux hommes en même-temps, et ceux dont on se défiait au point de les garder à vue. C'était sans doute, dans le principe, une prison qu'on réservait pour les plus illustres captifs. Noble

---

1 « Aussitôt la porte fut refermée et aussitôt ils la condui-
» sirent jusques dans la chambre voûtée ou maint image était
» représentée en or vermeil et en couleurs... »

BENEOIT DE STE.-MORE. *Estoire e Genealogie des Ducs qui unt été par ordre en Normendie.*

Arthur ! ce fut-là peut-être que tu languis pendant
quelques mois, avant d'aller chercher la mort au
sein des noirs cachots de Rouen, et par les mains
d'un prince cruel !...[1]

Tel est, au reste, le vieux donjon, dont la très-
haute antiquité ne saurait être contestée. Personne
encore n'a pu, jusqu'à ce jour, assigner à sa fondation une époque précise et certaine ; nous avons
cru cependant qu'il était possible de la reconnaître
à la masse carrée de l'édifice, à la nature de la
maçonnerie, et surtout à l'architecture des fenêtres ;
nous ne la faisons pas remonter au-delà du 9.e ou
du 10.e siècle.[2]

Deux petits donjons ont été construits plus tard,
en dehors, vers l'ouest et les rochers. L'un, étroit,
profond et sans ouverture, dut servir de prison de
guerre ; les murs en sont noirs, et l'on n'y pénètre
encore qu'avec une certaine horreur. L'autre, plus
grand, offrant des traces de distribution intérieure
et d'élégantes fenêtres à trèfles et à ornemens gothiques, fut sans doute la demeure de quelques-uns
des chefs. On y voit des meurtrières rondes, comme
on en ouvrit dans les murs des forteresses, après la

1 Voir la première Partie, page 59.

2 Quelques réparations seraient indispensables pour préserver le donjon d'une ruine prochaine. Les plus pressantes
seraient le rétablissement du soubassement de la deuxième
fenêtre tournée vers le midi, et celui du revêtement extérieur
de la muraille du nord, jusqu'à une élévation de 12 pieds environ. Puissent ces travaux être promptement entrepris, pour
préserver de la destruction un des plus beaux monumens qui
nous restent de la grandeur et de la puissance de nos pères !...

découverte des armes à feu ; peut-être ne remonte-
t-il point au-delà du 15.ᵉ siècle. Il est du reste beaucoup moins élevé que le donjon principal, et l'on
y accède par un escalier pratiqué dans la muraille
occidentale de ce dernier ; sa hauteur est de 36 pieds
environ, sur 30 de largeur. ¹

La grande tour est séparée du vieux donjon par
un mur énorme, de 15 pieds d'épaisseur, et dans
lequel est pratiqué le passage de communication.
On y arrive aussi maintenant par le haut de ce mur,
disposé en terrasse, et l'on s'y introduit par une
petite porte cintrée de sept pieds seulement de hauteur ; mais ce passage extérieur, en vue de l'ennemi,
ne devait pas exister au temps des siéges, et la porte
même, de ce côté, devait être entièrement supprimée et recouverte par l'exhaussement de la muraille. On n'eût pas conservé une seconde entrée de
ce genre, qui pouvait compromettre la sûreté de
cette dernière partie de la forteresse.

La porte inférieure était garnie d'une herse de fer,
dont l'emplacement se remarque encore. Comme ce
devait être la seule ouverture, les surprises n'étaient
pas à craindre, et l'ennemi, maître de la ville et du
reste du château fort, éprouvait sur ce point une
dernière résistance. Il lui devenait même d'autant
plus difficile d'en triompher, que le peu de largeur
du passage rendait impossible le jeu des machines
et la réunion d'un grand nombre de combattans.

La tour, élevée de 111 pieds au-dessus du sol,
se divisait en quatre étages, qui servaient de loge-

---

¹ On a pratiqué dans son intérieur, depuis quelques années,
un petit pavillon rond pour servir de magasin à poudre.

ment à ses défenseurs. Le jour y pénétrait par de longues ouvertures de 3 pouces de large, sur 6 pieds de haut, et par deux fenêtres carrées qui se montrent aux étages supérieurs vers le château. Les planchers, soutenus par des voûtes en pierre, offraient à leur centre une ouverture qui servait à descendre les fardeaux d'un étage à l'autre, et à transmettre plus promptement les ordres. Des escaliers tournans, pratiqués dans la muraille, menaient également aux différens points de l'édifice, et depuis le sommet jusqu'au bas; seulement au-dessous du dernier étage inférieur, se trouvait une espèce de cachot souterrain, où l'on ne pénétrait que par l'ouverture ronde ménagée dans le plancher. C'était sans doute encore quelque prison ou un dernier lieu de sûreté pour les approvisionnemens et pour les effets les plus précieux des assiégés et des habitans. Le jour ne parvient guère jusqu'au fond de ce lieu souterrain.

Un puits, ménagé dans toute la hauteur de la muraille jusqu'aux étages les plus élevés, devait fournir de l'eau dans toute cette partie de la forteresse, quand elle ne communiquait plus avec le reste du château. Il serait difficile de connaître maintenant à quelle profondeur descendait ce puits, parce qu'un grand nombre de pierres l'ont encombré depuis long-temps. On peut croire toutefois qu'il s'enfonçait fort avant au-dessous du sol, et qu'il correspondait à quelques chemins souterrains qui conduisaient au dehors de la ville, ou du moins de la forteresse. Quand tout espoir était enlevé aux assiégés, ils pouvaient encore se retirer par ce point,

et se soustraire à la fureur et au glaive de l'ennemi.
Il y avait quatre étages, comme nous l'avons dit,
et à 20 pieds de distance les uns des autres. Celui
du haut offrait seul une cheminée creusée dans la
muraille, et c'était aussi probablement celui qu'occupait le commandant de la tour. Un rang de
doubles créneaux régnait en couronnement au sommet de l'édifice, et à trois pieds de saillie en dehors;
il était recouvert par un large toit plat, en tuiles,
qui le préservait de la pluie. Les eaux étaient portées ensuite, par de longues gouttières, vers les
points les moins fréquentés extérieurement.

Voilà quelle était la grande tour il y a cinquante
ans environ, et maintenant encore on peut remarquer qu'elle n'a éprouvé que des changemens peu
importans. Deux des planchers ont disparu par
suite, sans doute, de la négligence qu'on aura mise
à les entretenir; le toit a été aussi enlevé et remplacé par une voûte qui semble devoir préserver
plus efficacement tout l'intérieur de l'édifice; les
escaliers du bas sont dégradés, mais celui du haut
est en très-bon état. En somme, ce monument,
d'une très-belle construction et d'une conservation
presque entière, semble être destiné à résister pendant des siècles encore aux efforts du temps. Quelques soins de l'administration et de petites sommes
convenablement employées, de temps à autre, le
maintiendront dans toute sa beauté. Il restera le
témoin muet des événemens passés pour les générations qui se succéderont au pied de ses murailles.

Le diamètre de l'édifice, à la partie moyenne,
est de 40 pieds environ, les murs compris; il y a

une légère différence, en plus ou en moins, à mesure que l'on descend vers les fondemens, ou que l'on s'élève vers le sommet. L'épaisseur moyenne des murs est d'un peu moins de 10 pieds. Ils sont construits en belles pierres de taille d'échantillon, tirées des carrières d'Occaigne ou de Saint-Martin, près Argentan ; cette espèce de pierre est aussi belle que bonne, et d'une qualité encore supérieure à celle du vieux donjon. Les assises ont, en général, de 10 à 12 pouces de hauteur.

La grande tour fut élevée pendant la dernière invasion des Anglais, de 1418 à 1450. Talbot commandait alors dans la ville, et ce fut par ses ordres que s'exécuta ce grand ouvrage. C'est de lui pareillement que l'on a continué à désigner ce monument sous le nom de *Tour Talbot*[1].

[1] On peut voir la tour et le vieux donjon représentés, en dehors du château, sur le dessin de M. Charles de Vauquelin, qui a pour titre : *Vue de la Ville de Falaise, prise des rochers de Noron*. On peut les voir aussi, pris de l'intérieur, dans le petit dessin de M. d'Oilliamson, qui leur est exclusivement consacré. Ces vues suffiront pour donner une idée exacte des deux monumens à ceux qui ne les auraient pas visités.

Les réparations faites à la grande tour ont eu lieu en 1823, et elles paraissent assez bien entendues ; la voûte que l'on commença devait défendre les murs et les étages inférieurs de l'atteinte des pluies qui les dégradaient depuis trop longtemps. Malheureusement, les travaux n'ont point été achevés, et l'on ne sait quand on les reprendra ; encore quelques années, et ce que l'on a fait deviendra inutile, si l'on n'y met la dernière main ; la voûte se dégrade déjà elle-même, parce que rien ne la défend et n'empêche l'effet des eaux qui y séjournent et s'y infiltrent. Il faudrait au-dessus un recouvrement de pierres plates de granit bien cimentées l'une avec l'autre, et sur lesquelles seraient creusées de petites dalles pour l'écou-

Les autres parties du château n'offrent pas le même degré d'intérêt que la tour et le vieux donjon ; nous les passerons donc plus succinctement en revue.

La chapelle dédiée à Saint Nicolas était autrefois une espèce de paroisse, et l'édifice était beaucoup plus grand qu'il ne l'est maintenant ; on le reconstruisit dans le dernier siècle, avec les débris de l'ancienne église qui s'écroulait, et l'on en conserva tout ce qui pouvait entrer dans le nouveau plan que l'on avait adopté. C'est ainsi que le derrière

lement des pluies à l'extérieur ; on désirerait également une petite rampe légère tout à l'entour du monument, pour l'agrément et la sûreté de ceux qui le visitent. On a déjà employé 20,000 fr. environ pour la première partie des reconstructions projettées. Les derniers travaux indispensables ne s'élèveraient pas à plus de 12 ou 15,000 fr. Nous ne doutons pas que l'administration supérieure ne s'occupe enfin prochainement de terminer cette importante réparation, qui lui donnera des droits incontestables à la reconnaissance des habitans de ce pays, et de tous les amis des arts et des belles antiquités historiques.

L'architecte (M. Crespin, de Falaise) qui dirigea les opérations faites en 1823, mérite des éloges pour la manière hardie avec laquelle il établit ses échafaudages, et pour le revêtement qu'il a placé sur toute la portion dégradée de la muraille qui regarde le sud-ouest. Il n'a pas tenu à lui que l'ouvrage ne soit achevé dignement. On lui reproche toutefois, avec raison, ce millésime de 1823, qu'il a gauchement gravé sur une des pierres, et surtout ce simulacre de boulet qu'il y a fait barbouiller. Le boulet n'a jamais été trouvé à cette partie élevée de la muraille, comme ses ouvriers l'ont prétendu ; et cette petite espiéglerie ne devait pas être présentée comme une vérité historique. Nous l'engageons donc à faire disparaître l'inscription et le boulet aussitôt qu'il en trouvera l'occasion.

du chœur présente encore une muraille de l'époque primitive, avec l'architecture à plein cintre, qui rappelle les temps du Conquérant ou ceux de ses premiers successeurs. On a également replacé sous la nouvelle corniche quelques-uns des corbeaux grossiers du vieux monument, et enfin l'ancien portail lui-même se retrouve encore avec ses colonnes et ses chapitaux normands dans l'intérieur de la chapelle, vis à-vis de l'autel. Tout le reste est plus moderne, et ne présente rien qui le distingue. Seulement deux croisées gothiques à la muraille du midi, et deux carrées à celle du nord, comme pourraient être celles d'un salon, font voir qu'un homme de goût n'a point présidé au travail de la reconstruction. Il n'existe aucune espèce d'harmonie entre les parties de l'édifice. Le supplément de nef qui fut ajouté en 1813, est construit sans aucune trace d'architecture monumentale. On le maçonna comme un supplément de grange que l'on ajouterait à une ferme devenue trop étroite pour la récolte des moissons [1].

Les bâtimens où le collége est établi de nos jours, servaient autrefois de logement au gouverneur et à la garnison, en temps de paix ; les écuries étaient où se tiennent aujourd'hui les classes, et le dortoir actuel des étudians était celui des gens de guerre. Les autres salles existaient pareillement telles que nous les voyons, et seulement on les employait à des exercices d'un autre genre que ceux auxquels

---

[1] L'église de St.-Nicolas du château était autrefois desservie par les religieux de l'abbaye de Saint-Jean : c'était une concession du roi Henri V d'Angleterre.

ils sont maintenant consacrés. Du reste, ces diverses
constructions n'offrent rien de remarquable, et nous
ne nous arrêterons point à les décrire. Nous noterons
seulement une portion de cintre normand qui se
voit à la sortie du vestibule du côté de la chambre
actuelle du principal. Une colonne encaissée, avec
un simple chapiteau, soutenait de chaque côté l'arc
cintré autour duquel règne un double rang de zig-
zags. Il y avait là une construction qui aura disparu
depuis long-temps. Le pan de la muraille, avec la
porte d'entrée, auront échappé seuls à la ruine de
l'édifice.

Le bâtiment où sont les études et le nouveau
dortoir, fut construit en 1809, lorsque le collége
devint plus nombreux. Toute cette portion du château n'offre rien qui soit digne d'être cité.

Il n'en est pas de même du beau puits, creusé
dans le roc vif, que l'on remarque au milieu des
jardins actuels, et à quelques pas seulement du
rempart méridional. Ce puits, dont les eaux ne
tarissent jamais, fournissait aux besoins des assiégés
relégués sur ce rocher ; il est profond de 100 pieds
environ, large de douze dans toutes ses parties, et
il communique, à ce qu'on assure, avec des salles
souterraines dont l'entrée se retrouverait, si l'on
voulait les rechercher. Tel qu'il apparaît encore au
dehors, c'est un travail hardi, et dont l'exécution
mérite d'être observée [1].

1 Une tradition assez étrange se rattache à ce puits du château. On prétend qu'il correspond, par une voie souterraine,
avec la ville de Caen, et que deux canards s'étant embarqués
anciennement sur un petit canal formé par ses eaux, arrivèrent

Nous noterons encore la principale porte d'entrée du château, dont l'ogive simple est d'un travail qui rappelle le 12.e ou le 13.e siècle, ainsi que les légères dentelures sculptées sous les impostes. Une herse de fer s'engageait dans une longue rainure pratiquée de chaque côté des murailles intérieures. Cette porte est soutenue par deux tours, et l'on ne pouvait y accéder que par un chemin tournant et incliné. On prêtait ainsi le flanc de toutes parts aux guerriers placés sur les murailles; et il fallait même encore, avant d'arriver à ce point, franchir une première porte avec un pont-levis qui se trou-vaient sur l'emplacement actuel de l'hôtel-de-ville. L'accès du château, de ce côté, n'était donc pas beaucoup plus facile que sur les autres points où l'escarpement de la muraille le rendait en quelque sorte impraticable.

un beau jour sur les bords de l'Orne, au moment où l'on y jetait les fondemens de la ville Saxonne. Les deux oiseaux voyageurs, joyeux de revoir le jour, firent entendre leurs bruyans *cans*, *cans*, et la foule aussitôt s'empressa autour d'eux, frappée d'un tel prodige. On consulta les dieux du temps, et, par leur avis, la ville nouvelle reçut le nom dont l'avaient saluée les hôtes nouveaux venus des rives de l'Anse. Depuis ce temps, il est vrai, on a plus d'une fois méconnu l'étymologie si simple de ce nom ; mais on n'en doit pas moins le rappeler à sa véritable origine. Ainsi donc, Messieurs les antiquaires de Caen, laissez-là votre *ville de Cadmus*, ou *de Caïus*, et revenez avec nous aux traditions de nos pères. Foi de confrère, nous avons recueilli cette dernière, dans toute sa pureté et de cent bouches différentes, au sein de cette vieille cité qui donna le jour au Héros dont le tombeau fait encore aujourd'hui l'honneur principal de vos murs. Tout ce qui vous vient de cette source ne peut guère vous être suspect...

Il

Il y avait des souterrains sous le château comme il y en a sous la ville. L'un d'eux, placé sous la grande terrasse, communiquait au dehors par une poterne située entre deux tours, dans le rempart du midi. On voit encore la sortie d'un autre souterrain au fond du verger, dans la direction de l'ouest; on devait descendre par-là jusqu'à la rivière d'Ante. Enfin, un troisième, dont l'issue se voit au pied du donjon, vers le nord, devait correspondre avec les bas étages de la forteresse. Il y en avait d'autres, sans doute, qui menaient à la ville, et se rendaient jusqu'à ceux qui la traversaient en tous sens. Le peu de recherches que l'on a faites jusqu'ici n'en a point fait encore découvrir de ce côté.

Nous n'ajouterons rien de plus à cette description, bien imparfaite sans doute, du château fort.

Nous rappellerons seulement, en finissant, deux traditions qui se rapportent à ce vieil édifice normand.

Selon la plus ancienne, ce serait d'une des fenêtres du donjon, tournées vers le Valdante, que le duc Robert aurait vu, pour la première fois, la jeune Arlette se lavant dans les eaux d'une fraîche fontaine qui se trouve au pied des rochers, et, dès ce moment, le prince, épris de ses attraits, en serait devenu amoureux, et aurait tout tenté pour l'obtenir de ses parens.

Cette anecdote se raconte à tous ceux qui visitent le monument, et il en est peu qui ne prennent de-là l'occasion de sourire malignement de la naïveté falaisienne; ils doutent, et avec raison, qu'au temps de Robert, on ait eu la vue beaucoup plus perçante que de nos jours, et ils ne peuvent concevoir que le Duc ait alors distingué assez clairement, du haut de sa forteresse, les traits de la fille de Verprey, pour s'éprendre, à cette seule vue, de ses charmes, et pour la rechercher aussitôt pour maîtresse.

Nous aussi, nous devons l'avouer, nous avons douté de la véracité de cette tradition, et nous avons cru qu'on devait au moins en offrir une explication un peu plus vraisemblable. Nous rappellerons donc le récit, beaucoup plus naturel, de la première rencontre d'Arlette et de son amant, tel qu'il se retrouve dans un poëte presque contemporain, et nous sommes convaincus que ce passage sera mieux accueilli de nos lecteurs, que la fabuleuse anecdote de la fenêtre du vieux donjon.

A Faleise esteit séjornanz
Li bons duc Robert li Normanz,
Mult li ert li leurs covenables
É beaus é sains é delitables.
C'esteit un de ses granz déporz
Quod danzeles ce suis recorz ;
Un jor qu'il veneit de chacier
En choisi une en un gravier,
Dans le ruissel d'un fontenil
Ou en blanchisseit un cheinsil,
Od autres filles de borgeis
Dunt aveit od li plus de treis.
Tirez aveit ses dras en sus,
Si cum pucelles unt en us
Par enveisure é par geu,
Pecres quand sunt en itel leu ;
Beaus fut li jors et li tens chauz,
Ce que ne covri sis bliaux,
Des piés é des jambes parurent
Qui si tres beaus et si blans furent

Que ce fut bien au Duc avis
Que neifs ert pale è flors de lis
Avers la soe grant blanchor;
Merveilles y torna s'amor......

BENEOIT DE STE.-MORE. *Estoire des Ducs de Normendie.* 1

Comme on le reconnaît par ce passage, c'est en effet dans les eaux de la fontaine des rochers que Robert vit pour la première fois Arlette. Mais il la vit du vallon, en descendant des bruyères, où il venait de chasser, et il put distinguer d'assez près sa grâce, sa fraîcheur et sa légèreté, pour se passionner aussitôt pour elle, et former le dessein de la rechercher pour *amie* 2. Plus tard, il est vrai, et avant de l'avoir obtenue, il aura pu la regarder des fenêtres de son château, lavant son linge avec ses jeunes compagnes; mais il la connaissait alors, il avait ses traits gravés dans le cœur, et il n'avait plus besoin de les distinguer pour en être touché. C'était une contemplation de l'amour, et les distances disparaissent dans ces occasions. C'est sous ce rapport seulement que l'antique tradition peut mériter quelqu'ombre de confiance.

La seconde tradition se rapporte au temps du siége de Falaise par Henri IV, et nous l'admettrons

1 Nous ne donnerons point la traduction de ces anciens vers, dont le plus grand nombre de nos lecteurs devineront aisément le sens. La naïveté de quelques-unes des expressions perdrait trop à être rendue dans le style délicat et châtié que l'on exige aujourd'hui des auteurs.

2 Expression de la vieille chronique manuscrite-Vauquelin. Voir première Partie, page 12.

volontiers, parce qu'elle se trouve, pour ainsi dire soutenue par l'histoire elle-même.

Il existe, à l'angle occidental du château fort, une grande tour qui s'avance vers la rivière, et qui défendait toute cette portion des remparts qui donnait sur la vallée. Un cavalier, élevé en face, la protégeait en dehors, et ce point, préservé d'ailleurs par des étangs et des fossés profonds, dut être à-peu-près à l'abri de toute attaque avant la découverte de l'artillerie. Mais à l'époque du dernier siége, en 1590, Henri, qui le commandait, dirigea des batteries de ce côté, et ce fut même par-là qu'il voulut qu'on tentât l'assaut. Les historiens, il est vrai, ne disent pas en toutes lettres qu'il y soit monté lui-même, et le peuple, dans ses récits, fait seul mention de cette circonstance. Mais on ne voit pas sur quel fondement on contesterait cette tradition, et l'on croira même volontiers que le *Roi vaillant* ne se sera pas plus ménagé dans cette occasion que dans toutes les autres. Il faut donc tenir pour certain que la *tour la Reine* vit le plus grand de nos rois hasarder ses jours au pied de sa brèche, pour s'emparer, en personne, d'un poste vraiment périlleux ; et ce dernier souvenir ne sera pas le moins mémorable de tous ceux que rappelle la vieille histoire militaire des Falaisiens[1].

1 M. Henri GAIL, jeune professeur au collége, s'occupe de la réduction d'un plan du château fort, qu'il dressa, il y a douze ans, sur de plus vastes dimensions, avec M. PARIS, régent de mathématiques. Plus tard nous ferons lithographier ce plan réduit, et nous le livrerons au public.

PORTES DE LA VILLE, TOURS, REMPARTS ET CHEMINS SOUTERRAINS.

Nous avons déjà promené nos lecteurs autour de la vieille ville ; nous dirons deux mots seulement du genre de construction des anciennes fortifications qui se trouvent encore debout.

La porte Ogise ou des Cordeliers, est la seule qui reste du temps des guerres. Elle date du siècle de St.-Louis, et son architecture indiquerait assez l'époque de sa fondation, si d'ailleurs elle n'était pas connue. Cette porte est double, et se compose d'un grand cintre extérieur, à ogives, de 22 pieds de haut, et d'un second cintre intérieur, également à ogives, mais moins large et moins élevé que le premier. Entre ces deux ouvertures on voit un mur de traverse qui s'étend du sommet de l'ogive principale jusqu'à la seconde. La porte de guerre où la herse descendait dans une rainure de quelques pouces, pratiquée entre les deux cintres ; la porte de ville était en dedans, soutenue par des gonds que l'on remarque encore aux deux côtés de la muraille, vers l'église des Cordeliers.

La porte le Comte, qui fut détruite il y a quarante ans, était construite d'après le même système ; il paraît cependant qu'elle était moins élevée. Au-dessus de ces portes étaient une ou deux chambres où se logeaient les défenseurs, ainsi que dans les tours voisines [1].

1 On peut se faire une idée de la porte Ogise par le dessin qu'en a publié M. de Vauquelin. La tour et toutes les constructions existent encore telles qu'il les a représentées. Nous devons faire observer seulement que l'ogive du monument est

Les tours de défense, placées aux différentes portes et sur tous les points des remparts, étaient au nombre de plus de quarante. Leur construction se ressemblait presque partout ; elles étaient rondes, creuses, pour la plupart, à deux ou trois étages au-dessus du sol, bâties en petites pierres de schiste ou de moëllon, couchées à plat ou de côté, et offrant seulement çà et là des assises de pierres de taille pour soutenir la maçonnerie. On logeait les soldats dans l'intérieur des différens étages, et des trous ménagés dans chaque mur, leur apportaient le jour et leur offraient les moyens de diriger leurs armes contre les ennemis. La forme ronde et étroite d'un grand nombre de ces trous ou meurtrières fait voir qu'on les ouvrit depuis la découverte des armes à feu ; on y introduisait des arquebuses et des mousquets d'un gros calibre.

Les anciennes tours devaient être en partie couvertes par une maçonnerie, en voûte, d'une très-forte épaisseur. Sur les points escarpés, elles étaient seulement surmontées par un mur de 10 à 12 pieds d'élévation au-dessus de la terrasse.

Le diamètre des anciennes tours était de 15 à 20 pieds en général. Elles étaient éloignées de 60, 80, 100 ou même 200 pieds de distance les unes des autres, selon les différentes positions.

plus simple et moins élégante que celle du dessinateur. L'arc est plus ouvert au point d'intersection, et se termine brusquement de manière à offrir un cintre presque plein. Si cette forme est moins gracieuse que l'ogive orientale, elle convenait davantage peut-être à un édifice dont la solidité devait être le principal caractère.

Les tours les mieux conservées sont celles du rempart du nord, au-dessus du moulin Hélie, et surtout celles des portes Philippe-Jean, Ogise et le Comte, dont nous avons précédemment parlé. La tour du sud, près de l'étang, est également très-remarquable encore.

Les vieux remparts étaient construits comme les tours, et s'élevaient pareillement à quelques pieds au-dessus de la terrasse. Des escaliers menaient à leur sommet, et l'on dominait de-là sur tous les points de la vallée. L'épaisseur supérieure des murs était moindre que dans les fondemens.

On remarque encore, au nord de la ville et près des anciennes tours que nous venons d'indiquer, des pans de ces vieilles murailles très-bien conservées. Les pierres, presque noires et parfaitement assemblées, semblent n'avoir subi aucune espèce de dérangement. Les remparts primitifs, vers l'est et le sud-est, ont presque entièrement disparu. Les murs qui les remplacent n'ont pas la même solidité.

Nous avons parlé des chemins souterrains en décrivant la vieille ville. Ils étaient tous construits sans doute comme celui que l'on découvrit dernièrement en dehors de la porte le Comte ; les hommes et même les chevaux y circulaient facilement, sous une arcade de plus de cinq pieds de haut, sur cinq environ dans sa plus grande largeur[1].

1 Voir à la page 279.

ÉGLISES.

Nous trouvons quatre églises paroissiales à décrire dans Falaise ; nous les présenterons dans l'ordre suivant :

Saint-Laurent,
Guibray,
Saint-Gervais,
Et Sainte-Trinité.

Nous terminerons par quelques mots sur la chapelle de St.-Marc et sur l'ancienne église presque détruite des Cordeliers.

ÉGLISE DE SAINT-LAURENT.

L'église de St.-Laurent est probablement la plus ancienne de Falaise. C'était dans le principe une simple chapelle comme on en construisait dans le commencement du 11e. siècle. Plus tard on y ajouta un chœur, et un petit supplément, à gauche de ce chœur, pour contenir les fidèles devenus plus nombreux ; de-là cette forme mesquine et irrégulière de l'édifice, qui le rendrait entièrement indigne d'attention, si l'on ne retrouvait à la nef quelques-uns des caractères de notre vieille architecture normande.

Les murs de cette nef, qui était la chapelle primitive, sont construits en petites pierres plates, calcaires, posées par couches l'une au-dessus de l'autre, et inclinées de manière à former ce qu'on est convenu d'appeler des arrêtes de poisson. Des contreforts peu saillans soutiennent l'étroite façade et les murailles de côté ; ils sont formés de pierres de taille d'échantillon, et d'un volume peu considérable. Ceux des côtés ont dans leur épaisseur de petites fenêtres ouvertes, de 25 pouces de haut sur 6 de large, qui devaient éclairer l'intérieur. Les fenêtres plus vastes qui se voient à la nef, ainsi que celles qui sont au-dessus du portail, ont été pratiquées dans la suite. La hauteur totale de l'édifice, jusqu'au toit, n'est que de 15 pieds tout au plus. Il n'y a sous ce toit ni corniches ni corbeaux ; ils ont probablement disparu.

Le portail de St.-Laurent est très-simple ; il se compose de deux petites colonnes sans ornemens, soutenant un cintre plein, légèrement cannelé ; il y existe un petit rang de billettes et un d'étoiles simples ; deux têtes difformes sont au-dessous des impostes.

St.-Laurent n'a point de tour ni de clocher. Le mur de façade a été exhaussé et prolongé au-dessus de la pointe du toit, de manière à offrir dans son épaisseur deux petites fenêtres gothiques, propres à soutenir des clochettes. Celles-ci, quoique très-légères, suffisent cependant pour se faire entendre dans toute la vallée, et pour appeler les paroissiens à l'office ; elles nous rappellent, au sein de la ville, le tintement modeste des cloches d'un village.

Les parties nouvelles de l'église présentent des fenêtres à ogives qui peuvent dater du 13.ᵉ siècle. Celle qui s'ouvrait derrière l'autel, du côté du levant, jetait sans doute une trop vive lumière dans le chœur, et on l'aura supprimée. Un tableau du martyre de St.-Laurent la remplace à l'intérieur. Les contreforts du chœur et de la chapelle supplémentaire sont très-saillans ; ils ont deux pieds d'épaisseur de plus que ceux de la nef.

Il y a dans le chœur quelques inscriptions sur des pierres tumulaires qui servent de pavé ; l'une est celle d'un *Briant*, sieur *de St.-Laurent*, décédé en 1591 ; une autre est d'un second *Briant*, sieur *de la Fontaine*, mort en 1654. Dans un petit encadrement de pierre, incrusté à l'une des murailles de la nef, à droite, vers la chaire, on lit l'épitaphe d'un bourgeois nommé *Fleury*, mort au mois d'octobre de l'an 1560.

L'église est sur un rocher, et l'on y arrive par un escalier de vingt-trois marches. On se trouve alors en face d'un porche en bois, de mauvais goût, qui masque le portail, comme dans les campagnes. Le cimetière est à l'entour de l'église, et l'on y remarque un if d'un demi-siècle environ. Une seule tombe de pierre s'offre dans cette enceinte ; c'est celle d'un prêtre, avec cette inscription sévère et philosophique : *Hodiè mihi, cras tibi.*

ÉGLISE DE GUIBRAY.

Cette église, due à la libéralité de nos ducs et de leurs nobles épouses, fut commencée dans le temps de Guillaume, continuée sous ses successeurs, et consacrée seulement en 1208, sous le règne de Philippe-Auguste. Bérengère, veuve de Richard, qui résida pendant long-temps à Guibray, contribua beaucoup, à ce qu'il paraît, à l'achèvement de l'édifice. On voyait encore dans le chœur, il y a moins d'un siècle, une statue de femme, que l'on croyait être la sienne.

Le chœur et les chapelles supérieures sont de l'époque primitive ; on y reconnaît, sur de petites

dimensions, le style des architectes et des sculpteurs
qui élevèrent les belles églises de St.-Etienne et de
Ste.-Trinité de Caen. La forme de l'abside principale, en harmonie avec celles des deux chapelles
latérales ; les étroites fenêtres à plusieurs rangs de
cintres pleins ; les assises régulières de pierres ; les
colonnes simples, basses, massives ; la corniche
avec ses grossiers corbeaux ; le marquetage en da-
mier, etc., tout annonce au dehors le goût normand, sans aucun mélange ; tout rappelle cette
imitation lourde du Romain, qui devait bientôt
faire place aux constructions plus légères, plus
gracieuses, plus hardies, de l'architecture gothique.
Dans l'intérieur, on retrouve tous ces étranges détails, enfantés par les imaginations fantastiques
des hommes du Nord; on voit aux chapiteaux des
êtres hideux luttant contre des oiseaux bizarres
ou des espèces de chimères ; on y voit des dragons
enlacés ou des fantômes menaçans. Sous les arcades
des voûtes, des objets analogues se représentent;
là, c'est un animal à la tête monstreuse et au corps
grêle et difforme ; plus loin, c'est une figure gri-
maçante et effroyable : nulle part un trait de goût,
nulle part une image gracieuse. Toutefois, cet ensemble plaît encore par sa bizarrerie même, et par
l'époque historique qu'il remet tout entière sous les
yeux. Les chroniqueurs nous ont appris quels furent
le génie guerrier et les hauts-faits d'armes de ces
hommes des générations qui nous ont devancé; la
vue et l'étude des monumens qui nous restent d'eux,
nous donnent ensuite une idée de l'état de leur civilisation. C'est ainsi que tout se réunit pour com-

pléter notre instruction. Félicitons‑nous donc de
retrouver encore, après de longs siècles écoulés,
ces ruines éloquentes qui nous parlent de nos pères;
interrogeons-les soigneusement, pour en tirer quel‑
ques lumières nouvelles, quelques nouveaux ren‑
seignemens. Que l'antiquaire communique à l'his‑
torien ses découvertes et ses observations; ils con‑
tribueront ainsi, en commun, à développer de plus
en plus, parmi nous, la véritable science de l'his‑
toire; ils la feront enfin arriver à sa perfection1.

Malheureusement, on a défiguré tous les parois
intérieurs du chœur de Guibray par un revêtement
moderne, qui n'est en harmonie avec aucune autre
partie de l'édifice. Ce sont des colonnes plates, ca‑
nelées, qui s'élèvent jusqu'à la corniche, et qui
soutiennent une assez belle voûte de pierre. Aux
coins de l'autel on a pratiqué de larges fenêtres
formant le demi‑cercle; et sur l'autel même on a

1 Les gens du monde sont dans l'usage de marquer du
mépris pour les antiquaires, qu'ils regardent comme de petits
cerveaux uniquement occupés de recherches mesquines et
inutiles. Sans doute, parmi les antiquaires de profession, il
en est quelques-uns qui ne sortent pas d'un cercle d'études
borné, et qui attachent une importance ridicule à des ob‑
servations minutieuses et insignifiantes. Mais dans le nombre
de ceux qui cultivent la science plus en grand, il en est qui
rendent journellement de grands services, et qui savent ratta‑
cher leurs découvertes partielles à des travaux plus étendus.
Ceux-là sont les utiles auxiliaires des beaux talens qui sont
appelés à retracer les grands tableaux historiques des siècles
et des nations. Ils méritent bien de leur patrie par leurs opi‑
niâtres recherches; et des plaisanteries irréfléchies ne les
détourneront jamais de travaux qu'ils n'ont entrepris qu'avec
la conscience de leur utilité réelle.

placé une Assomption de la Vierge, groupé en stuc, assez remarquable, et que supporte une table massive de marbre blanc. Sans doute ces ornemens sont d'un meilleur choix que ceux que l'on y voyait jadis; mais on doit avouer qu'ils sont déplacés, et qu'ils décèlent un manque total de goût de la part de ceux qui ont eu l'idée de les appliquer dans l'église de Guibray. Pour qu'un édifice soit beau, il faut, aussi bien que dans les ouvrages de poésie et de peinture, que l'unité y règne, et qu'un ensemble parfait subsiste entre toutes les parties. Si vous me montrez, disait Horace, la tête d'une belle femme terminée par la queue d'un sale poisson, vous n'exciterez en moi qu'un rire de pitié. *Risum teneatis, amici.* Que peut-on donc penser en voyant, d'un côté, une moitié de colonne grecque pleine d'élégance, et de l'autre les proportions lourdes et massives des colonnes romanes; le chapiteau normand et le chapiteau corinthien réunis sur le même pilier? Voilà cependant ce que présente le chœur intérieur de l'église que nous décrivons, entre les deux chapelles latérales qui l'enveloppent. Il n'y avait que deux partis à prendre lorsqu'on exécuta les travaux de 1771; ou l'on devait étendre les reconstructions sur toute la portion supérieure de l'édifice, pour masquer en entier l'ancienne architecture; ou, ce qui eût été de beaucoup mieux, il convenait de conserver le monument tel que nos pères nous l'avaient légué, et s'il y avait des reconstructions indispensables, il fallait les exécuter sur l'ancien modèle, en se gardant de l'altérer.

La nef est soutenue par douze piliers, flanqués

chacun de huit colonnes qui supportent les arcades ; celles-ci sont légèrement brisées, et l'on y reconnaît les premières ogives qui marquèrent la fin du 12.e siècle, et le passage au genre gothique qui devait bientôt régner de toutes parts. Les petites fenêtres supérieures, au-dessous de la voûte, ont surtout le caractère du genre de transition ; leur cintre est presque encore entier, et de gros bourrelets s'étendent à l'entour pour tout ornement. En dehors, la corniche est soutenue par des modillons simples et sans sculptures ; des contreforts épais s'avancent extérieurement à quatre ou cinq pieds de saillie en dehors des murailles.

La façade est décorée d'un beau portail normand, à double cintre plein, orné de plusieurs rangs de zig-zags, et soutenu par des colonnes légères, dont les chapiteaux sont garnis de feuillages. La fenêtre supérieure est dans le même goût, et l'on remarque seulement que son arc est légèrement brisé. Ces deux ouvertures sont d'un siècle au moins plus récentes que tout le travail du chœur. Il y a plus de fini, plus de gracieux que dans cette première partie de l'édifice. Les architectes et les sculpteurs avaient fait déjà quelques efforts pour perfectionner un art qui devait être porté si loin dans les deux siècles qui suivirent.

Un porche en pierre est devant le portail, et le masque en grande partie. Ce porche fut élevé sans doute pour servir de supplément pendant les foires ; il doit remonter à une époque assez reculée.

Les grandes fenêtres ouvertes au latéral de droite et aux différentes chapelles, ne sont pas anciennes pour la plupart ; elles jettent un jour très-vif sur l'intérieur de l'église. Il n'y a point de vitraux coloriés.

La tour s'élève, sans dignité, entre la nef et le chœur ; elle est carrée, et se termine par quatre frontons triangulaires, d'un effet désagréable. En dehors des chapelles, on remarque de forts piliers que surmontent des arcs-boutans garnis de ciselures. Toute cette portion du travail est insignifiante.

Partout, dans le chœur, dans la nef et sur les côtés, on voit des pierres tumulaires chargées d'inscriptions, et rappelant les noms et les titres de ceux qui eurent l'honneur d'être inhumés dans l'enceinte sacrée. Les pierres du chœur sont les plus récentes ; on y lit les noms des *Boscher du Fay*, qui furent lieutenans-généraux et particuliers du bailliage dans le dernier siècle ; c'étaient sans doute alors les plus notables de la paroisse. Dans la nef, nous trouvons trois *Deshays*, dont un avocat, mort dans le 16.e siècle ; et enfin, nous avons reconnu, à droite, vers la chaire, la tombe de ce *Nicolas le Sassier*, qui nous a occupé dans notre histoire, et dont l'inscription a été rapportée plus haut [1]. L'avocat de Guibray est représenté, comme les autres, les mains jointes et en oraison. Autrefois le clergé de l'église était tenu, en mémoire du service qu'il avait rendu, de venir prier, à certains jours, sur la pierre qui le recouvre. Au côté latéral droit, se lisent les noms inconnus d'un *Dubosq* et d'un *Retoust*, bienfaiteurs de cette église ; et enfin, celui de *Bellenger-Desfreneaux*, cet avocat Falaisien

[1] Voir à la page 136.

qui composa, en 1686, le *Petit Voyage de Guibray*, dont nous avons parlé. Sa tombe est vis-à-vis d'une chapelle de côté, consacrée à la Vierge.

Le cimetière est autour de l'église, orné d'une seule pierre sépulcrale ; c'est le monument de la piété d'un bon fils envers son père ; il couvre les restes de M. *Legrand*, mort, adjoint de cette ville, en 1824[1].

On montre aux étrangers un petit médaillon de S. Louis, que l'on dit être ancien, et une espèce de bas-relief sculpté, « représentant le Christ por- » tant sa croix, » que *Dibdin* qualifie avec raison d'ouvrage barbare et pitoyable. Du reste, en par- lant de l'abside, ce voyageur anglais pense « qu'elle » est peut être aussi ancienne qu'aucun autre édifice » de Normandie ; » et il ajoute que « l'extérieur » est un des morceaux de ce genre les plus inté- » ressans qu'on puisse voir. »

ÉGLISE DE SAINT-GERVAIS.

L'église de St.-Gervais date de plusieurs époques, mais sa forme est en général celle des églises go- thiques du 14.e et du 15.e siècle ; elle présente un chœur et une nef longs ensemble de 120 pieds, et enveloppés de latéraux qui se terminent, derrière

---

1 Le dessinateur de l'abside de Guibray, M. de Vauquelin, a placé dans le cimetière plusieurs tombes qui n'existent pas. C'est un ornement qu'il aura jugé de meilleur goût que les murailles maussades qui enveloppent cette triste enceinte. Son dessin reproduit au reste la partie supérieure de l'église, telle qu'elle a existé jadis. Pour la restituer ainsi, il a dû supprimer une sacristie, maladroitement appliquée contre une des cha- pelles, et les deux larges fenêtres ouvertes au-dessus de l'autel.

le

le chœur, par une chapelle de la Vierge. D'autres petites chapelles, au nombre de dix-huit, s'étendent extérieurement aux deux côtés de l'édifice ; il y en a neuf au latéral gauche, et neuf à celui de droite.

La tour et une partie de la nef appartiennent à l'époque normande, et même, à ce qu'il paraît, au siècle de Guillaume-le-Conquérant. On remarque à la tour, qui est carrée, quatre longues fenêtres sur chacune des faces ; elles sont hautes de 18 à 20 pieds environ, et larges seulement de quelques pouces. Leur cintre est rond, et à l'entour sont deux rangs de bâtons rompus opposés, et d'autres ornemens divers du style roman : tous ces détails sont assez bien exécutés. Anciennement, cette tour massive était recouverte, selon l'usage, par un grand toit de pierres qui se terminait en pointe. Aujourd'hui, l'on ne voit plus au-dessus qu'une couverture d'ardoise qui semble lui enlever quelque chose de son caractère antique. Telle qu'elle est, cependant, elle mérite encore toute l'attention des amateurs d'antiquités. La corniche existe intacte, avec quelques-uns des corbeaux primitifs ; il y a, dans la partie moyenne, des chapitaux d'une grossièreté remarquable.

La tour est située entre le chœur et la nef, et quoique normande, elle est soutenue par des piliers dont les arcades brisées et à ogives, sont d'une époque différente. On peut s'étonner de cette bizarrerie qui ferait croire que l'édifice normand aurait été posé sur une construction gothique plus ancienne que lui. Mais un peu d'attention fait reconnaître que le travail inférieur est plus récent, et qu'il a remplacé les premiers fondemens de la tour, que quelqu'événement aura forcé de supprimer. Nous ne pouvons savoir, il est vrai, comment cette opération hardie aura été exécutée ; il est probable toutefois qu'on n'aura remplacé que successivement les piliers normands, et en assurant avec soin trois des angles de la tour, avant de travailler sous le quatrième. Les frais et le danger de cette reconstruction auront été considérables, et les façades supérieures en auront été ébranlées ; nous y remarquons encore en effet, sur quelques points, des crevasses qui doivent dater de ce temps-là.

Tout le côté droit de la nef est également normand, à l'exception de trois des colonnes d'appui inférieures, qui sont évidemment d'une époque plus rapprochée. Ce sont celles qui tiennent à la tour, et elles auront sans doute été posées en même-temps que les nouveaux piliers. Les autres colonnes sont intactes, et leurs chapiteaux décèleraient seuls leur origine barbare ; les sujets n'en sont guère moins grossiers que ceux de l'église de Guibray. Les arcades sont à cintre plein et en demi-cercle sur toute cette partie de la nef, et elles supportent une muraille dont les assises régulières sont soutenues par des contreforts peu saillans. Six étroites fenêtres normandes, placées sous le toit et sans ornemens, éclairent l'édifice de ce côté ; la corniche est ornée de petites arches ou arcades, au-dessous desquelles sont des corbeaux sculptés de différentes formes ; ils représentent des hommes contrefaits, des têtes de monstres, des animaux bizarres. Quelques-uns, plus élégans, mieux travaillés, auront été replacés dans la suite. En général, tout ce côté de la nef a beaucoup souffert, et les pans de la muraille ont été soutenus par de grands barreaux de fer. Aux angles, vers le bas de l'église, sont des escaliers tournans, recouverts par des clochetons de pierre. La fenêtre de façade est élégante, et annonce, comme celle de Guibray, le travail de transition.

L'autre côté de la nef, les latéraux, le chœur, les chapelles et le portail, sont gothiques, de différentes époques. La nef et les latéraux sont du 13.e et du 14.e siècle. Le chœur et le portail doivent être du 15.e, et même du 16.e, et on y remarque les hautes colonnes, les larges fenêtres, les galeries, les balustrades, les tabernacles, les culs-de-lampe, et tous les ornemens du style fleuri. Le portail offre une grande ouverture ogive de 25 pieds de haut, surmontée d'un triangle couvert de crochets et de ciselures. Le dessus de la chapelle de la Vierge est chargé de pinacles, d'arcs-boutans, de gargouilles, etc.; à la clef des voûtes on remarque de longs pendentifs garnis d'écussons ou de figures d'anges. Tout ce luxe de sculptures gothiques, élégantes, contraste avec les formes plus sévères et plus grossières des parties normandes de l'édifice. On peut donc étudier en petit sur ce monument les diverses métamorphoses de notre architecture religieuse pendant quatre ou cinq siècles. La salamandre se voit en dehors, sur une des chapelles latérales, à gauche de la nef. Ce travail n'est pas cependant encore entièrement celui de la renaissance.

L'église contient, dans les chapelles, plusieurs pierres tumulaires du 15.e, et surtout du 16.e et du

17.e siècle. Nous avons remarqué, dans le chœur, celle de « *Jehan Morel*, chevalier de l'ordre du roi, » mort en 1591 ; c'est celui dont nous avons fait mention dans le récit des événemens du temps de la Ligue. Il était vicomte-maire lorsque le roi Henri-Quatre mit le siége devant Falaise, et il reçut le prince dans son château de la Courbonnet ; ce fut sans doute à cette occasion qu'il fut nommé chevalier des ordres. Ses aïeux, *Denys Morel*, *Ravent Morel* et *Thomas Morel*, reposent dans la septième chapelle vers la gauche ; leurs pierres sont ornées d'inscriptions en leur honneur. Le plus ancien est décédé en l'an 1549.

On voit aussi, dans le chœur, trois curés du 17.e siècle. Ils se nommaient *Toussaint de la Grue*, *Matthieu Berryer* et *Raoul le Hagre*. On leur donnoit les titres de « prêtre, curé et recteur de céans. »

Dans les chapelles, on lit les noms des *Marguérit*, des *le Prévost*, des *Hébert*, des *Lebrasseur*, des *Deville*, tous bourgeois plus ou moins distingués. Un *Alexis Dumesnil*, conseiller du roi et avocat, gît dans une des chapelles de droite. On lui donne la qualification assez étrange de *sieur du lieu*, qui ne s'applique pas évidemment à la ville de Falaise. Nous ne pouvons savoir, au reste, ce que ce titre peut signifier [1].

A droite et à gauche de la chapelle de la Vierge,

_____

[1] Il existe de nos jours un écrivain très-connu, qui porte ces mêmes noms d'*Alexis Dumesnil*. Comme il est né à quelques lieues de Falaise, nous avons cru qu'il pouvait descendre de l'ancien conseiller du roi, que nous mentionnons ici. Le tombeau de ce dernier se trouve dans la huitième chapelle, à la droite du chœur.

derrière le chœur, sont deux grands tableaux en demi-cercle, et de 20 pieds de diamètre; l'un représente *le Baptême de Jésus-Christ*, et l'autre *le Crucifiement*. Ces deux morceaux, vantés dans le pays, se trouvaient anciennement à l'abbaye de St.-Jean, et on les attribue à un religieux nommé *Raitour*, qui passait dans le temps pour un assez bon peintre.

Les fonts baptismaux sont au bas de la nef, dans une petite chapelle, en regard du grand autel. L'orgue est au-dessus, soutenu par une tribune particulière; il n'offre rien de remarquable.

L'église est proprement entretenue; depuis deux ans on a placé dans le chœur un autel de marbre blanc, d'un style simple et d'assez bon goût. Une forte cloche est dans la tour, et suffit pour appeler les fidèles aux heures des exercices religieux. Quant au carillon de clochettes qui se fait entendre la veille et le jour des grandes fêtes, c'est un amusement innocent sans doute, mais un peu puéril. Conservons-le cependant, puisqu'il nous vient de nos pères.

L'église de Saint-Gervais fut consacrée, comme nous l'avons dit, en l'an 1134. Le roi Henri I.er fut présent à la dédicace.

Il nous reste à parler d'une inscription gothique qui se lit au-dessus de la porte supérieure d'un petit escalier tournant qui conduit à la grande tour. Deux lignes composent cette inscription; nous les transcrivons en caractères modernes :

MIL V.cc XXIII CESTE VIZ FAICTE PAR LA VILLE
LORS TRESOR. PI. LENON RI. TELEIT.

On reconnaît par ce peu de mots que quelques-uns

des travaux de l'église datent du commencement du
16.e siècle ; il y en a des parties plus récentes encore.
Les frais de cette *viz*, ou escalier en spirale, furent
faits, comme on le voit, par la ville. Les trésoriers
du temps étaient *Pierre Lenon* et *Richard Teleit*.

ÉGLISE SAINTE-TRINITÉ.

Les édifices religieux de Falaise nous ont présenté
jusqu'ici le singulier mélange de l'architecture romane et de l'architecture gothique réunies ; l'église
Sainte-Trinité n'offre pas la même confusion, et
elle appartient tout entière à l'époque gothique ou
à ogive ; le portail seul et deux chapelles latérales
sont à plein cintre, et du temps de la renaissance.

L'église Sainte-Trinité est entièrement disposée
comme celle de Saint-Gervais ; seulement les deux
branches du croisillon, au-dessous du chœur, sont
plus profondes et plus marquées ; il existe aussi une
légère différence de longueur et de largeur entre les
deux édifices ; celui de St.-Gervais nous paraît être
le plus grand.

Le croisillon de l'église Ste.-Trinité est la portion
la plus ancienne du monument ; à ses étroites fenêtres à ogives, garnies de bourrelets, à la forme
des balustrades intérieures et aux modillons placés
sous la corniche, on reconnaît le 13.e siècle. C'était-
là d'ailleurs que se trouvait représenté ce supplice
ridicule d'une truie, que nous avons rappelé à la
date de l'année 1386. On en peut donc conclure que
ce fragment de l'édifice aura été épargné, lorsque
la nef et le chœur furent bouleversés pendant le
siége de 1418, par le roi d'Angleterre Henri V.

La nef et le chœur sont du 15.e siècle, ainsi que les latéraux, comme l'indiquent les inscriptions qui se lisent sur les murailles, au-dedans et au dehors; ils furent relevés pendant le temps de l'occupation anglaise, et de 1434 à 1450. La nef offre, de chaque côté, d'énormes piliers à nervures, formant des arcades, au-dessus desquelles règne une balustrade et de grandes fenêtres à ogives d'un seul jet, qui répandent une vive lumière dans l'édifice. Le chœur est dans le même genre, mais plus élevé; ses colonnes sont rondes et sans chapiteaux ornés; entre les arcades et les grandes fenêtres on remarque une petite galerie avec une assez jolie balustrade; la voûte est pointue et très-élancée.

Les chapiteaux de la nef sont garnis de ciselures : à gauche, ce sont des feuilles de vigne, d'acanthe ou de choux frisés; à droite, de petits personnages groupés et formant des scènes de différens genres; les sujets de ces bas-reliefs semblent avoir été pris dans l'Ecriture et dans les fabliaux du temps. Les corniches sont, en général, ornées de feuillages.

Les latéraux sont bas et étroits; à leur voûte surbaissée, du côté du chœur, se remarquent des écussons et des pendentifs insignifians. Les murs, ainsi que ceux des chapelles, présentent des inscriptions encadrées, des niches chargées de ciselures, des consoles, et d'autres ornemens de ce genre. La chapelle de la Vierge est construite dans le même goût.

En 1539 et 1540, furent sculptés et placés tous ces ornemens variés qui garnissent le chevet extérieur de l'église. On dit qu'un bourgeois, nommé

Herpin, contribua seul aux dépenses de ces constructions. Ce fut sans doute en mémoire de ce bienfait signalé, qu'on le plaça, avec sa femme, dans
des niches pratiquées à l'une des murailles extérieures. Les deux statues ont trois pieds de haut
environ ; nous les avons décrites dans la première
Partie de cet ouvrage. [1]

Le portail, avec les trois premières chapelles de
gauche, date de 1625 à 1631. Les connaisseurs
admirent, au portail, cette multitude de détails
plus ou moins heureusement exécutés, qui décèlent
les efforts des artistes du temps, pour arriver à
de brillans résultats. Malheureusement, la pierre
tendre que l'on a employée pour le travail du ci-
seau, n'a pas résisté aux atteintes de l'air et au
froissement des objets que l'on a appliqués sur les
sculptures. Plusieurs parties sont dégradées. Il en
reste cependant assez pour donner une idée complète du travail à ceux qui sont curieux de ces
sortes de monumens d'une époque de transition.

La tour, et le clocher qui la surmonte, sont au-
dessous du médiocre ; ils déparent le reste de l'édifice, qui, sans être très-remarquable, offrait cependant assez d'ensemble et d'harmonie dans son
exécution. Le haut de la tour fut reconstruit il y a
six années seulement, et l'architecte qui dirigea le
travail, ne sentit même pas qu'il devait ouvrir des
fenêtres à ogives au-dessus d'un monument gothique. Il éleva une espèce de salle carrée de 18 pieds
de haut, avec des fenêtres rondes, au milieu du toit

[1] Voir à page 107.

de l'église, et il recouvrit le tout par un dôme mal arrondi, que termine une flèche aussi mesquine que ridicule. Un village de trois cents âmes pourrait seul nous envier cette merveille d'architecture. C'est-là cependant que l'on vient de placer trois grosses cloches qui pèsent ensemble plus de 8,000l. Il nous semble que l'on eût pu s'occuper d'abord des réparations que réclament impérieusement quelques parties de l'édifice...

Nous voudrions pouvoir applaudir au choix des ornemens qui décorent l'église, comme nous nous plaisons à rendre justice au zèle et au désintéressement de celui qui les a commandés, et pour ainsi dire fait exécuter à ses frais; mais un goût sévère n'a pas présidé à ces embellissemens intérieurs, et les peintures surtout sont d'un très-mauvais effet. Plus de simplicité convenait dans un édifice religieux ; on pourrait faire disparaître au moins le mélange de couleurs qui rend les piliers si bizarres, et ce baldaquin peu décent qui couvre l'autel, ainsi que les guirlandes dorées qui s'étendent dans les entre-colonnemens. L'autel serait ensuite passable, quoique bien au-dessous de celui Saint-Gervais. *Dibdin* s'est, au reste, expliqué avant nous sur toutes les décorations du chœur de la Trinité, avec une franchise qui ne nous laisse rien à ajouter. Il termine ce qu'il dit de cette église, en observant que si ce « n'est pas précisément un vénérable édi- » fice, c'est au moins un monument beau et spa- » cieux. » Ce jugement peut-être n'est pas à dédaigner de la part d'un étranger célèbre, qui venait de visiter et de décrire les monumens religieux les plus magnifiques et les plus imposans de la Normandie ».

Parmi les tombes qu'offre l'église, nous en avons trouvé peu de remarquables. Dans le chœur sont deux curés morts pendant le dernier siècle ; un du nom de *Loriot*, en 1739, et un autre appelé *le Romain*, en 1767 ; à l'entrée de la nef, repose le corps d'honorable homme « *Jehan le Verrier,* seigneur de » Crevecœur, du Repas, de Condé-sur-Noireau,

1 L'antiquaire anglais, qui n'est pas en tout infaillible, vit dans une niche, pratiquée à l'entrée de la chapelle de la Vierge, un Saint-Sébastien qu'il reconnut pour être du 12.ᵉ siècle, et qui, selon lui, « avait servi de modèle aux » gravures que nous voyons dans les missels du quinzième. » L'ouvrage est, il est vrai, tant soit peu barbare, mais toutefois il ne mérite pas encore l'honneur de figurer dans un cabinet des antiques ; il est sorti récemment des ateliers d'un sculpteur du pays, qui n'eut jamais d'autre maître que lui-même ; et nos églises de campagne sont peuplées des chefs-d'œuvres du même artiste. Le révérend *Dibdin* fut donc puni, dans cette circonstance, de sa manie de voir partout des restes de l'antiquité. Il se pourrait qu'il eût été trompé de même sur « ce très-beau crucifix sculpté en bois », le plus parfait de Normandie, qu'il attribue presque à Jean Goujon, et dont il offrit 150 fr., qu'il refusa de payer ensuite. Il eût dû raconter au moins plus fidèlement qu'il ne l'a fait cette petite anecdote dans son voyage, rempli d'ailleurs de tant d'autres inutilités. Pour nous, nous la tenons d'une personne dont la véracité nous inspire un peu plus de confiance que celle du voyageur anglais ; il serait inutile de la nommer ici, et chacun la devinera aisément. *Dibdin*, au reste, s'est chargé lui-même de son éloge, lorsqu'en parlant de celui qui lui fit les honneurs de l'église, il ajoute qu'on trouverait difficilement « dans toute l'étendue du » diocèse un ecclésiastique doué de meilleur ton dans les ma-» nières, de plus de générosité dans l'esprit, et d'amabilité » dans le caractère. » (*Voyage en France*, tome 2, page 286.)

» lieutenant, en la vicomté de Falaise, du bailly
» de Caen, lequel décéda le 11.ᵉ jour de mars l'an
» mil vᶜᶜ xxxiii, Dieu lui fasse pardon. » Dans la
nef, dans les chapelles et dans les bas côtés, se lisent
les noms d'autres personnages qui n'ont pas laissé
de souvenirs ; nous y trouvons des *Esnault*, des
Edouard, des *Rolland-Villon*, des *Longpré*, des
Marguerit, des *Mesanger*, une *Vauquelin*, et enfin,
une *Leboucher*, « maîtresse écrivaine. » Il y a des
pierres effacées qui paraissent très - anciennes :
nous n'y avons pu lire les noms de ceux qu'elles re-
couvrent.

Le cimetière de la paroisse Ste.-Trinité, comme
celui de Saint-Gervais, est maintenant hors de la
ville, et loin des quartiers habités. On n'observe,
dans l'un et dans l'autre, que deux ou trois pierres
funéraires, insignifiantes, qui rappellent à peine
que ces lieux sont consacrés à la mort. Les Falaisiens
de nos jours montrent peu de respect et d'égards
pour les restes de ceux qui ne sont plus.

CHAPELLE DE SAINT-MARC ET ÉGLISE DES CORDELIERS.

Le premier de ces édifices fut construit en 1180
environ, lorsqu'une léproserie fut établie à Falaise.
Il présente à la façade un portail roman, avec un
rang de petites têtes et de lézards sculptés sur l'ar-
chivolte ; une seconde porte et une étroite fenêtre du
même genre sont à la muraille de l'ouest ; derrière
l'autel, on remarque une autre fenêtre à ogives,
plus grande, et partagée par des meneaux. Tout ce
petit ouvrage est de l'époque de transition.

La voûte est en feuilles de chêne ou de châtaignier, qui n'ont encore subi aucune altération. On y voit, sculptés en bois, des armoiries et de petits écussons parfaitement conservés. Les trois tours de la ville y sont surtout très-bien reproduites. Cette partie du travail ne date pas de plus de deux siècles.

La chapelle de St.-Marc n'est ouverte au public que le 25 avril et pendant les trois fêtes des Rogations. Le propriétaire de l'enceinte où elle se trouve en a la disposition pendant le reste de l'année.

On ne voit plus de l'ancienne église des Cordeliers que le bas de la nef, avec le portail ; il était à ogive pointue, avec un grand trèfle dessiné dans son intérieur, et des fenêtres à compartimens s'ouvraient au-dessus, ainsi qu'au mur de façade. La voûte était en bois et très-élancée ; la nef n'avait ni latéraux ni chapelles de bas côtés ; c'était, en un mot, du gothique de première date. L'édifice, élevé par S. Louis, fut consacré, en 1250, par l'archevêque de Rouen, qui s'y rendit en personne.

Nous mentionnons ici, seulement pour souvenir, un débris de portail roman, de transition, qui se remarque à l'un des murs extérieurs de l'ancienne maison abbatiale de St.-Jean. Il dépendait d'une église de cette abbaye, fondée dans le 12.e siècle. Les chapiteaux à feuillages étaient déjà sculptés avec une certaine élégance.

L'église de l'hôtel-Dieu et la chapelle de l'hôpital général seront décrites avec ces établissemens. Ce sont d'ailleurs des constructions modernes qui ne doivent point figurer ici.

MAISON DE GUILLAUME-LE-CONQUÉRANT.

Il existe à Falaise une maison que l'on dit avoir appartenu au Conquérant de l'Angleterre. Elle est maintenant transformée en cabaret, et on lit sur la façade l'inscription suivante :

MAISON

DE GUILLAUME

LE GRAND CONQUÉRANT

RICHARD.

DONNE A BOIRE ET A MANGER.

Cette demeure, comme on le voit, a bien changé de destination depuis le temps de son ancien maître, et ce sont de nos jours d'obscurs et grossiers buveurs qui viennent s'asseoir sous les lambris qu'habita le vainqueur d'Hastings. Une telle profanation mérite bien qu'on la signale aux amateurs d'antiquités.

Toutefois, on doit observer que le cabaretier Richard ne laisse pas de faire assez dignement les honneurs de son devancier. Il montre d'abord, dans l'escalier, une tête incrustée dans le mur, qu'il dit être celle du *grand Conquérant.* « Messieurs, voyez » cette figure, c'est celle du fameux roi de Nor- » mandie, qui naquit à Falaise, et vainquit mes- » sieurs les Anglais ; aussi, jamais ils ne viennent » à la Guibray sans lui rendre une petite visite. » Le *busque* existait en entier, mais une partie a » disparu ; on l'a retaillé dans le bas, à cause d'un » avancement qui rendait l'escalier trop étroit. » Mais quant au *réfectoire* et au *dortoir,* ils sont » encore tels qu'on les vit jadis. C'est dans le *réfec-* » *toire* que sont ces habitués qui boivent chaque

» matin à la santé du fils d'Arlette. C'est le *dortoir*
» qui nous sert de lieu de repos, après les fatigues
» du jour... Ah! mon Dieu, Messieurs, quel grand
» homme que ce Guillaume dont vous voyez ici
» l'image. Il a gagné bien des combats, et les livres
» en ont parlé... Mais, Messieurs, vous connaissez
» mieux que nous tout cela; et vous savez qu'en effet
» cette maison est bien celle du Conquérant, etc. »

Telles sont les traditions que rappelle le successeur
du grand Guillaume; telles sont même les réflexions
dont il se plaît à les embellir. Pour nous, en historien fidèle, nous avons dû les reproduire avec
toute leur naïveté. Que chacun juge, d'après cela,
jusqu'à quel point tous ces récits peuvent être dignes
de confiance... ¹

¹ La maison de Guillaume est, en général, construite en
petites pierres de taille, dont les assises sont régulières. Les
portes et les fenêtres sont comme celles de nos habitations
actuelles.

La tête a quelque chose de dur et de féroce ; c'est plutôt
celle d'un soldat sauvage que celle d'un chef audacieux, dont
le génie vainquit une grande nation ; la barbe couvre seulement le menton, et deux moustaches, fortement tressées,
montent en pointe vers les oreilles. *Dibdin* pense que ce serait
un Saxon plutôt qu'un Normand ; il en juge par la moustache
qui n'était pas dans le goût de nos pères les conquérans. Mais
qui lui a dit que Bier-Côte-de-Fer ou Ogier-le-Danois ne
portaient pas cet ornement. A défaut de Guillaume, ne pour-
rait-on pas leur attribuer la fameuse tête qui nous occupe ?
Ce serait encore, dans ce cas, une assez rare merveille d'antiquité ; elle compterait près de mille ans, comme la ville qui
la renferme. Voilà sans doute, pour MM. les antiquaires, le
sujet d'une grave dissertation...

Du reste, nous observons que tout cet emplacement se
nomme, dans les anciens titres, « le Manoir du duc Guil-
» laume. » On dit qu'il le tenait du chef de sa mère et de

TOUR DE DAVID ET ANCIENNES MAISONS.

On remarque, au centre de la ville, entre la
Grand'rue et la rue du Campferme, une petite tour
de 5 à 6 pieds de diamètre, et de 5o environ de

son aïeul Vertprey, et quelques-unes même ont soutenu que
c'était-là qu'il avait vu le jour. Plus tard, il le donna aux religieux de St.-Etienne, qui le cédèrent eux-mêmes aux Cordeliers en l'année 1343. La transaction porte qu'en retour ils
recevront une rente de 25 sols.

N'ayant pu trouver de portrait authentique du duc Guillaume, nous offrons à nos lecteurs deux de ses sceaux, encore
inédits, et une des monnaies de son temps. Ils ont été lithographiés par M. Alphonse DE BRÉBISSON. Plus tard nous
pourrons publier la prétendue tête du Conquérant, si nos
abonnés semblent le désirer.

Les sceaux que nous donnons aujourd'hui sont conservés
au cabinet des Antiques de l'hôtel Soubise. Ils sont en cire
blanche, suspendus à deux chartes par des languettes de parchemin, et de la grandeur du dessin que nous en offrons. On
lit sur le premier cette inscription d'un côté : *Hoc Normannorum Willielmum nosce patronum ;* et sur le revers cette autre
inscription : *Hoc anglis Regem signo fatearis eundem.* Guillaume
est représenté à l'une des faces, à cheval, armé et cuirassé ;
sur l'autre face, on le voit sur son trône, tenant un globe
d'une main et le glaive de l'autre. Le second sceau est bien
plus fruste que celui-là. Le premier est suspendu à une charte
de 1069, donnée à Winchester, au monastère de St.-Spiddum ;
c'est une donation faite par le prince en faveur d'un monastère
de St.-Denys. Le second sceau fait partie de la charte origi-
nale du Concile tenu à Lillebonne, en l'année 1080, en présence de Guillaume et des princes et évêques Normands ; il
n'offre plus aucune trace d'inscription. Du reste, M. Jules
DESNOYERS publiera plus tard une dissertation particulière
sur ces sceaux de Guillaume, et sur ceux de quelques-uns
des princes de son temps. Mais nous ne pouvons qu'annoncer
ici ce travail ; il n'est pas de nature à entrer dans notre
ouvrage.

hauteur, à laquelle on a donné récemment le nom
de *Tour de David*. Elle est d'une forme assez élégante et d'une extrême légèreté, et ceux qui la regardent comme un objet d'antiquité, se demandent
par quel motif on l'a élevée en ce lieu. Nous aussi,
nous avons cherché à découvrir quelle avait pu
être sa destination, et nous ne sommes pas encore
assuré d'y avoir très-bien réussi. Toutefois nous
pensons qu'on n'y peut voir qu'un objet de luxe,
destiné à procurer la vue des champs à ceux qui de-
meuraient dans l'édifice qui y est joint; c'était un
escalier de bon goût qui conduisait aux ouvertures
qui se trouvent au couronnement, d'où l'on dis-
tinguait facilement le nord et l'ouest de la ville et
les hauteurs qui la dominent. L'escalier remplit à
lui seul tout l'intérieur de l'édifice, et s'élève en
spirale jusqu'à son sommet. Il a cent marches bien
assemblées, dont dix ou douze seulement sont au-
dessous du niveau du sol.

Un pavillon carré, ayant une jolie chambre avec
une plate-forme, s'élève au pied de la tour, jusqu'à
la soixantième marche. Il est chargé, en dehors,
de nombreuses sculptures d'un travail délicat et
achevé, et il confirme dans l'opinion que la tour
ne put être jamais qu'une construction de luxe.
Toutes les ciselures et les ornemens sont de l'époque
de la renaissance; ils doivent dater du même temps
que le portail de la Trinité, si même ils ne sont
pas postérieurs. Cet ouvrage aura sans doute été
exécuté pour un des gouverneurs ou pour quelqu'une des familles les plus opulentes de la ville.
Nous n'avons, du reste, aucune donnée positive
sur

sur ce point, qui n'est pas digne de nous occuper plus long-temps [1].

La maison à laquelle se rattachent ces deux frag-mens d'architecture, ne porte également que les caractères des commencemens du 17.ᵉ siècle. Nous ne l'aurions donc même pas placée parmi les cons-tructions anciennes, sans l'opinion où l'on était qu'elle datait d'une époque très-reculée.

Parmi les autres vieilles maisons de Falaise, nous en trouvons de plus remarquables.

La maison qui sert d'imprimerie à M. Brée l'aîné, sur la place de la Trinité, vers les rochers, offre de grandes ogives à l'un de ses gables; les murailles intérieures des maisons voisines présentent égale-ment quelques sculptures du même temps. On prétend que les Templiers eurent un couvent dans cet endroit.

La grande maison de M. de Morell, près de la porte Philippe-Jean, n.º 5, est chargée, sur les frontons, les pignons et les corniches, d'une mul-titude de sculptures gothiques qui appartiennent au 15.ᵉ siècle. Il y a des guirlandes de feuillages, des écussons, des armes, des crochets très-bien ciselés. Il est possible qu'elle ait aussi appartenu à quelqu'un des gouverneurs, ou peut-être aura-t-elle été destinée anciennement à quelque établissement public.

Des maisons en pierre, du même temps à-peu-près, mais avec bien moins d'ornemens, se voient dans les différens quartiers. Il en existe notamment au n.º 19 de la rue de Lisieux, et aux n.ᵒˢ 2 et 13

[1] On peut voir la Tour de David à la planche n.º 7 de l'atlas.

de la rue des Boulangers ou de la Fosse-Couverte ;
on en remarque aussi dans la Grand'rue, dans la
rue de Falaise à Guibray, dans celle des Herfort,
au Valdante, etc., etc. ; mais la façade du plus
grand nombre a été reconstruite ou restaurée depuis un petit nombre d'années. Ce n'est que dans
l'intérieur des cours ou édifices que l'on reconnaît
quelques traces d'antiquité.

D'autres maisons de cette époque encore, et même
plus anciennes, mais en bois, se remarquent dans
la Grand'rue, dans la rue de la Pelleterie, dans celle
des Cordeliers, etc. La plus curieuse, peut-être, est
dans la rue de la Pelleterie, au n.º 55, vis-à-vis le
tribunal. Cette maison, qui doit dater de 1400
à-peu-près, présente sur le devant de fortes pièces
de traverse, en chêne ou en châtaignier, supportant
deux étages qui s'avancent en saillie l'un au-dessus
de l'autre. L'extrémité des grosses poutres du dedans
ressort extérieurement, et tout l'espace entre les
étages est soutenu par des piliers de bois, qu'ornent
des écussons et de petites colonnes grossièrement
tournées, et entre chacun desquels se trouve un remplissage de pierres et de mortier. Quelques caractères, devenus illisibles, s'aperçoivent encore sur
les écussons et sur les rebords arrondis des grandes
pièces de traverse. Du reste, tous ces détails ne sont
guère de nature à être décrits d'une manière précise, et il faut jeter les yeux sur les édifices eux-
mêmes pour se faire une idée exacte de ce singulier
travail [1].

1 La maison de la rue de la Pelleterie pourra être dessinée,
et donnée plus tard au public.

Une petite maison, au n.º 33 de la même rue de la Pelleterie, est construite dans le même goût. On y voit, à l'un des piliers de soutien, deux figures d'anges ou de saints, assez délicatement sculptés.

Dans la Grand'rue, au n.º 74, et sur la place du Grand-Turc, au n.º 3, sont encore d'autres maisons de ce genre, en bois, mais avec quelques différences. Elles présentent plusieurs étages qui saillent successivement, les uns au-dessus des autres, jusqu'au sommet, et qui se terminent par un pignon pointu et très-avancé sur la rue. Ces maisons sont couvertes, du haut en bas, de petites feuilles légères de bois, appliquées les unes par-dessus les autres, comme des tuiles ou des ardoises, et destinées sans doute, dans le principe, à préserver toute la charpente extérieure contre les injures de l'air et contre les pluies destructives. Mais aujourd'hui tout ce marquetage, entièrement rongé par le temps, se détache et se dégarnit successivement; encore quelques années, et les derniers restes en auront tout-à-fait disparu. Il y a quatre étages à la maison de la Grand'rue; ils sont maintenant peu solides, et semblent prêts à s'écrouler.

On remarque encore, çà et là, quelques débris d'anciennes maisons, de différentes époques, qui ne méritent pas qu'on les signale dans cet ouvrage. Deux ou trois seulement ont des porches avancés, avec des étages au-dessus; et comme elles ne sont plus en harmonie avec les constructions actuelles, la police et les habitans de la ville en désirent également la destruction. Les porches qui se trouvent devant les maisons 15 et 17 de la place Ste.-Trinité, sont d'un effet désagréable, et nuisent à l'ensemble et à la beauté de cette place. Il ne sera plus permis, à ce qu'il paraît, aux propriétaires, d'y faire à l'avenir aucune espèce de restaurations.

CONSTRUCTIONS, ÉDIFICES ET MONUMENS MODERNES.

Nous nous sommes étendus longuement sur les édifices de Falaise, qui pouvaient offrir quelque intérêt par leur ancienneté; nous donnerons moins de soins et de détails à ceux dont la construction moderne se rapproche de tout ce que l'on retrouve en général de nos jours dans presque toutes les petites villes de province. Les établissemens principaux auront des articles particuliers, mais succincts; tout le reste sera contenu et décrit dans des chapitres généraux.

MAISONS DE L'HÔTEL-DIEU ET DE L'HOPITAL GÉNÉRAL.

La maison de l'hôtel-Dieu fut élevée sur un plan trop étroit et sur de trop petites dimensions. L'espace manqua sans doute, et toutes les parties de l'édifice s'en ressentirent, à l'exception de l'église. Les salles ou dortoirs, et en général tous les divers appartemens sont petits, incomplets, mesquins ou irréguliers.

Dans le bas, à l'entrée, est un petit parloir de quelques pieds carrés. Vis-à-vis est un escalier assez convenable, qui conduit au premier étage, où se trouvent, à gauche, la salle des femmes et la pharmacie, et à droite, la lingerie, la cuisine, avec une petite laverie, et le réfectoire des dames; ausecond, sont les chambres des dames. Tel est le bâtiment principal, dont une partie s'étend sur la rue, et le reste sur la cour intérieure.

Dans une maison voisine, et même contigüe, réunie à l'établissement depuis quelques années, sont, au premier étage, la salle des militaires, et au second, celle des autres hommes. Le défaut d'emplacement a pu seul déterminer à placer les hommes malades à un second étage, où ils ne peuvent parvenir que par un escalier étroit et rapide.

Autour de la petite cour et d'un bosquet de quarante pieds de long, seule promenade où les dames et les malades puissent venir respirer, règnent quelques maisons basses, acquises successivement pour augmenter l'établissement. Là ont été disposés le cellier, le bûcher, le lavoir, le séchoir et la boulangerie; on y souhaiterait encore une salle de bains, qui serait en effet indispensable; on va s'occuper des moyens de l'y établir prochainement. Le logement du chapelain est dans la plus décente de ces maisons séparées du corps principal. Le chartrier [1] est dans une espèce de cabinet au-dessus de

1 Parmi les pièces curieuses que renferme le chartrier de l'hôtel-Dieu, nous mentionnerons,

1.º Une centaine de petites chartes originales, en parchemin, de six à huit pouces de long, sur deux à quatre de large, constatant des donations faites à l'hôpital et à la léproserie, par des princes, des seigneurs et des bourgeois, dans les 12.ᵉ et 13.ᵉ siècles; les sceaux, presque tous détruits, étaient en cire, et suspendus à l'acte par une très-petite languette de parchemin de trois pouces de long;

2.º L'ancien matrologue de St.-Lazare, manuscrit in-folio, relié en bois, commençant en 1422 et finissant en 1484. En la sacristie. La salle des morts et le pressoir sont sous la grande porte, avant d'entrer dans la maison.

L'église est la partie brillante de l'hôtel-Dieu, ou plutôt il semble que tout le reste lui ait été sacrifié. C'est une jolie construction de 72 pieds de long, sur 40 de large, ayant un chœur, une nef et des bas côtés qui se terminent par des autels de saints au niveau de l'autel principal. L'édifice, relevé dans le dernier siècle, à la suite d'un incendie, est dans le genre gothique le plus simple, avec de hautes fenêtres à plein cintre, sans ornemens, comme au temps de la renaissance. Il y a des tribunes au-dessus du portail, pour les malades des deux sexes, et une tribune particulière, de côté, pour les dames de la maison. L'intérieur de l'église est destiné au public, qui souvent y est très-nombreux.

L'église est, en général, propre et fort bien entretenue; les dorures du chœur, quoique du dernier siècle, sont encore belles et de bon goût; c'est de tous les édifices religieux de Falaise, celui qui offre le plus d'ensemble dans toutes ses parties. Dans le chœur sont trois pierres de tombeaux, avec des inscriptions. La première recouvre M. *Jacques Fourneaux*, prieur, mort en 1768. Les deux autres

tête est une charte en parchemin, de Henri II, roi d'Angleterre; les sceaux en ont disparu; on y trouve les noms d'une foule de barons de la cour du prince, et on y remarque, entre autres, celui d'un *Guillaume de Courcy*;

3.º Le papier terrier de l'hôtel-Dieu, dressé en 1654, par M. *Sauvage*, administrateur de la maison; c'est un gros in-4.º de 478 feuilles de parchemin, contenant la copie de tous les anciens titres de l'établissement. Ce recueil paraît avoir été exécuté avec beaucoup de soin.

rappellent les noms de *Piel de Grammont*, prieur, mort en 1706, et de *Jamot de Boisperrey*, prêtre, mort en 1770, bienfaiteurs, l'un et l'autre, de l'établissement. Leurs noms sont encore chers aux dames de la maison.

Nous avons vu, dans la première partie de cet ouvrage, que l'hôtel-Dieu avait été, dans le principe, placé dans la ville pour la sûreté des malades, dans le temps des siéges. Depuis ces époques reculées, on l'a maintenu dans le même lieu, quoique l'emplacement ne fût plus guère convenable. La maison est trop resserrée, sur tous les points, par des constructions élevées ; l'air n'y circule que difficilement, et gâté déjà par les exhalaisons du dehors ; il faudrait d'ailleurs quelqu'entourage de jardins, et ceux de l'hôtel-Dieu sont éloignés de plusieurs centaines de pas. Il eût été à désirer que l'on eût placé, il y a trente ans, la maison des pauvres sur l'emplacement de St.-Jean, que l'on a, au contraire, aliéné maladroitement et à vil prix. A Caen, l'on vient de transformer ainsi l'ancienne abbaye de la Trinité en un hôpital, qui est le plus beau monument de ce genre de la Normandie. On eût pu faire à Falaise, en égard à l'importance de la ville, quelque chose de non moins remarquable.

L'hôpital général, ou hospice Saint-Louis, est dans un lieu plus convenable, et construit sur un meilleur plan que l'hôtel-Dieu. Il présente une grande façade de 150 pieds, donnant sur la promenade, et recevant un air pur qui lui arrive des rochers et de la grande bruyère de Noron et de Martigny. L'intérieur a été disposé avec ensemble

et dans de justes proportions. Dans toute la longueur, au rez-de-chaussée et aux deux étages supérieurs, règne, vers le midi, un grand corridor
qui sert de cloître ou de promenade dans les mauvais
temps, et qui communique, par des portes particulières, avec tous les appartemens intérieurs. En bas,
à gauche de l'escalier, qui occupe tout le milieu de
l'édifice, sont la cuisine, la laverie, la boulangerie,
le réfectoire des hommes ; à droite est la lingerie et
le réfectoire des dames, et plus loin, celui des
vieilles femmes et des jeunes filles. Au premier et
au second étages, les chambres des dames sont au
milieu, des deux côtés de l'escalier, et tout le reste
est occupé par le dortoir des femmes et des filles
à droite, et à gauche par celui des hommes et des
garçons. La vieillesse est placée au premier étage,
et l'enfance, plus agile, est envoyée au second. Cet
ordre est très-digne d'éloges. Une salle pour la dentelle, où travaillent les jeunes filles, est encore au
second étage ; une salle des fileuses, pour les vieilles
femmes, est au bas. De très-belles caves voûtées
s'étendent sur toute la longueur de l'édifice.

Derrière le grand bâtiment, sont deux autres
constructions bien moins étendues, qui le coupent
à angle droit, et qui forment avec l'église, enclavée
dans leurs extrémités, une espèce de masse carrée
qui se joint par toutes ses parties. Une cour est dans
l'enceinte de ces constructions, par laquelle le
public communique avec la maison. C'est dans
cette cour aussi que se trouve l'entrée du parloir et
de la pharmacie, l'entrée du magasin des vêtemens
et des étoffes fabriquées dans la maison, l'entrée

de la chambre du chapelain, et l'une des entrées de l'église. A droite, en dehors des constructions, est la cour des femmes, autour de laquelle sont des hangars, des remises, la salle des morts, et d'autres petits appartemens. A gauche est la cour des hommes, avec des bûchers et des ateliers de tisserands et de basestamiers sur les côtés. Des fontaines, qui coulent sans cesse, sont dans chacune de ces deux cours. Il y en a de pareilles dans la laverie, pour l'usage de la cuisine.

Le pressoir et le lavoir sont séparés de la maison, et se trouvent au bout des jardins. Le lavoir est alimenté par un tuyau particulier, qui fournit un volume d'eau considérable, et qui pourrait facilement suffire à une salle de bains. En général, les eaux sont abondantes dans tous ces établissemens publics ; il y en a pareillement à l'hôtel-Dieu, qui coulent sans interruption, dans la cuisine et dans le lavoir.

De beaux jardins et un joli verger font l'ornement de la maison que nous décrivons, et ils ne doivent pas moins contribuer à la salubrité intérieure, que les grandes cours qui sont destinées aux deux sexes : les dames et les vieillards s'y promènent aux heures de repos.

L'église, ou plutôt la chapelle de l'hôpital général est une espèce de rotonde, avec une façade carrée. Au niveau du premier étage, sont de grandes tribunes pour les hommes et pour les femmes ; une tribune particulière pour les dames est au milieu. L'espace réservé au public, dans le bas, est très-peu considérable.

On avait négligé pendant long-temps d'entretenir et de réparer les constructions des deux hôpitaux. Quelques utiles travaux, exécutés depuis trois années, les ont enfin rétablis dans un état assez convenable.

Nous parlerons ailleurs de l'administration intérieure et du matériel des deux maisons hospitalières de Falaise.

HOTEL-DE-VILLE.

L'hôtel-de-ville offre une façade de 75 pieds de long, ornée d'un frontispice chargé seulement de quatre petites colonnes grecques ioniques. Au fronton, sont sculptés des écussons et des trophées ; on a omis d'y placer les armes de la ville. La profondeur de l'édifice est de 40 pieds. On y monte par un perron de dix marches de granit.

A l'entrée est le vestibule, orné de colonnes doriques ; à gauche, sont les bureaux, et à droite, le grand escalier avec le logement du concierge ; à droite, est également un corps-de-garde, ainsi qu'une salle de détention provisoire où l'on ne pénètre que par une porte de côté.

L'escalier, large et de bon goût, est garni d'une rampe de fer. Il se compose de trente marches de cinq pouces seulement de hauteur, sur six pieds de portée.

Au premier, sur le devant, sont la salle du conseil, une salle plus grande pour les réunions et les fêtes publiques, et enfin, une troisième salle d'assemblée pour les corporations, telles que les boulangers et autres, que le maire peut être obligé de réunir de temps à autre. Sur le derrière est le chartrier et un petit appartement de 18 pieds carrés, qui sert provisoirement pour la bibliothèque. Lors de la construction, on négligea de disposer un local pour cet établissement qui n'existait pas alors; on ne sait trop maintenant comment on pourra suppléer plus tard à cette omission, qui paraît être irréparable.

Les combles n'offrent que des greniers et des chambres sans importance. Une petite balustrade règne au-dessus de la corniche.

Les caves sont sèches, spacieuses, et pourraient, au besoin, servir d'entrepôt; on y a tenu la halle aux cotons pendant quelques années. C'est-là que sont les pompes de la ville et les paniers à incendie [1].

PALAIS DE JUSTICE.

L'ancien hôtel-de-ville fut tranformé en palais de justice vers la fin du dernier siècle; une inscription, qui se lit encore sur le frontispice, rappelle quelle fut dans le temps sa première destination.

Le palais de justice offre deux étages et un rez-de-chaussée ainsi distribués :

Au premier est la grande salle d'audience, avec une salle des pas-perdus, une chambre du conseil et un vestiaire ;

Au second, sont les dépôts et le greffe du tribunal de première instance ;

Au rez-de-chaussée se trouvent une salle pour les justices de paix, une chambre d'instruction et le logement du concierge.

Il n'y a point de parquet.

---

1 Nous donnerons à nos abonnés le dessin de l'hôtel-de-ville de Falaise.

La salle d'audience principale est assez vaste pour un simple arrondissement ; elle se compose d'un espace de 20 pieds carrés destiné au public, et d'une enceinte de même étendue environ pour les gens de justice. Deux barres sont disposées, sur chacun des côtés, pour les avocats et pour les avoués ; les juges sont au milieu d'une estrade élevée de quatre pieds environ ; le ministère public, sur le même plan, a une tribune particulière à la droite des magistrats ; la table du greffier est en face, de l'autre côté. C'est-là que siègent le tribunal de première instance et le tribunal de commerce.

La salle est voûtée et proprement entretenue. Un Christ assez mesquin, avec des bustes de Henri IV et de Charles X, viennent d'être placés au-dessus des juges ; un calorifère, dont les fourneaux sont dans un appartement inférieur, est destiné à entrenir une douce température dans toutes les parties de la salle, pendant l'hiver.

Les greffes établis au second sont très-incommodes et incomplets ; les chambres des dépôts, trop petites, ne suffisent pas pour remplir leur destination.

La salle de la justice de paix, dans le bas, est très-sombre et trop étroite. Quand le public curieux veut y pénétrer, pendant les audiences de simple police, il encombre l'entrée du palais, et l'on n'y accède alors que difficilement. Malheureusement il serait impossible de remédier à cet inconvénient, qui tient à la localité. Si l'édifice eût été destiné, dans le principe, pour être le siège des tribunaux, on l'aurait certainement autrement distribué. La premier étage présente seul une disposition convenable[1].

MAISON D'ARRÊT.

La maison d'arrêt de Falaise est d'une forme carrée, et présente une façade de 60 pieds de longueur, sur une profondeur de 45, et une élévation de 35 environ. On y accède par une petite cour qui donne sur la place Trinité, du côté de l'hôtel-de-ville. A la façade qui regarde les cours intérieures, est une rotonde crénelée, où sont les logemens du concierge.

Les cachots sont au-dessous du sol, voûtés et ménagés dans les fondemens épais de l'édifice. Il y en a quatre, situés à chacun des angles, et séparés par une espèce de corridor en forme de croix. Les portes et les serrures de ces affreuses demeures sont

1 On a proposé (et l'on exécutera sans doute prochainement cette idée) d'abandonner le tribunal actuel pour une sous-préfecture, et d'élever un nouveau palais de justice sur le terrain de l'ancienne prison, à droite de l'hôtel-de-ville. L'emplacement serait bien choisi, et nous faisons des vœux pour que les fonds de ce travail soient promptement alloués par le département. Déjà l'architecte en chef de l'administration en a soumis le plan, il y a cinq ans, aux membres du conseil général, et ce plan a reçu, à ce qu'il paraît, leur approbation. Puissent les délégués de l'arrondissement obtenir, pour la ville, cette faveur, qui la mettrait à même de posséder enfin un hôtel de la sous-préfecture. Est-il décent que le premier chef de l'administration d'un arrondissement ne puisse disposer d'un local spacieux et permanent, pour y établir ses bureaux et les dépôts publics qui lui sont confiés ? Il n'y a même pas à Falaise une salle d'assemblée pour le conseil d'arrondissement. C'est à l'hôtel-de-ville que se tiennent les réunions de ce conseil. Il nous semble qu'un tel usage est tout-à-fait inconvenant.

d'une très-grande solidité. Comme la maison est nouvelle encore, il y règne presque toujours une humidité dangereuse.

Au niveau du sol se trouvent, au milieu, la cuisine et la salle du concierge, et, sur les côtés, les salles des hommes et celles des femmes. Les hommes sont à droite et les femmes à gauche. Leurs salles, au nombre de deux de chaque côté, sont disposées dans les angles, comme les cachots inférieurs; les corridors qui les séparent sont occupés par des escaliers pour monter au premier étage.

Le premier est rempli par des chambres de même forme et de même grandeur que les salles du bas, et disposées de même sur les côtés. Au centre, sont une chapelle et une sacristie, une chambre d'instruction et une chambre pour le concierge. Des escaliers distincts mènent à ces divers appartemens.

Au second, sous les combles, sont les greniers, et quatre chambres dites à la pistole, pour les condamnés à moins d'un an de détention.

Les deux cours intérieures, pour les hommes et pour les femmes, correspondent aux deux portions de l'édifice destinées à chacun des sexes. Ces cours, pourvues de latrines et de fontaines qui coulent sans cesse, sont séparées par un double mur, entre lequel est ménagé un couloir pour le concierge, qui peut tout entendre de-là sans être vu. Sa salle et sa chambre, dans la rotonde, sont aussi disposées de manière à ce que, d'un coup-d'œil, il puisse voir tout ce qui se passe dans les deux cours. Des chevaux de frise, assez mal établis, sont au sommet des murs d'enceinte, pour prévenir toute évasion.

La prison est solide, bâtie en belle pierre calcaire, avec des fondemens de granit, et toutes les
ouvertures sont garnies de barreaux de fer. Les
quatre salles du rez-de-chaussée sont recouvertes,
dans toute leur hauteur, de fortes planches de chêne
de deux pouces d'épaisseur. Une grille et une porte
de fer de sûreté séparent la cuisine, placée à l'entrée, de tout le reste de l'édifice. On ferme la porte
de fer lorsqu'on veut pénétrer dans l'enceinte des
prisonniers. Il y a une troisième fontaine dans la
cour du devant, pour les besoins du concierge.
L'édifice pourrait contenir quatre-vingts prisonniers
environ ; c'est beaucoup plus qu'il n'en renferme
dans aucun temps. Les cachots ne sont guère occupés
que lors du passage de la chaîne des condamnés
aux fers.

La maison d'arrêt de Falaise n'est occupée que
depuis cinq ans. C'est un bienfait de l'administration départementale du Calvados. Commencée
dans le temps de l'empire, elle ne fut terminée
qu'en 1822.

HALLE.

C'est à regret que nous nous décidons à parler
de la nouvelle halle. Il nous est pénible d'avoir à
critiquer hautement cet ouvrage, le plus important
qu'ait entrepris l'administration municipale actuelle, depuis son organisation.

L'emplacement de la nouvelle halle a été très-mal
choisi. Situé entre la rue d'Acqueville et la rue
Dieulafait, on ne peut y accéder que difficilement,
et les voitures s'encombrent aux entrées d'une
manière désagréable et même dangereuse pour le

public. De légers accidens en sont arrivés déjà, et de plus graves peuvent survenir d'un jour à l'autre. Du côté de la rue d'Acqueville surtout, où se trouve l'entrée principale, la circulation pour les bourgeois devient presque impossible pendant l'heure des déchargemens.

Un des autres inconvéniens de la localité, c'est que le bâtiment nouveau masque toute une moitié de l'église St.-Gervais, et prive ainsi le public de la vue d'un ancien monument assez remarquable. Par lui-même, l'édifice moderne ne peut dédommager de cette privation ; sa façade, en fausse équerre et sur un plan irrégulier, ne présentera jamais un bel aspect monumental.

La halle se composera de deux parties, dont la principale est maintenant terminée. C'est une construction en forme de parallélogramme, de 80 pieds environ de longueur, sur 32 de largeur, et 25 d'élévation. Les ouvertures, d'assez bon goût, sont en demi-cercle sous la corniche, entre chaque pilier, et une toiture légère et hardie recouvre tout l'édifice. Malheureusement cette toiture ne paraît pas avoir été soigneusement exécutée, ou l'on n'y aura pas du moins employé des bois assez sains ni d'un assez bon choix. On s'aperçoit déjà de leur altération, et l'on découvre, de l'intérieur, des échappées de jour entre les ardoises. Les eaux, qui filtrent par tous ces points, dégradent par degré la charpente, et la détruiront promptement. Il devient donc urgent de revoir sans retard tout ce travail. On devra remplacer aussi prochainement quelques-unes des pierres de la corniche, qui sont déjà brisées.

La

La seconde partie de la halle, que l'on construit en ce moment, sera sur le même plan, et s'étendra sur la rue d'Acqueville, en formant un angle presque droit avec le grand bâtiment. C'est dans cette seconde partie que l'on placera le froment ; l'orge, l'avoine et les menus grains resteront dans la halle principale. Le *réduit* [1] pour le blé sera dans un espace triangulaire, attenant à l'église, du côté de la rue d'Acqueville. Le réduit des menus grains demeurera dans les petites salles qui se trouvent vers la rue Dieulafait. Le bureau de police a été provisoirement établi à l'entrée de la grande halle, dans un enfoncement entre deux piliers. Mais ce bureau, masqué de trois côtés par de hautes murailles, est comme une espèce de cage ou de prison grillée, d'où la surveillance est entièrement impossible. Il sera indispensable de lui chercher au plutôt un autre emplacement.

Les dimensions de la halle n'ont point été suffisamment calculées, à ce qu'il paraît, sur les besoins et sur l'importance de la ville, et l'on dit que dans les forts marchés, il y aura beaucoup de grains encore qui ne pourront être logés dans son intérieur. Cette faute, au reste, est-elle de nature à être imputée à l'administration, ou n'appartient-elle pas plutôt toute entière à l'architecte qui avait reçu sa confiance ? C'est ce que nos lecteurs pourront apprécier

---

[1] *Réduit* est le vrai mot ; mais on emploie celui de *rétuit* à Falaise et dans les environs. C'est le lieu retiré, *reductus locus*, où l'on renferme les grains qui restent à vendre d'une halle sur l'autre. Les clefs demeurent aux mains des adjudicataires de la halle, qui sont responsables de ce qu'on leur a confié,

tout aussi bien que nous. Ils jugeront de même s'il n'était pas possible d'éviter ces trois marches qui se trouvent à l'entrée principale, et qui rendent les déchargemens aussi incommodes que dangereux.

La halle eût été bien plus convenablement établie sur l'emplacement des anciens Cordeliers ou dans le champ Saint-Michel, près du château de la Frenaye. Le propriétaire de ce champ Saint-Michel offrait, dit-on, gratuitement, tout le terrain qui pouvait être nécessaire pour y fonder l'établissement. On eût pu élever là un monument sur de vastes dimensions, et les accès en eussent été plus faciles que partout ailleurs. La faute que l'on a commise est maintenant irréparable.

On évalue à plus de 60,000 fr. les sommes qui seront employées pour l'entier achèvement de la nouvelle halle. Il est fâcheux que ce capital important ne puisse produire tous les résultats que l'on était en droit d'en attendre.

On ouvrira, au-dessus de la halle, une petite rue de jonction entre les rues Dieulafait et d'Acqueville; les maisons ont été achetées dans ce dessein. Ce débouché facilitera du moins la circulation des voitures, et rendra beaucoup moins grand le danger de l'encombrement.

MAISONS ET CONSTRUCTIONS SERVANT DE COLLÉGE, DE PETIT SÉMINAIRE, D'ÉCOLES PRIMAIRES ET DE PRESBYTÈRES.

Le collége, comme nous l'avons observé déjà, est établi dans une partie des anciennes constructions du château fort, que nous avons précédemment décrites. Nous ajouterons donc ici seulement quelques particularités qui se rattachent à la destination actuelle de ces bâtimens.

Le collége a renfermé, il y a douze ans, cent vingt pensionnaires et cent quarante externes. Il offre un grand dortoir au-dessus des classes, qui contenait soixante lits d'élèves, et deux autres dortoirs plus petits, disposés sur les nouvelles études, qui en contenaient chacun trente. On eût trouvé difficilement où en placer un plus grand nombre.

On rassemblait dans le grand réfectoire tous les internes de la maison. Une salle, qui se trouve au-dessus, en eût, au besoin, réuni une trentaine de plus.

Les classes, situées dans la cour d'entrée, sont assez spacieuses pour les besoins de l'établissement. Elles peuvent contenir, en général, trente, quarante, et même cinquante élèves. Les salles d'études en contiendraient soixante, soixante-dix, et même quatre-vingts. Il y a sept salles pour les classes et deux pour les études.

La cuisine est un peu étroite; la lingerie, l'infirmerie, sont dans des appartemens convenables; les cours, les jardins sont vastes, plantés de beaux arbres, et parfaitement aérés et exposés. Sous ce rapport même, il serait difficile de trouver partout ailleurs un emplacement plus salutaire et plus heureux que celui-là. Il n'est mort, à notre connaissance, qu'un seul élève interne dans la maison, pendant plus de vingt ans. Les maladies longues ou dangereuses y ont été très-rares.

Le Principal actuel du collége vient d'acheter une

des trois grandes constructions qui restent de St.-
Jean, pour y établir une espèce de petit séminaire.
La maison, bien située et exposée au midi, a devant
elle un beau jardin qui servira de promenade aux
jeunes gens. Au rez-de-chaussée, on trouve une
petite chapelle, et différentes salles où l'on dispo-
sera facilement un réfectoire et des études. Le premier et le second étage offriront des chambres et
des dortoirs en aussi grand nombre qu'on en peut
désirer. Cet emplacement suffira pour une école
ecclésiastique qui, n'étant destinée que pour une
portion du diocèse, ne pourra jamais rassembler un
bien grand nombre de jeunes gens.

La maison des Frères de la doctrine chrétienne
contient le logement de trois frères, et des salles
pour deux cent vingt enfans ; elle est au milieu
d'un jardin et d'une petite cour entourés de murs.
On dispose un local du même genre pour des sœurs,
qui donneront gratuitement des leçons élémentaires
aux jeunes filles de la ville.

Parmi les presbytères de Falaise, celui de la Trinité, acheté il y a quatre ans, est le plus remarquable. C'était une belle maison de bourgeois, avec
des salles, des chambres nombreuses, une cour,
une terrasse, une remise, une grande porte, et tout
ce qui peut contribuer à l'agrément d'une habitation. Il est situé dans la rue du Campferme, à
deux cents pas environ de l'église. Il coûta 18,000 fr.
à la ville. Celui de St.-Gervais, dans la même rue,
est moins vaste, moins complet, et dans un fâcheux
état d'entretien. Le dernier curé, mort il y a trois
mois, homme simple et modeste, n'y avait placé

que de mauvais meubles, et ne semblait aucunement occupé de l'ornement de sa demeure ; il vivait
entièrement isolé, et même sans un domestique.
Celui qui le remplace a demandé quelques réparations, dont on s'occupe en ce moment.

Les presbytères de Saint-Laurent et de Guibray
sont bien situés, et convenables pour leur destination. Il y a un jardin attaché à chacun d'eux.

CASERNE, PAVILLON, SALLE DE COMÉDIE.

Ces trois établissemens, situés à Guibray, ne
sont guère dignes de nous arrêter. Nous dirons cependant quelques mots à leur occasion.

L'ancienne auberge du Sermon, dont on fit une
caserne il y a soixante ans, ne fut jamais suffisante
pour contenir un régiment de cavalerie, comme il
y en avait anciennement en garnison à Falaise.
Mais Guibray était alors, comme il l'est encore de
nos jours, rempli d'une multitude d'autres auberges
qui renfermaient de vastes écuries dont on ne faisait
aucun usage pendant onze mois de l'année ; la ville
payait une indemnité aux propriétaires de ces écuries, afin d'y placer les chevaux qui ne pouvaient
être reçus dans la caserne principale ; on trouvait
ainsi le moyen de maintenir Falaise au nombre
des villes de garnison, et c'était une grande ressource
pour la classe du peuple, qui recueillait une partie
des sommes que jetaient chaque année, dans le
pays, quatre à cinq cents cavaliers.

A la révolution, les administrateurs de la ville,
au lieu de conserver pour une caserne et pour des
hôpitaux les beaux emplacemens de St.-Jean et des

Ursulines, les laissèrent aliéner à vil prix, et sans
que le public en retirât aucun avantage. D'autres
villes voisines, plus adroites, profitèrent au contraire de cette occasion pour préparer dans leurs
murs des logemens convenables pour la cavalerie.
De ce moment, Falaise dut renoncer entièrement à
l'espoir de demeurer ville de garnison ; et l'indifférence de ses administrateurs, en 1817, lui laissa
enlever jusqu'à l'avantage de recevoir, de temps à
autre, des cadres ou des dépôts de remonte. Depuis
cette époque, on n'a pas revu dans Falaise un seul
homme de guerre, si ce n'est en passage.

L'ancienne caserne est délabrée, et hors d'état de
servir jamais. Elle pouvait contenir quatre-vingt-
dix chevaux dans les écuries, et cent vingt-cinq
hommes dans les chambres et les dortoirs. On y
loge encore, pendant le temps de la foire de Guibray,
chaque année, une douzaine de gendarmes envoyés extraordinairement du dehors, pour veiller
à la sûreté publique ; c'est-là aussi qu'est établi,
à la même époque, le poste de la garde nationale
bourgeoise, chargé du maintien de l'ordre dans le
quartier.

Il n'y a point à Falaise de caserne pour la gendarmerie ; la ville est obligée de tenir à loyer, d'un
des acquéreurs, une partie des anciennes constructions de St.-Jean, pour y loger la brigade de résidence. On doit espérer que le conseil du département s'occupera encore, avant peu, d'accorder à
notre chef-lieu d'arrondissement cet utile établissement qui lui manque.

Le pavillon, où se tiennent la mairie et la justice

de paix, pendant la foire, est au haut de la rue qui porte son nom, vers l'église. C'est une mauvaise barraque de bois, où l'on remarque deux chambres étroites au premier, pour la tenue de l'audience et de la municipalité. Il serait difficile de se figurer rien de plus ignoble que ce lieu, eu égard à sa destination. La ville sentira peut-être enfin quelque jour qu'il serait convenable et digne d'elle de loger un peu plus décemment ses magistrats et son premier administrateur.

La salle de la comédie appartient à un particulier, et ne sert que pendant le temps des foires. C'est un bâtiment presque carré, en forme de grange, dans lequel sont disposés un petit théâtre, un parquet, un parterre, un balcon et deux rangs de loges insignifiantes. On dit que l'on peut y rassembler cinq cent cinquante personnes, et que la recette la plus forte doit s'élever à 1,000 fr. C'est tout ce qu'il faut pour cette ville, qui ne peut entretenir des comédiens pendant toute l'année. La salle, d'ailleurs, située à Guibray, ne pourrait être utile pendant l'hiver. La population de la ville ne ferait point un quart de lieue dans les boues, chaque soir, pour chercher de médiocres acteurs dans un de ses faubourgs.

FONTAINES, CITERNE, ABREUVOIRS, PONTS, etc.

Les trois principales fontaines de la ville, situées sur les places de Ste.-Trinité, de St.-Gervais et de la Poissonnerie, présentent des bassins de granit, du milieu desquels les eaux s'élèvent dans des conduits verticaux de différentes formes, d'où elles retombent vers quatre points opposés par des tuyaux grêles et recourbés. Ces espèces de constructions, qui datent d'un siècle, ne sont plus guère en harmonie avec les monumens de ce genre qu'on voit ailleurs; et si le budget municipal de Falaise était moins obéré qu'il ne paraît l'être, il serait temps peut-être d'élever sur nos places quelque chose d'un peu plus élégant que ce qu'on y remarque. Mais il est des établissemens qu'il serait plus pressant de fonder que ceux-là, et nous croyons qu'ils doivent avoir la préférence. Les monumens de luxe ne doivent passer qu'après ceux que réclame impérieusement le bien public.

La fontaine des Trois-Minettes, dans la Basse-Rue, est également en granit, mais de meilleur goût que les autres. La fontaine Borgne, la fontaine du Grand-Turc, celles de la porte du Château, et des rues du Campferme et de l'Hôpital général, sont extrêmement mesquines, et même ridicules; on leur donnera plus tard une forme plus distinguée. En attendant, toutefois, elles rendront dans la ville, comme elles l'ont fait jusqu'ici, les plus importans services. Nos pères, qui ne surent pas les embellir, les disposèrent du moins de manière à ce qu'elles pussent fournir d'abondantes eaux pour tous les usages publics [1].

1 Avant de songer aux fontaines, il serait indispensable que l'on élevât à Falaise, sur les bords de l'Ante et hors de l'enceinte de la vieille ville, une tuerie et une boucherie. On se ferait difficilement une idée, sans en avoir été témoin, du spectacle dégoûtant que présentent deux ou trois des rues de Falaise habituellement, et en particulier le vendredi et le samedi. On tue scandaleusement les animaux devant les portes,

A Guibray, où il n'y a point de fontaines publiques, on a su y suppléer par une multitude de puits que l'on a ouverts dans presque toutes les maisons; et comme, dans le cas d'incendie, l'éloignement de la ville et de la rivière pourrait rendre très-difficile, et même impossible, le service des pompes, on a eu soin de creuser, dans le centre de la foire, une belle citerne de près de 40 pieds de long, sur 18 de large, et 15 au moins de profondeur. On descend dans cette citerne par un double escalier garni de rampes de fer. L'eau est presque toujours à 10 ou 12 pieds d'élévation. Le corps-de-garde des pompiers est établi, pendant la foire, dans une salle placée au-dessus; les pompes y sont déposées pareillement. Au moindre accident, les eaux de la citerne pourraient être employées utilement pour arrêter, dès le principe, les progrès du feu.

L'abreuvoir de Guibray est entouré de murs de soutien, et sert pour les chevaux que l'on amène

sans que la police cherche à le défendre, et les ruisseaux sont presque continuellement rouges de sang. Si les eaux n'étaient pas en aussi grande abondance qu'elles le sont ici, il en résulterait certainement quelques maladies contagieuses. La poissonnerie pourrait être aussi retirée du centre de la ville.

Du reste, les Falaisiens, avant que leur conseil municipal puisse s'occuper de l'ornement des fontaines, devraient peut-être, dès ce moment, à leurs frais et par souscription, en relever une sur un plan monumental, et la surmonter du buste ou de la statue de *Guillaume*, en marbre ou en granit. Il est honteux, nous ne pouvons trop le répéter, que le plus grand homme de guerre qu'ait produit la Normandie, n'ait pas même encore reçu une seule distinction honorifique dans la ville qui l'a vu naître. Les Falaisiens ne sauraient trop se hâter de réparer cette omission, qui doit donner aux étrangers une opinion peu favorable de leur patriotisme.

de toutes parts à la grande foire, pendant plus de dix jours. Il est à l'extrémité du faubourg, à gauche de la grande route, vers Argentan. Une auge en granit, de 25 pieds de long, reçoit, par de petits conduits, les eaux qui y sont amenées d'un réservoir voisin.

L'abreuvoir de Falaise, situé à la sortie de la ville, par la porte du Château, est entouré de pierres sèches, sans maçonnerie au-dessus du sol. Il est alimenté par les eaux de la fontaine de Clécy, et c'est-là que l'on conduit les chevaux de la ville à toutes les heures du jour. En cas d'incendie dans le quartier, et même dans la ville, il serait également très-utile pour le service des pompes.

Nous avons parlé ailleurs des deux ponts jetés sur la petite rivière d'Ante, dans les quartiers du Valdante et de St.-Laurent. Tous deux sont construits en pierre, d'une seule arche, et d'une mince apparence. Ils ne méritent pas d'être décrits plus longuement.

Le magasin à poudre, élevé dans un des petits donjons du château fort, offre un pavillon rond, de 10 à 12 pieds de diamètre, et recouvert par un toit pointu en ardoise. C'est un simple entrepôt de poudre de chasse pour l'arrondissement; quoique petit et étroit, il est suffisant pour sa destination.

Nous rappellerons, en finissant, les deux calvaires qui se trouvent au nord et au midi de la ville, et qui furent élevés à des époques différentes. Le premier, qui signala le retour du clergé et le rétablissement du culte catholique, est entre le quartier des Ursulines et l'emplacement de l'ancienne porte de Guibray ou de la Tour-Grise ; il est mesquin , et le Christ surtout est d'une forme très-grossière. L'autre calvaire, placé sur la route de Caen, fut élevé par les missionnaires en 1822 , et s'il n'est pas d'une élégance remarquable , il se présente du moins avec assez de dignité ; l'arbre est un peu grêle , mais le Christ est dans de justes proportions. Ce calvaire a coûté plus de 3,000 fr. On y monte par deux sentiers bordés de verdure et par un escalier de granit.

MAISONS ET CONSTRUCTIONS PARTICULIÈRES.

Nous avons passé en revue tous les édifices publics de la ville , nous jeterons seulement un coup-d'œil sur les différentes constructions et habitations des particuliers.

MANUFACTURES, MOULINS, ATELIERS, etc.

Nous plaçons au premier rang des constructions particulières celles qui sont destinées à des travaux d'une utilité générale , et qui contribuent ainsi plus ou moins directement à la prospérité du pays.

Falaise a vu s'élever , depuis huit ans , trois grandes manufactures de coton, marchant par eau, sur le modèle de celles de Rouen et de Darnetal. Deux sont situées dans le quartier de St.-Laurent, sur la petite rivière d'Ante , et la troisième sur la même rivière , mais plus près de sa source , et sous les rochers du Mont-Bézet.

La plus belle des trois manufactures est celle de M. Coulibœuf, au pied du côteau de Rougemont à St.-Laurent. La construction offre 84 pieds de longueur, sur 42 de largeur, avec un rez-de-chaussée, trois étages et des combles. Chacun des étages ne présente qu'une seule pièce, éclairée, sur chaque façade, par huit fenêtres. La roue, qui tourne en dessous, a 16 pieds de diamètre, sur 6 de largeur, et elle est renfermée dans le corps même du grand bâtiment. L'établissement est dans une position très-favorable, au milieu de riantes prairies, et sur l'ancien chemin de Falaise à St.-Pierre-sur-Dive.

Les filatures de MM. Lebaillif fils, près de l'église St.-Laurent, et Lagniel-Dujardin, au hameau des Moulins, sont dans le même genre, mais un peu moins étendues. Les édifices n'ont que 60 pieds environ, sur 30 à 35, et les roues, d'un moindre volume, sont posées en dehors, et mises en mouvement par des eaux amenées, en dessus, dans des augets. Il y a encore une quatrième petite filature de coton, par eau, dans les anciens fossés de la ville, du côté de l'est. Les égoûts des fontaines, qui coulent de ce côté, suffisent pour la faire mouvoir. Du reste, ces trois derniers établissemens, fondés depuis long-temps, sont en pleine activité, tandis que la grande filature de M. Coulibœuf, qui s'organise par degrés, ne marchera entièrement que dans quelques mois.

Il y a en outre, dans les faubourgs de Saint-Laurent et du Valdante, trois tanneries de cuirs forts, avec des bâtimens convenables; six tanneries ou corroieries plus communes; huit teintureries, neuf moulins à blé, trois à tan, un à huile et une blanchisserie bertholienne; on y voit encore des lavoirs couverts, avec des fourneaux, pour les lessives. Enfin, on y trouve deux maisons de bains

publics, ayant chacune une demi-douzaine de petites chambres à baignoires. Les constructions de
ces divers établissemens sont communes, et la plupart même ne sont que des appartemens ou des fractions d'habitations particulières ; elles ne méritent
pas d'être spécialement décrites. Dans la ville et à
Guibray, les ateliers de basestamiers ou de tisserands,
et deux ou trois filatures à bras, sont dans les salles
des fabricans, ou dans les magasins et les boutiques
des marchands forains ; on n'y rencontre rien non
plus qui soit digne d'être remarqué. A Guibray,
chez M. Davois, il y a un séchoir pour les bonnets,
qui peut en contenir à-la-fois plus de mille douzaines.

HOTELS.

Le premier et le plus beau des hôtels de Falaise,
est celui du Mesnilriant, que l'on peut qualifier
du titre de château. Il fut construit, il y a quarante ans, par M. de Falandre, dont il porta le
nom jusqu'en 1815. Il a reçu son nouveau nom de
M. de Labbey, maire de Falaise, qui en est le propriétaire actuel.

Le Mesnilriant est une charmante maison ita-
lienne, du meilleur goût, sans toit, et avec une
rotonde qu'accompagnent des colonnes plates marquées jusqu'au-dessus du premier étage. L'édifice
est recouvert par des lames légères de cuivre, et
une balustrade élégante règne sur tout le couronnement. L'exposition est au midi, sur le bord de
la grande voie publique qui conduit de Falaise à
Caen. La pierre, tirée des carrières voisines de la
ville, a conservé toute sa blancheur et son éclat.

Il n'y a qu'un jardin découvert derrière le Mesnilriant, avec un massif de verdure et un verger
sur le devant. Cet entourage ne répond pas à la
magnificence de la construction [1].

L'hôtel ou le château de la Frenaye est au milieu
du parc que nous avons décrit. C'est un édifice très-
simple, à un seul étage et à douze fenêtres de façade.
Il produit un agréable effet au milieu des massifs
qui l'environnent.

L'hôtel St.-Léonard, dont l'entrée est vers la rue
des Capucins, offre une brillante façade, avec rotonde, du côté des anciens fossés et de la route
d'Argentan. Un balcon, garni de balustrades, qui
s'étend sur toute la longueur de l'édifice, ajoute à
l'ornement de cette belle maison.

L'hôtel de Lapallu, maintenant de Costard, dans
la rue du Campferme, est une grande masse de
bâtimens formant un carré, au milieu duquel est
une vaste cour d'honneur. La façade est dans l'intérieur du carré, ainsi que les entrées principales
et celles des écuries et des remises. Le dehors, sur
la rue, n'est pas remarquable.

[1] Dans le principe, le Mesnilriant était couvert en plomb;
mais, en 1793, M. de Falandre fut requis de faire un don
gratuit, à la commune de Falaise, des deux mille livres de
plomb qui *pesaient* sur sa maison : il obéit. Il est dit dans l'acte
de donation, consigné sur les registres municipaux, que la
matière sera employée à fabriquer des *boulets* et des car-
touches. Il paraît que celui qui dictait, à cette époque, aux
citoyens, les formules de ces sortes de libéralités, était un
habile homme...

M. de Vauquelin a dessiné et lithographié le château du
Mesnilriant, avec une partie de la vallée de l'Ante.

L'hôtel de la Goupillière, l'hôtel de Blocqueville, ont leur entrée sur la rue du Cheval-Noir ou Dieulafait, mais leur façade n'est point apparente ; il en est de même de l'hôtel de Combray, maintenant Chapedelaine, dans la rue d'Acqueville, et de l'hôtel de Noirville, sur la place Ste.-Trinité. Ces constructions, en général, belles, régulières, et sur de grandes proportions, sont dérobées, par de hautes murailles ou par d'autres maisons bourgeoises, au regard du public. Peu de petites villes, au reste, présentent un aussi grand nombre d'habitations de ce genre, occupées par des particuliers. Elles furent presque toutes élevées pendant le dernier siècle.

Nous ne parlons point de l'intérieur de ces belles maisons, où le public n'est point admis, et que les propriétaires disposent à leur gré, selon leurs différens goûts. Nous dirons seulement qu'elles offrent un ensemble de distribution, au dedans, qui répond à leur apparence extérieure. On cite le salon de l'hôtel Saint-Léonard comme étant le plus beau de la ville.

MAISONS BOURGEOISES.

Les plus belles maisons bourgeoises sont au n.º 1.er de la rue d'Enfer ; aux n.os 12, 19 de la rue de Lisieux ; au n.º 17 de la rue des Capucins ; au n.º 41 de la rue Dieulafait ; au n.º 48 de la rue de la Pelleterie ; aux n.os 13, 52, 54 de la Basse-Rue ; aux n.os 10, 18 de la rue des Boulangers ; au n.º 5 de la porte Philippe-Jean ; au n.º 17 de la Grand'rue ; aux n.os 13, 16, 31, 34, 35 et 41 de la rue du Campferme, etc. A Guibray, on peut également citer celle de la rue des Ursulines, n.º 23 ; celle de la rue de Falaise, n.º 8 ; celle de la rue de Trun, n.º 51 ; celles des Rives, n.º 35, de St.-Marc, n.º 2, et de Saint-Jean, n.º 9, etc. Enfin, au Camp-de-Foire, au Valdante, et même à St.-Laurent, il y en a deux ou trois, éparses çà et là, qui méritent aussi d'être remarquées. Ces maisons offrent, pour la plupart, une cour, une terrasse, une remise, des écuries au dehors, et dans l'intérieur, une salle, un salon bien ornés, des chambres, et en un mot tous les divers appartemens qui sont indispensables pour un ménage bien tenu. Toutes sont bâties en pierre de taille calcaire, avec de larges fenêtres et une grande porte sur la rue. On reconnaît, dès le premier moment, que l'aisance est le partage de ceux qui les habitent. Ce sont de riches propriétaires, et quelques fonctionnaires publics.

Il y a des maisons bourgeoises moins considérables, et qui réunissent seulement quelques-uns des agrémens et des commodités de celles que nous venons de décrire. Leur forme est plus petite ; elles n'ont point, en général, de cour, de jardin ni de porte cochère ; elles se présentent presque toutes sur la rue, ayant un ou deux étages au-dessus des cuisines, qui sont au rez-de-chaussée. L'extérieur et l'intérieur sont propres, mais sans luxe ni ornement. C'est-là qu'habite le plus grand nombre des rentiers et des divers propriétaires.

HOTELLERIES, AUBERGES, CAFÉS, CABARETS.

Il y a à Falaise, et surtout à Guibray, une très-grande quantité d'hôtelleries ou auberges pour les hommes et pour les chevaux. Mais, on doit le dire,

dans

dans cette multitude de logemens, disposés pour des voyageurs de tout rang, il en est peu qui soient tenus d'une manière décente, et qui soient propres à recevoir des personnes accoutumées à jouir des commodités de la vie. Les chambres sont mesquinement meublées, et les tables d'hôte incomplètement fournies; les services de propreté sont en général mal réglés et mal exécutés.

On peut faire cependant quelques exceptions en faveur de deux ou trois maisons qui sont encore assez convenablement disposées et tenues. Nous placerons en première ligne le nouvel hôtel de France, sur la place du Grand-Turc; le Grand-Cerf; l'hôtel de la Place, dans la rue de Caen; l'hôtel de la Croix-Blanche, dans les rues Dieulafait et des Capucins, et le nouveau Grand-Turc, dans la dernière de ces rues. Le nouveau Grand-Turc n'a point d'écuries, mais des chambres seulement, et un restaurant. Les quatre autres ont des écuries, des cours, des chambres nombreuses, et reçoivent des voitures et des chevaux, ainsi que des voyageurs. La table d'hôte de l'hôtel de France paraît être la plus estimée, avec celle du nouveau Grand-Turc. La poste aux chevaux est à l'hôtel du Grand-Cerf.

Les auberges de Guibray ne sont ouvertes que pendant la foire, et elles se font remarquer surtout par de vastes écuries, propres à recevoir un très-grand nombre de chevaux. On cite, avant toutes les autres, l'hôtel de la Romaine, qui est sur la place aux Chevaux, et dont l'écurie disposée comme celle des haras, la table d'hôte, le billard, le café, et même la salle de comédie, ont acquis, depuis quelques

26

années, une certaine célébrité. Le propriétaire, qui est un bon rentier de la ville, a fait de grands frais pour attirer chez lui le public. Les écuries de St.-Éloi, de la Trinité, du Griffon, de la Croix-de-Fer, du Cheval-Blanc, etc., sont également renommées depuis long-temps. On trouve dans ces diverses auberges des chambres en grand nombre, et des tables d'hôte plus ou moins bien servies. Les marchands, qui ont leurs habitudes, vont s'établir dans celles qui sont le plus rapprochées du quartier de leurs affaires. Il y a des salles de restaurans ouvertes à la Belle-Étoile, au Gaillard-Bois, à l'hôtel du Commerce, à la Croix-de-Fer, etc.

Les autres hôtelleries ou auberges de Falaise ou de Guibray, ne sont guère dignes d'être mentionnées spécialement. Nous citerons cependant encore, à Falaise, les auberges de la Maison-Neuve, de la Biche, du Cheval-Blanc, de la Pie, de la Croix-Verte; et à Guibray, celles de St.-Martin, Saint-Michel, etc.

Les cafés les plus passables, à Falaise, sont ceux de la rue Dieulafait, n.° 6; de la rue d'Argentan, n.° 8, et de la place du Grand-Turc, n.° 1. Il y en a une douzaine d'autres, parmi lesquels on remarque encore ceux de la rue d'Argentan, n.° 33, et de la rue de Caen, n.° 2. Mais aucun de ces établissemens ne mérite d'être particulièrement recommandé pour sa belle tenue. Ici les cafés ne sont point fréquentés par les classes élevées de la société, et l'on n'y rencontre que quelques bourgeois et des gens du peuple; ils doivent se ressentir nécessairement des moyens et des habitudes de ceux auxquels ils sont destinés. Ils offrent une salle, avec de petites tables, sur la rue, au rez-de-chaussée, et ordinairement un billard au premier. Les appartemens sont peu spacieux, et ornés d'une manière commune.

Les cafés de Guibray sont un peu mieux tenus et plus vastes, parce qu'ils reçoivent des personnes de toutes les classes, et que, pendant quelques jours, la foule y est très-nombreuse. Les principaux sont dans les rues du Pavillon, du Champ-de-Foire et de l'Ouverture sur les Champs ; ils portent les noms de *Café de Foi*, *Café des Aveugles*, *Café du Rocher du Calvados*, et *Café de France*. On ne les ouvre que pendant le temps de la foire ; on y voit ordinairement des chanteuses ou des baladins.

On trouve dans la ville et dans les faubourgs un grand nombre de cabarets du plus mauvais goût. C'est-là que le peuple va s'enivrer avec de grossières boissons, et trop souvent il n'en sort que pour se livrer à de honteux excès. Les dehors de ces indécentes tavernes n'offrent même pas le plus souvent l'apparence de la propreté. Quelques-unes ne sont annoncées que par des bouchons ou rameaux de houx.

MAISONS DES MARCHANDS ET MAISONS DU PEUPLE.

Les maisons de marchands sont, en général, situées dans toute la Grand'rue, dans les rues de Caen et d'Argentan, dans celles du Cheval-Noir, de la Pelleterie et de la Mairie, sur la place de St-Gervais, sur celle du Grand-Turc, etc., etc. Il y en a pareillement quelques-unes à Guibray et sur la route de Caen, ainsi que sur d'autres points des faubourgs; mais le plus grand nombre est dans le centre de la ville, et même dans la Grand'rue, à proprement parler. Elles se composent, pour la plupart, d'une boutique sur le devant, avec une arrière-boutique et une cuisine dans l'enfoncement. Quelques-unes ont un magasin au premier étage, et toutes renferment des chambres plus ou moins nombreuses, selon l'importance de la famille. Il y a rarement un jardin ou même une cour attachés à ces maisons. Le marchand est économe, et ne perd pas le terrain. Il se contente, lorsque le soir est venu et que le travail est terminé, de se promener sur les routes, avec ses enfans, pour respirer le frais. La façade de plusieurs des maisons marchandes est en pierre de taille, et d'une construction propre et solide; d'autres offrent encore d'anciennes façades de bois ou d'une mauvaise maçonnerie de moëllon, ayant le pignon sur rue, et deux ou trois étages en saillie les uns au-dessus des autres. Mais ces vieilles masures disparaissent successivement, et chaque année en voit renouveler un certain nombre dans le centre de la ville et dans la Grand'rue surtout, où elles sont le plus nombreuses.

Les maisons du peuple, dans les faubourgs, quoique construites en pierres, sont, en général, basses, chétives et misérables. La plupart sont sans cour, et des ordures sont entassées sur le devant, vers la rue. Les appartemens sont souvent mal ouverts, et leur intérieur est noir et repoussant. C'est aux Maisons-Blanches principalement, et dans la rue de St.-Laurent, que l'on fait, pour ainsi dire à chaque pas, ces observations. Dans quelques-unes

des rues de Guibray et du Camp-de-Foire, les habitations sont plus propres et mieux tenues.

Nous avons déjà décrit ailleurs les maisons de la
foire, et le genre de leur construction. Elles sont
presque toutes en bois, avec un remplissage de
pierres et de mortiers entre les fractions de la charpente. Comme leurs clôtures sont très-légères, on
y serait mal défendu contre le froid pendant l'hiver;
heureusement on ne les occupe que pendant le mois
le plus chaud de l'année. Ces frêles constructions
ne datent, en général, que d'un ou de deux siècles.
Celles que l'on relève, de temps à autre, dans les
rues de Rugles ou du Pavillon, sont reconstruites
en pierres, comme les maisons bourgeoises.

RÉCAPITULATION. — NATURE DES CONSTRUCTIONS.
—RUES. —PLACES. — NOMBRE DES MAISONS ET
DES FEUX, etc.

Il résulte de ce que nous venons de voir, qu'à
Falaise il y a une grande variété d'édifices de tout
genre, depuis la masse imposante de la forteresse
qu'élevèrent nos aïeux, jusqu'aux modestes et chétives demeures de nos artisans. Les carrières nombreuses qui environnent la ville, ont fourni les
matériaux qui servent depuis dix siècles environ à
élever ces constructions. La nature de cette pierre,
sa blancheur, sa solidité, la rendent propre à être
facilement taillée, et à résister, sans subir une
altération désagréable, aux atteintes du temps et
des saisons. Peu de villes sont, sous ce rapport,
plus avantageusement partagées que Falaise.

Les bois qui servent aux charpentes, sont pris

sur les propriétés qui environnent la ville. Le chêne, sans y être très-abondant, suffit cependant pour toutes les pièces principales. On emploie pour le reste l'orme et le peuplier. Dans les intérieurs, depuis quelques années, on fait beaucoup usage du sapin du Nord.

Les couvertures sont presque toutes en tuiles fabriquées dans les environs. Les hôtels et quelques édifices publics sont seuls couverts en ardoise que l'on tire d'Angers.

Les pavés qui servent aux rues sont taillés dans les roches de Saint-Quentin et de Sousmont, peu éloignées de Falaise. La chaux, le sable, sont très-abondans sur tout le sol de nos campagnes, etc.

Quant à l'ensemble des constructions de Falaise, réunies pour former des rues, on doit convenir qu'il n'est pas partout d'un effet heureux. A l'exception des rues de Caen et d'Argentan, qui sont neuves et régulières, presque toutes les autres sont inégalement bâties, et présentent une confusion de maisons de tout genre, d'un aspect désagréable. Dans les rues centrales surtout, telles que la Grand'-rue, la rue de la Pelleterie, la rue des Boulangers, la Basse-Rue, le contraste est plus choquant qu'ailleurs. Dans la rue du Campferme, dans la rue d'Acqueville, dans la rue des Capucins, malgré les sinuosités de la voie publique, on reconnaît déjà plus d'unité, plus de nouveauté dans les habitations. Hors de la ville, vers Caen et vers Guibray, tout ce qui borde la grande route est aussi de construction moderne. Le voyageur qui ne traverse que cette partie de la ville, peut la croire élevée sur un

plan assez régulier. Du reste, toute cette inclinaison
des rues de Falaise, et leur défaut d'alignement,
tient à la disposition de ses anciens remparts et à
sa première destination. Le plan primitif a été
commandé par la nécessité de faire une place de
guerre autour d'un groupe d'habitations posées sur
un rocher. Il faudrait renverser entièrement la
ville, si l'on voulait la replacer maintenant sur un
plan qui fût uniforme.

Parmi les places de Falaise, celle de St.-Gervais
est la plus régulière, et celle de la Trinité la plus
grande et la mieux bâtie. Malheureusement, quelques porches masquent cette dernière d'un côté, et
rompent la ligne des édifices nouveaux qui la bordent
à droite, et qui se terminent à la jolie façade de
l'hôtel-de-ville. Si ces porches disparaissaient, et
qu'une fontaine monumentale remplaçât celle qui
se voit à l'entrée, cette place serait assez remarquable pour une petite ville. Il est à regretter cependant que le pavé qui conduit à l'hôtel-de-ville
soit un peu rapide, et que l'on n'ait pas abaissé ce
sol autant qu'on eût pu le faire. Cet inconvénient
ne peut plus guère être réparé.

Toutes les rues de Falaise ne sont pas convenablement pavées, et quelques-unes même sont en
très-mauvais état. Les plus nouvellement repavées
par l'administration sont la Grand'rue, la rue
Dieulafait, la rue de la Mairie, la porte Philippe-
Jean, etc., ainsi que les places de Sainte-Trinité et
du Grand-Turc. Parmi les rues dont on se plaint,
nous citerons la rue du Campferme, la Basse-Rue,
la rue de la Pelleterie, dans le centre de la ville,

et surtout à Guibray, la rue du Pavillon, la plus fréquentée pendant la foire, et la plus mal entretenue de Falaise. Aussitôt que l'administration pourra disposer de quelques fonds, elle les emploiera sans doute à cet objet.

En nous résumant, il existe à Falaise, outre le château fort et les anciens débris des portes et des remparts, une vingtaine d'édifices environ, consacrés à des établissemens publics; trois grandes filatures de coton et une quarantaine de petites manufactures à différens usages; deux beaux châteaux de particuliers; six grands hôtels; cinquante belles maisons bourgeoises; deux cents maisons bourgeoises inférieures; cinquante hôtelleries ou auberges; quarante cafés; trois ou quatre cents maisons de marchands, et environ dix-sept cents maisons du peuple, loges, cabarets, et autres constructions, etc.

En tout, 160 constructions environ, destinées à des usages publics, en y comprenant les auberges et cafés; 2,250 maisons, et 2,801 feux ou ménages. Le nombre des grandes portes et portes cochères est de 126; celui des autres portes extérieures de tout genre, et des fenêtres, est de 19,947 [1].

INSTITUTIONS ET ÉTABLISSEMENS PUBLICS.

Nous ne traiterons ici que des institutions qui sont particulières à la commune de Falaise. Quant aux autres avantages que la ville peut retirer, comme chef-lieu de deux cantons et d'un arron-

---

[1] Ces derniers relevés sont très-exacts; ils nous ont été fournis par M. LENTAIGNE, l'un des contrôleurs des contributions directes, qui vient d'achever un grand travail sur cette matière, pour son administration.

dissement, nous les indiquerons ailleurs, dans un chapitre spécial.

MUNICIPALITÉ.

Falaise, comme toutes les communes de France, a une municipalité, dont les membres sont nommés par le Gouvernement. Plus heureuse jadis, sous ce rapport, elle a pu, pendant assez long-temps, élire elle-même ses chefs, et être administrée par des hommes de son choix. Tôt ou tard elle recouvrera cet avantage, que réclament de toutes parts, en France, les esprits les plus sages et les plus éclairés de la Nation.

La municipalité de Falaise se compose d'un maire, de deux adjoints et d'un conseil de trente notables.

Le conseil s'assemble pour prendre les arrêtés que commandent les besoins publics, et pour régler le budget des dépenses et des recettes. Le maire est chargé de l'exécution de toutes les décisions prises par le conseil, de la police municipale, et de la rédaction des actes de l'état civil. Pour le seconder, outre ses deux adjoints, il a un secrétaire à son choix et un employé de bureau.

Le conseil ne peut s'assembler sans une autorisation de l'administration supérieure, si ce n'est pour voter le budget. Toutes ses décisions, avant d'être exécutoires, doivent recevoir la sanction du préfet, qui peut la refuser à son gré. Les arrêtés municipaux embrassent tout ce qui concerne l'administration et les impôts de la commune, en ce qui n'a point été prévu par les lois générales faites pour tout le royaume.

Le maire est nommé pour cinq ans, ainsi que ses adjoints. La nomination émane du Roi lui-même.

Le maire actuel de Falaise est M. Frédéric DE LABBEY ; il a été renommé, pour la troisième fois, en 1826. Les adjoints sont MM. DE BRÉBISSON et DE BOISBILAINE. LE secrétaire de la mairie est M. Lebreton.

Les membres du corps municipal sont MM. Le Clerc, Brunet, Duparc, de Morchêne, Lebreton, de Ste.-Marie, Bachelet, Lebourgeois-Lahoussaye, Rossignol, Auber, Lesassier-Boisauné, Heuzé, Duhamel, Coulibœuf, Desmoutiers, Dehaussey, Fourneaux, Duparc-Faucillon, de la Frenaye, Lescot, Poret de Berjou, Bellencontre, Bouquerel, Brée aîné, Joyau, de Cheux, Dubourg, Lebaillif, N. et N.

HOPITAUX.

La plus belle des institutions, dans une commune, est celle des hôpitaux destinés aux malades, aux vieillards et aux orphelins. Après avoir donné, dans la première partie de cet ouvrage, l'histoire des deux établissemens de ce genre qui existent à Falaise, nous présenterons ici le tableau de leur administration et de leur régime intérieur.

L'hôtel-Dieu est spécialement destiné aux malades indigens de la ville, aux militaires et aux prisonniers. Il contient soixante-deux lits ainsi distribués :

Salle des femmes............ 25.

Salle des hommes............ 21.

Salle des militaires .... 17.

Le nombre des malades indigens que l'on y gouverne chaque année, s'élève à 141

Le nombre des militaires, à 17

Le nombre des prisonniers, à 2

Total............ 160

Les décès, année commune, sont de.... 14.

Ils ont lieu dans les proportions suivantes :

Malades indigens, ... 1 sur 10.

Militaires, ... 1 sur 84.

Prisonniers, ... 1 sur 7.

Le nombre habituel des malades dans l'établissement, est de .... 50.

Dans l'hiver, il y en a un peu moins de.. 60.

Dans l'été, un peu plus de.............. 40. 1

L'hôtel-Dieu est administré, à l'intérieur, par douze dames de l'ordre de la Miséricorde. Elles n'ont pour les seconder que quatre gens de service, parmi lesquels se trouvent compris le portier et le jardinier. Il y a de plus un chapelain.

La maison se compose donc, outre les malades, de dix-sept personnes.

Total de la population habituelle, ... 67.

Les dames tiennent très-bien l'établissement, et donnent aux malheureux tous les soins que réclame leur état de souffrance. Les salles sont proprement entretenues, et le linge blanc fourni en abondance. Le plus grand ordre nous a paru régner dans toutes les parties de la maison.

La nourriture est saine, et proportionnée aux besoins des malades et aux ordonnances des médecins ; elle consiste ordinairement en potages,

1 Le nombre habituel des malades est dans le rapport de 1 à 220, au moins, avec la population entière de la ville ; le nombre total des malades reçus dans l'année, n'est, au contraire, que dans le rapport de 1 à 78 à peu-près.

Nous avons rédigé le travail sur des tableaux de cinq années, et nous avons pris partout des moyennes proportionnelles. La

bouillies, légumes et viandes légèrement préparées; la volaille entre même fréquemment dans le service, lorsqu'elle est prescrite. Le déjeûné a lieu à cinq heures et demie du matin, le dîné à dix heures, et le soupé à quatre heures du soir.

Le mobilier de l'hôtel-Dieu a été évalué à 22,543 f. Il vient d'être assuré, ainsi que toute la maison, pour une somme totale de 162,500 fr.

La supérieure actuelle de l'hôpital est Madame BARDEL, connue sous le nom de *Sœur Ste.-Eulalie*.

Le chapelain est M. l'abbé MOISSON.

L'hôpital général, ou hospice Saint-Louis, est destiné aux vieillards infirmes, aux enfans naturels et aux enfans abandonnés par des familles indigentes. On y voit figurer, année commune:

En vieillards et enfans âgés de plus de quinze ans. . . . . 112.

plus faible année, pour les décès, a été de 11, et la plus forte de 18; le nombre des malades reçus n'a été, dans une année, que de 113, et dans une autre, il s'est élevé à 164. Nous avons fait une masse des cinq années réunies, et pris le cinquième pour terme moyen.

Le rapport des décès avec le nombre des malades, qui est de 1 sur 10, est loin d'être défavorable. A Paris, pour la masse totale des hôpitaux, il est de 1 sur 8,40; mais dans ce nombre on comprend les hôpitaux militaires, où les décès sont bien moins nombreux que dans les autres. Dans quelques-uns des hôpitaux civils de Paris, le rapport est de 1 sur 7, ou même de 1 sur 6, et 1 sur 5 1/3. A l'hôpital de Rouen, il a été, en 1824, de 1 sur 6 1/3. A Caen seulement, et depuis l'installation dans la nouvelle maison, le rapport a été de 1 sur 19 pendant une année. On doit conclure de ces rapprochemens que l'hôtel-Dieu de Falaise, malgré sa situation défavorable, est une des maisons de santé où l'on obtient les plus heureux résultats. Nous en devons féliciter ceux qui dirigent la maison.

En enfans abandonnés au-dessous de l'âge de quinze ans..................................... 500.

Les premiers meurent, en général, dans la proportion de..................... 1 sur 16.

Les seconds, dans celle de........... 1 sur 21.

Sur les cinq cents enfans abandonnés, les nourrices en reçoivent, par année............. 440.

Ils meurent, chez elles, dans la proportion de 1 sur 20 [1].

L'établissement compte habituellement, en tout temps :

En vieillards, et autres au-dessus de seize ans, 96
En orphelins à l'hospice, ... 26
En orphelins en nourrice, ... 355

Total............ 477

La maison de l'hôpital général est administrée par quatorze dames, qui ont sous elles douze gens de service.

Il y a de plus un chapelain.

La population intérieure de l'établissement se monte ainsi à cent quarante-neuf personnes ;

Et la population entière, en comptant les orphelins en nourrice, à cinq cent quatre [2].

[1] A Paris, les enfans naturels abandonnés meurent dans la proportion de 1 sur 5. On sent que nul rapprochement ne peut être fait entre ces résultats et ceux qui sont obtenus par nos administrateurs. Tous les enfans de l'hospice de Falaise sont soigneusement vaccinés en nourrice.

[2] Le nombre des orphelins de l'hospice peut paraître considérable en raison de la circonscription bornée de l'arrondissement ; mais nous observerons que la mauvaise distribution du territoire, faite en 1790, a étendu jusqu'aux portes de la ville les dépendances d'Argentan, dans lesquelles sont entrées un

Les dames de l'hospice Saint-Louis maintiennent également un bel ordre dans leur maison. La nourriture, un peu plus grossière que celle de l'hôtel-Dieu, se compose de légumes, soupes, viande de bœuf, fruits, etc. Le déjeûné est fixé à sept heures et demie du matin, le dîné à onze heures, et le soupé à cinq heures et demie du soir.

Il y a des ateliers de dentelle, de broderie et de fileuses pour les femmes et pour les filles. On compte environ 28 dentelières, 4 brodeuses et 30 fileuses. On exécute d'assez belles blondes dans cet établissement. Il y a également des métiers de bonnetiers et de tisserands pour les hommes et pour les garçons. Dix sont occupés à la fabrique des bonnets, et trois à celle des tissus. Les produits du travail sont vendus au dehors ou employés dans la maison [1].

Le mobilier de l'hôpital général a été estimé à la somme de 37,179 fr., et assuré, avec l'établissement, pour un capital de 207,000 fr. Il y a cent trente-six lits dans les différens dortoirs. Parmi les tonnes que renferment les vastes caves, il y en a une de 4,500 pots, une de 3,200, deux de 3,000, etc.

très-grand nombre de communes qui avaient autrefois fait partie de la vicomté de Falaise. Elles ont toujours regretté leur premier chef-lieu, et elles ont continué à le fréquenter comme autrefois. Tous les enfans naturels ou orphelins de ces cantons sont apportés à Falaise, et les charges de l'hospice sont ainsi augmentées, sans qu'il soit possible d'en obtenir quelque dédommagement des administrateurs de l'Orne. C'est un des inconvéniens de la localité.

[1] Les étoffes des tisserands sont fortes et de bonne qualité. Quelques bonnets, de la fabrique des enfans, furent exposés au Louvre, en 1823, et méritèrent une mention honorable. (*Rapport du jury, de 1823, page 443.*)

La supérieure de l'hospice St.-Louis est Madame
CHAUVIN.

Le chapelain est M. l'abbé DE LAPLANCHE.

Il y a un médecin et un chirurgien attachés au
service des deux maisons hospitalières ; le médecin
est M. CAPELLE, le chirurgien, M. BACON.

Les revenus des deux maisons réunies se montent
à 70,500 fr. environ. Sur cette somme, 27,500 fr.
à-peu-près, sont alloués par le département, et
15,000 fr. par la ville, sur son octroi. Le reste se
compose de 15,500 fr. de rentes sur l'état ; 9,500 fr.
de rentes sur particuliers, et de fermages de biens ;
1,700 fr. du produit du travail des enfans de l'hospice, etc. Les revenus se partagent inégalement entre
les deux maisons. L'hospice St.-Louis, à raison de
ses charges, reçoit les deux tiers environ, et l'hôtel-
Dieu le dernier tiers.

Dans le budget de dépense, la somme de 24,600 f.
est portée pour les objets de consommation, tels
que blé, farine, viande, boissons, etc. Viennent
ensuite, pour les mois de nourrice et pension des
enfans, 21,500 fr. ; pour les linges, habillemens,
layettes, vêtures, 8,500 fr. ; pour le chauffage,
3,000 fr. ; pour la pharmacie, 1,000 fr. ; pour les
réparations, 1,400 fr. ; pour l'entretien du mobilier,
800 fr., etc. On sent combien il est beau de pouvoir
obtenir, avec d'aussi faibles moyens, des résultats
comme ceux que nous avons exposés.

Les journées sont ainsi évaluées pour les deux
établissemens : malades civils, à l'hôtel-Dieu, 75 c. ;
vieillards, 40 c. ; enfans en nourrice et à l'hospice,
23 c. 1/3 ; enfans indigens, 30 c. ; gens de service,
45 c. ; sœurs, 65 c. ; militaires, 1 fr., etc.

Le bureau d'administration des deux hôpitaux se compose de cinq membres, que le maire préside de droit.

Les cinq membres du bureau sont:

MM. de Brébisson, de Boisbilaine, Le Clerc, Mouton, curé de Sainte-Trinité, et Moisson, chapelain de l'hôtel-Dieu.

Le receveur est M. Levavasseur. Le secrétaire, M. Royer.

CONFRÉRIE DE CHARITÉ, BUREAU DE CHARITÉ, ATELIER DE CHARITÉ.

Ces trois institutions, peu brillantes en apparence, ne laissent pas d'être d'une grande utilité.

La confrérie de charité fut instituée il y a plusieurs siècles, et elle réunissait alors les principaux bourgeois de la ville. Aujourd'hui ce sont de simples fabricans, des artisans, et même des ouvriers qui la composent : leur dévouement et leur désintéressement n'en sont que plus dignes d'éloges.

Les frères de charité se réunissent pour secourir les prisonniers et pour enterrer les morts. Voici comment est organisé ce double service :

Tous les dimanches, un des trésoriers de la société se rend à la prison, avec autant de chemises blanches qu'il y a de détenus des deux sexes dans la maison. Il remet une chemise à chaque détenu, pour la semaine, et se charge en même-temps de celle qu'il abandonne, pour la faire blanchir. Ainsi, jamais un prisonnier ne peut rester plus de sept jours dans le même linge ; et, dans quelques circonstances, on en donne même deux fois la semaine.

maine. On fournit également, pour le coucher, de la paille neuve, que l'on renouvelle dans les chambrées plusieurs fois par année. Le linge est non-seulement blanchi, mais entretenu et remplacé aux frais de la confrérie.

Outre ce service de propreté, très-important, on offre encore aux malheureux prisonniers quelques légers secours d'argent chaque semaine. Ainsi, en leur remettant une chemise tous les dimanches, on les gratifie presque toujours chacun d'une petite somme de 20, 25, 30, 40, et même 50 centimes, selon que le trésor de la société est plus ou moins abondant. Aux jours de grandes fêtes, on leur fournit une somme un peu plus forte ; et enfin, au jour des Rois et pendant le carnaval, on leur remet une petite masse, afin qu'ils puissent se réjouir en commun, et oublier un moment leurs misères. Quand un prisonnier, en passage, est mal couvert ou mal chaussé, on lui donne, par extraordinaire, quelques vêtemens pour achever son voyage.

Le service des enterremens est plus simple et moins dispendieux. Les frères, attachés à chacune des paroisses, se rendent à leur église au son de la cloche funèbre, et se chargent de transporter les corps depuis la maison du deuil jusqu'à l'église et au cimetière. Ce service est purement gratuit, et pour le plus pauvre ainsi que pour le riche. Les maladies contagieuses ne sont pas considérées comme un motif pour se dispenser de rendre indistinctement les devoirs à tous les décédés. C'est une des dispositions de l'institut que l'on observe religieusement.

La confrérie de charité n'a aucuns revenus, et

toutes ses ressources lui viennent des aumônes qu'elle recueille dans la ville, et des sacrifices que s'imposent les frères eux-mêmes.

Le mobilier de la confrérie se compose presque uniquement de cent vingt chemises que l'on renouvelle par douzaine. On en apporte, chaque semaine, à la maison d'arrêt, quinze ou vingt, selon le nombre des détenus. La quantité de chemises ainsi fournies par année, peut se monter à huit ou neuf cents.

Il y a quarante-neuf frères de charité pour les quatre paroisses réunies ; ils se divisent ensuite par paroisse pour la commodité du service. On compte treize frères pour la Trinité, treize pour St.-Gervais, treize pour Guibray et dix pour Saint-Laurent. Chaque paroisse a son échevin et son trésorier ; l'échevin est le chef, et le trésorier est chargé du service. Les trois principales paroisses font, par année, le service de la prison pour les chemises et l'argent à distribuer aux prisonniers. La paroisse de Saint-Laurent est seulement tenue de fournir la paille. Honneur à ces hommes simples, qui font ainsi le bien sans faste, et sans rechercher les applaudissemens. Le public indifférent les voit chaque jour vaquer à leurs pieuses fonctions, sans songer à leur tenir compte de ce qu'ils font pour lui. Nous avons cru remplir un devoir en signalant leur dévoûment [1].

a Falaise est la seule ville du département où les prisonniers soient ainsi entretenus aux frais des particuliers. Ce service se fait ailleurs, à ce qu'il paraît, au moyen de sommes légères allouées par l'administration.

M. BARBÉ DE MARBOIS, pair de France, visitant, il y a peu

Les chefs ou échevins des diverses paroisses sont, pour la Trinité, M. Liard-Bascourly; pour Saint-Gervais, M. Dominique Cardron; pour Guibray, M. Olivier; pour St.-Laurent, M. Ed. Leprieur. Le trésorier de Guibray, maintenant en exercice, est M. Roger. M. Gasnier, dernier trésorier de Ste.-Trinité, s'est fait remarquer par son humanité et sa bonté pour les malheureux.

Le bureau de charité et l'atelier de charité, sont deux institutions municipales.

La ville donne, chaque année, 2,600 fr. environ pour secourir les indigens et les pauvres familles honteuses. C'est une commisson, composée d'ecclésiastiques et de personnes charitables, qui est chargée de répartir ces secours entre les malheureux. Elle s'en occupe avec une religieuse exactitude. Plus de trois cents personnes reçoivent ainsi des aumônes sans tendre la main, et sans que le public en soit même informé.

Les membres de la commission ou du bureau de charité, sont MM. de Boisbilaine, de Malherbe, Mouton, curé de Ste.-Trinité; Le Tellier, curé de Guibray, et Royer, vicaire de St.-Gervais.

Le trésorier est M. Saulnier. L'institution a une petite rente de 35 liv., outre les fonds municipaux de 2,600 fr.

d'années, les prisons du Calvados, recueillit des détails sur l'institution des frères de charité de Falaise, et il donna de grands éloges à leur zèle et à leur amour du bien. On l'entendit faire hautement des vœux pour que de semblables associations philantropiques vinssent à s'établir dans les différentes villes de France.

Les fonds de l'atelier de charité sont de 2,000 fr., alloués au budget de la ville. Ils sont destinés à entretenir, chaque semaine, huit ou dix ouvriers que l'on occupe à divers travaux publics, tels que réparations de chemins, et autres du même genre. Les ouvriers sont choisis parmi les vieillards qui ne sont plus propres à soutenir de grandes fatigues, et parmi ceux qui se trouvent momentanément hors de leurs ateliers ordinaires, et qui seraient ainsi exposés à se trouver oisifs pendant quelques jours. On paie à chaque ouvrier 60, 70, 80, 90 c., ou même 1 fr. par jour, selon sa capacité ou sa force physique. Le chef d'atelier, qui est un homme robuste, a 1 fr. 50 c. Les travaux sont dirigés par l'entrepreneur de la ville, et surveillés par le maire.

PRISON.

Nous venons de voir que les prisonniers recevaient de la charité publique le linge blanc et des secours d'argent. La nourriture leur est fournie par le département.

Une modique somme de 15 c. et un quart de pain sont alloués chaque jour au concierge de la prison, pour la soupe des détenus. Cette soupe est à la graisse ou au beurre, avec des légumes, et la ration est assez abondante. On la distribue à midi dans les chambrées. Chaque détenu la reçoit dans un vase séparé.

Le pain est distribué le matin, pour la journée. On en donne une livre et demie aux prisonniers des deux sexes indistinctement. Sans être entièrement blanc, le pain est d'une bonne qualité.

Le prix de la nourriture du détenu ne doit pas s'élever, par journée, au-delà de 35 c.

Outre la paille que fournissent les frères, l'administration en alloue deux bottes par mois pour chaque détenu.

Le nombre des prisonniers reçus dans la maison d'arrêt, doit être de cent cinquante environ, par année; mais la plus grande partie ne séjournant pas, ou ne faisant même que passer, on ne peut évaluer au-delà de quinze le nombre habituel des détenus. Il en résulte à-peu-près, pour l'administration, une dépense totale de 1,560 fr., formant plus de 4,300 journées. Nous ne comprenons pas dans cette somme le traitement des concierges ni les autres menues dépenses, qui peuvent s'élever également à 1,500 fr. environ[1].

Sur les cent cinquante détenus qui figurent chaque année dans la maison, un cinquième, au moins, appartient à la ville, un cinquième et demi aux autres communes de l'arrondissement, et le reste se compose de vagabonds ou de malfaiteurs arrêtés dans le pays, et de passagers qui voyagent par correspondances de gendarmerie. L'exécution des jugemens de simple police, rendus presque tous contre des individus de Falaise, augmente le nombre des prisonniers de la ville, qui, sans cela, ne s'éleverait pas dans cette proportion.

[1] La maison d'arrêt de Falaise n'a coûté au département que 2,802 fr. 65 c. en 1826. Le taux moyen est un peu plus élevé.

Nous ne parlons pas de deux ou trois détenus pour dettes, qui entrent chaque année dans l'établissement, et qui ne sont pas à la charge de l'administration.

Du reste, la ville ne fait aucune espèce de sacrifice pour les prisonniers, et elle n'envoie même pas, aux plus grandes fêtes de l'année, un prêtre pour célébrer la messe devant eux. Une somme modique, convenablement appliquée tous les ans, pourrait porter des consolations et quelques utiles secours dans cette maison de douleurs. Dans l'hiver surtout, on pourrait fournir des vêtemens plus chauds et des couvertures aux femmes et aux jeunes gens qui souffrent le plus. Les frères de charité, malgré leur zèle, ne peuvent suffire à tous les besoins.

Il y a un concierge et un guichetier attachés au service de la prison.

COLLÉGE, PETIT SÉMINAIRE.

Nous avons placé au premier rang les établissemens de bienfaisance et de charité ; nous devons la seconde place à ceux qui ont pour objet l'éducation publique, cette base fondamentale d'une société bien organisée.

Le collége de Falaise fut porté au plus haut point de prospérité en 1812 et en 1814, sous l'administration de M. Hervieu. Nous ne rappellerons point toutes les circonstances qui purent favoriser, à cette époque, son développement ; nous croyons toutefois que l'on peut y assigner pour premières causes les vertus et les talens de celui qui le dirigeait.

De 1815 à 1825, le collége a déchu successivement, et chaque année a vu diminuer le nombre des élèves. En août 1825, quand M. Hervieu, épuisé et presque mourant, quitta la direction de la maison, elle ne comptait que soixante internes et quatre-vingt-dix externes à-peu-près. C'était un peu plus seulement que la moitié de ce qu'elle avait contenu jadis.

Les causes de la décadence progressive du collége pourraient être facilement expliquées. Nous nous contenterons d'observer ici que, dans l'intervalle des dix années, il se forma dans les environs plusieurs établissemens qui nuisirent, par la concurrence, à celui de Falaise. Nous devons dire aussi que, selon nous, la principale source du mal vint du changement trop fréquent de professeurs, et de ce qu'on ne chercha pas à en retenir quelques-uns dont les talens semblaient devoir assurer encore à la maison quelques brillantes destinées. On ne fut pas non plus assez circonspect dans le choix de tous ceux qui furent appelés à les remplacer [1].

[1] Le collége a eu successivement trois élèves de l'école Normale pour professeurs de rhétorique :

M. P. Dubois, qui professa plus tard la rhétorique au collége de Charlemagne, à Paris, et qui est maintenant le rédacteur en chef du journal littéraire intitulé : *le Globe;*

Le jeune Motté, de Falaise, qui eut autant de vertu que de talent, et qu'une mort prématurée a enlevé à sa famille et à ses amis;

Et enfin, M. Lorrain, de Paris, qui dirige en ce moment quelques éducations particulières, et que des relations intimes d'amitié ne peuvent nous empêcher de louer pour ses excellentes méthodes d'instruction.

M. Damiron, également de l'école Normale, et attaché encore maintenant au corps universitaire de Paris, a professé la classe de seconde, à Falaise, pendant quelque temps.

On nous permettra de rappeler encore ici notre ancien maître, M. Bacon, mort en 1816, après avoir occupé la chaire de rhétorique pendant plus de douze années. M. Bacon avait vu se former, sous sa direction, plusieurs élèves très-distingués, à l'époque la plus florissante de l'établissement.

Depuis 1825, le collége a reçu un nouvel échec; et il est réduit maintenant à 25 pensionnaires tout au plus, et à 60 externes. Une faute a été commise, l'année dernière, par l'administration, et on en a aussitôt ressenti les effets. Il est de notre devoir d'en signaler ici les circonstances.

Depuis long-temps il y avait parmi les étudians qui suivaient le collége, comme externes, une trentaine de jeunes gens qui se destinaient à entrer plus tard dans la carrière du sacerdoce. Il paraît qu'ils étaient peu favorisés de la fortune, qu'ils vivaient en partie de charités publiques, et qu'ils ne conservaient point la dignité qui convenait au caractère dont ils aspiraient à être un jour revêtus. Un prêtre respectable de la ville, dans un but très-louable, eut l'idée de les rassembler dans une maison particulière, de leur donner un surveillant, de les faire vivre en commun, et de les arracher ainsi à la situation précaire dans laquelle ils se trouvaient. On ne pouvait qu'applaudir à une pareille détermination.

Le projet fut exécuté, mais avec trop peu de réflexion et de manière à compromettre le collége, ou même à le perdre entièrement. On plaça l'école ecclésiastique dans une partie de la maison; on lui donna pour chef le principal même du collége, et l'on ne fit pour ainsi dire qu'un seul établissement de deux institutions qui différaient essentiellement sous beaucoup de rapports.

Aussi, de ce moment, le public, qui ne pouvait concevoir les motifs de cette étrange mixtion, pensa sérieusement que l'on voulait détruire le collége

pour le remplacer par une maison ecclésiastique.
On retira en conséquence les jeunes gens qui ne se
destinaient point à entrer dans le sacerdoce, pour
les placer dans d'autres établissemens purement sé-
culiers. Encore une année, et c'en eût été fait pour
toujours d'une institution qui avait rendu de grands
services dans le pays, et contribué plus directement
encore à la prospérité particulière de cette ville.

Heureusement l'administration a ouvert les yeux,
et le petit séminaire va être retiré du collège. On
vient d'acheter une maison pour l'y établir, et le
collège va redevenir purement séculier et communal.
La confusion qui régnait depuis un an, va cesser
aux prochaines vacances.

Nous félicitons la ville de retrouver ainsi sa première maison d'éducation, et nous faisons des
vœux pour que cet établissement se relève prochainement sur ses anciennes bases. C'est une tâche
difficile peut-être, mais qu'il serait beau d'entreprendre et d'exécuter. M. Hervieu s'est fait un nom
honorable dans Falaise, et il a mérité la reconnaissance générale pour le zèle qu'il a déployé en
formant le collège, et en l'élevant au point où nous
l'avons vu pendant quelques années. Ses traces seraient glorieuses à suivre. Il faut de l'activité, du
dévoûment et des talens. Ces qualités précieuses
peuvent se retrouver encore réunies. Heureux celui
qui sera appelé à remplir cette brillante carrière.
Il pourra recevoir aussi un jour à son tour les témoignages éclatans de l'estime publique[1].

1 Quatre cents anciens élèves de M. Hervieu se sont réunis
pour faire exécuter en commun un portrait, et ensuite une

L'enseignement que l'on reçoit dans le collége de Falaise est complet, et il embrasse à-peu-près tout ce que l'on peut désirer pour l'éducation du plus grand nombre des jeunes gens.

Il y a des cours particuliers:

De grammaire française. — De huitième et de septième réunies. — De sixième — De cinquième. — De quatrième. — De troisième. — De seconde. — De rhétorique. — De philosophie et de mathématiques.

Il y a de plus des maîtres d'écriture et de dessin pour tous les élèves.

Les maîtres d'agrément sont facultatifs : il y en a pour la musique, la danse et les armes, qui viennent dans la maison lorsque les élèves les demandent.

On n'enseigne point dans le collége les langues étrangères ; mais un des professeurs les plus distingués de l'établissement, connaît parfaitement l'anglais ; il peut en donner des leçons à ceux qui le désireraient.

Le prix de la pension n'est pas excessif. Il ne se monte en principal qu'à 450 fr., et avec les accessoires, qu'à 500 fr. tout au plus. On ne fournit aux

lithographie de leur maître. Le portrait a été déposé, du consentement du conseil municipal, dans la salle de la bibliothèque publique de la ville. Cette noble récompense a couronné dignement des travaux de plus de trente années, consacrés à la jeunesse.

Parmi les élèves de M. Herrieu, qui ont voulu concourir à lui rendre cet hommage public, on en remarque quelques-uns qui appartiennent à l'ancien séminaire où il avait professé la philosophie, avant la révolution, à l'âge dix-neuf ans.

élèves que le bois de lit; ils doivent se pourvoir de tout le reste. Les externes paient 4 fr. seulement par mois, et 22 fr. 50 c. par année pour les droits universitaires.

La maison, comme nous l'avons observé déjà, est dans une situation très-heureuse et très-salubre. Les maladies y sont très-rares.

Voilà quel est maintenant le collége de Falaise; et l'on voit qu'il peut rester encore pour l'avenir des sujets d'espérance. Une surveillance active, une bonne direction imprimée aux études, de l'ensemble surtout entre les diverses branches de l'instruction, pourront ramener la confiance publique. C'est aux différens professeurs, et au chef de l'établissement, de se réunir pour opérer en commun cette heureuse régénération. Si quelques réformes sont devenues indispensables, qu'ils aient le courage de les exécuter. Après avoir fait le premier pas, ils ne doivent pas s'arrêter, s'ils veulent être conséquens. Toutes les chances de succès, pour l'avenir, peuvent dépendre d'une ou de deux résolutions énergiques prises à propos.

La ville, outre l'emplacement et les constructions, donne encore annuellement pour l'établissement une somme de plus de 7,000 fr. Cette somme est assez en rapport avec les revenus de la commune et les besoins des autres branches du service public.

Le collége de Falaise a pour chef un ecclésiastique; c'est M. l'abbé Ménard qui en est le principal actuel.

Le régent de philosophie est M. l'abbé de Laplanche; celui de mathématiques, M. Paris.

Les régens d'humanités sont :

Rhétorique, M. Lormelet.—Seconde, M. Lemeneur.—Troisième, M. Guilmard. — Quatrième, M. Després. — Cinquième, M. Levendangeur.— Sixième, M. Henri Gail. —Septième et huitième, M. Robillard.

Les maîtres de français, d'écriture et de dessin, sont MM. Lefevre, Lecourt et Robillard.

Il y a de plus des maîtres d'étude pour la surveillance particulière de l'intérieur, etc.

L'école ecclésiastique, ou le petit séminaire, a été renfermé cette année dans quelques-unes des salles du collége. Il avait un surveillant particulier sous la direction du principal. Les exercices étaient à-peu-près les mêmes que ceux du collége ; mais la nourriture et le prix de la pension différaient beaucoup. On ne prenait que 200 francs par élève. Les dortoirs, les études et le réfectoire étaient séparés. Le reste se faisait en commun. Il y a eu pendant l'année trente-cinq élèves ecclésiastiques à-peu-près dans la maison.

La population intérieure des deux établissemens réunis, les domestiques compris, se monte en ce moment à soixante-dix individus.

Nous ne savons pas, au reste, quelle sera l'organisation du petit séminaire, quand il sera établi à Saint-Jean. Le chef ou le supérieur n'est pas même encore nommé. On assure que les jeunes étudians seront conduits tous les jours aux exercices du collége, comme de simples externes. La ville les dispensera seulement de la rétribution ordinaire.

ÉCOLES PRIMAIRES POUR LES GARÇONS, MAISONS
D'ÉDUCATION POUR LES JEUNES FILLES.

La ville fait un sacrifice annuel de 1,800 fr. pour
avoir une école élémentaire gratuite pour les enfans
des pauvres. L'école est confiée à des Frères de la
Doctrine chrétienne, au nombre de trois. Outre
leur traitement, ils jouissent encore d'un logement
qui peut être évalué à près de 500 fr. de revenu.

On enseigne dans la maison des Frères, à lire, à
écrire et à calculer ; on y donne de plus des leçons
de grammaire, d'orthographe, d'histoire sainte et
de catéchisme. Les enfans, en sortant de-là, peuvent
entrer au collége, et y commencer le latin.

Les Frères conduisent eux-mêmes, tous les jours,
leurs enfans à la messe de leur paroisse, et on les
voit défiler chaque matin sur deux rangs écartés,
pour se rendre à l'église ou pour en revenir. On doit
louer l'objet en lui-même, mais cette espèce de procession, qui embarrasse la voie publique, pourrait
se faire avec plus de simplicité.

Le nombre des enfans habituellement reçus et
instruits dans la maison, est de deux cent dix,
environ. Les exercices commencent le matin à huit
heures, et finissent à onze heures. Le soir, ils recommencent à deux heures, et finissent à cinq. Le
jeudi et le dimanche sont, comme ailleurs, des
jours de repos.

Outre la maison des Frères de la Doctrine chrétienne, il y a encore dans la ville six maîtres d'école
autorisés, qui donnent des leçons publiques. Le
nombre des petits garçons qu'on leur envoie peut
s'élever à deux cents.

Il n'existe point à Falaise, pour les demoiselles, de pensionnat ou de maison d'éducation complètement organisée. Deux ou trois maisons cependant sont dirigées par des dames qui peuvent enseigner aux jeunes filles ce qu'il y a d'essentiel à connaître pour le plus grand nombre. Nous citerons dans ce genre les établissemens de Madame Latour, de Mademoiselle de Bussy et de Madame de la Gautraie.

Une jeune personne peut apprendre, dans ces maisons, à lire, écrire, calculer et broder; elle y reçoit des leçons de grammaire, de géographie et d'histoire. On y donne même quelques notions de dessin et de musique. Les parens qui désirent quelque chose de plus, doivent chercher ailleurs des établissemens plus complets. L'éducation que les demoiselles peuvent recevoir à Falaise, n'est réellement qu'ébauchée.

Le prix de la pension des jeunes filles est de 4 à 500 fr., et la demi-pension de 200 fr. Les externes paient 5 à 6 fr. par mois, tout au plus.

Il y a dans les trois maisons réunies douze pensionnaires à-peu-près, et soixante-dix demi-pensionnaires ou externes.

Dix-sept ou dix-huit institutrices brevetées donnent dans la ville des leçons aux petites filles, et se chargent même de la première enfance. Outre la lecture et le catéchisme, on enseigne encore à écrire dans ces modestes écoles. Le nombre des jeunes filles qui reçoivent des leçons élémentaires dans ces diverses maisons, peut se monter à 290.

Ainsi, dans le collége, dans le petit séminaire, et dans les établissemens d'éducation publique de

tout genre que présente la ville , nous trouvons un
nombre total de 902 enfans ou jeunes gens des deux
sexes qui se livrent à l'étude. C'est plus d'un 12.e
de la population entière de Falaise[1].

BIBLIOTHÈQUE PUBLIQUE , SOUSCRIPTION LITTÉ-RAIRE , ABONNEMENT AUX JOURNAUX SCIENTI-FIQUES , etc. , etc.

La bibliothèque publique de Falaise est un établissement très-incomplet. Elle se compose uniquement de 6 à 700 volumes in-f.º et in-4.º , seuls débris
échappés au pillage des abbayes, et d'un nombre
à-peu-près égal de classiques français in-8.º , achetés
par la ville, depuis quatre à cinq années. Ce fonds
mesquin satisferait à peine aux besoins d'un particulier studieux et instruit ; il est loin de pouvoir
suffire pour une population nombreuse , dont une
portion a reçu une éducation première distinguée ,
et se montre de plus en plus avide d'une solide
instruction.

La ville ne pouvant faire en ce moment les sacrifices nécessaires pour compléter l'établissement , il
devenait impossible d'en faire jouir le public , et
l'on devait se borner à rassembler lentement les
élémens qui devaient le composer un jour. Les avantages qu'il pouvait procurer ne se montraient que
dans un avenir éloigné.

Heureusement le maire et le bibliothécaire eurent
ensemble l'idée, il y a deux ans, d'ouvrir, à l'hôtel-

---

[1] Les relevés ont été faits dans l'été. Il paraît que pendant
l'hiver le nombre des enfans reçus dans les écoles , doit se
monter à mille. C'est le 11e environ de la population totale.

de-ville, une espèce de souscription littéraire, à laquelle toutes les classes de la société furent appelées à concourir. Ils proposèrent aux divers habitans de la ville de se réunir pour former une masse en commun, afin d'acheter les meilleurs ouvrages de la littérature moderne ; ils annoncèrent qu'on allait disposer une des salles de la mairie pour y recevoir ces richesses nouvelles, et qu'on les donnerait ensuite successivement en lecture à ceux qui auraient contribué à les rassembler ; ils demandèrent de plus qu'on leur associât trois des membres de la souscription, pour concourir avec eux au choix des livres et à l'emploi des fonds qui proviendraient de la masse commune.

Leur projet portait encore que l'abonnement ou la souscription serait annuelle et du prix modique de 12 fr. ; que les livres achetés en commun resteraient, pendant trois ans, à la disposition exclusive des souscripteurs, et deviendraient ensuite la propriété de la ville ; ils prévenaient enfin le public que les romans et les feuilles de politique ne seraient point reçus dans la collection que l'on se proposait de former, et que l'on n'y admettrait « que les » livres d'histoire, les mémoires, les voyages, les » meilleures pièces de théâtre, et tout ce qui tenait » à la haute littérature française et étrangère. »

Telles étaient les bases de la souscription que l'on proposa dans Falaise, en 1825, et qui fut aussitôt accueillie par un grand nombre de personnes ; d'autres, plus circonspectes, voulurent attendre que le résultat répondît aux espérances que l'on faisait concevoir, et les abonnemens ne s'élevèrent

en

en conséquence qu'à quatre-vingts dans le premier moment. Mais dès l'année 1826, ils se trouvèrent portés à plus de cent, et, dans l'année actuelle, ils ont encore augmenté progressivement. L'établissement s'est donc formé sur une base qui paraît solide, et tout fait présager qu'il se maintiendra et se développera de plus en plus. L'avenir de la bibliothèque publique se trouvera ainsi lui-même assuré, grâce au zèle, au bon esprit et au désintéressement des personnes les plus éclairées et les plus distinguées de la ville.

Voici les résultats obtenus depuis moins de trente mois par la souscription littéraire, dont le maire s'est établi le protecteur :

Abonnés jusqu'à ce jour................ 287.
Sommes versées à la caisse commune... 3,444 fr.
Volumes achetés...................... 615.
Volumes donnés en lecture............ 5,100.

Ainsi, avec un modique fonds, provenu de quelques souscriptions libres, on est parvenu en peu de mois à mettre en circulation, dans la ville, plus de cinq mille volumes des meilleurs ouvrages du siècle, et l'on a commencé une collection choisie qui complétera plus tard la grande collection publique que l'on s'efforce de rassembler pour le pays. Ces intéressans résultats nous ont paru mériter qu'on les consignât ici [1].

[1] Sur le nombre total de 5,100 volumes donnés jusqu'ici en lecture, 1,450 volumes ont été lus dans les dix derniers mois de 1825, par les quatre-vingts premiers souscripteurs ; 2,250 en 1826, par les cent un souscripteurs de l'année ; et enfin, 1,400 dans les six premiers mois de 1827, par les cent six sous-

La ville n'alloue au budget, chaque année, que
5oo fr. pour sa bibliothèque. Quelques légères libé-
cripteurs inscrits jusqu'ici. Il en résulte que chaque souscripteur a dû lire, l'un dans l'autre, durant ce temps, dans la
proportion suivante :

En 1825, pendant dix mois............ 18 vol. environ.
En 1826, pendant douze mois....., 22 vol. 1/3.
Et en 1827, pendant six mois........ 13 vol. 1/4.

On sent bien au reste que ce nombre déterminé de volumes
n'a pas été lu rigoureusement par chacun des souscripteurs
dans la proportion qu'on lui assigne ; les uns ont lu davantage,
et les autres moins ; nous offrons le terme moyen, comme le
résultat qui pouvait être obtenu. Nous observons encore qu'on
n'a acheté jusqu'ici que des volumes in-8.° pour l'établissement.

Voici d'après quelle base, mieux fondée, on peut évaluer
dans quelle proportion ont lu les différens souscripteurs, depuis
deux ans :

Sur cent,

Vingt lisent un volume la semaine................. 1,000 vol.
Quarante en lisent un tous les quinze jours.. 1,000
Vingt en lisent un tous les mois................ 240
Vingt en lisent deux ou trois par année...... 50

Total dans une année entière..... 2,290 vol.

Ceux qui lisent peu, parce que leurs occupations ou leur
santé ne le permettent point, n'en sont pas moins empressés
que les autres de concourir à un établissement qu'ils jugent
utile pour leur pays. Ils font par générosité ce que le plus
grand nombre fait pour son avantage personnel.

Les livres sont recherchés d'après le classement suivant:
Théâtres, d'abord; ensuite, Voyages, Mémoires, Histoire,
Littérature, Agriculture, Morale, etc. Ainsi, les lecteurs,
comme on le voit, s'attachent encore de préférence à ce qu'il
y a de plus léger et de moins sérieux. Toutefois, comme
aucun des livres ne peut être lu sans qu'il en reste encore
quelque fruit, on n'a pas à regretter le temps employé dans
ces lectures. Beaucoup aussi entreprennent et poursuivent de

ralités du Gouvernement et des dons particuliers
viennent ensuite augmenter de temps à autre le
nombre des volumes qui la composent. Dans deux

véritables études historiques avec un zèle et une persévérance
qu'on ne peut assez applaudir.

Voici le règlement qui sert de base à la souscription littéraire. Vire l'ayant adopté, et d'autres villes nous l'ayant demandé, nous croyons qu'il est à propos de le reproduire dans
cet ouvrage. Il pourrait être utile d'en faire usage dans presque
toutes les petites localités.

RÈGLEMENT.

Art. 1.er Il est ouvert une souscription annuelle pour l'acquisition des
meilleurs ouvrages nouveaux.

2. Le montant de chaque souscription sera de 12 fr. pour une année ; l'année
de souscription commence au premier janvier, et se termine, pour tous les
souscripteurs, au 31 décembre, quelle que soit la date de leur inscription.

3. Les personnes qui voudront souscrire, enverront leur nom et le montant
de leur souscription chez le bibliothécaire, ou au bureau de la mairie ; elles
recevront en retour une carte de souscription pour l'année.

4. Il y aura de droit, et sans qu'il soit besoin de convocation, une assemblée
générale des souscripteurs, à l'hôtel-de-ville, le premier vendredi de février de
chaque année, à quatre heures du soir.

5. Cette assemblée nommera, à la majorité relative, trois souscripteurs,
qui, avec le bibliothécaire, et sous la présidence du maire ou de l'un de ses
adjoints, composeront la commission annuelle qui déterminera le choix des
livres et l'emploi des fonds.

6. Chaque souscripteur pourra indiquer à la commission les ouvrages qu'il
désirera que l'on achète de préférence.

7. Les ouvrages achetés seront déposés à la bibliothèque de la ville, le
bibliothécaire en aura la direction.

8. Les souscripteurs régleront entre eux, tous les ans, dans l'assemblée
générale, par la voie du sort, dans quel ordre chacun sera appelé à recevoir
en lecture les ouvrages nouvellement acquis.

9. Tous les mardis, depuis midi jusqu'à une heure, et tous les vendredis,
depuis quatre heures jusqu'à cinq heures du soir, la bibliothèque sera ouverte
aux souscripteurs.

10. Les souscripteurs ne devront point prêter les livres qu'ils auront reçus
en lecture ; ils ne pourront garder plus de huit jours un volume in-8.º ou un
in-12, et ils devront remettre le troisième ou le quatrième jour les ouvrages
de 200 pages d'impression.

11. Celui qui égarerait ou endommagerait un ouvrage, sera tenu d'en fournir
un nouvel exemplaire dans le mois, ou d'en payer la valeur d'après le prix
porté dans les catalogues.

12. Après trois années de lecture, les livres achetés par les souscripteurs
deviendront la propriété de la bibliothèque publique de la ville.

13. Les romans et les feuilles de politique ne sont point compris dans le
nombre des ouvrages que l'on achètera.

14. En général, on choisira de préférence les livres d'Histoire, les Mémoires,
les Voyages, les meilleures Pièces de Théâtre, et tout ce qui tient à la haute
Littérature française et étrangère.

ou trois années, il sera indispensable que l'on dispose pour la recevoir un local plus convenable et plus vaste que celui où elle a été provisoirement établie.

Les places de bibliothécaire sont gratuites à Falaise. Les bibliothécaires sont chargés de l'achat, de la conservation et de la distribution des livres de la ville, ainsi que de ceux de la souscription. Ils ne sont obligés de tenir l'établissement ouvert que pendant deux heures chaque semaine.

Le bibliothécaire de la ville est M. GALERON; le bibliothécaire adjoint est M. RENAULT l'aîné, avocat.

Indépendamment de sa bibliothèque publique, la ville voudrait former une petite collection des objets d'antiquités et des morceaux d'histoire naturelle les plus intéressans que présente l'arrondissement. Un appel fait dans les environs, et quelques recherches récemment entreprises, ont déjà produit des résultats satisfaisans. Le temps et de nouveaux efforts amèneront peut-être au but qu'on se propose. Le bibliothécaire est provisoirement chargé de recueillir tout ce qui serait offert pour le futur musée. Il tient note des noms de tous ceux qui lui remettent quelques objets.

Une petite bibliothèque religieuse, de trois à quatre cents volumes, avait été instituée en 1822, par les Missionnaires, et les livres en étaient donnés gratuitement en lecture aux personnes qui venaient en demander. Pendant trois années l'établissement s'est soutenu, et ceux qui le dirigeaient s'y rendaient exactement tous les dimanches aux heures de la

distribution. Nous ne savons si le zèle public s'est
réfroidi, ou si les directeurs se sont fatigués eux-
mêmes de l'obligation qu'ils s'étaient imposée béné-
volement; il est certain du moins que les distributions de livres ont cessé depuis quelque temps,
et que la collection religieuse est maintenant abandonnée. Nous la mentionnons seulement pour rappeler qu'elle existe, et qu'elle a été rassemblée pour
être consacrée à un usage public.

Une association libre, d'un autre genre, s'est formée dans Falaise, depuis vingt mois, pour procurer
à ceux qui la composent la lecture des meilleurs
journaux scientifiques et littéraires. Comme elle
prospère en ce moment, nous en dirons ici quelque
chose, d'autant plus qu'une partie des journaux,
après avoir été lus par les associés, sont remis à la
bibliothèque de la ville, et deviennent ainsi une
propriété générale.

Les associés pour les journaux mettent d'abord
en commun 15 ou 20 francs chaque année, et se
rassemblent ensuite pour convenir entre eux du
nombre et de la nature des recueils périodiques qui
seront demandés. Celui qui désire un de ces recueils, est tenu de payer, outre le montant de sa
cotisation, le tiers du prix annuel du journal. A
cette condition il le reçoit le premier, et, après la
lecture générale, il est en droit de le garder en propriété, ou d'en faire, en son nom, hommage à la
ville. On s'arrange de manière à ce que chacun se
trouve ainsi propriétaire d'un des journaux dont les
associés, en masse, désirent la lecture. Ceux qui ont
des recueils d'une mince valeur, n'ajoutent qu'un

très-léger supplément à leur cotisation ; les autres fournissent un supplément qui égale et même peut surpasser leur première mise. Celle-ci se règle d'après le nombre des associés et la quantité ou le prix des journaux ; on sent qu'elle doit varier d'une année à l'autre. Les abonnés peuvent payer depuis 30 jusqu'à 45 fr. environ, selon le recueil qu'ils reçoivent.

L'association ne s'est composée jusqu'ici que de douze membres. Quant à l'ordre de lecture, il a été établi entre eux de manière à ce que les différens recueils dussent passer rapidement d'une main dans une autre. Chacun les reçoit ainsi successivement avant qu'ils n'aient rien perdu de leur nouveauté.

Telle est cette nouvelle institution littéraire, dont le but, comme on le voit, est très-digne d'éloges, et dont les résultats doivent être de la plus haute importance. On ne peut que former des vœux pour qu'elle se maintienne, et qu'elle s'étende même de plus en plus. S'alliant avec la souscription littéraire, elle présente, dans une petite ville, tous les secours qui sont nécessaires pour entretenir les esprits au niveau des connaissances actuelles, et pour compléter les bienfaits d'une première éducation bien dirigée [1].

[1] Voici l'indication des principaux Recueils périodiques qui viennent à Falaise, et qui se trouvent, à deux ou trois près, à la disposition de tous les associés :

Revue encyclopédique, Revue britannique, Revue américaine, Bibliothèque de Genève, Bulletin universel des Sciences, par Ferussac, sect. 2, 4, 6 et 7, consacrées aux *Sciences naturelles, agricoles, géographiques et historiques; Nouvelles Annales des Voyages, Annales de l'Industrie, Bibliographie de la France,* le

Nous ne terminerons point sans mentionner deux ou trois bibliothèques de particuliers, assez remarquables, et surtout des collections spéciales d'objets d'histoire naturelle, plus complètes que tout ce que l'on rencontre ordinairement en ce genre dans nos provinces.

La plus riche bibliothèque et la plus nombreuse collection appartiennent à M. DE BAZOCHE, qui cultive les sciences avec distinction, et qui fait chaque jour pour elles les plus généreux sacrifices.

La bibliothèque de M. de Bazoche se compose, outre la littérature et les voyages, d'une très-grande quantité d'ouvrages anglais, allemands et français, sur les diverses branches de l'histoire naturelle. M. de Bazoche s'étant particulièrement livré à l'étude de la géologie et de l'entomologie, ses collections, en ce genre, recueillies à grands frais, sont aussi complètes que bien assorties. Parmi les magnifiques ouvrages que nous avons remarqués chez lui, nous indiquerons la seconde édition du beau travail de la *Description de l'Égypte*, publiée par Pankoucke; le *Voyage autour du Monde*, de Freycinet; le *Voyage au Brésil*, du prince de New-Vied, etc., etc. Bien des établissemens publics,

Globe, le Mercure, Journal de l'Instruction publique, Annales de Chimie et de Physique, Annales de la Médecine physiologique, Archives générales de Médecine, Journal complémentaire, etc., sans compter les autres Recueils de Jurisprudence et de Médecine, que l'on reçoit dans les cabinets des magistrats, des avocats, des médecins, etc. Nous ne parlons point non plus des journaux de politique qui se trouvent chez les libraires, et dont on se procure aisément la lecture. Les plus répandus sont le Journal des Débats, le Constitutionnel, la Quotidienne, etc.

comme on le voit, pourraient envier des richesses comme celles-là.

M. Frédéric DE LA FRENAYE a fait construire, à gauche de son château, une galerie destinée à renfermer sa belle collection ornithologique. Elle se compose de plusieurs centaines d'oiseaux, dont quelques-uns sont du plus haut prix. On y distingue l'oiseau lyre, le perroquet noir, et une foule d'autres que la Nouvelle-Hollande a vu briller sur ses rivages. M. de la Frenaye possède de beaux ouvrages qui se rattachent aux objets favoris de ses études.

MM. DE BRÉBISSON, père et fils, ont formé de précieuses collections d'entomologie et de botanique. Tout ce que le pays renferme d'insectes curieux ou de plantes remarquables s'y trouve soigneusement recueilli et classé. Les raretés étrangères y sont aussi rassemblées et distribuées avec goût et variété. Le cabinet du père et l'herbier du fils méritent toute l'attention et tout l'intérêt des véritables amateurs.

La bibliothèque de M. Charles MOREL contient deux mille volumes environ d'ouvrages historiques et littéraires français. On y remarque l'*Antiquité expliquée*, de Montfaucon, en quinze volumes in-f.º, etc., etc.

Nous ne citons pas plusieurs autres bibliothèques particulières, de cinq, six, sept ou huit cents volumes seulement. Il existe encore au collége une petite collection d'auteurs classiques et de voyageurs, à l'usage des élèves de l'établissement.

Tel est l'état des lettres et des sciences à Falaise, à l'époque où nous écrivons. Nous l'avons présenté

peut-être avec beaucoup de détails; mais nous voulions signaler les progrès de l'instruction dans une
ville qui ne possédait même pas un collége communal
au commencement du siècle. Il paraît qu'avant la
révolution, les gens de robe, le clergé et les médecins recevaient seuls quelque éducation, et encore
elle se bornait à ce qui leur était strictement indispensable pour exercer leur profession. Aujourd'hui
toutes les classes participent à l'instruction, et
chacun veut savoir, non seulement ce qui concerne l'état qu'il embrasse, mais encore ce que
les autres branches de la science offrent de plus
simple et de plus général. Ainsi s'étend la sphère
des connaissances, et les hommes deviennent par
dégrés plus raisonnables et plus sociables. La génération qui nous suivra vaudra mieux encore que
nous, sous ce rapport. Félicitons-nous au moins
des avantages que nous avons déjà nous-mêmes
sur ceux qui nous ont devancé.

SERVICE DES EAUX PUBLIQUES.—BAINS PUBLICS.

Le service des eaux publiques est très-bien organisé
dans Falaise, et le peuple de la vieille ville en est
surtout abondamment pourvu. Voici le nombre des
fontaines qui coulent sur les différens points de ce
quartier :

Places de St.-Gervais, de la Trinité et de la Poissonnerie, trois fontaines ayant chacune quatre becs
ou robinets ;

Places du Grand-Turc, de la porte du Château
et de la Providence, trois fontaines simples, ou
n'ayant qu'un seul bec ou robinet ;

Rue du Campferme et Basse-Rue, deux fontaines simples ;

Hôtel-Dieu, deux fontaines, dont une à deux becs, et une simple ;

Prison, trois fontaines simples ;

Auberge de l'hôtel de France, deux fontaines simples ;

Hôtels de Noirville et de Combray, trois fontaines, dont deux jaillissantes pour l'ornement des jardins, et une simple dans une cuisine ;

En tout, pour la vieille ville, dix-huit fontaines, tant publiques que particulières, coulant par vingt-huit becs ou robinets différens.

Il y a de plus à l'hôpital général quatre fontaines pour l'établissement, dont une à deux robinets et trois simples, et une cinquième fontaine simple entre les deux rues principales du quartier.

Il résulte de tous ces détails que, dans la portion moyenne de la ville, on compte neuf fontaines pour les usages publics des habitans; neuf pour des établissemens d'utilité générale, et cinq seulement pour des particuliers. Les fontaines publiques, situées sur les places et dans les rues principales, sont convenablement disposées, et à peine éloignées de deux cents pas les unes des autres. Dans les bassins des quatre plus importantes, on peut désaltérer les chevaux, et puiser abondamment toutes les eaux qui sont nécessaires pour les divers besoins des ménages. Les ruisseaux qui s'en échappent et parcourent presque tous les quartiers, servent à nettoyer les rues et à les rafraîchir pendant la saison saison des chaleurs.

Ce sont les sources de Clécy qui alimentent toutes les fontaines que nous venons de mentionner. Les eaux, amenées d'abord dans des dalles de pierre jusqu'au regard de la Courbonnet, sont dirigées de ce point vers la ville dans des aqueducs de plomb qui les apportent à leur destination. Le plus fort des aqueducs, de six pouces de diamètre, pénètre dans la ville par la porte du Château, en traversant la promenade dans toute son étendue ; le second, plus petit, s'arrête à l'hôpital général, qu'il est destiné à fournir d'eau spécialement. Son diamètre est peu considérable.

Le volume des eaux n'est pas également abondant à toutes les fontaines, et les trois ou quatre filets cédés à des particuliers ont diminué sensiblement la masse que recevait le public. Malheureusement on ne peut revenir sur ces concessions ridicules, faites à une époque reculée, pour de très-modiques sommes. Il serait cependant à désirer que l'on pût trouver un moyen d'amener un conduit jusqu'à l'entrée de la route de Caen. Ce quartier, par sa position, est le seul, pour ainsi dire, où le besoin d'eau se fasse réellement sentir en tout temps.

Quant au Valdante et à Saint-Laurent, il n'y a point, il est vrai, de fontaines comme dans la ville ; mais on y trouve à chaque pas de belles sources à fleur de terre, et, d'ailleurs, la rivière coule dans toute l'étendue du vallon. Les habitans de ces quartiers n'ont rien à envier à ceux de la vieille cité. Les eaux de la fontaine d'Arlette, au Valdante, sont les plus estimées de Falaise.

Les habitans de Guibray, quoique moins bien partagés en apparence, sont loin cependant de souffrir de la disette d'eau. Leur sol, comme nous l'avons observé, est couvert de sources qui leur permettent d'ouvrir des puits dans presque toutes les maisons. A Caudet, et même dans les Douits, bien que ces points soient très-élevés, les eaux sont au niveau du sol, et coulent dans les chemins comme de petits ruisseaux. Il suffirait de les recueillir avec un peu de soin pour en tirer un bon parti. Il y a aussi des fontaines dans l'intérieur de St.-Jean et de la Frenaye, qui sont amenées par des canaux du réservoir de Guibray. Quant aux eaux de la citerne et de l'abreuvoir, dont nous avons parlé ailleurs, elles ne sont pas, il est vrai, destinées à servir aux usages ordinaires de la vie, mais elles ne laissent pas cependant d'être d'une grande utilité publique. Au Camp-de-Foire, à la rue Brette et sur la route de Bretagne, on a des puits dans les carrefours, pour les habitans du quartier.

La ville vote chaque année au budget une somme de 800 fr. pour l'entretien de ses fontaines, et le maire donne de plus sur ce qui lui est alloué, 220 fr. à un employé, pour veiller à leur conservation. Quand on doit les réparer ou que l'on veut nettoyer les conduits, on prévient le public quelques heures d'avance, afin qu'il puisse s'approvisionner. Jamais on ne retient les eaux pendant plus de vingt-quatre heures. Dans toutes les saisons elles coulent continuellement, aussi bien le jour que la nuit[1].

1 Les canaux de plomb étant d'un assez fort entretien, on a eu l'idée de les remplacer par des canaux de fonte. Peut-être ce projet serait-il avantageux à exécuter, et d'une grande

Nous ne dirons que deux mots des bains publics qui ne sont point fondés par la ville, et qui n'offrent rien de remarquable. Il y a deux établissemens de ce genre au Valdante, sous la roche du château fort et près de la fontaine d'Arlette. Ils se composent de six à huit chambres chacun, et depuis deux ans ils sont mieux tenus qu'autrefois. Les petites chambres sont propres, et les baignoires, en bois, sont remplies par des canaux de plomb garnis de robinets de cuivre, que le baigneur fait mouvoir à volonté. C'est tout ce qu'on peut désirer ici. On peut même prendre des bains de vapeurs dans ces maisons, qui sont abondamment pourvues d'eau par la rivière d'Ante qui coule au-dessous. La ville donne à chacun des baigneurs 150 francs par année pour fournir des bains aux pauvres malades et à ceux des hôpitaux.

POMPES A INCENDIE. — RÉVERBÈRES.

Les bains publics et les fontaines ont principalement pour objet de maintenir la salubrité dans la ville ; les pompes et les réverbères sont établis pour sa sûreté.

Il n'y a que deux pompes à incendie dans Falaise,

économie pour l'avenir. Nous pensons qu'il mérite d'arrêter sérieusement l'attention des administrateurs. Nous connaissons au reste un marchand de la ville qui se chargerait volontiers d'exécuter le travail à ses frais, en fournissant les canaux de fonte, pourvu qu'on lui fît l'abandon de tous les anciens plombs. Nous avons cru à propos de donner de la publicité à cette proposition, qui pourrait être adoptée après quelque examen. Ce serait une heureuse occasion pour augmenter le diamètre du conduit principal, et établir une ou deux fontaines nouvelles. Les eaux de la source y suffiraient, à ce qu'il paraît.

et encore elles sont petites, et ne peuvent fournir à-la-fois qu'un volume d'eau peu étendu. Quand la ville sera plus aisée, elle fera sans doute un sacrifice pour en acquérir une troisième sur un plus vaste modèle. Cette dépense même est devenue indispensable. Quant aux paniers qui servent pour la chaîne, ils ne sont pas non plus en assez grand nombre, quoiqu'on en ait acquis depuis peu de nouveaux. Il en faudrait deux ou trois cents toujours en état de servir. Il y en a peut-être cent cinquante dans ce moment.

Les pompes sont restaurées tous les ans avec soin, avant le temps de la foire, et, le 13 du mois d'août, elles sont conduites solennellement à Guibray, entre deux rangs de pompiers. La Mairie marche à la suite, et l'on se rend ainsi, en cortége, jusqu'à l'abreuvoir aux chevaux, où l'on fait l'essai des machines. Elles sont ensuite déposées au corps-de-garde de la citerne, où elles restent jusqu'au 25.

Une compagnie de pompiers est organisée pour veiller au service des pompes, et elle a seule le privilége de les diriger dans les incendies. Cette compagnie se compose de trente-six hommes dévoués, et dont quelques-uns ont fait preuve d'un grand courage. Ils ont le casque, l'habit bleu à revers rouges, le petit sabre et le fusil; leur chef a le titre de lieutenant, et ils forment une compagnie d'élite dans la garde nationale. Le Roi leur accorda un drapeau particulier en 1824.

Le lieutenant de la compagnie de pompiers est M. Narcisse GOURDEL. Le dernier lieutenant, M. LEMOINE, mort il y a cinq ans, s'était signalé dans plusieurs occasions par une intrépidité dont le souvenir vivra long-temps dans cette ville.

Dans plusieurs désastres récens, nous avons vu les pompiers, malgré le mauvais état de leurs machines, rendre de grands services. Nous citerons entre autres l'incendie de la maison de St.-Lambert, celui de la ferme de St.-Clair, et celui du village d'Amblainville.

Le service des reverbères n'est pas, à beaucoup près, aussi bien organisé que celui des fontaines et des pompes à incendie. On doit même s'étonner que dans une ville comme Falaise, on soit moins avancé sous ce rapport que dans beaucoup de simples bourgs. A Saint-Pierre-sur-Dive, et dans quelques petites localités voisines, les rues sont mieux éclairées, et avec plus de régularité, que ne le sont les nôtres en aucun temps.

Il n'y a pour la ville et pour les faubourgs que 6o réverbères, qui sont loin de suffire pour éclairer sur tous les points importans. Ces réverbères sont d'ailleurs d'une forme ancienne, étroite, et munis de mauvais réflecteurs qui ne renvoient point la lumière. On marche à la lueur d'une espèce de lampe dont les rayons s'amortissent à quelques pas, et souvent, entre deux de ces foyers, on se trouve dans l'obscurité. Le point lumineux que l'on entrevoit devant soi, sert à peine pour se diriger, et ne suffit pas toujours pour faire éviter un danger. Mieux vaudrait, dans les rues tortueuses, la simple clarté des étoiles, qui du moins est partout la même.

On doit convenir aussi que le vice de l'éclairage tient en grande partie au peu de soin de l'entre-

preneur. L'huile sans doute n'est pas assez abondante ou les mèches sont trop menues, et quelques-
uns des becs manquent ainsi presque tous les soirs;
les autres ne présentent qu'un rayon mourant, prêt
à s'éteindre au moindre souffle. On nous a dit que
la police ne pouvait réprimer ce désordre, parce
que les clauses d'adjudication, qui sont mal rédigées, s'interprètent contre l'autorité. Nous ne savons jusqu'à quel point cette excuse pourra plaire
au public, qui paie chaque jour pour qu'on l'éclaire,
et qui n'a pas été appelé à donner son avis sur les
clauses du cahier des charges. Tout ce que nous pouvons seulement assurer, c'est que, plus d'une fois,
le conseil de la ville s'est plaint lui-même du défaut
d'éclairage, et qu'il n'a pu recevoir encore aucune
satisfaction sur ce point. Il attend comme nous,
sans doute, avec patience, une nouvelle adjudication...

Le quartier le plus mal éclairé est celui de Guibray, où cependant la population est éparse et assez
nombreuse. Ne serait-il ainsi négligé que parce
qu'il est peu fréquenté par les riches et les administrateurs? Nous avons vu souvent les sept à huit
réverbères qu'on lui accorde, éteints dès le milieu
du soir. Nous croyons cependant que l'isolement
d'une partie du quartier n'y rend pas l'éclairage
moins indispensable que dans le reste de la ville.
Peut-être même est-ce un motif d'y apporter plus
de soin pour prévenir les accidens. Quand le peuple
sort des ateliers, à dix heures, il est juste qu'on
lui fournisse les moyens de rentrer tranquillement
chez soi. Les mêmes raisons nous feraient regarder

comme

comme également très-à-propos de placer des réverbères du côté de la rue Brette, et en général sur
tous les points où sont les nouvelles manufactures.
La population pauvre et laborieuse a besoin de cette
espèce de protection. Qu'on laisse plutôt, s'il le faut,
les gens riches et les bourgeois s'entre visiter dans
la ville, à l'aide d'un modeste fanal. Aussi bien,
la plupart, malgré les réverbères, se font éclairer
chaque soir jusqu'à leur destination.

La ville paie 3,000 fr. par année pour l'entretien
des réverbères. Quand on en renouvelera quelques-
uns, on fera bien de les choisir sur les nouveaux
modèles adoptés dans presque toutes les villes. Nous
pensons qu'on pourrait aussi prolonger l'éclairage
pendant sept à huit mois de l'année, au lieu de se
borner à six. En avril surtout, les nuits sont longues
encore, et les soirées couvertes et pluvieuses. Un
supplément de dépense pour cet objet serait une
somme bien employée. Aux veilles de Noël, à la
St.-Charles et pendant le carnaval, on devrait aussi
éclairer pendant toute la nuit, ainsi que cela s'exécute
presque partout. Des désordres peuvent arriver par
suite de l'obscurité. Nous avons vu souvent les rues
de Falaise dans les ténèbres pendant ces jours-là,
lorsque la lune étoit obscurcie par les nuages.

On éclaire les rues de Guibray, au temps de la
foire, depuis le 8 août jusqu'au 26.

CIMETIÈRES.

Voici encore un des sujets dont nous regrettons
d'avoir à nous occuper. Il nous en coûte d'avoir
à signaler de nouveaux abus. Notre conscience
nous en fait cependant encore un devoir.

Le cimetière de St.-Laurent est situé autour de
l'église, mais sur un point très-élevé, et de manière
à ne présenter pour le public aucune cause d'insa-
lubrité. Il est tenu décemment, et les tombes n'en
sont relevées que tous les vingt-cinq ans tout au plus.
L'église étant elle-même pour ainsi dire en dehors
du faubourg, il n'y a pas rigoureusement de contravention sur ce point à la loi sur les sépultures.

Le cimetière de St.-Gervais est également hors
de la ville, et même au nord à-peu-près, comme
le prescrivent les réglemens. Son enceinte est murée,
et l'intérieur, sans être brillant, n'offre rien de
répréhensible. On ne rouvre les fosses qu'après vingt
années de repos.

Le cimetière de la Trinité est au midi de la ville,
et par conséquent dans une position mal choisie.
Il est même assez rapproché de l'hôpital général et
du quartier de la rue Brette, pour qu'on puisse
souhaiter de le voir un jour transférer ailleurs. C'est
bien là cependant le moindre de ses inconvéniens.

De mauvaises haies, mal closes, défendent seules
l'abord de ce cimetière aux hommes et aux animaux de tout genre ; les portes même n'en ferment
pas, et l'on y entre comme dans un lieu de promenade. Heureux encore si l'on se bornait à le parcourir comme un verger, dont on respecte le propriétaire. L'homme honnête n'aurait pas du moins
à gémir chaque jour de ce qui s'y passe. Non toutefois que nous ajoutions une foi entière à tout ce
qu'on a débité sur les profanations dont cette enceinte aurait été souillée. Les races même les plus
sauvages rougiraient d'insulter de la sorte aux

cendres des morts ; et dans une ville civilisée, il ne
peut exister des hommes capables de tels excès. Nous
engageons cependant l'administration à s'occuper
sérieusement de faire cesser tout ce scandale. La
seule possibilité de pareils désordres est déjà un
désordre elle-même. Que l'on fasse donc exécuter
les lois sur les cimetières, et que celui de la Trinité
soit enclos, comme il doit l'être, « de murs de deux
» mètres au moins d'élévation. » Que l'on veille aussi
à ce que les lambeaux des morts ne restent pas dispersés sur les tombes, comme nous en avons vu,
ni exposés aux insultes des animaux, qui se jouent
avec ces débris. Que l'on surveille surtout, avec
une grande sévérité, ces misérables qui creusent les
fosses, et qui, chargés de recouvrir les dépouilles
nouvelles, s'acquittent de ce devoir d'une manière
si incomplète et si indécente. Alors seulement la
police aura fait son devoir, et le public n'aura plus
lieu de se plaindre. Ses murmures, depuis quelque
temps, nous paraissent trop bien fondés [1].

Le cimetière de Guibray est du moins entouré de
murs, et la vile canaille ne peut ainsi le profaner.
Mais son enceinte étroite enveloppe l'église presque
de tous côtés, et elle est d'ailleurs au milieu des
groupes de maisons, et presque dans le centre

[1] Nous apprenons dans ce moment que l'on s'occupe enfin
de la construction d'une porte, avec deux petites murailles
de côté, qui défendront au moins l'entrée principale du cimetière. Cette amélioration est due sans doute aux réclamations
dont nous sommes ici l'interprète. Puissent nos autres aver-
tissemens donner lieu prochainement à des réformes plus
complètes. Ce soin est le premier qui doive occuper les fabriques.

même du faubourg. Un tel abus, une telle in-fraction aux lois ne sont réellement pas tolérables. Nous devons dire encore que l'espace trop resserré force de rouvrir les tombes à des époques très rap-prochées les unes des autres. Les corps, à demi-corrompus, sont tirés de la terre et jetés sur le revers des fosses. Ce spectacle hideux afflige et dé-goûte ceux que le devoir appelle aux inhumations. Comment peut-il se renouveler depuis si long-temps au milieu d'une société bien organisée? Les habi-tans de Guibray sont d'autant plus inexcusables, qu'ils ont un autre emplacement plus convenable, à quelque distance de leurs habitations. Que la police les oblige enfin d'y transférer leurs morts. Nous ne pouvons trop lui rappeler, dans cette cir-constance, les dispositions des articles 2, 3, 4, 5, 6 et 17 du décret impérial du 23 prairial an 12.

Il n'y a, dans les quatre cimetières de Falaise réunis, que sept tombes en pierre, et une douzaine de petites croix en bois; quatre des tombes sont dans le cimetière, si mal tenu d'ailleurs, de la pa-roisse Sainte-Trinité. Ce peu de soin des Falaisiens pour leurs morts, cet abandon où ils les laissent, sont loin de parler en faveur de leur caractère. On regarda toujours comme un devoir d'honorer les dépouilles de ceux qui ne sont plus, et nous verrons plus tard quel est le respect de nos villageois pour les restes de leurs parens. Hommes du monde, qui les traitez de rustres et d'incivilisés, apprenez d'eux au moins à pratiquer une des vertus qui font le plus d'honneur au cœur humain!...

CHEMINS PUBLICS, VICINAUX, COMMUNAUX, etc.

Offrons un état des chemins publics que la ville a institués, et qu'elle entretient sur les différens points du territoire de la commune :

Chemins vicinaux.

	Longueur.	
	Mètres.	Cent.
De Falaise à la Ferté-Macé.........	991	50
De Trun......................	1218	»
De Livarot....................	1484	»
De la Forêt-Auvray..............	513	40
De St.-Pierre et Croissanville......	828	»
D'Exmes......................	1746	»
De Coulibœuf.................	565	»
De Vaton.....................	697	»
De Guibray à la Ferté-Macé.......	712	»

En tout neuf chemins vicinaux, formant une longueur de............ 8755 mètr.

Principaux Chemins communaux.

De St.-Laurent à Eraines, 1174 mètres ; de Falaise à Olendon, 2061 mètres ; de Noron à Vaton, 1045 mètr. ; d'Aubigny à Versainville, 1562 mètr. ; de Caudet à Vaux, 1290 mètr. ; de Falaise à Villers-Canivet, 1249 mètres ; de Guibray à Versainville, 1332 mètres ; chemin Saulnier, 3175 mètres, etc.

En tout, trente-cinq chemins communaux, formant une longueur de...... 25,565 mètr. 40 cent.

La largeur commune des chemins vicinaux est de 6 mètres ou 18 pieds environ ; sur certains points ils offrent 8, 9, ou même 10 mètres, et sur quelques autres, ils n'en offrent que 5, ou même 4 mètres

5o cent.; mais presque partout ils ont la largeur
suffisante, et deux voitures y passent aisément de
front.

Les chemins communaux ont 3, 4, 5 et 6 mètres
de largeur; le plus grand nombre n'ont que 4 mèt.
ou 12 pieds. Une voiture et un cheval y peuvent
aisément passer.

Les chemins vicinaux et communaux de Falaise
sont, en général, très-bien entretenus. Les premiers
principalement ont été presque tous refaits à neuf
depuis dix ans, et l'on ne néglige rien pour leur conservation. Nous citerons comme les meilleurs ceux
de la Ferté-Macé, de la Forêt-Auvray, de Trun, etc.
Le plus mauvais est celui de Vaton.

Parmi les chemins communaux, celui de la
bruyère de Noron à Versainville exige une prompte
réparation. C'est le passage accoutumé des marchands de bœufs qui se rendent du Bocage aux marchés de St.-Pierre-sur-Dive; les animaux ont dé-
foncé le chemin, et l'ont rendu impraticable en
grande partie pour les gens de pied. Près des herbages de Longpré surtout, il est impossible d'y faire
un pas pendant neuf mois au moins de l'année.

L'état des chemins vicinaux et communaux de la
ville a été dressé avec un grand soin par le comis-
saire-voyer de l'arrondissement, M. LEVAVASSEUR.
Cet état, que la ville conserve dans ses archives,
pourra être consulté avantageusement pendant long-
temps par les habitans de Falaise.

Outre les 2,000 francs de l'atelier de charité, qui
sont presque exclusivement employés à l'entretien
des chemins, le conseil de la ville vote encore,

chaque année, 1,500 fr. ou 2,000 fr. pour cet objet.
La somme votée pour 1827 est de 1,669 fr. Le maire
apporte personnellement à ces travaux une surveillance digne d'être remarquée.

Nous ne parlons pas des portions de grandes
routes qui traversent le territoire de la commune,
et qui sont à la charge, soit du Gouvernement, soit
du département. Nous aurons l'occasion, plus tard,
de nous en occuper d'une manière plus convenable,
et en les envisageant pour toute l'étendue de l'arrondissement. Nous observerons ici seulement en
passant, qu'en général, toutes les parties de la
route royale de Tours à Caen, entre Saint-Clair et
Guibray, et entre Falaise et Aubigny, sont habituellement dans le plus fâcheux état d'entretien,
tandis que les portions des routes départementales
de Vire et de Lisieux, du côté de Martigny et de
Versainville, sont beaucoup mieux entrenues. Le
département fait plus de frais pour cet objet que la
direction générale des ponts-et-chaussées. Il est juste
d'observer aussi que les routes départementales sont
neuves et plus faciles que l'autre à restaurer, ou à
entretenir.

Quant aux rues et places de Falaise, nous nous
en sommes occupés déjà dans la description topographique, et dans le résumé sur les constructions
de la ville. Nous ajouterons que quelques-unes de
celles qui ne sont pas encore pavées, telles que la
rue des Ursulines, celle des Herforts, et celle de
St.-Laurent, viennent d'être encaissées et chargées
de petits cailloux roulés, appelés *rognons de coq*,
de manière à présenter une surface dure, solide, et

capable de résister aux chevaux et aux voitures, aussi bien, au moins, que le pavé. On ne peut trop donner d'éloges à cette espèce de travail, qui s'exécute très-bien à Falaise, où les matériaux, du reste, sont très-abondans en ce genre.

La ville, pressée par d'autres besoins, n'a pu voter, en 1827, qu'une somme de 1,500 fr. pour le pavage et l'entretien de ses rues. Cette somme est trop modique, et ne permet pas d'exécuter bien des améliorations demandées.

PROMENADES PUBLIQUES.

Il existe à Falaise deux promenades publiques.

La première, et la principale, est située au pied du rempart méridional du château fort, en face de l'hôpital général, et elle sépare la ville ancienne du petit quartier de la rue Brette ou de la Cour-bonnet. A sa gauche sont les rebords escarpés de l'Ante, la jolie prairie qui est au-dessous, et la chaîne sauvage des rochers de Noron.

La grande promenade se compose de trois avenues doubles et parallèles, de 500 pas de long, que séparent les unes des autres deux espaces de 25 pas de large, dont le premier sert de passage à la grande route de Bretagne, et le second offre un massif de gazon pour les promeneurs et pour les enfans.

L'avenue double du milieu, la plus fréquentée maintenant, offre 240 ormeaux de soixante ans environ, et très-élancés, mais un peu trop mutilés par la hache des ouvriers qui furent chargés de les ébrancher cet hiver. Ils n'offrent plus aucun ombrage, et la plupart même ont été découronnés par la maladresse de ceux qui les taillaient. Sans doute ils repousseront promptement, mais on peut craindre que quelques-uns ne se ressentent plus tard des mutilations trop fortes qu'ils ont éprouvées. Les grosses branches et les moitiés de tronc coupées au vif, ont laissé à découvert de larges cicatrices qui recevront les eaux, et les laisseront filtrer à l'intérieur. Le cœur de l'arbre se gâtera par degrés, et la promenade perdra ainsi quelques-uns de ses ornemens. Il est à désirer que l'administration, prévenue cette fois, surveille à l'avenir plus activement ceux qu'elle chargera de ces sortes d'opérations.

L'avenue de droite, très-peu fréquentée, se compose de 210 ormeaux semblables aux premiers, et qui furent pareillement mutilés il y a trois ans. Ils sont maintenant recouverts en partie de feuillage, mais quelques-uns d'entre eux se ressentiront toujours des coups de haches qu'ils ont reçus. Les premiers de ces ormeaux, vers la ville, sont très-forts et très-élevés.

L'avenue de gauche, près des jardins de l'hôpital, est formée par des ormeaux et des tilleuls, au nombre de 240 environ. Les tilleuls occupent le milieu, devant la façade de l'hôpital même, et ils sont tellement chétifs, qu'il est facile de s'apercevoir que le sol ne leur convient point. Ils ne s'élèveront jamais au-delà de 12 à 15 pieds. On ne peut, au reste, regretter qu'ils ne soient pas plus élancés, puisqu'ils masqueraient le bel établissement en face duquel ils se trouvent. Pour les promeneurs et pour les gens de la maison, on doit se féliciter de l'impuissance du sol sur ce point.

Au-dessus, et à gauche de cette troisième avenue, se trouve une espèce de quinconce irrégulier, dont les ormeaux élevés forment maintenant un ombrage épais et impénétrable au soleil. Quelques bancs y sont épars, ainsi que sur le cours, et les vieillards, avec les jeunes gens studieux, y viennent chercher le frais pendant les jours d'été. Le soir, l'obscurité de ce lieu effraie les enfans et les vieilles femmes, mais la jeunesse, moins timide, s'y réunit quelquefois pour faire entendre de-là des chants de joie et de plaisir. Les ormeaux de ce petit massif sont tout au plus au nombre de cent.

La grande promenade n'est guère fréquentée par les dames de la ville, qui semblent lui préférer les grandes routes, où cependant la poussière, le soleil ou la boue les incommodent presque toujours. Pour justifier cette étrange préférence, on ne peut alléguer que la mode, qui, comme on le sait, justifie tout. Aussi, nous nous garderons bien de nous élever contre cet usage, dont le temps, sans doute, fera justice beaucoup mieux que nous.

Ceux que l'on rencontre le plus fréquemment sur le cours, sont, à l'heure de la sieste, nos graves avocats et d'autres gens de justice, et dans le reste du jour, les écoliers, les oisifs, les bonnes et les enfans. Le dimanche on y voit, le soir, beaucoup de bourgeois que la mode n'a pas encore gagnés; les autres vont garnir les deux côtés de la route de Caen, au milieu d'un nuage de poussière que leur envoient les voitures et les chevaux.

La petite promenade, que l'on nomme aussi *le Cours Labbey*, à cause du maire actuel qui la fit

planter, il y a cinq ans, est un étroit emplacement
de 200 pas de long environ, qui se trouve entre les
murs du château de la Frenaye et les premières
maisons de Guibray. Il sert ainsi à compléter la
réunion de l'ancienne ville avec son principal faubourg, et l'on y voit fréquemment promener ensemble, le soir, les bourgeois de ces deux quartiers.
Pendant la foire, ce petit espace, qu'une centaine
de tilleuls commencent à ombrager, est continuellement couvert de promeneurs, ou de passans qui se
rendent à leurs affaires. Il est fâcheux qu'on n'ait
pu l'étendre davantage en longueur ou en largeur ;
car nul point de la ville n'était plus favorable pour
une promenade. Déjà une douzaine de bancs suffisent à peine chaque jour pour les habitués c ' s'y
donnent le rendez-vous du soir. Quelques-uns de
nos politiques viennent y discuter et régler gravement le destin des divers états.

Du côté de la ville, un escalier de quinze marches
de granit conduit à la petite promenade, et un mur
d'appui la sépare de la voie publique dans toute sa
longueur. Du côté de Guibray, elle se trouve de
niveau avec le sol de la rue du Camp-de-Foire. Les
arbres, malheureusement, sont plantés dans un
fond d'argile, et la terre végétale que l'on a placée
dans les fosses, ne suffit pas pour alimenter leurs
racines. Plusieurs ont péri déjà, et beaucoup semblent prêts à se dessécher. Il sera urgent de les remplacer avec précaution, et de déposer à l'entour un
très-riche fond de terre fertile. Il serait à propos
aussi de planter une haie de charmille, ou d'autre
plant, vers le champ de la Frenaye, pour masquer

la masse de terre argileuse qui se montre de ce côté. Le petit cours deviendra ainsi un des agrémens de la ville, et la mode y amènera un jour nos belles promeneuses dans toutes les saisons. Comme elles n'y trouveront ordinairement ni poussière ni boue, elles y seront beaucoup mieux que partout ailleurs.

Du reste, ces promenades intérieures sont peu de chose, comparées aux belles campagnes qui environnent la ville, et qui présentent des chemins couverts, des rochers et des bois, bien autrement à rechercher que les avenues régulières du dedans. Sans sortir de la commune, on peut s'égarer, ou sous le bois de la Courbonnet, ou dans le petit vallon occidental de l'Ante, ou sur les bruyères et les rochers qui font face au château fort. Là, chaque pas que l'on fait offre un site nouveau, et la vue, qui s'étend quelquefois sur un horizon immense et sur de brillantes campagnes, se retrouve, l'instant d'après, reposée sur une fraîche prairie, entre deux rangs de rochers, ou sur de jolis vergers bien plantés et bien cultivés. Du côté de Longpré, vers le hameau de Vaton, à Rougemont, à la Vallée, on rencontre çà et là des sentiers ombragés, des paysages, de petites fermes, des moulins, des ruisseaux, qui charment également par leur extrême variété. La plaine de Guibray elle-même, malgré son uniformité, plaît encore par ses belles moissons et par ses horizons lointains. Ainsi, tout se réunit pour former autour de Falaise un ensemble de promenades variées à l'infini, et qui sont de nature à ne fatiguer jamais. Les avenues plantées dans la ville sont pour les indolens et pour les personnes

qui ne peuvent disposer dans le jour que de quelques
instans. Les campagnes des environs sont pour ceux
qui aiment les sites pittoresques et les scènes diverses
de la nature. C'est-là que les jeunes gens et les imaginations vives vont chercher des rêveries et des
inspirations. C'est-là que, loin du monde, on peut
vivre avec soi-même, ou s'entourer de souvenirs
à son choix. Beaux lieux! vous fîtes souvent nos
délices, et nous aimerons toujours à le reconnaître
et à le publier! Qu'on nous pardonne ce dernier
regard que nous nous plaisons à tourner vers vous,
avant de terminer la description de cette commune.

FOIRES, MARCHÉS.

Il y a dans la commune de Falaise :

Deux marchés chaque semaine, dont l'un a lieu
le mercredi, et l'autre le samedi ;

Des foires de bestiaux tous les samedis, depuis la
veille de Pâques jusqu'à la St.-Michel ;

Une foire, dite de *St.-Gervais*, ne durant qu'un
jour, au 19 juin, pour les chevaux, les bestiaux
et les laines ;

Une foire générale, dite de *Guibray*, commençant
pour les chevaux le 10 août, pour toutes les autres
branches de commerce le 15, et ne se terminant
que le 24 inclusivement ;

Une foire, dite de *Ste.-Croix*, ou la *petite Guibray*, commençant le 15 septembre, pouvant durer
huit jours, et spécialement consacrée à la vente des
laines, des chevaux et des bestiaux ;

Enfin, une foire, dite de *St.-Michel*, et fixée au
1.er octobre, principalement pour les chevaux, les
bestiaux et les oignons.

Les marchés de Falaise sont presque uniquement destinés à l'approvisionnement de la ville ; on y voit particulièrement :

Des grains de toutes espèces, des volailles, des œufs, du beurre, des légumes, du bois, etc.

Reprenons successivement ces divers objets.

On a vu figurer à la halle de Falaise, depuis le 1.er août 1826 jusqu'au 31 juillet 1827, 36,560 sacs de différens grains, dans les proportions suivantes : Blé, 10,867 sacs. — Avoine, 14,112 sacs. — Seigle, 1,548 sacs. — Orge, 4,837 sacs. — Sarrasin, 2,847 sacs, etc. Les 2,300 sacs restant à-peu-près consistent en grains mêlés, nommés *meute*, en pois, féves, lentilles, graines, pommes de terre, gland, etc.

Le blé donne un résultat moyen de 905 sacs pour chaque mois ; mais il n'a pas été apporté dans le même rapport tout-à-fait aux différentes époques. Les mois les plus forts, ceux d'octobre et de décembre, ont été de 993 et 998 ; les plus faibles, ceux de février et de mai, ont été de 734 et 803. Comme on le voit, la différence n'est pas très-grande entre les uns et les autres. Les plus fortes halles ont été de 240 sacs au 15 d'août, et de 190 aux mois de novembre et de décembre ; les plus faibles ont été de 16 sacs au mois de septembre, 45 et 46 au mois d'avril, etc. [1]

Les blés viennent des campagnes voisines de la ville, et particulièrement de Nepcy, Rosnay, Mou-

1 Le sac, ou la somme de grains, contient quatre *barretés* ou *barratées* (terme du pays), et équivaut à huit anciens bois-seaux de Falaise, ou à deux hectolitres, mesures nouvelles.

lins, Cuis, Sentilly, Basoches et autres communes
dépendant d'Argentan; on les conserve presque tous
pour la consommation de la ville.

Chaque mois offre 1412 sacs d'avoine, l'un dans
l'autre; il y en a, tels que ceux de décembre, mars
et mai, qui ont été de 1574, 1701, 1486; d'autres,
tels que septembre et octobre, qui n'ont été que de
744, 865, etc.; à des halles de mars, on a compté
270, 290, 310 sacs; à d'autres, de septembre, on
n'en a vu que 12, 35, 60, etc.

L'avoine vient, en général, de Briouze, Basoches,
Putanges, et des communes voisines de la ville; elle
est presque toute enlevée pour Caen, Croissanville
et Lisieux. Il y a des blatiers qui viennent, à chaque
halle, pour exercer cette espèce de commerce.

Le seigle ne paraît qu'en petite quantité à la halle
de Falaise, et, en général, on en fait fort peu dans
le pays. La plupart des fermiers ne le cultivent que
pour avoir des *liens* pour la récolte des foins et des
autres grains. Nous comptons plus de dix halles
dans l'année, aux mois de janvier, février et avril,
où il n'en a paru qu'un ou deux sacs, et où même
on n'en a pas vu un seul. Aux mois d'août et de
septembre, il y a eu des halles de 45, 60 et 62
sacs. Le plus fort mois, celui de septembre, a été
de 304; les plus faibles, ceux de janvier et de février,
ont été de 47. Le mois moyen est de 129.

L'orge paraît à la halle dans la proportion de
403 sacs par mois. Les mois les plus forts, ceux de
décembre, de janvier et de mars, sont de 549, 586
et 518 sacs. Les mois les plus faibles, ceux d'août
et d'octobre, sont de 177 et 203 sacs. La plus forte

halle a offert 100 sacs au mois de janvier ; les plus faibles, 17 et 14, au mois d'août.

L'orge, qui vient en grande partie du canton de Coulibœuf et de la plaine de Guibray, se consomme en petite portion dans la ville, et tout le reste est transporté vers Briouze, la Fresnaye-au-Sauvage, et ces différentes communes du *Pays-de-Bas* (comme on s'exprime ici) qui viennent apporter leur avoine et leurs blés à nos halles. Ils arrivent avec leurs bons grains, et remportent de l'orge au retour. Au mois d'août, lorsque tout le monde travaille fortement, ils se nourrissent de bon pain de blé ; aux mois de janvier et de mars, lorsque les provisions s'épuisent, ils vivent de pain d'orge, et s'imposent des privations.

Le sarrasin ne paraît pas en grande quantité à la halle, et encore une partie est enlevée pour Saint-Pierre-sur-Dive et le Pays-d'Auge. C'est aux mois de mai et de juin, dans le temps des laitages et des semences de ce grain, que les halles en sont le plus abondamment fournies. Il s'en trouve jusqu'à 75, 90, 96 sacs dans quelques-unes de ces halles. Dans d'autres, des mois d'août et de septembre, il n'y en a que 1, 2, 4, 5, etc. Le sarrasin vient, comme l'avoine, du *Pays-de-Bas* et du Bocage.

La *meute*, dont nous avons parlé, est un blé mêlé de seigle et d'orge, pour le peuple. Il y en a 15 à 20 sacs dans les temps des plus fortes halles d'hiver, et 3, 4, 6 et 8 dans celles d'été. On en voit aussi dans le temps des semences, au mois de septembre.

Les vesces, les pois, les graines, viennent au printemps,

printemps, en avril et en mai, lorsqu'on s'occupe de confier les semences à la terre. Les graines d'hivernache et de sainfoin sont enlevées pour la plaine de Caen. Les pois, lentilles, etc., sont pour la consommation. On voit des pommes de terre en petite quantité pendant l'automne et l'hiver. A la fin de 1825, il parut plus de 250 sacs de gland à la halle, qui se vendaient 1 fr. 50 c. et 2 fr. la *barretée*.

Les plus fortes halles que l'on ait vues depuis un an, ont été celles des mois de décembre, mars et mai, où l'on a compté, pour chacun des mois, 3,629, 4,124 et 3,415 sacs. Les halles d'août et de février n'ont donné que 2,235 et 2,351 sacs. Il y a eu en mars et avril des halles de 630, 678, et même 730 sacs. La plus petite, en septembre, a été de 62 ; les moindres, ensuite, sont de 168, 176, 187, 152 sacs, en août, septembre, février, etc.

Nous devons observer que les halles du mercredi et celles du samedi sont loin d'être également fortes. Il y a même à-peu-près les deux tiers ou la moitié au moins de différence entre les unes et les autres. Celles du samedi sont à celles du mercredi dans le rapport de 300 à 120.

La ville, comme nous l'avons dit ailleurs, fait construire une halle pour les grains. Nous doutons qu'elle suffise jamais pour les fortes halles de 6 à 700 sacs ; mais pour les bonnes halles ordinaires de 3 à 400 sacs, elle pourra être convenable. Jusqu'à ce moment, la halle de Falaise était tellement étroite et mal tenue, que les trois quarts des grains restaient en dehors, exposés aux pluies et aux chocs des voitures. On sent combien cette incommodité devait

30

nuire à la prospérité du marché, et en écarter les cultivateurs voisins. Maintenant, au moins, ils seront
à couvert, et pourront, sans danger, rester constamment auprès de leurs sacs. Il est à regretter seulement qu'ils trouvent encore tant de difficultés pour
accéder à la halle, et que les marches que l'on a
laissées à l'entrée principale rendent si difficile le
déchargement, et forcent de recourir à ces espèces
de *forts* qui sont devenus indispensables. On eût
évité bien des désagrémens, en choisissant un autre
emplacement pour la halle, et en l'élevant sur un
autre plan ; si elle eût été ronde ou carrée, par
exemple, et qu'elle eût eu quatre entrées principales,
on sent quel avantage y auroient trouvé les cultivateurs.

Les commissaires de police sont chargés de maintenir l'ordre dans les halles, et de faire le relevé
de tout ce qui s'y vend ou y est apporté. Une société
d'adjudicataires perçoit les droits publics.

Les autres articles de l'approvisionnement des
marchés s'y trouvent dans les proportions qui
suivent :

Volailles. Pendant les mois d'été, on en voit peu
le mercredi, et le samedi 2 à 300 environ. Dans le
temps de la foire, il en vient, à deux des marchés
seulement, 1,000 à 1,200 à-peu-près. En hiver,
depuis Noël jusqu'aux jours-gras, il y en a, dans
certains marchés du samedi, 7 à 800, et même
1,000, de toutes espèces, en y comprenant le gibier.
Un adjudicataire assure même que les têtes de gibier
et de volailles ont pu se monter à 12 et 1,500. Le
gibier consiste en lièvres, perdrix et alouettes à la

douzaine ; les volailles, en dindes, chapons, poulardes, poulets, canards, etc. Il y a rarement des
oiseaux sauvages, tels que canards, sarcelles, etc.

Beurre. Les petits marchés ordinaires du mercredi
en offrent, pour la consommation, 100 ou 200 liv.
seulement. Dans les forts marchés d'approvisionnement, au mois de juin et de septembre, il en vient
7, 8, 900, et même 1,000 à 1,200 liv. quelquefois.
On en sale et on en expédie un quart à-peu-près
pour Paris et pour la Haute-Normandie.

OEufs. Il se vend au marché du samedi, pendant
plusieurs mois d'été, 8,000 douzaines d'œufs environ, dont les trois quarts sont aussitôt expédiés
pour Paris. Dans les marchés ordinaires, et ceux
surtout du mercredi, il s'en vend 4 à 500 douzaines, dont une bonne partie pour la consommation de la ville.

Fromages. Il se fait un commerce assez considérable de fromages, dits de *Livarot,* sur le marché
de Falaise. On y en voit, pendant les mois d'automne, d'hiver, et même presque dans toutes les
saisons, 7 à 800 douzaines. Ils viennent du Pays-
d'Auge, et sont en partie destinés pour le Bocage.

Légumes, fruits. La vente des légumes est considérable, mais presque uniquement bornée à la
consommation de la ville. Ils consistent principalement en choux, salades de toutes espèces, raves,
poireaux, navets, etc. Les campagnes enlèvent des
raves dans la saison, et les chicorées du mois d'août
s'emportent aussi pour Condé et les bourgs voisins.
Quant aux fruits, il s'en vend quelques-uns des
plus beaux pour Paris, Caen et autres grandes villes ;

ce sont, en général, les poires dites de *bon-chrétien*.
Les prunes de toute espèce, à la fin d'août, sont
aussi expédiées pour les foires de Condé et autres.
La foire de Guibray fait, à elle seule, consommer
dans la ville une immense quantité de ces fruits,
et de ceux de la saison, qui sont pour cette raison
très-abondans dans tous les jardins.

Bois. Le bois de chauffage ne se vend guère sur
la place. On y voit seulement quelquefois sept ou
huit charretées de fagots qui se vendent difficilement. Les propriétaires achètent leurs provisions
de combustibles dans les fermes ou chez leurs marchands de confiance.

Il nous reste à mentionner le marché au poisson,
qui a lieu le vendredi, et qui est extrêmement mal
pourvu depuis quelques années. Les deux ou trois
boutiques d'étalages ne présentent guère que du
gros poisson, tel que raie, morue, congre, ma-
quereau, etc. Les plies, les soles, les merlans y sont
peu nombreux, et les beaux morceaux, tels que
turbot, barbue, s'y voient rarement. Les propriétaires qui veulent avoir quelque chose de délicat et
de choisi, sont forcés de le faire acheter à Caen.
On trouve encore, de temps à autre, à la poissonnerie, de petites anguilles de l'Orne, pour mate-
lotte, et dans le carême seulement, quelques carpes
provenant des étangs voisins de la ville, que l'on
pêche à cette époque, de temps à autre. On y voit
enfin des huîtres du Calvados, qui se portent
dans les maisons. Mais ces divers articles sont de
peu d'importance, et la consommation du poisson
est, en général, assez insignifiante à Falaise. On

peut s'en étonner, en songeant que cette ville n'est qu'à dix lieues environ de la mer. Autrefois ce marché était bien plus considérable qu'il ne l'est maintenant. Nous ne sommes pas à portée d'apprécier les causes de ce changement.

Nous voudrions pouvoir parler d'un marché à la viande, mais il n'en existe point dans cette ville ; les étalages des bouchers se font dans presque toutes les rues, et ces sales expositions sont livrées à tous les regards comme chez un peuple de sauvages. Nous demanderons en grâce à la police de nous débarrasser au plutôt d'un spectacle aussi dégoûtant.

Les boutiques de nos bouchers sont fournies de viande de bœuf en tout temps, et de mouton ou de veau selon les différentes saisons. On trouve également le cochon chez la plupart d'entre eux. Pendant le carême, ils se réunissent au nombre de deux ou trois pour tuer un bœuf en commun, et l'on se procure alors difficilement les autres viandes dont on peut avoir besoin.

Nous observerons, en finissant cet article, que dans Falaise les marchés se tiennent sur les places mêmes de la ville, et d'une manière tumultueuse et peu décente. Le samedi, les marchands regrattiers, les jardiniers avec leurs légumes, les poulaillers, les villageoises qui apportent le beurre et les œufs, sont tous pêle-mêle à-peu-près sur la place de St.-Gervais, qu'ils encombrent sur tous les points, de manière à rendre la circulation très-embarrassante, et même dangereuse, à cause des voitures que l'on y laisse aussi circuler. Nous avons vu un temps où la halle avait son entrée de ce côté, et où

le bois y était encore entassé. Rien n'était plus désagréable que cette confusion et ce désordre. On a
déjà enlevé le bois, et porté la halle ailleurs. On
ferait bien de chercher également un emplacement
pour le beurre, les œufs, la volaille et le gibier.
La poissonnerie se tient sur la place de ce nom,
au centre tout-à-fait de la vieille ville. Le marché
au bois se tient aujourd'hui sur la place Ste.-Trinité.

Pour toute espèce d'objets de consommation, le
marché du mercredi est bien au-dessous de celui
du samedi.

La foire aux bestiaux, pendant les samedis de
l'été, se tient sous les remparts du château fort,
du côté de la promenade, et sur l'emplacement
même de l'ancien *cavalier* que l'on a rasé et applani.
Les premières de ces foires, au temps de Pâques,
peuvent offrir 250 vaches à-peu-près exposées en
vente. Mais bientôt on les voit décliner, et au
mois d'août il n'y vient plus que fort peu de bestiaux. Il s'y fait pour 25 à 30,000 fr. d'affaires dans
les meilleures journées. C'est une chose peu considérable.

La foire de St.-Gervais se tient, pour les laines,
sur la place St.-Gervais et dans les rues d'Acqueville et de Lisieux; pour les chevaux, dans les
quatre petites rues du quartier de St.-Jean; et pour
les vaches, dans le centre même des rues de la ville,
et principalement dans la Grand'rue et dans la rue
de la Pelleterie. On sent combien tous ces emplacemens, surtout le dernier, sont mal choisis, et
combien ces bestiaux nombreux, placés dans les
rues, doivent incommoder les habitans, et nuire

à la circulation et même à la sûreté. La ville ne peut se dispenser de changer ces vieux usages, que l'on ne sait comment expliquer ni justifier. Il faudrait acheter quelque champ du côté de St.-Jean, ou un des petits parcs qui s'y trouvent, pour y préparer un marché aux chevaux et aux bestiaux. A quoi songeaient donc les administrateurs, il y a trente ans, de n'avoir pas conservé et disposé tous ces terrains pour y former ces établissemens divers, qui seraient aujourd'hui d'une si grande utilité pour la ville !

On vend à la foire de St.-Gervais pour 50,000 fr. environ de laine ; pour 150,000 fr. de chevaux, et pour 50,000 fr. de bestiaux. Le nombre des chevaux est de 5, 6 ou 700 ; celui des bestiaux de 3, 4 ou 500, etc., etc.

Occupons-nous maintenant d'un sujet bien plus important :

La foire de Guibray se tient sur un vaste emplacement que nous avons décrit ailleurs ; nous ne parlerons ici que du commerce qui s'y fait encore aujourd'hui.

Dès le 6, le 7 et le 8 août, les écuries se remplissent de beaux chevaux, qui se trouvent presque tous vendus avant le 10, époque fixée pour l'ouverture de cette première partie de la foire. Les écuries pourraient contenir 1,200 chevaux ; mais il n'y en vient guère que 7, 8 ou 900. Leurs prix s'élèvent depuis 600, 800 et 1,000 fr., jusqu'à 2,400 fr., et même 3,000 fr. On doit avouer cependant qu'il s'en vend fort peu maintenant à ces prix élevés ; les plus chers habituellement sont de 1,500 fr. à 2,000 fr.

Depuis quelques années, le prix de la vente des beaux chevaux ne doit pas s'être élevé, pour chaque foire, au-delà de 800,000 fr.

Il se vend en outre, le 15 août, au moment de l'ouverture de la grande foire, 3 ou 400 bidets, qui peuvent être évalués ensemble à 150,000 fr.

Enfin, il se vend encore le 16, sur le champ de foire, 7 ou 800 chevaux communs, au moins, qui peuvent être estimés pareillement à 150,000 fr.

La vente des chevaux offre donc un produit de 1,100,000 fr. environ.

Quatre à cinq cents bœufs, mille vaches ou génisses, et autant de moutons à-peu-près, vendus le 16, complètent la foire des animaux, et peuvent s'évaluer, les uns dans les autres, à 400,000 fr.

Total pour cette branche de commerce, 1,500,000 f.

Les autres marchandises arrivent de toutes parts depuis le 1.er jusqu'au 12. Le 13 a lieu le déballage, et la vente se fait de ce moment en gros dans les magasins, sans que rien puisse être livré. Le 15, à cinq heures du soir, et plus encore le 16, la vente et les livremens commencent sur tous les points.

Nous offrirons, par aperçu, un état des différentes opérations de commerce qui se font encore sur la place de Guibray, pendant les foires actuelles. Nous désignerons les branches différentes d'industrie par les noms des villes auxquelles elles appartiennent principalement :

Frocs et flanelles de Lisieux ; 960,000 fr. — Velours, alépines, camelots d'Amiens, 400,000 fr. — Rouenneries, 1,500,000 f.—Draps de Vire ; 300,000 f. — Draps d'Elbeuf, 200,000 fr. — Flanelles et draps

de Rheims, 300,000 fr. — Merceries et soieries ;
600,000 fr. —Dentelles, 200,000 fr. —Orfévrerie et
bijouterie, 300,000 fr. — Nouveautés, 400,000 fr.
— Draps de Sedan, 150,000 fr. —Draps à poil et
espagnolettes de Darnetal, 100,000 francs. — Toiles
d'Alençon, Vimoutiers, etc., 200,000 fr. —Coutils
et grosses toiles de Flers, 80,000 fr. —Couvertures
de Paris, Orléans, Verneuil, etc., 100,000 fr. —
Tricots et laines de Picardie, 200,000 fr. — Bas de
Caen et d'Orléans, 300,000 fr. — Batistes et toiles
de St.-Quentin, 800,000 fr. — Toiles de coton et
futaines d'Athis, 200,000 fr. —Flanelles de St.-Lo,
75,000 f. —Draps de Beauvais, 100,000 f. —Cotons
rouges et cotons filés de Rouen, de Condé, etc.,
300,000 fr. —Flanelles, Toiles à blouses de Lille et
Roubaix, 300,000 fr. — Faïence, 50,000 fr. — Pa-
rapluies, 60,000 fr. — Chapellerie, 45,000 fr. —
Indigo et bois de teinture, 700,000 fr. — Aciers,
40,000 f. — Quincaillerie de Paris, Laigle, 700,000 f.
— Armurerie, 50,000 fr. — Laines, 250,000 fr. —
Cuirs de Pont-Audemer, Saint-Germain-en-Laie,
Harcourt, etc., 1,500,000 fr. [1] — Bonneterie de
Falaise, 260,000 fr., etc.

[1] Le commerce des cuirs est encore celui qui s'est le mieux
soutenu à la foire. On peut évaluer, d'après la base suivante,
quel est le nombre et la valeur des différentes espèces de cuir
qui sont vendus sur la place de Guibray, le 16 et le 17 août :

Cuirs forts, 10,000..................................	600,000 fr.
Vache, tant en croûte que corroyée, 11,000...	220,000
Veau sec, en croûte et en huile, 2,500 douz.	125,000
Veau sec, en poil, 3,000 douzaines...............	62,500
Cuirs de Hongrie pour équipages, 3,000........	125,000
Peaux de chèvres maroquinées, basanes, peaux de mouton, en blanc et maroquinées, etc.........	200,000
Enfin, pour cuirs salés, vaches sèches en poil, et autres articles de ce genre, on peut encore porter une somme approximative de................	150,000
TOTAL.............	1,482,500 fr.

(*Note communiquée par M.* BEUSELIN.)

On peut compter un million de plus, encore, pour tous les articles moins importans, que nous avons omis, tels que la librairie, papeterie, coutellerie, ferblanterie, épicerie, horlogerie, sellerie, parfumerie, bimbeloterie, etc., etc.

Il en résulte qu'il peut se faire encore dans les foires de Guibray, malgré l'état de dépérissement où elles sont tombées, pour près de 15,000,000 fr. d'affaires. Nous n'avons pas sans doute des états bien précis sur tous les points, et nous avons même pu commettre quelques erreurs. Nous avons toutefois suivi en tout l'évaluation moyenne qui semble se rapprocher le plus de la vérité. Quelques-unes des branches de commerce que nous portons très-bas aujourd'hui, ont été jadis très-florissantes aux foires de Guibray ; nous ne devons les présenter que d'après leur plus ou moins d'importance actuelle. Jusqu'ici les cuirs se sont mieux maintenus que tout le reste, et l'on peut regarder l'évaluation que nous offrons de ce commerce comme, à peu de chose près, exacte. Comme ils sont d'ailleurs assujétis à des droits d'entrée, on sait ce qu'en apportent les marchands, et en général ils se vendent toujours [1].

[1] Ce n'est pas à nous que nous nous en sommes rapportés pour ces détails, entièrement étrangers à l'objet de nos études. Nous avons consulté les hommes les plus éclairés du commerce de cette ville, et ceux qui, par leur position, sont à portée de connaître ce qui se passe à la foire. Nous citerons entre autres MM. Le Clerc, Beuselin, Lebaillif fils, négocians ; Lemeneur-Joyau et Robine, commissaires de police ; Latour, adjudicataire des droits d'entrée, etc., etc. Nous avons aussi consulté les notes conservées à la sous-préfecture et à la mairie, et pris des informations auprès de quelques

Nous ne parlons au reste que des marchandises qui se vendent sur la place, et non des opérations aussi nombreuses peut-être qui se font par commission ou par voyageurs, dans les cafés et les lieux publics. On sent que cette partie du commerce ne peut entrer qu'indirectement dans les attributions de la foire, et qu'elles doivent surtout échapper à toute espèce d'examen. Ce que nous pouvons observer, c'est que la réunion d'une foule de marchands sur un même point, comme elle a lieu à Guibray, doit amener nécessairement des relations plus faciles entre eux tous, et contribuer à assigner aux marchandises leur vraie valeur, et à l'arrêter pour quelque temps. On se trouve là comme à une bourse où se discutent les intérêts commerciaux de tout genre. Sous ce rapport, les foires méritent encore d'attirer le plus grand nombre de ceux qui se livrent aux diverses branches d'industrie. C'est-là d'ailleurs que se règlent les paiemens, et l'on se retrouve sur le même champ avec ses créanciers et ses débiteurs, de manière à faire un échange, sans frais, qui compense bien ce que l'on perd au déplacement. Puisqu'il faut d'ailleurs voyager maintenant, autant faire un séjour à Caen ou à Guibray

négocians du dehors, qui sont mieux informés que ceux de ce pays, de la quantité d'affaires qui se font dans leurs diverses parties. Ces précautions ne nous rassurent pas encore assez cependant pour offrir nos résultats comme tout-à-fait satisfaisans. Nous désirons même que l'on nous adresse les renseignemens plus précis que l'on pourrait avoir, afin que nous les placions en note à la fin de ce volume, ou que nous donnions même des cartons pour suppléer à celles de nos feuilles qui seraient vicieuses ou incomplètes.

qu'en tout autre endroit. Dans quelle ville trouverait-on à-la-fois autant de ses correspondans rassemblés? Ces considérations sont de nature peut-
être à maintenir nos foires plus long-temps encore
qu'on ne semble le penser.

Le détail n'a guère lieu à Guibray que pour les
nouveautés et pour les petites branches de commerce les moins importantes. Les draps, les frocs,
les toiles, les cuirs, se vendent en gros dans les
magasins ou sur le champ de foire, et les opérations
de ce genre sont ordinairement achevées dès le 17 ou
le 18. On a vu même des négocians dont les affaires
étaient terminées avant le 15, jour de l'ouverture.
Ils n'avaient plus qu'à livrer et à régler pendant le
temps de la foire.

Le 24 est le jour fixé pour la fin de toutes les
opérations, et le 25 et le 26 ont lieu les paiemens
et les protèts. Depuis le 16 jusqu'au 26, le tribunal
de commerce siége tous les jours à la salle de ses
audiences, à Guibray, au-dessus de la citerne. La
mairie et la justice de paix qui s'établissent également le 13 au pavillon, en redescendent le 25, au
moment où cesse la vente. La gendarmerie, la garde
nationale cessent leur service le même jour. Quelquefois seulement, lorsque le temps de la foire a été
pluvieux ou que la vente a langui, on autorise les
marchands en détail à séjourner deux ou trois jours
de plus, et à continuer leurs opérations. C'est une
exception que le maire fait en leur faveur.

Les baladins, les chanteurs, les danseurs de
corde, qui sont nombreux sur le champ de la foire,
pendant toute sa durée, disparaissent avec la foule

qui les avait attirés. Les comédiens ne jouent guère
non plus au-delà du 26, à moins que quelqu'acteur
distingué ne retienne le public. On pense bien que
cela doit arriver très-rarement[1].

Les meilleures foires que l'on ait vues depuis
quinze ans, ont été celles de 1814, 1818 et 1824;
les plus mauvaises ont eu lieu en 1815, 1823 et
1826. A la foire de 1814, les étoffes d'Amiens, de
Rheims, les rouenneries, les cuirs, se vendirent
au plus haut prix. En 1818, l'affluence des étrangers fut si grande, l'un des dimanches, que le
pain manqua chez les boulangers[2]. On sait cependant que les approvisionnemens sont immenses
pour ces jours-là.

La gendarmerie, la garde nationale et les commissaires de police, sont chargés du maintien de
l'ordre pendant le temps de la grande foire.

La petite Guibray, au 15 septembre, était autrefois une foire très-importante, surtout pour l'épicerie; elle durait huit jours, et le détail y était
très-considérable. Aujourd'hui ce n'est plus guère
qu'une foire d'un jour, sans importance, et à peine
si l'on y voit vingt boutiques à demi-ouvertes dans
la rue du Pavillon. On n'y expose que des para-
pluies, de la laine filée, de la faïence et quelques
articles insignifians de bimbeloterie. Sur le champ-
de-foire, il se vend 10,000 livres de laine en suint

[1] POTHIER joua sur le théâtre, à Guibray, en 1821, et il
attira constamment un grand nombre de spectateurs. On annonce pour la foire de 1827 l'arrivée de la célèbre tragédienne
Mademoiselle GEORGES.

[2] Notes prises à la sous-préfecture.

environ, 3 à 400 mauvais chevaux, 150 bœufs, 500 vaches, et 2 à 3,000 moutons, etc. Le total des affaires peut être évalué à 350,000 fr.

La foire St.-Michel, quinze jours plus tard, est plus complète pour les bestiaux. On y voit 4 à 500 chevaux passables, 4 à 5,000 moutons, 400 vaches, et 300 cochons environ. La vente des chevaux peut être portée à près de 100,000 fr. ; celle des moutons à 70,000 f. ; celle des vaches à 50,000 f. ; celle des cochons à 10,000 fr. ; en tout 230,000 fr. à-peu-près. On y voit aussi exposées plus de 150 voitures d'oignon, formant plus de 10,000 barrées, et pouvant être évaluées ensemble à plus de 25,000 fr. Cette vente excessive d'oignons est célèbre dans le pays ; ils viennent de la Délivrande et des environs de Caen.

La foire St.-Michel se tient dans les champs de ce nom, à côté de l'auberge de la Maison-Neuve, sur le chemin de Falaise à Guibray. Ce champ, qui n'offre point encore de constructions, pourrait être acheté par la ville pour y établir les marchés de bestiaux et de chevaux pendant tout le cours de l'année. On pourrait même, au moyen de lisses et de plantations, le partager de manière à y placer les marchands de bois et autres qui encombrent la ville, et qu'on irait aussi bien chercher là qu'ailleurs. Nous soumettons cette idée aux administrateurs, qui peut-être l'auront eue eux-mêmes avant nous.

Toutes les foires que nous venons de décrire, sont anciennes, et remontent même à des époques très-reculées. On en a depuis peu institué deux nouvelles ; l'une, dite de *St.-Hospice*, le 21 mai, et l'autre, dite de *Ste.-Cécile*, le 22 novembre. On y vend quelques chevaux et des bestiaux. Elle ne sont pas encore très-considérables.

MERCURIALES.

Nous venons de présenter le tableau des objets de consommation qui se vendent sur la place de Falaise ; nous devons donner le prix de ces divers objets, d'après les relevés qui sont faits par l'administration. Voici d'abord, par quinzaine, le prix moyen de l'hectolitre des grains de toute nature vendus à la halle depuis le 1.er août 1826 jusqu'au 31 juillet 1827 :

Mois.	Quinzaines de mois.	Froment.	Seigle	Orge.	Sarrasin.	Avoine.
Août 1826.	1.re	20f 54c	11f 02c	10f 53c	10f 83c	6f 83c
	2.e	18 45	10 75	9 58	9 85	7 12
Septembre	1.re	17 60	11 10	8 85	10 26	6 63
	2.e	18 02	11 00	8 24	9 40	6 76
Octobre ...	1.re	18 05	10 64	8 73	8 25	6 47
	2.e	18 47	11 33	9 02	8 05	6 90
Novembre	1.re	18 21	11 41	9 30	8 54	7 47
	2.e	17 96	11 51	9 13	8 57	7 50
Décembre	1.re	17 46	11 39	8 85	8 58	7 50
	2.e	16 95	11 58	8 59	8 24	7 10
Janv. 1827	1.re	17 50	11 77	8 67	8 57	7 20
	2.e	17 14	11 55	8 64	8 75	7 24
Février ...	1.re	17 07	11 77	8 87	9 00	7 35
	2.e	17 69	11 55	9 04	8 37	7 52
Mars........	1.re	17 44	11 79	8 83	9 12	7 52
	2.e	17 15	11 59	8 88	9 20	7 76
Avril........	1.re	17 17	10 62	8 90	8 56	7 55
	2.e	16 55	10 27	8 43	8 50	7 90
Mai.........	1.re	16 51	9 88	8 37	8 75	7 87
	2.e	17 17	10 50	8 35	8 80	8 20
Juin.......	1.re	17 72	9 87	8 68	8 50	8 35
	2.e	18 20	10 20	8 64	8 50	8 32
Juillet......	1.re	17 47	9 59	8 44	8 38	8 55
	2.e	17 45	9 14	8 74	8 13	8 37*

* Nous observons qu'il se trouve à la halle trois différentes qualités de froment, et que c'est le prix moyen de ces trois

Nous placerons à la suite de ce tableau le prix moyen du kilogramme de pain pendant tout le cours de l'année, et nous y joindrons un état des prix du kilogramme de viande de toute espèce, durant le même espace de temps :

Mois.	Quinz.es de mois.	PAIN			Bœuf.	Vache.	Veau.	Mouton.	Cochon.
		blanc.	bis blanc.	bis.					
1826. Août.	1.re	35c86	33c56	29c18	90c	80c	70c	70c	1f
	2.e	32,60	30,10	26,00	90	80	80	80	1
Septemb	1.re	31,09	28,58	24,68	90	80	80	80	1
	2.e	30,97	28,47	24,47	90	80	80	80	1
Octobre.	1.re	32,92	30,76	26,80	90	80	80	80	1
	2.e	32,20	29,69	25,56	90	80	80	80	1
Novemb	1.re	31,00	28,50	24,81	90	80	80	80	1
	2.e	32,01	29,50	25,53	90	80	80	80	1
Décemb	1.re	30,94	28,54	24,68	90	80	80	80	1
1827.	2.e	29,96	27,80	24,18	90	80	80	80	1
Janvier.	1.re	30,38	28,39	24,99	90	80	80	80	1
	2.e	30,29	27,79	24,00	90	80	80	80	1
Février.	1.re	30,21	27,70	24,03	90	80	80	80	1
	2.e	30,80	28,20	25,05	90	80	80	80	1
Mars....	1.re	30,94	28,43	25,64	90	90	80	80	1
	2.e	30,19	27,68	24,14	90	90	80	80	1
Avril....	1.re	29,98	27,48	23,93	90	90	80	80	1
	2.e	29,09	26,59	23,09	90	90	70	70	1
Mai.....	1.re	29,21	27,00	23,50	90	80	70	70	1
	2.e	30,50	28,00	24,10	90	80	70	70	1
Juin.....	1.re	30,83	28,33	24,40	90	80	80	80	1
	2.e	31,90	29,40	25,59	90	80	80	80	1
Juillet...	1.re	30,49	27,98	23,67	90	80	80	80	1
	2.e	30,52	28,02	24,28	90	80	80	80	1

qualités qui sert de base aux mercuriales. — Pendant la disette de 1817, le prix de l'hectolitre de froment s'éleva à 59 fr. 10 c.; celui du seigle à 42 fr. 58 c.; celui de l'orge à 39 fr. 88 c.; celui du sarrasin à 17 fr.; et enfin, celui de l'avoine à 41 fr. Le pain blanc se paya 1 fr. 28 c. le kilogramme, et le pain d'orge 1 fr. 2 c.

A la halle du 6 mai 1812. on vendit l'hectolitre de blé 69 fr. 50 c.; celui de seigle, 42 fr. 50 c.; celui d'orge, 45 fr.; celui d'avoine, 24 fr.; et celui de sarrasin, 46 fr. Le kilogramme de pain blanc se vendit 1 fr. 50 c.; celui d'orge, 1 fr. 10 c.

Depuis 1820, le prix des grains a peu varié, et ne s'est guère élevé au-delà du taux le plus élevé de l'année actuelle.

Voici encore le prix de quelques autres articles de consommation, d'après les tableaux tenus à la ville. Les mesures sont : pour le beurre et la chandelle, le kilogramme ; pour le cidre, l'hectolitre ; pour les fagots, le cent ; pour les différens bois, le stère ; et enfin, pour le foin, le quintal métrique. [1]

DATES.	Beurre.	Chandelle.	Cidre.	Poiré.	Chêne.	Orme. Hêtre. Frêne. Bois mêlé.	Fagots.	Foin.
1826. Août.	1f60	1f40	15f00	8f00	8f00	10f00	93f00	5f75
Septemb.	1,50	1,40	12,00	8,00	8,00	10,00	93,00	6,15
Octobre.	1,70	1,60	12,00	8,00	8,00	10,00	93,00	6,15
Novemb.	1,60	1,60	10,00	6,00	8,00	10,00	93,00	6,15
Décembre.	1,60	1,60	10,00	6,00	8,00	10,00	93,00	6,15
1827. Janv.	1,70	1,60	10,00	6,00	8,00	10,00	93,00	6,70
Février.	1,80	1,60	10,00	6,00	8,00	10,00	93,00	6,70
Mars.	1,70	1,60	10,00	6,00	8,00	10,00	93,00	6,70
Avril.	1,60	1,60	10,00	6,00	8,00	10,00	93,00	6,70
Mai.	1,50	1,50	10,00	6,00	8,00	10,00	93,00	6,70
Juin.	1,50	1,50	10,00	6,00	8,00	10,00	93,00	6,70
Juillet.	1,50	1,50	10,00	6,00	8,00	10,00	93,00	5,40

Le prix de la douzaine d'œufs, qui n'est point porté sur ces tableaux, s'élève en hiver à 60 ou 70 c., et en été, seulement à 35 ou 40 c.

Quant à la volaille, il serait difficile d'en déterminer le prix d'une manière précise, à cause des

1 Nous remarquerons, pour la commodité de ceux de nos lecteurs qui ne seraient pas familiers avec les nouvelles mesures, que l'hectolitre équivaut à deux barretées, ou à la moitié d'une somme ; le kilogramme, à 2 livres 5 gros ; le stère, à un quart de corde ; et le quintal métrique, à 14 bottes environ, mesure du pays. Nous devons observer aussi que le bois d'orme ne se trouve pas tout-à-fait porté sur le tableau à sa valeur actuelle ; le stère d'orme peut être évalué à 11 fr.

espèces différentes que l'on en apporte au marché.
Les plus beaux chapons, dans l'hiver, valent 3, 4
et 5 fr. ; les dindes, 4 et 5 fr. également ; les poules,
1 fr. 25 c. ; les poulets, 1 fr. 25 c. Dans l'été, les
poulets valent 1 fr. 50 c., et les canards, 1 fr. 25 c.
ou 1 fr. 50 c. Un lièvre se vend 3, 4 et 5 fr., et une
perdrix, 1 fr. 25 c., etc.

POLICE.

Nous entendons adresser chaque jour des reproches plus ou moins graves à la police municipale
de Falaise ; nous signalerons ici les principaux :

On dit qu'elle ne fait point enlever les boues avec
exactitude, et que, dans l'hiver surtout, et à la suite
des fortes gelées, elle en laisse quelquefois d'entassées dans les rues pendant quinze ou vingt jours,
au milieu de monceaux de glace.

On se plaint des fumiers qui se voient dans tous
les faubourgs, et de ces ordures plus dégoûtantes
encore et plus insalubres qui encombrent les venelles et les carrefours de la ville, sans qu'on s'occupe de les faire enlever.

On prétend que les droits sur les denrées de consommation que l'on apporte sur le marché de la
ville, se perçoivent avec trop de dureté et d'arbitraire, et que les collecteurs, loin d'être réprimés,
semblent spécialement protégés par l'administration.

On demande que les particuliers, et la ville elle-
même, soient tenus de se conformer plus exactement
qu'ils ne l'ont fait jusqu'ici, à l'obligation qui leur
est imposée par la loi, d'éclairer les encombremens
de matériaux que nécessitent la reconstruction ou

la réparation des maisons et des rues ; on craint que des accidens ne surviennent d'un jour à l'autre, par suite de leur négligence sur ce point.

Enfin, l'on fait des vœux pour que la police rurale ne soit plus aussi nulle qu'elle l'a été jusqu'ici, et pour que les contraventions de tout genre, qui se commettent journellement dans les campagnes de Falaise, cessent à la fin de rester impunies, etc.

Voilà encore un de ces sujets, comme on peut le penser, qu'il est aussi fâcheux que désagréable pour nous d'avoir à traiter et à discuter ici. Mais la nature de notre ouvrage l'exige, et nous ne reculerons point toutes les fois que nous trouverons quelque vérité qu'il pourra être utile de publier. Nous conviendrons donc que sur presque tous ces points, et sur quelques autres encore, nous sommes entièrement de l'avis de ceux qui réclament quelques améliorations dans le régime actuel de la police. Nous présenterons au reste un état des principaux jugemens rendus par les tribunaux de police de Falaise, pendant les deux dernières années, et nos lecteurs pourront dès-lors apprécier, aussi bien que nous, ce qu'il y a de fondé dans les réclamations du public ; ils reconnaîtront sur quels objets portent spécialement l'attention et la sévérité des agens de police. Un volume de réflexions ne vaudra jamais un document de ce genre [1].

1 On se rappelera peut-être que nous nous sommes déjà récriés ailleurs sur la manière dont les rues étaient éclairées pendant l'hiver, et que nous avons observé que les bouchers tuaient chaque jour leurs animaux devant leurs maisons, sans qu'on les réprimât. Ces abus ne méritent pas moins d'être signalés que ceux que nous venons d'indiquer ici.

En 1825 et 1826, le dépouillement des registres de la police de Falaise nous donne :

Pour cheminées non ramonées, 5 jugemens. — Pour défaut de balayage de la part des particuliers, 35 jugemens. — Pour embarras de la voie publique, 27 jugemens. — Pour pillage et glanage sur les champs d'autrui, 13 jugemens, dont 7 seulement à la requête du ministère public. — Pour passage sur le terrain d'autrui, 8 jugemens, dont 7 poursuivis par le ministère public. — Pour dépôt de fumiers et autres matières devant les maisons, 8 jugemens. — Pour défaut d'éclairage de la part de l'adjudicataire des réverbères, un jugement. — Pour avoir saigné des animaux dans les rues, 7 jugemens. — Pour infraction à la loi qui défend le travail du dimanche, 15 jugemens. — Pour divagation de chiens et de volailles, 28 jugemens. — Pour avoir donné à boire dans les cabarets après l'heure fixée, 8 jugemens. — Pour bruit, tapage nocturne, trouble causé à la tranquillité publique, 164 jugemens. — Pour avoir enlevé des marchandises du champ de foire avant le jour de l'ouverture, et pour d'autres infractions aux réglemens qui la régissent, 21 jugemens, etc., etc. En tout, dans les deux années, 384 jugemens rendus contre 477 individus, sur lesquels 63 ont été condamnés à la peine d'emprisonnement, 220 à l'amende, 90 acquittés, et 4 renvoyés devant d'autres juges, etc.

Il résulte de cet exposé que, si d'un côté nous devons remercier la police intérieure d'avoir cherché à maintenir la tranquillité publique dans la ville, de s'être opposée au travail du dimanche, et d'avoir empêché la divagation des animaux de tout genre, d'un autre côté nous avons à nous plaindre de ce qu'elle ne s'est pas assez occupée d'entretenir la propreté et la salubrité dans les rues, et surtout de ce qu'elle n'a pas veillé avec assez de soin à la sûreté des habitans qui sortent le soir de leurs maisons pour se rendre d'un quartier à un autre. Quant à la police rurale, nous ne savons trop comment qualifier sa nullité habituelle. Dans une commune qui compte 750 hectares de terre labourable, 103 hectares de prairie, 15 hectares de bruyères, 9 chemins vicinaux et 35 chemins communaux, situés à la porte d'une ville dont les faubourgs sont remplis par une population nombreuse d'ouvriers et de malheureux, elle n'a trouvé à poursuivre, dans le cours de deux années, que 14 contraventions ! En vérité, une pareille indifférence passe toutes les bornes, et on ne peut trop la signaler. On ne sait qui doit le plus surprendre, ou de l'apathique insouciance du fonctionnaire qui oublie ainsi ses devoirs, ou de la longanimité de l'administration qui consent à le payer pour demeurer en paix chez lui. Dans certains jours de l'été, il se commet plus de contraventions dans la plaine de Vaton ou dans celle de Guibray, qu'on n'en poursuit dans toute une année. L'impunité sans doute enhardit les maraudeurs et les pillards.

En nous résumant, la police intérieure s'exerce rigoureusement à Falaise sur tout ce qui tend à troubler ou à déranger l'ordre public ;

Elle néglige tout ce qui tient à la sûreté, à la

propreté, à la salubrité et à l'agrément des différens quartiers [1] ;

Elle est entièrement nulle pour la surveillance des campagnes.

Les deux commissaires de police de Falaise sont MM. Lemeneur-Joyau et Robine ; le garde champêtre est M. Lecornu [2].

Notre intention avait été d'abord d'entrer dans la discussion de quelques-uns des arrêtés de la police municipale de Falaise ; mais cet objet nous entraînerait trop loin, et ne rentre point assez directement dans notre sujet. Nous nous bornerons donc à observer ici que, parmi les dispositions de l'arrêté qui régit la foire, il s'en trouve quelques-uns qui

---

[1] Nous lui avons même entendu reprocher de ne pas entretenir assez proprement les fontaines publiques ; en effet, les bassins de quelques-unes d'entre elles sont quelquefois garnis d'ordures, qu'il serait très-facile de faire disparaître avec un peu de soin.

[2] Les relevés des jugemens que nous avons présentés, sont très-exacts ; ils ont été copiés sur les tableaux envoyés depuis deux années au Garde des Sceaux, pour son rapport général sur l'administration de la justice dans tout le royaume.

Il n'est pas inutile au reste d'observer, à cette occasion, que sur les 477 individus jugés dans les deux années, il y en a une trentaine environ qui sont étrangers à la ville ; les uns sont des marchands du dehors qui ont été pris en contravention à la foire ; les autres, des habitans des communes rurales, qui ont été appelés devant les justices de paix de Falaise, dans le ressort desquelles ils se trouvent. Du nombre des derniers, nous trouvons huit habitans des communes de Tréperel et de Pierrepont, condamnés à la prison pour avoir troublé le repos public. Tout le reste appartient à la ville, au nombre de plus de 440.

sont en contradiction manifeste avec les points fon-
damentaux de la législation actuelle du royaume.
Il serait indispensable que l'on revît aujourd'hui
tout ce travail. Que peuvent penser les étrangers en
voyant qu'on réimprime et qu'on veut encore in-
voquer à Falaise, en 1827, une disposition pénale
ainsi conçue :

ART. 4. « Défenses sont faites de se permettre, dans le
» plan de la foire, aucune vente ni livrement, et d'en enlever
» aucunes espèces de marchandises, *ainsi que de tout temps il*
» *a été d'usage,* avant l'issue des vêpres dudit jour 15 août, à
» *peine de confiscation* et d'amende de 6 à 11 fr. »

Ainsi, l'on confisque un cheval de cent louis
comme une boîte de confitures, et nous avons vu,
il y a peu d'années, prononcer la confiscation d'une
voiture de cuirs, qui valait peut-être 4 à 5,000 fr.
Heureusement qu'on ne se met point en fait d'exécuter de pareilles condamnations, et qu'un arrangement ne manque jamais d'avoir lieu entre le condamné et la mairie, en sortant de la salle du juge.
Mais on n'en sent pas moins combien il serait plus
convenable, et surtout plus légal, d'infliger d'abord
une peine qui pût être exécutée. (1)

(1) Un événement qui vient de se passer à Guibray, depuis
que cet article est terminé, doit appeler toute l'attention de
la police municipale :

Le 19 août, pendant une représentation de *Macbeth*, donnée
par Mademoiselle GEORGES, la salle étai.t remplie, lorsqu'un
vase qui renfermait une liqueur enflammée a été renversé sur le
théâtre, et a fait craindre un incendie. Le plus grand nombre
des spectateurs est demeuré immobile ; mais une foule ef-
frayée s'est aussitôt portée vers l'entrée principale, qui a été
encombrée dans un moment. Le désordre y était déjà extrême,

Nous parlerons ailleurs de la poursuite et de la
répression des crimes et délits qui se commettent
chaque année dans la ville ; ce travail se trouvera
compris dans celui que nous offrirons pour tout
l'arrondissement. Ici nous remarquerons seulement
que la ville n'envoie pas par année plus de deux ou
trois individus aux Cours d'Assises, et seulement,
en général, pour vols avec des circonstances ag-
gravantes. Depuis la révolution, il n'y a pas eu
une seule peine capitale prononcée par la Cour du

et l'on ne sait ce qui serait arrivé si le danger eût réellement
forcé tout le public d'évacuer au plutôt la salle. Les entrées
en sont tellement étroites et mal disposées, que beaucoup de
personnes eussent infailliblement péri dans le tumulte. Il serait
donc très-à-propos que la police forçât le propriétaire de la salle
de spectacle, par mesure de sûreté, d'ouvrir une et même
deux larges portes de côté par où la foule pût s'écouler en cas
d'événement. Ces portes pourraient être condamnées habituellement ; mais au besoin elles seraient là pour assurer la
sortie des spectateurs. Nous ne doutons pas que cette mesure,
que nous ne réclamons ici qu'à la demande d'un très-grand
nombre d'habitans de la ville, ne soit promptement adoptée
par l'administration. La salle n'est pas toujours aussi complètement remplie qu'elle l'était ce jour-là ; mais dans tous les cas,
la sortie serait dangereuse dans l'état où se trouve actuellement le bâtiment. Il suffit d'ailleurs qu'un malheur soit possible, ne fut-ce qu'à des distances très-éloignées les unes des
autres, pour que l'on ne doive négliger aucun des moyens
de le prévenir.

Nous avons remarqué au reste que le nombre des spectateurs
pouvait être plus considérable dans la salle de comédie, que
nous ne l'avons indiqué à l'article qui la concerne. On assure
que la recette s'est élevée, le 19, à près de 1,800 fr. ; le prix
des places n'avait été augmenté que d'un tiers ; il devait y
avoir 750 personnes à-peu-près réunis sur les divers points de
la salle.

Calvados contre un habitant de Falaise. Quant aux délits, ils y sont plus nombreux, et peuvent se monter à vingt ou vingt-cinq chaque année. Ce sont des vols, des outrages envers les officiers de police judiciaire, des infractions aux lois sur les contributions indirectes, etc. On s'efforce de les réprimer avec une prompte sévérité.

GARDE NATIONALE.

Il nous reste à parler d'une institution communale, qui serait loin sans doute l'être ainsi classée la dernière sans les circonstances particulières dans lesquelles nous nous trouvons.

La garde nationale de Falaise fut organisée en 1814, et elle se signala, comme nous l'avons dit, par un zèle ardent pendant les premiers temps de la restauration. Depuis cette époque, elle a décliné successivement jusqu'en 1825, et elle ne se soutenait plus alors que faiblement lorsqu'on s'occupa de la reconstituer. On fit en conséquence un appel aux jeunes gens de la ville, et l'on voulut exiger qu'ils s'habillassent et qu'ils fissent le service comme ceux qui les avaient devancés. Quelques-uns se rendirent de bonne grâce à l'invitation qu'on leur adressa ; mais huit ou dix autres se mirent en tête de résister, et refusèrent d'entrer dans les rangs où ils étaient appelés. On eût pu, de ce moment, les laisser de côté, comme indignes de figurer dans la milice bourgeoise ; mais on aima mieux tenter de vaincre leur résistance, et l'on recourut à des procédures rigoureuses. Nous ne rappelerons point tout ce qui fut fait d'inconvenant de part et d'autre dans cette circonstance, et nous souhaitons plutôt qu'un voile épais couvre ces fautes réciproques de nos concitoyens. Tout ce que nous pouvons dire, c'est que, si d'un côté la résistance fut déplacée, de l'autre les prétentions du pouvoir furent poussées trop loin ; les uns eussent pu se montrer de meilleurs citoyens, et les autres des chefs un peu plus circonspects. Malheur, au reste, à celui qui tenterait de réveiller à l'avenir tous ces élémens de discorde. Vivons plutôt tous en frères, si nous le pouvons, et aimons avant tout le bien public. Nous serons sûrs alors d'être toujours bien inspirés, quand il faudra remplir nos devoirs de citoyen.

Dans l'état où nous nous trouvons maintenant, on doit se borner à recevoir dans la garde les hommes de bonne volonté. Il s'en trouvera, nous n'en doutons pas, et le service public ne sera pas abandonné. Ceux qui sont dans les rangs depuis douze ans, ne déserteront point leur poste au moment où il y a d'autant plus d'honneur à le remplir, qu'aucune obligation ne force plus d'y demeurer. Les plus récemment enrôlés resteront aussi, et ne voudront pas paraître avoir cédé d'abord à la violence. Nous le disons avec franchise, nous ne trouvons rien de plus honorable que de servir dans un corps de bourgeois destiné à maintenir l'ordre. Sans doute on pourrait désirer que ces corps fussent mieux constitués, et qu'un ordre de chose plus légal fût substitué à celui qui existe ; mais l'objet en lui-même est si noble qu'il faut pour le moment faire quelques concessions aux circonstances. Un temps viendra où des lois plus stables et plus en harmonie avec nos besoins, nous seront données. En attendant, conservons du moins nos institutions, tout imparfaites qu'elles sont. Leur ombre seule est déjà un bienfait pour nous.

Falaise a une population nombreuse d'ouvriers et de fabricans, qui vivent du travail de leurs mains, et qu'une disette ou les souffrances du commerce peuvent réduire à la misère. C'est dire assez qu'une garde de citoyens pourrait être alors indispensable pour empêcher des désordres qu'il est toujours plus convenable de prévenir que de réprimer. C'est aux propriétaires que ces considérations s'adressent principalement. Quant aux temps ordinaires, si la garde n'est pas toujours nécessaire dans la ville, il est au moins très-à-propos qu'elle se montre pendant le temps de la grande foire, pour donner l'exemple de l'ordre au sein de cette tumultueuse assemblée. Nous savons que quelques gendarmes du dehors sont appelés pour veiller à la sûreté des marchands et à la répression des délits. Mais qu'est-ce que ces étrangers peu nombreux, qui circulent souvent déguisés dans les groupes, auprès de cette milice locale qui fait le service régulier et qui attire les regards à tous les instans? Sa vue seule commande la confiance et le respect. Les négocians se livrent avec plus de sécurité à leurs affaires, quand ils sont assurés que ce sont les hommes les plus intéressés à la conservation de la tranquillité publique, qui se sont chargés de la maintenir eux-mêmes.

La garde nationale de Falaise se compose :

D'une compagnie de grenadiers ;

D'une compagnie de chasseurs ;

D'une compagnie de pompiers,

Et de trois compagnies du centre.

En tout, 357 hommes, tant en officiers et sous-officiers, que simples gardes.

Le commandant de la garde nationale de Falaise est M. BELLY DE BUSSI ;

Le capitaine adjudant-major est M. BOUQUEREL ;

Les capitaines des compagnies sont :

Grenadiers, MM. LESCOT et FOURNEAUX. — Chasseurs, MM. LEBOURGEOIS-LAHOUSSAIE et RIBARD. — Centre, MM. DE LA FRENAYE, BACHELET et TARLÉ.

Il y a de plus une compagnie de musiciens que dirige M. LEMERLE.

Enfin, il y a six tambours et un tambour-major.

Nous avons donné ailleurs des détails sur les pompiers, qui ne sont qu'au nombre de trente-six.

La ville vote au budget, tous les ans, 12 à 1,500 f. pour le service de la garde nationale. On trouve, en 1827, une somme de 1,290 fr. pour cet objet[1].

BUDGET DE LA VILLE.

Revenus.

Au budget de la commune, pour l'année 1827, nous trouvons les revenus publics classés et ex-

---

1 On nous apprend, au moment où nous terminons cet article, que la garde nationale de Falaise ne sera point appelée cette année à faire le service de la foire, comme autrefois. Ce seront des gendarmes, demandés en plus grand nombre qu'à l'ordinaire, qui rempliront dans cette circonstance le devoir des citoyens. Voilà ce qu'ont produit des dissentions intérieures et le défaut d'esprit public dans cette ville, à l'époque où nous écrivons... Nos réflexions pourraient paraître trop amères dans cette circonstance, si nous n'avions pas le courage de les renfermer en nous-mêmes.

posés de la manière suivante, dans la première colonne :

Centimes additionnels aux contributions foncière et mobilière. 3,115ᶠ 00ᶜ

Patentes. 1,800 00

Amendes de police. 500 00

Prix de fermages. 12 00

Rentes foncières. 507 24

Rentes provenant de biens non aliénés. 490 00

Droits de mesurage, pesage, jaugeage. 1,620 00

Produit brut de l'octroi. 56,500 00

Location de place aux halles. 7,790 00

Location de places aux foires et marchés. 9,825 00

Actes de l'état civil. 20 00

Adjudication des matières fécales. 690 00

Adjudication des boues. 600 00

Total. 83,469ᶠ 24ᶜ

Dépenses.

Sur la seconde colonne du budget communal, nous trouvons ainsi distribué le tableau des dépenses pour l'année 1827 :

Dépenses ordinaires municipales.

Chapitre 1.er *Frais d'administration, traitemens.*

Frais de bureau, traitement d'employés, etc... 6,445ᶠ 50ᶜ

Traitement du receveur municipal. 1,634 69

Traitement de deux commissaires de police. . . 2,000 00

Frais de bureau des deux commissaires. 250 00

Traitement du garde champêtre. 380 00

Traitement de l'architecte. 300 00

Frais de perception de l'octroi. 9,585 00

Dix pour cent du produit net de l'octroi. 4,691 50

Chapitre 2. *Entretien de biens communaux, dépenses relatives à la sûreté, à la salubrité, grande et petite voierie.*

Entretien des bâtimens de la ville. 500 00

Entretien des pavés. 1,500 00

27,286 69

	27,286ᶠ 69ᶜ

Entretien des halles et marchés............	100	00
Entretien des fontaines, ponts, etc.........	800	00
Entretien des chemins vicinaux.............	1,669	03
Éclairage de la ville.....................	3,000	00
Entretien des pompes à incendie...........	600	00
Curage des rivières......................	100	00

CHAPITRE 3. *Garde nationale.*

Solde et habillement des tambours.........	740	00
Entretien des caisses et armes.............	100	00
Bois, lumière, entretien du corps-de-garde...	300	00
Frais de musique.......................	150	00

CHAPITRE 4. *Secours aux établissemens de charité.*

Fonds accordés aux hospices..............	15,000	00
Contingent de la ville pour layettes des enfans trouvés...........................	3,295	52
Bureau de charité......................	2,600	00
Atelier de charité......................	3,000	00
Pension d'un aliéné au Bon-Sauveur........	400	00

CHAPITRE 5. *Dépenses relatives à l'instruction.*

Bourse communale au collége de Caen.......	650	00
Collége. Frais de bureau, traitement des régens, distribution des prix...............	6,800	00
Entretien des bâtimens..................	200	00
Gages du portier.......................	100	00
Traitement de trois Frères de la doctrine chrét.	1,800	00
Entretien de leur maison, chauffage, distribution de prix.........................	860	00
Entretien de la bibliothèque publique.......	500	00

CHAPITRE 6. *Culte.*

Traitement du desservant de Guibray.......	500	00
Supplément de traitement de deux vicaires....	1,400	00

CHAPITRE 7.

Fêtes publiques.......................	500	00
Dépenses imprévues....................	600	00

	71,451ᶠ 24ᶜ

DÉPENSES EXTRAORDINAIRES.

Travaux publics.	71,451f	24c
Réparation des murs du château fort.	300	00
Façon d'une armoire pour le tribunal de commerce.	100	00
Réparation au mobilier des classes du collége, .	200	00
Secours extraordinaires.		
Bains aux indigens	300	00
Achat de mobilier pour la bibliothèque, acquisitions pour un musée, etc.	380	00
Intruction publique.		
Établissement d'une maison pour les jeunes filles.	600	00
Culte.		
Solde du prix d'achat du presbytère de Ste.-Trinité.	6,300	00
Bancs pour les Frères dans l'église de Guibray. .	80	00
Arriéré.		
Intérêt d'avances faites par la fabrique de St.-Gervais.	55	00
Somme due aux hospices pour achat de linge. .	2,000	00
Somme due au receveur pour avances.	1,378	00
Solde de deux trimestres d'une bourse au collége royal de Caen.	325	00
Total.	83,469f	24c

Comme on le voit, la ville s'occupe d'abord des établissemens de charité et de bienfaisance, et sur un budget de 83,000 fr. environ, elle leur en consacre plus de 25,000, c'est-à-dire, à-peu-près un tiers. Elle ne peut employer plus noblement les deniers qui lui sont confiés.

L'instruction publique, qui reçoit un septième du budget, est également convenablement partagée.

Le culte obtient des secours qui absorbent au moins la portion qu'il est en droit de réclamer dans les revenus publics.

L'administration est richement dotée, et les divers fonctionnaires qui en font partie, reçoivent un traitement très-convenable; il est même un de ces traitemens qui pourrait être entièrement supprimé, à ce qu'il nous semble. Nos lecteurs penseront peut-être comme nous que celui qui prélève un 20.e sur tous les travaux publics, même sur ceux de l'atelier de charité, n'a pas besoin d'un traitement fixe.

La garde nationale reçoit une somme trop considérable, eu égard à l'état où de fâcheux événemens l'ont réduite; ses tambours surtout sont rétribués trop largement pour un service de quelques jours.

Quant aux travaux publics, ils semblent avoir été sacrifiés, et l'on peut d'autant plus s'étonner de les voir ainsi oubliés, que l'on construit en ce moment une grande halle qui coûtera à la ville 60,000 fr. environ. Sans doute que les dépenses de ce travail, acquittées jusqu'ici au moyen d'un emprunt, seront remplies plus tard en imposant quelques retranchemens sur les autres parties du service. Nous faisons des vœux pour que les réductions n'atteignent pas les chapitres 4 et 5, qui seront toujours dignes d'un intérêt particulier.

Ne serait-il donc point possible de diminuer quelque chose sur les frais de perception de l'octroi, qui se montent à la somme énorme de 9,585 f., c'est-à-dire, à plus du 6.e de la recette brute de l'octroi lui-même? Avec les 4,691 fr. qu'enlève le Gouvernement, la ville se voit ainsi privée de près du 5.e de son revenu entier, qu'elle pourrait employer si utilement. Combien donc donne-t-on à chacun des portiers de la ville, et aux différens employés?

mploies. 'administration supérieure, il est vrai ;
...elle- ne leur traitement, mais sur les notes
...s doute ui lui viennent des autorités locales. Le
budget ce point, n'offre que des détails fort

quoi faut-il aussi que la ville paie annuellement une somme de 650 fr. pour une bourse communale au collége royal de Caen, quand il est certain que depuis long-temps nul enfant de la ville,
ni même de l'arrondissement, ne profite de cette
gratification ? Cette somme ne serait-elle pas tout
aussi bien employée à donner de l'instruction à
deux jeunes gens de la ville, dans notre collége
communal ? Quel est cet impôt violemment prélevé
par les colléges royaux sur les budgets de nos villes,
qui ont à soutenir leurs propres établissemens ? Cet
abus mérite à coup sûr qu'on le signale, jusqu'à ce
qu'on en obtienne la suppression.

En nous résumant, nous croyons que le budget
municipal de Falaise, malgré quelques imperfec-
tions, mérite beaucoup plus d'éloges que de cri-
tiques. Nos lecteurs pourront, au reste, l'apprécier
tout aussi bien que nous, puisqu'ils l'ont en entier
sous les yeux.

Les finances de la ville étaient dans un fâcheux état
lorsque l'administration actuelle entra en gestion
en 1816. Les dettes furent payées successivement,
et tout est maintenant au pair depuis long-temps.

Le receveur municipal est M. SAULNIER.

L'architecte, ou entrepreneur des travaux publics, est M. LEVAVASSEUR.

Le directeur de l'octroi est M. LEMERLE.

32

Il y a douze employés subalternes et sept portiers pour la perception de l'octroi.

IMPÔTS DIRECTS.

Nous devons ajouter au tableau des revenus de la commune, celui des différens impôts directs qu'elle verse dans les caisses de l'État. En voici le relevé pour l'année 1827 :

Impôt foncier	73,975 fr.	11 c.
Portes et fenêtres	8,655	75
Mobilier	22,206	06
Patentes	16,498	55
Total	121,335 fr.	47 c.

Il y a une décharge de 18,000 fr. environ sur ce que payait la ville en 1826 ; l'impôt des portes et fenêtres a été diminué de moitié.

Le receveur des contributions directes de la ville, est M. DE COULIBOEUF ;

Le contrôleur est M. LENTAIGNE.

ADMINISTRATION DES PAROISSES, FABRIQUES, etc.

Les paroisses curiales de Ste.-Trinité et de Saint-Gervais sont administrées chacune par un curé et par deux vicaires ;

La paroisse succursale de Guibray est administrée par un desservant et par un vicaire ;

Enfin, la paroisse succursale de St.-Laurent est administrée par un desservant seulement.

Chaque paroisse a une fabrique qui se compose d'un conseil de marguilliers choisis parmi les notables. Les marguilliers sont au nombre de neuf dans les paroisses de Ste.-Trinité et de St.-Gervais ;

ils ne sont qu'au nombre de cinq dans chacune des deux paroisses inférieures.

Il y a un trésorier dans chaque fabrique, pour gérer les affaires intérieures de l'église, sous la surveillance du bureau d'administration. Ce bureau se compose du curé ou desservant et de trois des membres de la fabrique. Le budget et les comptes doivent être soumis au conseil entier assemblé, et un double en est envoyé à la mairie, pour y demeurer déposé.

Voici le tableau des revenus des différentes paroisses :

Sainte-Trinité. — Fermages du cimetière, 50 fr. — Chaises, bancs, 2,600 f. — Inhumations, 230 f. — Location des chapelles, etc., 234 fr. — Total, 3,114 fr.

Saint-Gervais. — Fermages du cimetière, 60 fr. — Rentes sujettes à fondation, 200 fr. — Rentes non sujettes, 353 fr. — Chaises, bancs, chapelles, 3,532 fr. — Quêtes et troncs, 300 fr. — Inhumations, 400 fr. — Total, 4,845 fr.

Guibray. — Fermages de biens ruraux, 42 f. 75 c. — Rentes sujettes à fondation, 60 fr. — Rentes non sujettes, 206 fr. 85 cent. — Chaises, bancs, chapelles, 1,483 fr. — Quêtes, 57 fr. 40 c. — Inhumations, 229 fr. 25 c. — Total, 2,079 fr. 25 c.

St.-Laurent. — Fermages de biens ruraux, 875 fr. — Fermages du cimetière, 8 fr. — Rentes sujettes à fondation, 74 fr. 40 c. — Rentes non sujettes, 150 f. — Bancs, chaises, 260 f. — Quêtes, 60 f. — Inhumations, 25 fr. — Pain bénit, 6 fr. — Total, 1,458 fr. 40 c.

Ainsi, la paroisse de St.-Gervais se trouve être la plus richement dotée ; ensuite celle de Ste.-Trinité, puis celle de Guibray, et enfin celle de St.-Laurent. Mais, eu égard à son peu d'importance, cette dernière se trouve être en effet aussi riche que les autres ; celle de la Trinité est proportionnellement la plus mal partagée.

Sur les fonds de leur caisse, les fabriques doivent fournir « aux frais nécessaires du culte, tels que » traitement des vicaires, ornemens, vases sacrés, » linge, etc.» Elles doivent «pourvoir à la décora- » tion et à l'embellissement intérieur des églises ; » et enfin, « veiller à l'entretien de ces églises, des » presbytères et des cimetières, etc. » En cas d'in- suffisance seulement, bien constatée, elles peuvent demander, pour y suppléer, des secours aux pa- roissiens [1].

Nous avons vu par le budget municipal que le conseil de la ville savait pourvoir à l'insuffisance alléguée par trois de nos paroisses. Il alloue 500 fr. pour le desservant de Guibray, 200 fr. pour son vicaire, et 1,200 fr. pour un second vicaire à la Trinité et un second à St.-Gervais. Il a acheté un presbytère pour la paroisse Sainte-Trinité, et fait relever son clocher ; il a fait également relever une sacristie à St.-Gervais. St.-Laurent seul n'obtient rien, et probablement ne demande rien non plus. Son humble et sage administration sait pourvoir seule à tous ses besoins. Cette église est entretenue proprement, mais sans luxe. *Verè domus orationis*

---

[1] Loi du 18 germinal an 10, et décret du 30 décembre 1809.

est. Le curé ne désire qu'une chose, c'est que l'enceinte de son temple soit assez vaste pour contenir tout son troupeau.

Le curé de la paroisse curiale de Ste.-Trinité est M. MOUTON, chanoine de Bayeux ; ses vicaires sont MM. BRION et DUPARC.

Le curé de la paroisse curiale de St.-Gervais est M. EDELINE ; ses vicaires, MM. ROYER et LEMENEUR.

Le desservant de Guibray est M. LETELLIER, et le vicaire M. BOCAGE.

Le desservant de Saint-Laurent est M. LE MARCHAND.

Le trésorier de la fabrique de Sainte-Trinité est M. BRÉE l'aîné ; celui de Saint-Gervais, M. DUHAMEL ; celui de Guibray, M. LEVENDANGEUR, et celui de St.-Laurent, M. LETELLIER.

COMMERCE, INDUSTRIE.

C'est avec des chiffres et des résultats que nous tâcherons de faire apprécier les différentes branches de commerce et d'industrie qui sont cultivées à Falaise. Nous avons recueilli toutes les informations que nous avons pu nous procurer sur ce sujet, et nous désirons que notre travail soit le moins imparfait possible.

Nous avons vu qu'en 1789 le commerce et l'industrie de Falaise consistaient principalement en cotons filés à la main, et en fabrication de siamoises, de retors et de bonnets de coton. La filature des cotons, à elle seule, était évaluée à un produit annuel de 4,200,000 fr. ; les deux autres parties de fabrique ne s'élevaient pas ensemble à plus de 276,000 liv.; en tout, 4,476,000 fr. d'affaires qui se faisaient alors dans la ville.[1]

M. LECLERC, qui avait rédigé approximativement ce premier aperçu du commerce de Falaise, avant la révolution, fit un second tableau du même genre en 1806, et voici les résultats différens qu'il obtint :

Produit de la filature des cotons, 755,000 fr. — *Idem* de la fabrication des retors et des siamoises, 1,380,000 fr. — *Idem* de la fabrication des bonnets, 660,000 fr. Total, 2,795,000 fr.

Ainsi, le déficit du commerce de Falaise, en dix-sept ans, avait été de 1,681,000 fr.; les cotons étaient tombés de 4,200,000 à 755,000 fr.; les retors et siamoises avaient acquis une augmentation de 1,236,000 fr. La crise avait été violente, et la révolution commerciale complète.

Le même travail a été refait une troisième fois, sur les mêmes bases, en 1812, et les résultats ont encore été plus défavorables pour la ville. M. Leclerc trouva à cette dernière époque :

Cotons filés, 259,000 fr. — Siamoises et retors, 368,000 fr. — Bonneterie, 391,000 fr. — Total, 1,018,700 fr.

Tout allait donc ainsi en déclinant dans ce malheureux pays, et sa ruine se consommait de plus en plus. Jusqu'en 1814 les affaires tombèrent encore, et elles se trouvaient pour ainsi dire réduites à rien, lorsque la paix s'effectua à l'époque de la restauration.

Depuis 1815, on a vu le commerce de Falaise se

[1] Voir la première Partie, page 220.

relever par degrés, et maintenant, sans être florissant, il est cependant bien au-dessus de ce qu'on
pouvait espérer il y a fort peu d'années. Des usines
se sont élevées sur la petite rivière d'Ante, pour
filer le coton, et d'autres filatures, du même genre,
marchent à bras dans la ville ; la bonneterie a acquis un très-grand développement ; et enfin les cuirs
ont repris quelque importance. Nous allons successivement passer en revue ces trois branches principales d'industrie, et nous dirons quelques mots
également des siamoises et des retors, qui sont
presque entièrement abandonnés maintenant.

Filatures de coton. Nous comptons aujourd'hui
cinq filatures de coton qui marchent par eau, et
cinq mues à force de bras.

La filature de M. Lebaillif fils est en ce moment
la plus importante pour les produits. Elle renferme
17 métiers mullgenny en fin, de 2,300 broches, et
occupant cent ouvriers environ. Les produits annuels de cette fabrique sont de 100,000 livres au
moins de cotons filés.

La filature de MM. Coullibeuf et Duvelleroy n'est
pas encore entièrement organisée, mais on y travaille activement, et bientôt elle sera tout-à-fait en
mouvement. Elle contient dès-à-présent 15 métiers
mullgenny, formant ensemble 2,216 broches, qui
pourront occuper quatre-vingt-dix ouvriers. Ses produits s'élèvent déjà à près de 5,000 livres par mois,
au milieu des embarras de la construction, et elle
va s'organiser pour qu'ils s'élèvent provisoirement
à 90,000 liv. par année. Cette filature spacieuse, et
sur un beau modèle, pourra contenir plus tard une

vingtaine de métiers au moins. Elle en a cinq grands de 216 broches chacun.

La filature de M. Laignel-Dujardin renferme onze métiers de 1,600 broches, et produit annuellement 60,000 livres environ. Elle emploie une soixantaine d'ouvriers. Cet établissement, fondé en 1819, est le premier de ce genre que l'on ait vu dans le pays.

La quatrième filature est celle de M. Hommet, que nous plaçons ici dans la ville, quoiqu'elle en soit séparée par un léger cours d'eau ; mais les ouvriers qu'elle emploie sont tous de Falaise, et son produit entre tout entier dans la fabrique de Falaise. Elle appartient donc au commerce de cette ville. Il s'y file 50,000 livres de cotons par année, et elle occupe quarante ouvriers à-peu-près. On y monte en ce moment des *métiers continus*, qui sont les premiers que l'on ait vus ici. Les autres métiers y sont au nombre de douze, portant ensemble 1,700 broches.

La dernière filature par eau, celle de M. Vautier, et les filatures à bras de MM. Lebaillif, père, Marignier, Clérisse, Huet, et de Mademoiselle Godefroy, renferment ensemble vingt métiers mullgenny, de 2,276 broches, et peuvent produire, réunies, 70,000 livres de cotons filés. Le nombre d'ouvriers qu'elles emploient peut être porté à cent vingt-cinq.

Il résulte de cet aperçu qu'il peut se filer dès-à-présent dans tous nos ateliers de filature de 350 à 370,000 livres de cotons par année. Si tous ces établissemens étaient au complet, ils parviendraient

peut-être à en filer 400,000 livres. Malheureusement, la disette d'eau arrête les travaux pendant
deux ou trois mois dans l'arrière saison.

En évaluant la livre de coton filé, l'une dans
l'autre, à 1 fr. 50 c., on trouve que le commerce de
Falaise, dans cette partie, peut s'élever à 550,000 f.
C'est encore 205,000 de moins qu'en l'année 1806.

Les ouvriers employés dans les filatures de la
ville, seront au nombre de 425 au moment de l'entière mise en activité de la filature Coullibeuf. Dès
ce moment on peut les porter à 400.

Sur ce nombre il y a 150 enfans environ, de
moins de 14 ans, qui gagnent de 40 à 80 centimes ;
90 jeunes gens, de 14 à 18 ans, qui gagnent de
80 cent. à 1 fr. 50 cent. ; 100 femmes, qui gagnent
de 80 cent. à 1 fr. 20 cent. ; et enfin, 60 hommes,
qui gagnent de 1 fr. 50 cent. à 3 fr. Terme moyen,
60 cent. par jour pour chaque enfant ; 1 fr. 15 c.
pour chaque jeune homme ; 95 cent. pour chaque
femme, et 2 fr. 25 c. pour chaque homme fait.

Les cotons que l'on file dans les ateliers, sont
tirés d'Amérique, et on les reçoit par la voie du
Hâvre ou de Caen. On n'y emploie plus qu'une
très-petite quantité de cotons de l'Inde.

Les cotons bruts reviennent à 95 cent. ; filés, ils
se vendent 1 fr. 50 cent. ; c'est un tiers qui reste
pour le filateur et pour l'ouvrier, moins le déchet
qui peut être de 15 pour 100. Les 370,000 livres de
cotons filés, qui sortent de nos ateliers, apportent
donc un capital annuel de 180,000 fr. environ, à
répartir entre nos dix filateurs et les quatre cents
ouvriers de leurs manufactures. Il est impossible

que le pays obtienne jamais, par ce moyen, de grandes richesses 1.

La moitié des cotons filés dans Falaise est livrée aux fabricans de bonnets, qui trouvent ainsi leur matière première sous leur main, et la reçoivent directement des vendeurs. On sent quel avantage ils doivent trouver réciproquement à cette facile transmission des produits d'une fabrique à une autre, et l'on doit s'étonner qu'on ne l'emploie pas plus généralement dans la ville. MM. Coullibeuf, Lebaillif fils, Marignier, Huet et Hommet, sont ceux qui placent principalement leurs cotons dans la fabrique du pays. Les autres les envoient dans le Maine, dans l'Anjou, ou même du côté de Caen.

Laissons maintenant ce commerce, et passons à une autre partie.

Bonneterie. Cette branche d'industrie est la principale du pays, et le nombre d'ouvriers que l'on y emploie dans Falaise est assez considérable. Les démarches que nous avons faites pour obtenir des renseignemens extrêmement précis sur ce point, n'ont pas été couronnées d'un entier succès, et la difficulté est venue principalement du grand nombre de fabricans qui se trouvent dans cette partie, et du soin mystérieux qu'ils apportent presque tous à

---

1 On doit observer, au reste, que l'époque où nous écrivons est peu favorable au genre de commerce qui nous occupe, et que dans d'autres temps, les profits du filateur et de l'ouvrier ont été bien plus considérables. Quoiqu'il en soit, la concurrence qui s'est établie de toutes parts, ne laisse pas espérer que les avantages dans cette partie puissent jamais redevenir tels qu'ils ont été il y a dix ans.

cacher l'état de leurs affaires. Il existe d'ailleurs une foule d'ouvriers indépendans qui ont leurs métiers particuliers, et qui travaillent dans leur intérieur, sans s'attacher à aucune fabrique ; ils vendent leurs produits comme ils l'entendent, et sans que l'on sache même si c'est à des étrangers ou à des fabricans du dedans ; comment pouvoir apprécier d'une manière certaine le nombre de ces ouvriers, et la quantité de travail qu'ils produisent ? Il faudrait des recherches minutieuses et prolongées, auxquelles nous n'avons pu nous livrer, et que la nature de notre ouvrage n'exigeait pas impérieusement. Nous devons donc prévenir que le tableau que nous allons offrir ne sera qu'approximatif ; mais nous pouvons assurer en même-temps que les bases que nous avons prises sont de nature à nous conduire à quelque chose d'à-peu-près positif. On en jugera par l'exposé suivant :

Il y a, selon quelques-uns de nos fabricans, près de 4,000 métiers employés dans le pays pour la fabrique des bonnets, et selon d'autres, qui se croient bien informés, il ne doit pas y en avoir plus de 3,000. Nous avons des raisons de penser que l'évaluation de ces derniers est la meilleure, et c'est à elle que nous nous arrêterons de préférence. Nous chercherons, en partant de ce point, combien peuvent fabriquer par année ces trois mille métiers 1.

1 M. LENTAIGNE, contrôleur des contributions directes, a fait un recensement général des métiers de la fabrique de Falaise, et il ne pense pas qu'ils s'élèvent au-dessus du nombre que nous prenons pour fondement de notre travail.

Un bon ouvrier peut faire une trentaine de bonnets la semaine, en travaillant régulièrement ; mais
il en est qui n'en font que 20 ou 24, et même un
grand nombre, parmi lesquels il faut ranger les
enfans et les apprentis, n'en font que 10, 12, 15 ou
18 tout au plus. Il en résulte que le terme moyen
de l'ouvrier, pour la semaine, est de 20 bonnets
environ, ce qui en donne 80 pour son mois, et 80
douzaines pour son année. Les 3,000 métiers de la
fabrique, à ce compte, fourniraient 240,000 douzaines par année, ou 2,880,000 bonnets.

Mais l'expérience prouve qu'il y a, l'un dans
l'autre, depuis le commencement de l'année jusqu'à la fin, un quart au moins des métiers qui
restent inoccupés, soit parce que l'ouvrier les abandonne pour se livrer au plaisir ou à d'autres occupations, soit par suite des fréquentes réparations qui
suspendent nécessairement le travail ; d'ailleurs, les
fêtes très-multipliées, et l'habitude presque générale
de ne point travailler le lundi, ni même quelquefois
le mardi, abrègent partout les semaines, et en di-
minuent les produits. Si donc on admet qu'il n'y
ait guère, sans interruption, que 2,200 métiers
occupés, il faut réduire d'autant la masse des fa-
brications, et nous ne trouvons plus dès-lors que
175 ou 180,000 douzaines de bonnets fabriqués
annuellement dans tous les ateliers du pays ; ce
nombre doit approcher beaucoup de la vérité.

Pour nous en convaincre, nous avons recouru à
un autre moyen d'évaluation, et voici les résultats
obtenus :

On sait que la moitié, au moins, des bonnets se

vend en blanc , et l'autre partie en bleu ou en écru.
Or , nous avons appris que dans nos trois blanchisseries bertholiennes il se blanchissait maintenant 90 ou 95,000 douzaines de bonnets par année.
Le nombre des bonnets bleus est ensuite évalué à
30,000 douzaines , et celui des bonnets écrus à
50,000 douzaines , proportionnellement. Voilà donc
encore le même nombre de bonnets à-peu-près que
nous découvrons par ce genre d'évaluation. Nous
croyons en conséquence pouvoir nous y arrêter.

S'il se fabrique dans le pays 175,000 douzaines de
bonnets , on n'en doit guère compter pour la ville
que la moitié , comme elle ne renferme non plus
les métiers que dans cette proportion ; tous les autres
sont répartis dans les communes environnantes , à
deux ou trois lieues à la ronde. Admettons qu'il se
fabrique annuellement dans Falaise 90,000 douzaines de bonnets à-peu-près, ou 1,080,000 bonnets,
et cela nous donne par mois 7,500 douzaines ; par
semaine de six jours 1,875 douzaines ; et enfin, par
journée, 312 douzaines 1/2, ou 3,750 bonnets. Il
y a des jours et des semaines d'hiver beaucoup plus
fortes , comme aussi d'autres jours ou d'autres semaines d'été beaucoup plus faibles , surtout pendant la grande foire et la moisson. Apprécions le
reste d'après cette base.

Un métier occupe un ouvrier ; et si nous avons,
par exemple, dans la ville 12 ou 1300 métiers habituellement occupés , nous devons trouver 12 ou
1300 ouvriers habituellement en travail dans cette
partie. Nous devrons y ajouter 450 ouvriers à-peu-
près pour dévider le fil, pour raccommoder et coudre

les bonnets de toute la fabrique du pays. En tout, 1,700 individus environ employés à la bonneterie, dans la ville seulement. Il y en a d'autres encore qui cultivent cette branche d'industrie, et qui s'y livrent passagèrement, surtout pendant la mauvaise saison; mais nous prenons le terme moyen, qui peut seul nous conduire aux résultats que nous cherchons.

Il se fabrique des bonnets de 2, de 3, de 4 et de 5 fils. Les prix payés pour la façon varient selon la qualité du coton ou le nombre des fils que l'on emploie. Ainsi, l'on donne pour la douzaine de bonnets ordinaires 3 fr. 50 c. ou 3 fr. 75 c., et pour la douzaine de bonnets fins, 4 fr. 50 c., ou même 5 fr. Il y a également des bonnets communs que l'on ne paie que 3 fr. à l'ouvrier. Il est facile, d'après cela, d'évaluer le salaire des bonnetiers.

Les bons ouvriers, ceux qui peuvent fabriquer une trentaine de beaux bonnets la semaine, reçoivent un salaire de 10 à 12 fr.; les ouvriers moins habiles, pour deux douzaines de bonnets, reçoivent 8 à 9 fr.; enfin, le grand nombre, pour 12, 15 ou 20 bonnets ordinaires, reçoivent 4, 5, 6 ou 7 fr. de salaire chaque semaine. Ainsi, les journées les plus fortes ne sont guère que de 2 fr., et il y en a de 75 ou même de 60 cent. La journée moyenne de l'ouvrier est d'un peu plus d'un franc.

On emploie dans les fabriques les enfans de l'âge de 14 à 15 ans à-peu-près, les jeunes gens des deux sexes et les hommes faits. Toute la jeunesse de la génération actuelle s'est portée sur cette branche d'industrie, où du moins elle trouve du pain. Les dévideuses, raccommodeuses et couseuses, gagnent 60,

80 cent., et même un franc par journée. De très-petits enfans sont employés à coudre des bonnets, et on leur donne 30, 40 ou 50 cent.

On compte qu'il entre un kilogramme un quart (2 livres et demie) de coton filé dans une douzaine de bonnets. Les 90,000 douzaines fabriquées à Falaise doivent donc absorber 225,000 livres de cotons filés, qui, à 1 fr. 50 c. la livre, prix commun, forment un capital de 337,500 fr., que débourse le fabricant pour sa matière première. Après sa mise en œuvre, il vend, l'une dans l'autre, ses douzaines de bonnets au prix de 10 fr. 50 cent. ou 11 francs; en tout, 945,000 fr. pour ses 90,000 douzaines. C'est donc une somme de 607,500 fr. qui lui reste pour la main-d'œuvre, et ce capital doit se répartir alors entre lui, les 1,700 ouvriers, les blanchisseurs et les marchands de métiers. Ce fonds, tout modique qu'il soit, est en ce moment la principale richesse de la ville.

Il y a dans Falaise une centaine de fabricans patentés pour la bonneterie. Les principaux sont, à Guibray, MM. Gondon-Dudouit, Davois, Davois-Goutier, Faucon, James, Appert-Sérant, Noël Révérend, etc., etc.; et à Falaise, MM. Gauthier, Lépiney, etc., etc. C'est à Guibray qu'est le fort de la fabrique, et il y a des maisons dans ce faubourg qui entretiennent une centaine d'ouvriers au moins, tant dans la ville que dans les environs. Sur les 80,000 douzaines qui se fabriquent dans la campagne, il y en a bien 60,000 douzaines pour le compte des fabricans de Falaise. Les opérations commerciales de la bonneterie de

la ville doivent donc être augmentées d'autant.
Nous trouvons en conséquence qu'elles se montent,
par année, à 1,570,000 fr., au prix actuel. [1]

Sur les cotons filés que l'on emploie dans la fabrique, nous avons vu que 180,000 livres étaient
tirées des différentes filatures de la ville ; les 250,000
autres livres viennent de Rouen et de Condé-sur-
Noireau. Elles sont apportées et vendues dans la
ville par quatre ou cinq marchands qui font ce
commerce depuis long-temps. Une époque viendra,
et elle n'est peut-être pas bien éloignée, où les cotons de nos filatures passeront tous directement
dans la fabrique, sans que l'on ait besoin de recourir davantage aux étrangers. Ce sera l'avantage
réciproque de tous nos marchands de la ville.
Jusqu'ici, les cotons filés de MM. Lebaillif fils et
Coullibeuf ont été les plus prisés des fabricans.

Nous connaissons trois blanchisseries bertholiennes pour les besoins de la fabrique ; mais une
seule, celle de M. Lefez, est dans l'intérieur de la
ville. Les deux autres sont séparées du territoire de
la commune par le ruisseau de Traînefeuille, mais
nous les mentionnons ici, parce que les laveuses
que l'on y emploie sont toutes de Guibray. Les
trois établissemens en occupent une cinquantaine
au moins, qui gagnent un peu plus d'un franc par
journée. Souvent elles ne sont employées dans les
blanchisseries que pendant quatre ou cinq jours
chaque semaine. Le reste du temps elles travaillent
chez elles ou aux lessives des particuliers.

[1] Pour tout l'arrondissement, on peut les porter à près de
1,800,000 fr.

La

La blanchisserie de M. Lefez, au Valdante, blanchit peut-être 2c,000 douzaines de bonnets par année; celles de MM. Davois et Gervais en blanchissent bien 35,000 douzaines chacune. Le blanchisseur prend 70 ou 80 centimes par douzaine de bonnets qu'on lui confie écrus, et qu'il est tenu de rendre du plus beau blanc, après un petit nombre de jours. La description des moyens qu'il emploie est étrangère à notre ouvrage.

· Les produits de la fabrique de bonnets sont en grande partie envoyés dans le midi de la France et dans la Bretagne; on vend le reste dans le pays, et principalement aux foires de Caen et de Guibray.

Le marchand de métiers le plus connu dans Falaise, est M. Jérôme Toutain. Il les fait en général construire à Caen.

Reps, Retors et Siamoises. Ces trois espèces de tissus se fabriquent encore à Falaise, mais en petite quantité maintenant. On compte même qu'il ne se trouve pas dans la ville plus de 5o métiers de tisserands à l'époque où nous écrivons, et l'on porte à 75 à-peu-près le nombre des autres qui sont répartis dans les campagnes voisines, pour le compte de nos fabricans. Les produits de ces métiers sont évalués à 100,000 aunes environ par année, et la somme totale des affaires dans cette partie peut se monter à 25o,ooo fr. Il se fabrique plus de reps que de retors, et plus de retors que de siamoises. Les cotons qu'emploient les fabricans de tissus, sont pris en grande partie dans les filatures du pays.

Les tisserands gagnent 1 fr. 5o cent. et 2 fr. par journée, selon leur habileté. Comme l'apprentissage

33

est long, et présente des difficultés, il se forme peu d'ouvriers nouveaux. Les jeunes gens se placent de préférence dans la fabrique des bonnets, où ils acquièrent en peu de temps assez d'habileté pour gagner facilement 7 à 8 fr. par semaine.

Les principaux fabricans de reps et de retors sont MM. Lepainteur frères et Lechoix, Soudée, Fromage, Beaumais-Charpentier, Blavette, etc., etc.

Dentelles, Tulles brodés à l'aiguille. Ces deux branches n'occupent que des femmes, et malheureusement elles ne leur présentent pas de très-grands avantages. Les dentélières sont au nombre de 430 à-peu-près dans la ville et dans les environs; les deux tiers peut-être sont dans l'intérieur. Il y a quelques-unes de cès ouvrières qui peuvent gagner 4 à 5 fr. la semaine; mais le plus grand nombre n'en gagne que 2 ou 3, et même moins. L'une dans l'autre, elles ne reçoivent pas plus de 2 fr. 50 c., ce qui ne fait pas 50 cent. par journée. Il est vrai que la plupart se livrent en outre à de petites occupations dans leur ménage. Les opérations dans cette partie ne peuvent guère s'élever au-delà de 30,000 f.

La maison principale est celle des demoiselles Lagniel, qui doivent avoir plus de cent ouvrières. Les autres maisons sont celles de Madame Lormier, Madame Porcher, Mademoiselle Libert, Mademoiselle Peschet, etc. Il y a aussi une trentaine de dentélières à l'hôpital général, comme nous l'avons indiqué déjà.

La fabrique des tulles brodés est nouvelle dans Falaise, et elle n'y date même que de deux ou trois années. Déjà elle occupe plus de 200 jeunes filles, qui gagnent 60 ou 75 cent. par journée, dans l'intérieur de leurs familles. Madame Alliot-Préjardin en emploie une cinquantaine, et les maisons de Mesdemoiselles Leclerc, Godefroy, etc., occupent le reste. Le commerce des tulles brodés peut se monter à 20,000 fr.

Ces deux parties emploient ainsi, dans la ville seule, 500 personnes environ. Si cette espèce d'industrie n'est pas lucrative, elle a du moins cet avantage, qu'elle occupe dans leur intérieur de jeunes filles ou des mères de famille qui ne pourraient aller travailler dans les ateliers publics. La marchande dans son comptoir, ou la mère près du berceau de son enfant, trouvent ainsi à remplir leurs instans de loisirs, sans se fatiguer ni se déranger. Les plus nécessiteuses vont travailler dans les filatures ou à la bonneterie, métiers plus profitables, mais aussi bien plus pénibles.

Cuirs. Le commerce des cuirs est borné à un petit nombre de maisons. Les principales sont celles de MM. Leclerc fils et Beuzelin, Fleuriel, et César Décour.

Ces trois maisons fabriquent les cuirs forts du Brésil et de Buénos-Ayres, au nombre de 2,500 environ, par année, toutes ensemble. Elles vendent leurs produits dans le pays, et principalement aux foires de Guibray et de Caen. Elles n'emploient que 15 à 20 ouvriers, et le total de leurs affaires peut s'évaluer à 175,000 fr.

Quatre à cinq autres petits tanneurs, et quelques corroyeurs et mégissiers, préparent des peaux de vaches, de chevaux, de moutons et de chèvres, qu'ils vendent à nos selliers, à nos cordonniers et à nos bourreliers; ils occupent ensemble 25 ouvriers à-peu-près. Le montant de leurs opérations ne doit pas s'élever au-dessus de 125,000 fr.

Les ouvriers tanneurs gagnent 1 fr. 50 cent. par journée.

Le tan se prépare dans la ville même, où se trouvent trois petits moulins disposés pour cet objet. A la sortie des cuves, il est préparé en mottes carrées et rangé dans des séchoirs, d'où on le tire ensuite pour chauffer le peuple pendant l'hiver.

Les tanneries sont toutes dans le Valdante, sur la rivière; celle de MM. Leclerc fils et Beuzelin se trouve seule à St.-Laurent, et c'est un petit cours d'eau formé par les ruisseaux des fontaines qui fait mouvoir leur moulin à tan.

Teinturerie. Il n'y a dans Falaise que sept teinturiers, qui sont également placés dans la vallée de l'Ante, sur le cours de la petite rivière. Les objets de la teinture sont les gros draps de Picardie, les siamoises, les reps et les cotons de toutes espèces pour la fabrique. Les principales maisons sont celles de MM. Enguerrand, Gourdel, Pistel, Duparc, etc., etc. Le nombre de leurs ouvriers peut être de douze, qui gagnent par journée 1 fr. 50 c., l'un dans l'autre. Les affaires de la teinturerie sont évaluées à 125,000 fr.

Imprimerie. Cette branche d'industrie, si peu cultivée dans presque toutes les petites villes, occupe à Falaise une trentaine d'ouvriers en ce moment. La plus ancienne et la meilleure maison dans cette partie, est celle de M. Brée l'aîné, imprimeur du

Roi, connu par ses éditions multipliées des *Heures
de Séez* dans tous les formats. M. Brée en publie
tous les ans à-peu-près une édition à 6,000 exemplaires au moins, et il en fournit à tout le département de l'Orne. Il est encore éditeur, depuis
vingt-huit ans, d'un almanach très-répandu, sous
le titre de *Cadeau des Muses, Étrennes de Falaise.*
Ce petit in-32, de 125 pages, se tire à 25 ou 30,000
exemplaires, et souvent les demandes s'élèvent au-
delà. M. Brée publie aussi quelques petits ouvrages
d'éducation, des *Catéchismes,* des *Journées du Chrétien,* des *Examens de Conscience,* etc. Il est propriétaire du journal de Falaise, qui paraît depuis
quinze ans; et enfin, c'est à ses presses que les auteurs peu nombreux du pays confient leurs productions. Le livre que nous présentons au public
peut donner une idée de la manière d'imprimer et
de publier de cet éditeur. Il a cinq presses dans son
atelier, mais elles ne sont pas toutes continuellement occupées [1].

[1] Parmi les ouvrages qu'ont mis au jour les presses de
M. Brée l'aîné, nous rappellerons ici,

1.º De M. HERVIEU, *les Pélerins,* 1 vol. in-12; *Rudimens
de la Langue latine,* 1 vol. in-12 (deux éditions); *Guide du
Voyageur,* 1 vol. in-18.

2.º De M. LANGEVIN, *Recherches historiques sur Falaise,*
1 vol. in-12, avec un *Supplément,* et un Poëme sur la Vertu.

3.º De M. TAILLEFER, *Économie de la Vie humaine,* traduit
de l'Anglais, avec le texte en regard, 1 vol. in-12; *Adèle et
Cécile,* roman, 1 vol. in-12.

4.º De M. l'abbé JARRY, *Discours sur la catastrophe du 20
mars 1815,* in-8.º de 40 pages; *Sanctissimo Domino nostro
Pio VII,* in-8.º de 18 pages; *Discours prononcé le jour de Saint-
Louis 1816, dans l'église de Saint-Ouen de Rouen,* in-8.º de

M. Paul Brée, qui vient de succéder à son père, a disposé son imprimerie sur un plus grand modèle, et l'on compte en ce moment dans son atelier neuf presses, dont il occupe déjà la moitié. M. Paul Brée vient d'imprimer un volume d'une nouvelle édition du *Répertoire universel et raisonné de Jurisprudence,* de M. Merlin, et l'on parle d'autres entreprises du même genre qu'il veut former. S'il parvient à organiser son imprimerie au complet, ce sera pour le pays un établissement remarquable.

Celui de M. Letellier est le moins considérable, et nous n'en voyons sortir, chaque année, que de petits livres de prières, un almanach, et des affiches ou placards pour les besoins des commerçans ou des particuliers. M. Letellier a deux presses, mais il ne les occupe pas pendant toute l'année.

Les seize presses qui se trouvent maintenant à Falaise, ne doivent pas produire annuellement au-delà de 2,400 rames, ou 1,200,000 feuilles. Le

58 pages ; *Sur Saint Herménigilde,* 1817 ; in-8.º de 68 pages ; *Oraison funèbre du Prince de Condé,* in-8.º de 103 pages ; *De la liberté de la presse,* 1819, in-8,º de 52 pages ; *Sur la Petite Église,* 1820, in-8.º de 46 pages, etc., etc.

M. Jarry, auteur des brochures que nous venons de citer, était né en 1764, à St.-Pierre-sur-Dive, dans l'ancien bailliage de Falaise. Lors de la révolution, il se retira en Allemagne, où il se fit remarquer et où il obtint le titre de Chanoine tréfoncier de l'église princière de Liége. Il publia pendant sa carrière agitée dix-sept ou dix-huit écrits sur différens sujets, et ceux que nous venons de rappeler, sont les derniers sortis de sa plume. Les autres sont indiqués en tête de son *Discours pour la St.-Louis, dans l'église de St.-Ouen.* M. Jarry a passé ses dernières années à Falaise, où il était recherché pour son esprit vif et orné. Il est mort à Lisieux, le 31 août 1820.

commerce, dans cette partie, peut être évalué à 40,000 fr. [1]

Quoiqu'il y ait six libraires ou papetiers à Falaise, le commerce de la librairie n'y est pas considérable. On y vend principalement des livres de piété et d'éducation.

Fonderie de Cloches. C'est dans le quartier de Saint-Jean qu'est placé cet établissement, formé depuis quatre ans par M. Collard. On y fond annuellement 25 à 30 cloches, qui peuvent peser ensemble 40,000 livres à-peu-près. Les plus belles qui en soient sorties, sont celles que M. Mouton, curé de Ste.-Trinité, vient de donner à son église. La plus forte pèse 3,732 liv. ; la seconde, 2,644 liv.,

---

[1] Presqu'aucune des publications qui ont eu lieu à Falaise, dans les précédentes années, n'ont été annoncées dans le *Journal de la Librairie*, quoique le dépôt ait toujours été fait soigneusement. Les exemplaires restent dans les bureaux de l'administration, et ne sont point adressés à la direction, selon le vœu de la loi. Outre les préjudices que ces négligences peuvent causer aux éditeurs et aux libraires, on sent combien elles contribuent à égarer l'opinion publique sur la nature et la quantité des ouvrages qui paraissent annuellement en France. M. DARU a fait un beau travail sur la *Statistique de la Librairie*, pendant les quinze dernières années. Que d'erreurs et d'omissions on pourrait cependant y signaler !... C'est au peu de soin que l'on met dans les bureaux de nos préfectures à exécuter la loi sur le *dépôt*, que la cause en peut seule être attribuée. L'illustre écrivain n'a pu travailler que sur les publications légalement constatées.

Nous observerons qu'il n'y a que vingt-huit villes, dans toute la France, où se trouve un plus grand nombre d'imprimeurs que dans celle-ci. Il y en a vingt-sept ensuite qui en renferment un nombre égal.

et la troisième, 2,100 livres. Aucune d'elles n'a été manquée. M. Collard fond aussi des cuivres pour les mécaniques. Il accorde les nouvelles cloches qu'il fournit avec les anciennes.

Les autres professions que l'on exerce à Falaise, ne sont que pour les besoins du pays, et ne peuvent être classées par conséquent parmi les branches d'industrie. Les principales seront indiquées dans le tableau que nous présenterons des patentés de la ville. Nous mentionnerons seulement ici, avant de terminer, une classe laborieuse d'hommes qui se livrent parmi nous au jardinage, et qui nous paraissent dignes d'intérêt par les soins qu'ils se donnent pour arracher quelques produits à la terre. Dans la belle saison ils occupent une assez grande quantité de bras, et près de vingt familles vivent de ce genre de travail. Nous pouvons citer parmi les plus actifs, MM. Delarivière, de St.-Laurent.

Voilà quel est, en définitive, l'état du commerce et de l'industrie dans Falaise, au moment où nous écrivons nos dernières pages sur cette ville. En récapitulant les résultats que nous avons obtenus par nos recherches sur les différentes parties, nous trouvons que le nombre des ouvriers dans l'intérieur s'élève à 2,800, et le montant des affaires à 3,000,000 de francs ; sur cette somme, il en reste dans la ville à-peu-près 1,100,000 fr. pour les chefs d'établissemens et pour la main-d'œuvre. Si ce n'est pas un fonds de richesse pour Falaise, ce capital, convenablement réparti, peut au moins en écarter la misère pour le moment. Puissent les améliorations qui se font sentir depuis quelques années, aller en croissant, et amener enfin pour cette ville un avenir vraiment prospère.

Un des moyens les plus efficaces de placer la classe ouvrière dans une situation de plus en plus favorable, c'est de répandre parmi elle l'instruction, et de diriger surtout ses facultés vers cette partie de la science qui la concerne spécialement, et qui peut la conduire au perfectionnement de son industrie. Déjà, dans près de cent vingt villes de France, on a fondé pour les ouvriers et les artisans des *Écoles de géométrie et de mécanique appliquées aux arts*, et partout on en ressent les heureux effets dans les localités où elles ont reçu des encouragemens. Pourquoi ne formerait-on pas à Falaise, ville populeuse et importante parmi les chefs-lieux d'arrondissement, un établissement de ce genre ? Non-seulement les ouvriers principaux de nos manufactures en profiteraient, mais il serait encore fréquenté avec non moins d'avantage par nos serruriers, nos menuisiers, nos tailleurs de pierre, nos mécaniciens, et même par nos chefs de fabrique, qui tous y puiseraient des principes dont ils auraient chaque jour l'occasion de faire l'heureuse application dans leurs ateliers. C'est à l'administration municipale de procurer ce nouveau bienfait aux habitans de Falaise. Ce qui a été fait jusqu'ici dans cette ville, en faveur des autres branches de l'instruction publique, resterait incomplet, si l'on négligeait de pourvoir à l'éducation des ouvriers et des artisans.

Nous présenterons, au reste, en finissant ce chapitre, quelques observations que nous a adressées sur cet objet M. Lebaillif fils, l'un de nos premiers

filateurs. Le mémoire de M. Lebaillif, sur le commerce de Falaise, contient plusieurs autres considérations également remarquables, que nous regrettons de ne pouvoir toutes reproduire ici. Nous
avons donné la préférence au passage suivant, à
cause de l'importance du sujet qui y est traité.

« Déjà, dit M. Lebaillif, en terminant son mé-
» moire, déjà nous devons à la sagesse et aux lu-
» mières de notre administration des établissemens
» d'instruction publique, qui, en formant une édu-
» cation solide, nous préparent un avenir bien con-
» solant. Mais le but entier n'est pas atteint; une
» classe intéressante autant qu'elle est nombreuse,
» semble encore déshéritée de ce grand bienfait. Je
» veux parler des ouvriers. Un grand nombre d'entre
» eux, privés de toute éducation paternelle, par
» des circonstances trop connues, sont abandonnés
» à eux-mêmes, et sans contre-poids moral, dans
» la carrière nouvelle qu'ils parcourent. Leurs dé-
» lassemens ne sont point ceux de créatures rai-
» sonnables; leur vie n'est point ce que doit être
» la vie des hommes; et l'observation rigoureuse
» de la conduite et des mœurs de la partie de cette
» classe qui a le bonheur d'être plus avancée que
» l'autre, montre d'une manière bien frappante
» tout ce que l'on peut attendre des bienfaits de
» l'éducation répandue. Depuis long-temps l'An-
» gleterre possède un grand nombre d'*écoles jour-*
» *nalières* pour ceux qui peuvent les suivre, et des
» *écoles du dimanche* pour ceux qui ne peuvent y
» employer que ce jour. Elle en a recueilli les plus
» grands avantages. Les hommes plus éclairés sont

» plus prévoyans ; ils font l'emploi du temps et de
» leurs économies d'une manière plus profitable à
» eux, et plus utile à tous. Leur ame plus élevée
» les garantit plus aisément de la corruption du
» cœur. Enfin, par leur conduite distinguée, ils
» honorent souvent des professions qui semblaient
» dégradées pour toujours. »

« Appelons donc, et favorisons de tous nos
» vœux, des établissemens destinés à répandre
» dans toutes les classes de la société une ins-
» truction sage et conforme aux besoins du siècle
» et à la position de chacun. Désirons de vivre en-
» suite assez long-temps pour en apprécier nous-
» mêmes un jour les bienfaits[1]. »

1 M. Ch. Dupin, le fondateur des écoles d'ouvriers en
France, nous témoignait également dans une lettre, il y a peu
de mois, sa surprise de ce qu'il n'y avait point encore d'établissement de ce genre dans une ville telle que Falaise. Il
paraissait disposé à s'adresser « à M. le Maire, au Sous-Préfet
» et au Préfet, » pour les prier d'en instituer une au plutôt,
qui pût inspirer un nouvel essor à l'industrie de cette contrée.
Il assurait que pour diriger l'école et pour faire parfaitement
le cours, il suffisait qu'il se trouvât à Falaise « un ancien
» élève de l'école polytechnique, ou même un professeur de
» mathématiques au collége. » Enfin, il proposait « de faire
» présent lui-même au professeur qui serait choisi, de ceux
» de ses discours qui expliquent la nature et l'esprit du nouvel
» enseignement. » Nous soumettons à dessein ces particularités au public, pour faire sentir quelles facilités s'offriront à
nos administrateurs, lorsqu'ils voudront tourner leur attention
de ce côté.

Il ne nous reste plus qu'à remercier MM. les négocians de
cette ville, qui ont bien voulu nous aider dans le travail que
nous venons de publier sur le commerce de Falaise. Sans
leurs obligeantes communications, il nous eût été impossible

PATENTES, FAILLITES.

Le nombre des patentés s'est élevé dans la ville, pendant le cours de 1827, à 608, parmi lesquels on compte,

Fabricans de bonnets, au-dessus de cinq métiers, 31. — *Idem*, au-dessous de cinq métiers, 71. —*Idem*, à un métier pour leur compte, 18. — Fabricans de retors, au-dessus de cinq métiers, 5. *Idem* au-dessous de cinq métiers, 3. — Filateurs, 5. — Marchands de coton, 14. — Menuisiers, 17. — Maréchaux, 10. — Teinturiers, 7. — Tanneurs, 8. — Tisserands, 3. — Tourneurs en bois, 5. — Serruriers, 7. — Armuriers, 2. — Bourreliers, 4. — Marchands de cardes, 3. — Fabricans de chandelles, 4. — Charrons, 3. — Chaudronniers, 3. — Cordonniers, 23. — Couteliers, 2. — Épiciers, 26. — Horlogers, 5. — Imprimeurs et libraires, 6. — Merciers, 22. — Passementiers, 3. — Quincailliers, 9. — Tailleurs d'habits, 9. — Aubergistes, cabaretiers, cafetiers, 53. — Boulangers, 23. — Bou-

de présenter un tableau aussi étendu que celui que nous avons offert. Si les résultats que nous donnons sont justes, c'est à eux seuls que le mérite en appartient. Nous citerons en première ligne MM. Leclerc, Lebaillif fils et Benzelin, qui nous ont présenté le plus grand nombre de détails. Nous avons ensuite consulté, avec avantage, MM. Davois frères, Lagniel-Dujardin, Coullibœuf, Hommet, Toutain, Gauche, Lepainteur, Auger, Lormier, etc. Il en est quelques autres qui, en nous communiquant leurs observations, ont paru désirer que leur nom ne parût point dans cet ouvrage. Nous respectons leur intention; mais notre reconnaissance pour eux n'en est pas moins vive, quoique nous nous abstenions de l'exprimer publiquement.

chers , 14. — Meuniers, 9. — Perruquiers , 11. — Huissiers , 16. — Pharmaciens, 7. — Négocians , 2. — Maçons , 2. — Entrepreneur de bâtimens, 1. — Drapiers , 3. — Vitrier , 1. — Couvreurs, 2 , etc.

On remarque, au reste , avec étonnement, que dans la liste des diverses professions patentées , il y en a de très-utiles qui ne sont pour ainsi dire pas représentées , ou qui n'offrent que des indications qui ne répondent point à l'importance et à l'étendue de la ville. Doit-on penser qu'il y a eu pour quelques-unes omission de déclaration de la part de ceux qui les exercent , ou défaut de recherches du côté des employés de l'administration? C'est ce que nous ne pouvons ni ne voulons éclaircir ici. Nous observerons seulement qu'il est dans l'intérêt général que chacun supporte les charges publiques dans la proportion que la loi lui assigne ; et que lorsqu'un individu se soustrait , d'une manière illégale, à acquitter sa dette envers l'État , c'est une fraude qu'il commet au préjudice des autres contribuables , qui se trouvent par suite forcés de concourir plus ou moins directement pour combler le déficit qu'en ressent le trésor public. Ces réflexions , qui n'ont rien d'hostile , pourraient être méditées utilement par un grand nombre de personnes.

Quoique le commerce ne soit pas considérable dans Falaise, on a pu remarquer qu'il se faisait par un grand nombre de mains. La bonneterie compte seule plus de cent fabricans, ayant tous leurs intérêts séparés. Nous ne trouvons pas cependant que les faillites soient nombreuses dans la ville , ce qui prouve qu'il y a de l'ordre dans les maisons, et qu'il se fait peu de spéculations hasardeuses. On doit aussi attribuer ce calme heureux des affaires commerciales à des maisons de banque qui ont soutenu jusqu'ici l'industrie des petits fabricans, et prévenu ainsi leur chûte dans les momens difficiles. Si la banque se faisait toujours ainsi dans l'intérêt général, ceux qui l'exercent pourraient rendre autant de services dans la société, que les usuriers y causent de ravages.

Pendant le cours des cinq dernières années, il n'y a eu dans Falaise que six faillites; aucune en 1822; trois en 1823; une en 1824; une en 1825; et enfin une en 1826. Ce n'est qu'une seule à-peu-près par année.

POPULATION.

Un recensement fait dans la ville, en 1818, par l'administration municipale seule, donna pour résultat définitif une population totale de 9,912 habitans.

Un second recensement du même genre, fait en 1823, par le contrôleur des contributions directes, contradictoirement avec la mairie, ne produisit qu'un total de 9,646 habitans.

Enfin, l'état officiel publié dans le Bulletin des lois, par le Gouvernement, au mois de juillet dernier, a fixé la population de Falaise à 10,503 ames.

Il en résulte, qu'en s'arrêtant au travail fait dans l'intérieur, et sous la direction de la municipalité, il ne se trouverait pas en tout dans la ville 10,000 habitans, tandis que, d'après le tableau du Gouvernement, ce nombre serait excédé de plus de 500 individus. Les causes de cette différence ne nous sont pas connues, et nous ne chercherons pas non plus à les pénétrer; les conjectures que nous pourrions hasarder ne sont pas de nature à être exposées ici. Toutefois, comme il y a une erreur commise, et qu'il nous importe de découvrir la vérité, nous rechercherons, d'après des bases et des évaluations certaines et généralement adoptées, lequel des deux tableaux nous paraît mériter le plus de confiance. Si nous ne présentons pas ensuite une, solution certaine, au moins on reconnaîtra que nous n'avons rien négligé pour y arriver.

MM. Villot et Villermé pensent que les naissances sont à la population, dans le *Calvados*, comme 1 est à 44 1/3; les mariages, comme 1 est à 156 2/3; et enfin, les décès, comme 1 est à 50 1/3. Si cette proportion moyenne existe pour tout le département où se trouvent des lieux marécageux, insalubres, et par conséquent peu favorables à l'acroissement et au développement de la population, on doit penser que c'est le terme le plus bas que l'on puisse admettre pour Falaise, qui fut toujours réputée pour la salubrité de sa situation. Raisonnons donc un moment d'après cette première base.

L'année moyenne des naissances a été dans Falaise, de 1821 à 1826, de 242. Si nous multiplions ce nombre par 44 1/3, nous trouvons que la population de la ville doit être de 10,728 habitans.

L'année moyenne des mariages, dans le même espace de temps, a été de 69, qui, multipliés par 156 2/3, donnent une population de 10,810 habitans.

Enfin, l'année moyenne des décès est de 204, et en y appliquant le multiplicateur 50 1/3, on trouve encore 10,268 pour le total de la population de la ville. Il en résulte que dans ces trois circonstances, il y aurait lieu de regarder comme à-peu-près juste le nombre présenté par le Gouvernement. Le terme moyen entre 10,268 et 10,810, est en effet de 10,519.

Si nous considérons ensuite que le nombre des feux ou ménages dans Falaise est de 2,801 [1], et si nous admettons que chaque ménage renferme, l'un dans l'autre, 4 individus, il en résultera une population entière de 11,204 habitans, dans laquelle encore n'entrera point la population habituelle des deux hôpitaux. En ne portant qu'à 3 1/2 le nombre d'individus qui composent chaque ménage, on ne trouverait que 9,800 habitans, qui, avec les 571 individus que renferment les hôpitaux, donneraient encore 10,371 habitans. Des recherches faites sur plusieurs points, nous portent à croire que le nombre moyen des ménages est au-dessus de 3 1/2, sans peut-être arriver à 4. Chacun peut facilement vérifier, comme nous, la justesse de cette expérience, dans le quartier où il se trouve placé.

Il nous reste à parler des recensemens partiels faits dans les paroisses, par les curés de la ville, d'après lesquels la population générale devrait se monter à près de 11,000 habitans. Les prêtres des paroisses ont des relations fréquentes avec les personnes des différens quartiers qu'ils administrent ; ils connaissent le nombre des enfans qu'on envoie à leurs instructions, la quantité d'individus que renferment presque tous les ménages ; et les registres des naissances, mariages et inhumations,

[1] Voir page 460.

les

les mettent d'ailleurs à portée d'apprécier, d'une manière à-peu-près certaine, l'importance de la population sur laquelle doivent s'étendre leurs soins spirituels. Leurs recensemens sont, par ces motifs, moins sujets à erreurs que ceux d'une administration générale, qui connaît moins les localités, et que l'on trompe par conséquent plus facilement. Toutes ces considérations réunies nous portent donc à penser que la population de Falaise ne doit pas être au-dessous du nombre adopté par le Gouvernement, dans son tableau officiel. Si elle a été un peu inférieure pendant un moment, l'établissement des nouvelles filatures, et la prospérité croissante du commerce de la bonneterie, ont dû nécessairement l'augmenter depuis quatre ans. On dit qu'avant la révolution elle s'élevait à près de 14,000 habitans, et en 1806 on la portait encore à 12,891. La ruine complète de l'industrie avait réduit, pendant bien des années, une partie du peuple à s'éloigner ; et le reste, croupissant dans la misère, ne pouvait que décroître successivement. Aujourd'hui que 3,000 bras à-peu-près trouvent à s'occuper dans l'intérieur, et que 110,000 fr. se trouvent annuellement répartis entre la classe industrielle, il en résulte une amélioration qui doit influer sur le bien-être de la population, et amener son accroissement. Si le commerce était susceptible de redevenir florissant comme il l'était il y a quarante ans dans le pays, la population de la ville redeviendrait à coup sûr telle que l'ont vue nos pères.

Nous présenterons maintenant des tableaux de dépouillemens des registres de l'état civil, qui ont

34

été faits avec soin par MM. de Labbey, maire de Falaise, et de Rulhière, sous-préfet de l'arrondissement. M. de Labbey a donné, par cinq années, le mouvement de la population de la ville, depuis 1771 jusqu'en 1806; et M. de Rulhière a offert, par année, le mouvement de cette même population, depuis 1806 jusqu'en 1826. Ces tableaux prouveront évidemment le décroissement successif de la population, pendant les trente-cinq années qui se sont écoulées au milieu de nos troubles politiques. Le terme moyen des naissances, qui s'était maintenu, de 1771 à 1800, au-dessus de 300, ne s'est jamais trouvé reporté à ce nombre, depuis 1807 jusqu'à ce jour, comme on pourra l'observer. La même proportion se fera remarquer encore, quoiqu'un peu moins sensible, pour les mariages et les décès.

TABLEAU de M. de Labbey.

Époques.	Naissances.	Mariages.	Décès.	Années moyennes de naiss.	Années moyennes de mariag.	Années moyennes de décès.
De 1771 à 1775	1,592	404	1,480	318 2/5	80 4/5	296
De 1776 à 1780	1,742	433	1,423	348 2/5	86 3/5	284 3/5
De 1781 à 1785	1,645	387	1,402	329	77 2/5	280 2/5
De 1786 à 1790	1,604	353	1,303	320 4/5	70 3/5	260 3/5
De 1791 à 1795	1,546	456	1,202	309 1/5	91 1/5	240 2/5
De 1796 à 1800	1,576	447	1,133	315 1/5	89 2/5	222 3/5
De 1801 à 1805	1,387	337	1,254	277 2/5	67 2/5	250 4/5

Ce tableau avait été continué jusqu'en 1826; mais pour éviter les répétitions, nous en avons supprimé les quatre dernières colonnes; elles se retrouvent avec plus de détail dans le travail suivant.

Tableau de M. de Rulhière.

Années.	Nais-sances.	Ma-riages.	Décès.	Proportion des Décès avec les Naissances.	Différence en plus.	Différence en moins.
1806.....	377	63	299	100 à 126.	——	78
1807.....	273	62	260	100 à 105.	——	13
1808.....	267	69	261	100 à 102.30	——	6
1809.....	260	86	225	100 à 115.64	——	35
1810.....	260	60	254	100 à 102.36	——	6
1811.....	268	45	188	100 à 142.55	——	80
1812.....	241	58	248	100 à 97.18	7	——
1813.....	208	107	242	100 à 86.	34	——
1814.....	256	47	401	100 à 63.84	145	——
1815.....	278	83	241	100 à 111.20	——	37
1816.....	254	109	204	100 à 124.	——	50
1817.....	265	57	198	100 à 133.80	——	67
1818.....	241	79	182	100 à 132.96	——	59
1819.....	284	65	213	100 à 133.33	——	71
1820.....	226	57	289	100 à 78.80	63	——
1821.....	256	78	170	100 à 150.	——	86
1822.....	240	62	251	100 à 95.61	11	——
1823.....	262	68	233	100 à 112.45	——	29
1824.....	229	72	179	100 à 128.	——	50
1825.....	222	67	186	100 à 119.36	——	36
Totaux.	5,167	1,993	4,724		260	703

Il résulte de ce tableau que, dans les vingt dernières années, le nombre des naissances n'a surpassé celui des décès que de 443, ce qui établit entre eux la différence de 100 à 117.80. Les mariages ont été aux décès dans le rapport de 1 à 3.7. L'année moyenne des naissances s'est élevée à 259, l'année moyenne des mariages à 70, et l'année moyenne des décès à 236. En prenant les bases de MM. Villot et Villermé, il y aurait eu, l'un dans l'autre, pendant tout ce temps, une population intérieure, à Falaise, de 11,472 habitans. Les résultats obtenus pour les cinq dernières années seulement, sont moins considérables, et font mieux connaître l'état présent de la ville.

On remarque sur le tableau un nombre démesuré de décès en 1814. M. de Rulhière fait observer que cela tient à ce que beaucoup d'extraits furent envoyés, à cette époque, par les hôpitaux militaires. C'étaient de jeunes citoyens de la ville, qui étaient allés mourir pour la patrie, sur une terre étrangère.

M. de Rulhière a préparé un travail plus complet sur la population générale de l'arrondissement. Nous le présenterons plus tard en entier ; mais nous observerons ici, en passant, que le dépouillement du tableau donne pour résultats, 1.º le rapport des naissances à la population, comme 1 est à 44.68 ; 2.º celui des mariages, comme 1 est à 139.57 ; et 3.º enfin, celui des décès, comme 1 est à 52. D'après cette base, la population de Falaise excéderait toujours 10,000 ames, au terme moyen. Le dépouillement donne, pour les communes rurales seules, les proportions suivantes : 1 sur 46 pour les naissances ; 1 sur 131.25 pour les mariages ; et 1 sur 54.61 pour les décès. Tous ces rapports peuvent être exacts pour les naissances et les décès ; mais il nous semble que les mariages ont surtout un multiplicateur trop faible. On pourrait prendre pour la ville la proportion de 1 à 51, et pour les communes rurales, celle de 1 à 140. Nous reviendrons, au reste, plus tard, sur ce sujet.

Nous terminerons en donnant un petit tableau fait par M. Lemarchand, desservant de la paroisse de St.-Laurent, dans un de nos faubourgs. Ce tableau comprend les vingt-cinq premières années

du siècle, et il est distingué par sexes pour les naissances, et par sexes et âges pour les décès. Nous
voudrions pouvoir offrir des travaux de ce genre
pour chacune des trois autres paroisses ; ils seraient
connaître les rapports ou les différences physiques
qui existent entre les principales divisions topographiques de la ville. C'est pour nous que M. Lemarchand a bien voulu faire ce dépouillement, et nous
l'en remercions sincèrement.

Mouvement de la population de la paroisse de
St.-Laurent, pendant vingt-cinq ans.

Années.	Bapt. de garçons	Bapt. de filles.	Mariages.	Inhumations de garçons.	Inhumations de filles.	Inhumations d'hommes.	Inhumations de femmes.
1801 à 1805	36	24	16	7	7	8	14
1806 à 1810	36	20	13	5	5	10	22
1811 à 1815	39	28	26	13	13	11	14
1816 à 1820	29	19	20	18	11	14	10
1821 à 1825	24	27	20	10	12	9	10
Totaux.	164	118	95	53	48	52	70

Pendant les vingt-cinq ans, il est né dans cette
petite paroisse un sixième au moins de garçons
plus que de filles, et les décès ont aussi plus frappé
sur le sexe féminin que sur l'autre. Il semble donc
que la population mâle auroit dû y augmenter d'un
cinquième environ, dans ce court espace de temps ;
mais la guerre et l'industrie ont emporté au loin
une partie des hommes, et ils ont péri, pour la
plupart, loin du toit paternel. L'équilibre s'est
ainsi trouvé à-peu-près rétabli. Sur les 223 décès,

on a compté soixante-quinze individus de 1 à 10 ans ; vingt-six de 60 à 70 ; cinquante-cinq de 70 à 80 ; dix-neuf de 80 à 90 ; trois de 90 à 100 ; et les vingt-cinq autres à des âges intermédiaires. On peut remarquer, d'après ce tableau, que l'on arrive en général à un âge fort avancé dans la petite vallée de l'Ante. Le plus grand nombre des décédés étaient arrivés à l'âge de 60, 70 et 80 ans. Il est vrai, comme nous l'avons remarqué, qu'un grand nombre de jeunes gens sont morts loin de leurs foyers ; mais le résultat obtenu n'en est pas moins digne d'attention. Le terme moyen de la vie doit être de près de 50 ans dans cette paroisse, d'après les observations faites par le curé. La population entière est d'à-peu-près 500 habitans.

L'usage de la vaccine est maintenant répandu à Falaise, dans toutes les classes de la société, et il est rare que l'on entende parler d'un enfant atteint de la petite vérole dans l'intérieur de la ville. M. Bacon père, médecin, s'est signalé depuis vingt-cinq ans par son zèle pour la propagation de cette utile découverte. Il a obtenu deux médailles d'encouragement il y a quelques années.

Les registres de l'état civil sont tenus convenablement aujourd'hui pour la commune de Falaise. Il y a peu d'années encore, ils étaient rédigés avec beaucoup de négligence.

NOMBRE DES ANIMAUX DE TRAIT, DE SOMME ET DE CULTURE.

Voici le résultat des relevés que l'administration municipale a fait exécuter, pour découvr le nombre des animaux de tout genre, qui se trouvent sur le territoire de la commune :

Chevaux de luxe, 23. — *Idem* de selle, 86. — *Idem* de trait, 205. — Bœufs, 15. — Vaches, 276. — Veaux, 16. — Moutons, 447, sur lesquels 150 mérinos. — Cochons, 6. — Anes, 14. — Chèvres, 12. En tout, plus de 1,000 animaux, sur lesquels 300 chevaux, et un nombre à-peu-près égal de bêtes à cornes, rendent chaque jour les plus utiles services à la population. Les vaches se trouvent nourries dans les petites fermes qui entourent l'enceinte de la ville, dans les vergers de Guibray et dans ceux du Valdante. Leur lait est en général d'une qualité délicate, et il se trouve presqu'entièrement distribué chaque matin dans la ville par les fermières, qui trouvent plus d'avantage à le débiter ainsi jour- nellement, qu'à l'employer selon les usages ordi- naires de la campagne. Il en vient encore des fermes de Versainville, Eraines et Aubigny, qui sont peu éloignées de Falaise.

CONSOMMATION.

Pour donner une idée de la consommation de la ville, sur les objets soumis à des droits d'entrée, nous présenterons le dépouillement des registres de la régie des contributions indirectes, pour l'année 1826.

Nous trouvons : *En Boissons.* Vins, 688 hectolit. — Eaux-de-vie, 147 hectol. — Bière, 1,253 hectol. — Cidre, 23,435 hectol. — Poiré, 3,083 hectolitres. Total de la recette sur ce point, 20,129 fr. 38 c.

En Comestibles. Bœufs ou vaches, 603 têtes. —

Veaux, 2,873 têtes. — Moutons, 4,443 têtes. — Porcs, 322 têtes. — Cochons de lait, 23 têtes. — Viandes dépécées, 2,895 kilogrammes. — Poissons, 7,166 myriagr. — Huîtres, 271,500. — Recette dans cette partie, 22,256 fr. 25 c.

En Fourrages. — Foin, 160,882 myriagrammes. — Recette, 6,435 fr. 38 c.

En Combustibles. — Bois à brûler, 7,832 stères. — *Idem*, 546 sommes en détail. — Fagots, 55,460. — *Idem*, 392 sommes en détail. — Bourrées de bois, 61,871. — *Idem*, 385 sommes en détail. — Bourrées de vignon, 7,882. — Charbon de bois, 6,416 hectolitres. — Charbon de terre, 753 hectol. — Recette totale, 8,044 fr. 55 c.

Sur tous ces objets, malgré le zèle des employés, il s'exerce une fraude habituelle, qui nous empêche de présenter le tableau complet de ce que l'on consomme exactement dans l'année. Il est des articles, tels que ceux de la viande dépécée, de l'eau-de-vie, des veaux et moutons, etc., sur lesquels la fraude parvient à en soustraire un tiers ou un quart aux droits d'entrée. Nous devons en faire ici mention, pour que l'on puisse apprécier l'étendue de la consommation, indépendamment des résultats que nous pouvons offrir.

Quant à la quantité de grains nécessaires pour l'approvisionnement de la ville, il est difficile d'en présenter le tableau. Nous avons les relevés des halles, mais ils n'offrent pas de données sur ce point. Beaucoup de grains, qui se vendent au marché, sont enlevés aussitôt pour d'autres villes voisines, tandis qu'il arrive dans les greniers des provisions très-considérables qui ne paraissent point à la halle. Le nombre des fournées que cuisent les boulangers donnerait un résultat, si l'on en tenait note ; mais on n'a sur leurs opérations que des données très-inexactes. On est donc réduit à se contenter d'évaluations approximatives, pour indiquer la quantité de grains environ qui doivent se consommer annuellement dans Falaise. Après avoir consulté quelques personnes qui ont des connaissances spéciales dans cette partie, nous hasarderons les aperçus suivans :

Consommation en froment, 39,000 hectolitres. — En orge, 1,500 hectol. — En seigle, 1,000 hect. En sarrasin, 1,500 hectol. — En pois, lentilles et autres légumes secs, 500 hectolitres. — En avoine, 9,000 hectolitres. — Total, 52,500 hectolitres ou 26,250 sacs de grains différens.

Les neuf dixièmes de la population vivent maintenant de pain de blé, et un dixième seulement de pain mêlé ou de pain d'orge. Le froment qui paraît à la halle, ne suffirait pas pour les besoins intérieurs, mais les boulangers s'approvisionnent en partie dans les campagnes qui environnent la ville, et beaucoup de bourgeois apportent également des grains de leurs fermes pour les besoins de leurs ménages. Il arrive aussi des boulangers du dehors, qui s'établissent sur les places publiques, les jours de marché, et qui y vendent une assez grande quantité de pain. Quelques-uns de ces boulangers viennent du Boishalbout, qui est éloigné de quatre lieues de la ville.

Il doit se consommer 1,000 hectolitres environ

de pommes de terre chaque année. Les autres légumes ne peuvent être évalués, même approximativement.

On compte que la population est triplée pendant
le mois d'août, et la consommation doit en conséquence augmenter, à cette époque, dans la même
proportion. Aussi la régie recueille, à ce qu'il paraît, pour la foire seule, un sixième de recette
au-delà de ce qu'elle obtiendrait dans les temps
ordinaires. En 1825, la recette de la ville se montait
à 48,000 fr., et, avec l'excédant que produisit la
foire, elle fut portée à 56,000 fr.; la même proportion existe pour les autres années. On estime
que dans certains jours, sur le champ de foire de
Guibray, il se consomme près de 30,000 pots de
cidre.

Voici encore le détail de quelques objets soumis
aux entrées de ville, dont le tableau de consommation est présenté par la régie :

Bois merrain, 392 mètres. — Planches, 164 voitures à quatre colliers. — *Idem*, 163 sommes en
détail. — Tuile ou brique, 299,160. — Pierre de
taille, 263 mèt. — Moëllon, 178 voitures à quatre
colliers. — Chaux, 2,861 hectolitres. — Pelleaux,
46 sommes. — Cercles, 37 voitures à quatre colliers.
— *Idem*, 131 sommes en détail. — Total de la recette pour cette partie, 3,740 fr. 86 c.

Sur ces objets il se fait encore un peu de fraude,
mais moins que sur le reste[1].

1 Nous devons la communication de presque tous les tableaux offerts dans ce chapitre, à l'obligeance de M. de Belly,
directeur des contributions indirectes.

MENDICITÉ.

Le nombre des mendians coureurs de rues, n'est pas excessif à Falaise, et ils ne harcèlent point en général les passans comme dans quelques villes voisines. On les voit paraître le matin des jours de marché, ou le dimanche à la sortie de la messe. Ils vont dans les maisons où l'on est dans l'usage de leur donner quelques secours, et, après une tournée d'une ou deux heures, ils rentrent dans leurs intérieurs. Le nombre de ces mendians est peut-être de 60.

Les indigens que l'on secoure à domicile, sont bien plus nombreux. Un des curés de la ville en compte cinq cents au moins dans sa paroisse, et les autres parties de la ville en renferment bien autant, réunies. C'est dans la paroisse de Saint-Laurent qu'il s'en trouve moins qu'ailleurs, proportionnellement. Cette petite population ne compte point, à proprement parler, de mendians tendant la main ; mais, comme dans les autres faubourgs, il s'y trouve des rôdeurs et des pillards qui vont dévaster les campagnes voisines. Cette espèce de gens est ce qu'il y a de plus vil et de plus insolent dans le pays.

Outre les secours que les familles indigentes trouvent ici dans les charités publiques ou particulières, le temps de la foire leur présente encore quelques moyens de recueillir de petites sommes qui leur deviennent utiles pendant l'hiver. Celles de Guibray louent leurs habitations et leur mince mobilier : les hommes, les femmes se chargent de faire les commissions des marchands, de nétoyer leurs logemens, de leur préparer à manger. Il en est qui revendent des fruits, des légumes et d'autres denrées, dont la consommation est très-considérables pendant quelques jours. Les avantages de cet instant de la foire sont, sous ce rapport, encore d'une très-grande importance pour Falaise.

Les pauvres malades et infirmes sont reçus dans les hôpitaux que fonda la charité de nos pères, et qu'entretient aujourd'hui la prévoyance municipale. Nous avons déjà eu l'occasion de faire l'éloge des soins touchans que l'on prodigue dans ces établissemens aux êtres malheureux que les souffrances y rassemblent.

Le bas peuple se nourrit beaucoup mieux aujourd'hui qu'il y a douze ans, ce qui prouve que sa situation s'est bien améliorée. On comptait alors près d'un quart de la population qui ne consommait que du pain d'orge; et maintenant, l'orge n'entre plus que pour un 40.e environ dans la consommation. Ce résultat est digne d'être remarqué. La misère des petits ménages est principalement produite par la passion du cabaret, portée dans une partie de cette classe au dernier excès.

VOITURES PUBLIQUES ET PARTICULIÈRES, SERVICE DES POSTES, etc.

On compte à Falaise plusieurs services de diligences, dont nous allons offrir le détail :

Il part toutes les nuits, du bureau de la rue des Capucins, n.º 22, une diligence à dix-huit places, pour Paris. Les arrivées ont lieu tous les soirs. La voiture descend à Paris, rue du Bouloy, n.º 22.

Il part du même bureau, quatre fois la semaine, une voiture à douze places, pour Vire, Avranches et la Bretagne, et elle opère ses retours quatre fois la semaine également. Ces deux entreprises sont sous la direction Cauvry et compagnie, de Laigle.

Il passe tous les jours par Falaise une voiture de quinze places, qui se rend du Mans et d'Alençon à Caen, et qui se charge des dépêches et des voyageurs. Elle s'arrête à l'hôtel des postes, chez M. Charpentier, rue de Caen.

Les sieurs Marguerit, à l'hôtel d'Espagne, et Lagniel, à l'hôtel de la Place, font partir chaque jour des voitures à neuf et douze places, pour Caen, à six heures du matin et à deux heures du soir. Ces voitures reviennent de Caen à onze heures du matin et à sept heures du soir.

Tous les mercredis et les samedis il arrive et repart des voitures pour Argentan et pour St.-Pierre-sur-Dive. La voiture de St.-Pierre est une espèce de fourgon, à douze places, établi depuis l'ouverture de la nouvelle route.

On trouve des cabriolets et des voitures de voyage chez les sieurs Marguerit, Lagniel, Noblet, etc.

La poste, jusqu'ici, ne partait que six fois par semaine pour Paris, et quatre fois pour Alençon, Caen, Vire et autres villes voisines. Mais à dater du 1.er janvier 1828, d'après les nouvelles lois, elle partira tous les jours pour tous les points de la France, et les arrivées auront lieu de même tous les jours. Nous n'entrerons donc dans aucuns détails sur l'ordre qui a existé jusqu'ici dans ce service, puisqu'il doit cesser très-prochainement pour toujours.

Les voitures des particuliers se trouvent à Falaise à-peu-près dans le nombre suivant :

Calèches et carosses, 11. — Cabriolets, 21. — Carrioles, 7. —. Grosses voitures, charrettes et banneaux, 41. — Total, 80.

Nous n'omettrons pas de rappeler encore qu'il part des voitures de roulage pour Paris, tous les mercredis et tous les samedis, de la maison Lebailly-Roussel, rue Dieulafait, au-dessous de la halle. Il en part aussi fréquemment pour Caen, pour Alençon et autres points, de la maison Maheut, place St.-Gervais, et des auberges de la Place, du Grand-Cerf et de la Maison-Neuve.

Pendant la foire de Guibray, il s'établit des services extraordinaires dans les diverses maisons que nous avons signalées en cet article.

AGRICULTURE.

Nous avons vu que le territoire de la commune de Falaise présentait une étendue de 750 hectares en terres labourables. On y cultive le blé, l'orge et l'avoine à-peu-près en quantités égales ; le seigle, le sarrasin et les autres menus grains n'occupent pas ensemble plus d'un dixième de ce terrain.

Nous diviserons le sol cultivé de Falaise en deux parties : la plaine de Guibray et la campagne de Vaton. La première comprend tout ce qui est à l'est et au midi de Falaise ; la seconde, tout ce qui se trouve au nord et au nord-ouest.

Voici quel est le genre de culture de la plaine de Guibray, et quels résultats on en retire. Nous transcrivons les notes qui nous été remises à ce sujet par un propriétaire qui dirige lui-même une exploitation dans cette campagne, depuis plus de vingt années :

« La plaine de Guibray est une des plus fertiles
» de l'arrondissement. Elle se compose presque
» exclusivement de terres labourables divisées en
» trois classes ; elles reposent à-peu-près partout
» sur un fonds calcaire, excepté dans les pendans
» de Guépierreux et de Vaux, où l'on rencontre
» quelques fonds argileux. »

« Ces terres produisent exclusivement les céréales
» blé, orge, avoine, un peu de seigle, et les blés
» de mars, lorsque les rigueurs de la saison out
» détruit les premières semences, ou lorsque des
» gelées précoces ont arrêté la façon des fromens.
» Malheureusement, on n'y a pas encore introduit
» la culture des plantes légumineuses, telles surtout
» que la pomme de terre qui y serait excellente, et
» qui préparerait de meilleures moissons en blé,
» si la succession des récoltes était mieux entendue.
» Ce que l'agriculture a obtenu depuis quelques
» années, c'est la suppression des jachères ; à
» peine, au printemps, dans cette plaine assez
» vaste, trouverait-on quelques hectares qui fassent
» interruption à la belle verdure dont elle est cou-
» verte. Ce progrès est déjà remarquable. »

« Malheureusement, on observe encore la vieille
» routine de semer et de récolter de suite les cé-
» réales, blé, orge et avoine. Cette vicieuse mé-
» thode nuirait infailliblement aux produits, et
» finirait par épuiser la terre, si le voisinage de
» la ville ne fournissait une grande quantité d'en-

» grais, dont le transport se fait facilement et à
» peu de frais. Dans un assolement de neuf années,
» les prairies artificielles (que l'on nomme aussi
» *les bourgognes*) entrent ordinairement pour trois
» ans. Quelquefois, au lieu de la troisième céréale,
» on sème des vesces, qui sont recueillies en vert
» et données aux bestiaux. Ces changemens con-
» tribuent à entretenir la fécondité de cette cam-
» pagne. »

« Le produit par acre de 160 perches, ancienne
» mesure, est en général, taux commun, de 250
» à 300 gerbes, produisant 20 à 22 hectolitres de
» grain. »

« Ce n'est que depuis une époque assez moderne
» que l'on a pris l'habitude de plâtrer les prairies
» artificielles dans les campagnes de Guibray. Cet
» amendement, répandu à propos dans les terres
» légères et sabloneuses, y produit les plus heureux
» résultats. Les prairies artificielles de Guibray,
» plâtrées, *rapportent au moins moitié plus que celles*
» *qui ne l'ont pas été*, etc., etc. »

Le rédacteur de la note présente ici, en faveur
de cette méthode de plâtrer les sainfoins, plusieurs
considérations qu'il croit propres à la faire adopter.
Il soutient, entre autres, que si les foins plâtrés
poudrent plus que les autres, c'est uniquement parce
qu'on ne les fane point suffisamment. Comme ils
sont plus abondans que les foins ordinaires, la des-
sication doit être plus longue, plus difficile; et il
faut donc apporter plus de soin à cette opération,
qu'on ne le fait quand les produits sont peu considérables.

A

A Vaton, on cultive à-peu-près de la même manière qu'à Guibray, à l'exception cependant que l'on y emploie moins de fumier de ville et plus de fumier de cheval. On y plâtre aussi beaucoup moins les prairies artificielles, et quelques cultivateurs refusent même encore d'employer cet amendement. Ils préfèrent, disent-ils, des produits moins nombreux, mais plus naturels. Les champs les plus voisins de la ville sont médiocres; mais vers Aubigny, dans *les Sentes de Vaton*, l'acre de terre produit plus de quatre cents gerbes, et se vend près de 4,000 fr. Après le blé et l'orge, on fait quelquefois dans cette campagne une année de *verdure*, et l'on recommence les trois années de céréales, que l'on remplace par trois années de sainfoin; la terre travaille ainsi sans se reposer pendant les neuf années. D'autres cultivateurs lui font produire trois céréales, la laissent une année en repos, recommencent ensuite leurs trois années de céréales, et finissent par les trois saisons de sainfoin. Sur dix ans, ils donnent ainsi une jachère. Si l'on cultivait en alternant les légumineuses et les céréales, on fatiguerait moins la terre, et on en tirerait plus de produits. C'est aux riches cultivateurs à donner l'exemple de ces utiles innovations. Que l'on essaie le choux, le navet et la pomme de terre, pour la nourriture des bestiaux, dont le lait, le beurre et la crème se vendent si facilement dans la ville, et l'on ne tardera pas à recueillir les fruits de ce changement de culture. La terre demandera moins de fumiers, et multipliera ses moissons. Ce ne sont point de vaines théories que nous offrons; l'expérience a depuis long-temps démontré l'excellence de ces procédés agricoles dans tous les lieux où on les a employés[1].

On cultive un peu le sarrasin dans les environs de la ville ; il y est d'une médiocre qualité. Nous y avons vu également quelques acres plantées en colza, il y a deux ou trois années, et la récolte en était assez bonne ; on paraît cependant y avoir renoncé ; et, en général, on a de grandes préventions dans ce pays contre la culture de cette plante, qui fatigue la terre. Les engrais les plus ordinaires sont le fumier de ville, celui de cheval et le plâtre ; les marcs d'huile et la chaux n'y sont que rarement employés. On ne connaît encore que l'ancienne charrue et les anciens instrumens. On fume beaucoup d'été, et l'on donne trois labours avant les blés.

Outre les foins que l'on retire des prairies artificielles, les bords de l'Ante offrent quelques prairies naturelles assez fertiles, dont les récoltes contribuent à l'approvisionnement de la ville. Il y a 103 hectares d'herbages et de vergers sur le territoire de la commune. Les fenaisons se font au commencement

1 On peut consulter, entre autres ouvrages, l'*Agriculture pratique*, de sir Jonh Saint-Clair, et les *Annales agricoles de Roville*, par M. de Dombasle. L'avantage de l'alternance des récoltes céréales et légumineuses est tellement reconnu maintenant, qu'il n'est plus permis de le contester. Pourquoi donc s'obstinerait-on ici dans une routine préjudiciable au public, aussi bien qu'aux particuliers ? Qu'un seul propriétaire donne l'exemple, et il sera bientôt imité. L'intérêt personnel conseillera mieux que tout ce que l'on pourrait dire en faveur des nouvelles découvertes.

de juillet, et la seconde herbe est consommée sur pied par les chevaux et les bestiaux. L'herbage de la Courbonnet est le seul remarquable à l'entrée de la ville. Il contient habituellement, dans l'été, des bœufs que l'on y met pour les engraisser.

Les bois ne méritent guère d'être mentionnés. L'orme vient bien partout en haie, et le hêtre croît sur les bruyères et entre les rochers ; le petit nombre de chênes que l'on trouve çà et là sont chétifs.

Dans les fossés de la ville on a fait des pépinières, dont le prompt développement a démontré que le sol était très-propre à ce genre de culture. Le jardinier Dalmagne a élevé des plants de quenouilles qui se font remarquer par leur bois franc et vigoureux.

Une évaluation des produits du sol de la commune, faite par l'administration municipale, il y a quelques années, donna les résultats suivans :

Blé, 3,600 hectol. — Seigle, 720 hectol. — Orge, 4,900 hectolit. — Sarrasin, 460 hectolit. — Avoine, 5,600 hectolit. — Légumes, 80 hectolit. — Autres menus grains, 80 hectolitres. — Pommes de terre, 640 hectol. — Le produit des grains se trouvait être ainsi de 15,440 hectolit. Le blé ne suffirait, d'après cela, pour la consommation de la ville, que pendant trente-six jours à-peu-près par année.

On évaluait que le blé donnait 12 hectolit. par acre, terme moyen ; le seigle, 12 hectolit. ; l'orge, 14 hect. ; le sarrasin, 20 hect. ; l'avoine, 16 hect. ; et les autres grains, 10 hectol. ; la pomme de terre était estimée à un produit de 10 pour un. D'après les notes que l'on nous a communiquées, les produits moyens devraient être portés plus haut.

Les principaux cultivateurs de la commune sont MM. Noblet, Chauvel, Pichard, Charpentier, etc.

C'est à M. Brunet, président du tribunal civil et propriétaire dans la plaine de Guibray, que nous devons la note que nous avons donnée sur cette campagne.

MOEURS.

Extrait de la correspondance privée d'un père avec son fils.

« Mon fils,

» Vous trouverez après ma mort, dans un coin
» retiré de mon secrétaire, un papier soigneuse-
» ment cacheté, et sur lequel ces mots sont inscrits
» de ma main : *Celui qui ne sait point farder ses*
» *portraits, doit les tenir enfermés dans son atelier.*

« Ce papier, mon fils, contient une esquisse du
» tableau des mœurs locales de cette petite ville, à
» l'époque où je vous écris. Les touches n'en sont
» pas bien tranchantes, et toutefois elles pourraient
» encore blesser des esprits trop prompts à se croire
» offensés dès qu'on leur met une vérité sous les
» yeux. Mais lorsque dix années de repos auront
» passé sur ma tombe, vous romprez le cachet,
» et vous ferez imprimer ce fragment ; vous en
» adresserez ensuite un exemplaire à chacun des
» souscripteurs dont vous trouverez les noms im-
» primés à la fin de ce livre, ou à leurs héritiers
» les plus directs. J'ai promis au public un travail
» complet, et il faut bien que ma parole soit tôt
» ou tard dégagée.

» Du reste, vous ne direz point qu'en vous lé-

» guant le soin de publier cette feuille de mon ou-
» vrage, j'ai eu l'intention de faire la satyre de mes
» contemporains, mais plutôt que j'ai dû compatir
» aux faiblesses de ceux au milieu desquels j'étais
» appelé à passer une partie de mes jours. Les sages
» du pays ne cessent d'ailleurs de me répéter que je
» dois m'abstenir de faire entendre ces vérités, *qui*
» *offensent tout le monde, sans corriger personne.*
» Laissons couler le torrent, puisque nous ne pou-
» vons l'arrêter.

» Je vous embrasse, mon cher enfant, et je vous
» souhaite une longue vie, avec toutes sortes de
» prospérités.

» Votre père et ami,
F. G.

» Falaise, le 26 décembre 1827. »

USAGES.

Il y a peu d'usages particuliers aux habitans de
Falaise. Presque tous ceux qu'on observe dans cette
ville, se retrouvent également dans les autres petites
villes de Normandie. Nous noterons ce qui nous a
le plus frappé dans ce genre.

Le premier jour de chaque année, les fonctionnaires publics, et en général tous les hommes des
principales classes, sortent de chez eux le matin à
neuf heures, et parcourent successivement les différens quartiers, distribuant des cartes de visites
dans le plus grand nombre des maisons. Le mauvais
temps n'arrête point; on s'enveloppe de son manteau, si la gelée est trop piquante, ou l'on se couvre
d'un parapluie, si l'eau tombe avec quelque vio-

lence. On se rencontre au milieu des rues, où s'aborde, en souriant du triste rôle que l'on joue ainsi dans les boues, et après quelques plaisanteries échangées en courant, on continue sa promenade et ses distributions. Ce jour-là on voit à-peu-près tout le monde, c'est-à-dire que l'on jette son nom sous toutes les portes, et que le soir on retrouve chez soi les noms de ceux à qui l'on a donné ce souvenir. Il y a telle personne à qui l'on pourrait faire ainsi cinquante visites dans sa vie, sans avoir jamais une occasion de lui adresser la parole. C'est une formalité sans importance. Il est arrivé quelquefois cependant que des liaisons ont commencé de cette manière, et plus d'une fois aussi, des parens ou des amis brouillés ont profité de cette occasion pour faire un pas l'un vers l'autre, et se ménager une réconciliation. Ce vieil usage, sous ce rapport, peut inspirer un certain intérêt. Il y a d'ailleurs, il faut en convenir, quelque chose d'assez touchant dans ce rapprochement, même momentané, de tous les habitans d'une ville, dans cet échange de politesse qu'ils se font en un jour solennel. C'est l'acte par lequel ils se reconnaissent pour concitoyens et pour membres de la même famille sociale. Il leur serait difficile de commencer plus convenablement leur année.

Le 5 janvier, les enfans de la ville se rendent à la porte de Caen, sur la chaussée, vers la fin du jour, et là, armés de falots ou torches enflammées, ils chantent les Rois et les adieux de Noël. Leur nombre est quelquefois très-considérable, et ils s'agitent en tous sens, pendant une ou deux heures, au milieu de leurs mères ou de leurs bonnes qui les surveillent. Nous y avons entendu ce refrain, connu dans toute la province :

> Taupes et mulots,
> Sortez de mon clos, etc.;

ce qui rappelle que cette fête eut, entre autres, pour objet de chasser les animaux malfaisans, que la fumée de quelques bouchons de paille écartait, disait-on, pendant toute l'année, des campagnes que l'on avait eu soin de purifier ainsi. Ces restes des anciennes superstitions sont, il faut l'avouer, bien innocens. On nomme ici cet amusement la *Fête des Flambarts*.

La *Vigile* ou veille des fêtes de Saint-Jean et de Saint-Pierre, le peuple allume aussi des feux dans les carrefours ; mais ces réjouissances se prolongent bien plus avant dans la nuit, et souvent même le jour retrouve les danseurs autour des différens foyers. C'est dans le Valdante surtout que cet usage subsiste dans toute sa force, et l'on y brûle quelquefois plus de bois dans une de ces soirées d'été, que tous les malheureux du quartier n'en peuvent consumer dans la nuit la plus froide de l'hiver. Chacun apporte sa bûche ou sa bourrée ; on place au milieu un petit mât avec une couronne, et l'on met le feu à cette espèce de bûcher, en poussant des cris d'allégresse. Les jeunes gens, les jeunes filles l'entourent en chantant des couplets joyeux. Malheur à la vieillesse dormeuse, voisine de ce bruyant théâtre de plaisir ; il faut qu'elle se résigne à passer une nuit troublée, en regrettant le bon temps qui n'existe plus pour elle. Dans les grandes réjouissances publiques, nous avons vu aussi de grands bûchers allumés sur les places de la ville. Le maire venait mettre lui-même le feu à celui qui était préparé devant l'hôtel-de-ville, et les plus bruyantes clameurs éclataient de toutes parts pendant cette cérémonie.

La veille de Pâques, on chante la Résurrection, et l'on va demander des œufs dans les maisons. Il n'y a plus guère que les mendians qui aillent ainsi frapper aux portes, et on leur donne fort peu de chose. Leurs chants n'ont rien de distingué. Autrefois il s'organisait des compagnies de jeunes gens, avec un orchestre et des chanteurs. Ils se faisaient suivre par un cheval chargé de paniers, où ils déposaient les offrandes assez nombreuses qu'on leur présentait. Ils les destinaient aux pauvres des hôpitaux.

L'usage de battre la retraite chaque soir existe dans la vieille ville. C'est le couvre-feu de nos pères, ou seulement un souvenir militaire dans une ancienne place de guerre. Les paisibles bourgeois y font fort peu d'attention, et n'en vaquent pas moins à leurs petites visites de quartier. Mais la police prend acte du premier coup de tambour pour ordonner la clôture des cafés et des tabagies.

Le 13 août, jour du déballage pour la grande foire, le maire part de l'hôtel-de-ville, à la tête de la compagnie de pompiers, et se rend, en traversant plusieurs quartiers, à l'abreuvoir de Guibray. Là, les pompes sont essayées publiquement, et lorsqu'on s'est assuré de leur bon état, on les conduit, avec le même cortége, au lieu de leur destination, à la citerne. La mairie s'installe ensuite solennellement pour douze jours au pavillon de la foire. Elle prévient ainsi les étrangers que l'administration.veille sur eux, et que tout est préparé pour leur sécurité.

Le 15, avant que la vente soit autorisée, le curé de Guibray, avec le clergé de la ville, fait une procession autour de l'enceinte primitive de la foire, où se trouvent les magasins principaux. La religion consacre ainsi les opérations qui se préparent, et demande pour le marchand le succès de ses entreprises. Une quête qui se fait le lendemain, dans les différens quartiers de la vente, fournit les moyens de soulager, pendant quelques jours d'hiver, la classe indigente du faubourg.

Les autres fêtes de la religion se célèbrent ici comme partout ailleurs. Aux jours des Rogations, on fait le tour de quelques vergers ou de quelques champs. A la Fête-Dieu, les paroisses se réunissent, et les diverses autorités civiles se joignant au cortége des prêtres, parcourent ensemble les principales rues de la vieille ville, où se trouvent çà et là quelques reposoirs peu brillans. Ce que présentent de plus remarquable ces promenades religieuses, ce sont des palais ou des portiques de fleurs différentes, que de petits architectes tracent et dessinent élégamment sur le sable, au milieu des rues et des places où doit passer le cortége. C'est pour le Maître de toutes choses que ces enfans préparent ces chemins de roses, et ils s'opposent vivement à ce qu'aucuns pieds profanes ne les foulent avant son passage. Mais à peine le prêtre a-t-il franchi cette enceinte, qu'ils l'abandonnent sans regret, et leurs travaux délicats disparaissent dans un moment sous les pieds de la multitude.

Les mariages et les baptêmes se font à Falaise comme ailleurs, et en général, on y remarque une très-grande simplicité. Quant aux enterremens, il est peu de villes où ils se célèbrent avec moins d'intérêt, et je dirais presque avec moins de décence. Deux ou trois prêtres partent de l'église, avec huit frères de charité, vêtus d'habits différens, et se rendent à la maison du mort, d'où ils le font enlever, en chantant à voix basse quelques versets lugubres. Ils l'amènent d'abord à l'église, sans qu'aucuns amis ou parens se placent à la suite du convoi; ils célèbrent une messe ou un service du soir, auquel personne n'assiste, et, cette cérémonie promptement terminée, un seul prêtre, avec les huit frères et le porte-croix, se rendent au cimetière, où nul assistant ne vient saluer le mort du dernier adieu. Les Falaisiens, nous le leur avons déjà reproché, n'ont point la religion des tombeaux. Ils oublient ceux qui ne sont plus, et il semble que cet oubli commence à l'heure même du trépas. Chez quel peuple, un peu sensible, ne se fait-on pas un devoir d'accompagner un parent ou un ami à sa dernière demeure ? Le sacrifice est grand, mais il prouve un grand attachement. C'est sur la pierre du tombeau que l'on rompt des liens que l'on n'a plus aucun moyen de maintenir entiers. On ne cède qu'à l'inflexible nécessité. Il n'y a pas d'adieu plus solennel et plus touchant que celui-là. Malheur à ceux qui n'ont pas d'entrailles pour de pareils instans.

Les services funèbres se font après quatre ou cinq jours expirés depuis le décès, et jamais on ne fait le service de l'anniversaire. Nous ne savons si des préjugés ou des habitudes d'enfance nous portent trop loin, mais nous avouerons que ces pratiques, extrêmement mesquines, nous ont toujours révolté. Ce n'est pas le son des cloches ni les chants d'un chœur d'étrangers que nous demandons, autant que la présence et les larmes de la famille. Elle abandonne ici le mort à l'instant où il rend le dernier soupir. Une pierre sur sa tombe, avec deux mots de regrets, prouveraient du moins qu'il a' survécu quelques jours dans les souvenirs de l'amitié. Ses petits-enfans pourraient retrouver la place qui le recouvre, s'ils avaient l'idée de venir un jour rêver sur la dépouille de leurs ancêtres.

COSTUMES.

Les gens riches s'habillent partout de la même manière, et la différence ne consiste que dans le plus ou moins de luxe de leurs vêtemens. C'est uniquement dans les classes inférieures que l'on peut retrouver des costumes de localités ; nous avons, sous ce rapport, peu de remarques à faire dans Falaise.

La coiffure des femmes du peuple est ce qui frappe le plus l'étranger qui s'arrête dans cette ville. Il voit le sale bonnet de coton sur presque toutes les têtes ; tantôt seul et retenant à peine des cheveux mal peignés qui s'échappent de différens côtés ; tantôt recouvert d'une coiffe à barbes plates et assez mal plissées, qui s'étendent sur les tempes et les deux côtés de la figure. Il faut que les femmes aient bien peu d'amour-propre pour conserver cette mode qui leur ôte toute espèce de grâce. Une Vénus en bonnet de coton, aurait de la peine à se faire regarder. Cette coiffure donne d'ailleurs à un visage féminin quelque chose d'effronté qui en dégoûte involontairement. Il y a des femmes, dans le bas peuple, qui vont jusqu'à en porter de bruns ou écrus. Il est impossible de rendre l'impression désagréable que l'on éprouve à cette vue.

Les ouvriers portent aussi de ces bonnets, mais on en est moins surpris, et la plupart les placent même de manière à les faire supporter. Ils en ont de bleus et de couleurs mélangées, qui sont toujours préférables aux blancs, trop prompts à se couvrir de taches. Cette coiffure s'est introduite dans la ville avec le commerce de la bonneterie, et il sera difficile de la faire disparaître, à cause de l'économie que trouve le peuple à s'en servir plutôt que de toute autre. Il la fabrique lui-même à très-peu de frais, et les considérations que l'on fera valoir, manqueront toujours leur effet tant qu'elles seront en opposition avec des intérêts personnels.

Quelques-unes des servantes, qui appartiennent en général aux campagnes voisines, portent des coiffes très-élevées, avec de longs bavolets qui retombent légèrement des deux côtés de la tête. L'élégance de cette coiffure, que nous retrouverons principalement dans notre canton d'Harcourt, contraste singulièrement avec la grossièreté du bonnet falaisien.

Les habillemens des femmes ont des tailles

longues, avec des jupons qu'elles attachent à la
hauteur des hanches. Ces vêtemens sont en grosses
étoffes de laine ou en indiennes brunes peu distinguées, selon les différentes saisons. On les recouvre pendant l'hiver d'un manteau d'indienne,
plus ou moins bien doublé. Il y a rarement de
l'élégance dans ces costumes, et le plus souvent de
la malpropreté. Les femmes des derniers faubourgs
sont surtout extrêmement sales. Les compagnes
d'Arlette devaient être plus recherchées dans leurs
parures, lorsqu'elles séduisaient les héros.

Les ouvriers ont des blouses, dans l'hiver, sur
leur vêtemens, et dans l'été, ils sont presque toujours sans veste et en chemise, avec un mauvais
pantalon. Il leur serait d'autant plus facile de se
tenir avec propreté, qu'ils travaillent dans leurs
ateliers à l'abri des injures du temps. Le défaut de
soin sur leur personne semble leur être naturel.

Les bons bourgeois s'habillent sans luxe, mais
d'une manière convenable. Ils ont des redingottes
de fortes étoffes pendant les temps de froid, et
d'autres plus légères pour la belle saison. Ils ne
suivent point les modes, mais ils n'offrent non
plus rien de suranné ni de ridicule.

LANGAGE, NOMS PROPRES, etc.

En général, on ne parle point très-mal à Falaise,
même dans les faubourgs, et nous sommes surpris
de la réputation défavorable que le peuple de cette
ville a sous ce rapport. Sans doute son langage n'est
ni pittoresque ni animé, mais ce n'est point non
plus un jargon inintelligible ; et l'accent, un peu

lent il est vrai, n'a toutefois rien de trop choquant. C'est du français que l'on entend partout, mais seulement les mots sont quelquefois altérés, ou les finales des verbes changées de consonnances ; des voyelles où demi-syllabes sont aussi fréquemment supprimées. Nous citerons quelques phrases prises dans le plus mauvais langage du bas peuple :

Not' mère, v'lous qu'j'aille à la promenade avec not' sœur ? etc.

V'lous que j'beuvions un pot sur la brière ? etc.

Moussieu, j'sommes venus endvers vous comme tinmoins, etc.

J'li ai réponu qu'il s'en allit sans mé, etc.

J'étiommes tous trois ensemble; Pierre se jetit sur mon frère, et li mordit l'pouce ; j'me jetis entre eux deux, et j'les séparis. V'là en vérité toute l'affaire, etc.

Pardi, n'est-i point itou meilleur que l's autres ? etc., etc.

On peut juger par ces exemples, que nous pourrions multiplier, que la façon de s'exprimer de cette populace ressemble à celle de tous les bas quartiers de nos autres villes normandes. L'ouvrier des filatures ou des ateliers, ne parle déjà plus avec cette grossièreté. Du reste, nous présenterons, à la fin de cet ouvrage, un vocabulaire de tous les termes particuliers à l'arrondissement, et ce qui appartient à Falaise et aux communes qui l'environnent, s'y trouvera reproduit. Nous n'avons voulu que donner ici une idée de ce qu'on entend quelquefois dans les parties les plus reculées des faubourgs.

Plusieurs écrivains ont rappelé dans les Statistiques les noms de famille qui se rencontrent le plus fréquemment dans les lieux qu'ils ont décrits. A Falaise, les noms que l'on entend prononcer le plus souvent sont ceux de *Lefèvre*, *Lebailly*, *Cholet*, *Ernie*, *Morel*, *Bouquerel*, *Crespin*, *Coullibeuf*, *Fromage*, *Godefroy*, *Jardin*, *Lagniel*, *Menager*, *Maubant*, *Delange*, *Langevin*, *Lormelet*, *Malfilatre*, *Maillard*, *Mulois*, *Lepiney*, *Letellier*, *Lechoix*, *Crespin*, *Rivière*, *Leclerc*, *Rosel*, *Leroy*, *Faucillon*, *Davois*, *André*, *Lesassier*, etc., etc. On trouve encore les noms normands ou historiques de *Roger*, *Angot*, *Grimoult*, *Gaultier*, *Vauquelin*, *Taillefer*, *Auber*, *Toutain*, *Mallet*, *Hubert*, *Hébert*, *Hoel*, *Enguerrand*, *Verprey*, etc. Nous en verrons d'autres plus remarquables dans quelques-unes des communes de l'arrondissement.

ADMINISTRATIONS DIVERSES.

Nous avons désigné successivement, dans le cours de cet ouvrage, les différentes autorités qui sont particulières à la commune de Falaise. Dans ce dernier chapitre, nous présenterons, en peu de mots, le tableau de celles qui ont leur résidence dans le chef-lieu, mais dont l'administration s'étend, ou sur l'arrondissement entier, ou sur les cantons de Falaise seulement.

Sous-Préfecture. Il y a un sous-préfet pour tout l'arrondissement ; le centre de son administration est dans la ville, d'où il correspond avec toutes les autorités civiles des différentes communes. Il a un secrétaire à son choix pour le seconder.

Le sous-préfet de l'arrondissement est M. DE RULHIÈRE; son secrétaire est M. Froschammer.

Tribunal de première instance. La juridiction de ce tribunal s'étend sur tout l'arrondissement, tant au civil qu'au criminel; il se compose de six magistrats, de trois suppléans et d'un greffier. Les appels sont portés devant la cour de Caen.

Les membres du tribunal de première instance sont :

Président, Monsieur BRUNET ; juge d'instruction, M. FOSSEY ; juge, M. DUBOURG ; juge-auditeur, M. Eug. LENTAIGNE ; suppléans, MM. LEQUÉRU, DEHAUSSAY et HEUZÉ.

Procureur du Roi, M. ROSSIGNOL ; substitut, M. GALERON ; greffier, M. Bocquet.

Un barreau est attaché au tribunal de première instance; il se compose de onze avocats résidant à Falaise, qui sont MM. Dehaussay, bâtonnier, Lequéru, Heuzé, Briquet, Labbé, Sérant père, Renault fils aîné, Langlois, Rivière, Sérant fils et Donnet.

Il y a huit avoués postulant devant le même tribunal, et ayant leur résidence au chef-lieu; leur doyen est M. Duvelleroy. Les huissiers sont au nombre de 31, dont 17 sont établis à Falaise.

Tribunal de commerce. La juridiction de ce tribunal est également pour tout l'arrondissement. Il connaît de toutes les affaires commerciales, et les appels sont portés à Caen. Ce tribunal se compose de cinq juges, de quatre suppléans et d'un greffier.

Le président actuel est M. DUPARC[1] ; les juges

[1] M. LECLERC vient d'être nommé président de ce tribunal pour la quatrième fois depuis douze ans.

sont

sont MM. Brée l'aîné, Godefroy, Faucillon-Duparc, Enguerrand ; les suppléans sont Messieurs Lecrêne, Coullibeuf, Lebreton, Lebaillif père ; le greffier est M. Renault.

Gendarmerie. Un lieutenant commande la gendarmerie de l'arrondissement, et sa résidence est au chef-lieu. Il a sous lui, directement dans ce chef-lieu, pour les cantons de Falaise et de Coullibeuf, une brigade de cinq gendarmes à cheval, avec un maréchal-des-logis. Cette brigade est bien insuffisante pour les besoins du service, et devrait être doublée, ou du moins portée à huit hommes.

Le lieutenant de la gendarmerie est M. Letellier de Blanchard ; son maréchal-des-logis est M. Letellier.

Recette particulière des Finances. C'est dans la caisse du receveur particulier des finances que les percepteurs des impositions directes des diverses communes de l'arrondissement, versent, chaque mois, leurs recettes. La résidence de ce fonctionnaire est au chef-lieu.

Le receveur particulier est M. de la Belinaie.

Conservation des Hypothèques. Il y a pour tout l'arrondissement un bureau d'inscription des hypothèques, établi au chef-lieu.

Le conservateur est M. Desmoutiers.

Direction et Recette des Contributions indirectes. Cette administration a des employés sur différens points ; mais le directeur et le receveur sont établis dans la ville.

Le directeur est M. de Belly de Bussi ; le receveur principal, M. Girard.

36

La régie des poudres et tabacs fait partie de la même administration. L'entreposeur est M. de Lissalde Castremont.

Administration forestière. Cette administration n'a plus à Falaise, pour tout l'arrondissement, qu'un garde général, qui est M. Brée. jusqu'au mois de mai dernier, cette ville avait été le chef-lieu d'une sous-inspection, qui vient de lui être enlevée on ne sait trop pourquoi. M. Lesassier-Boisauné remplissait les fonctions de sous-inspecteur depuis près de vingt années.

Justices de Paix et Tribunal de simple Police. Falaise, comme chef-lieu de deux cantons, a deux justices de paix et un tribunal de simple police ; les appels de ces trois tribunaux sont portés devant les juges de première instance.

Le juge de paix de la première division est M. LORIOT ; son greffier est M. Liette.

Le juge de paix de la seconde division est Monsieur JOYAU, et il a pour greffier M. Legris.

Les deux juges de paix président alternativement le tribunal de simple police, qui a pour greffier M. Poupinet.

Receveurs de l'enregistrement pour les actes civils et judiciaires. MM. Tocville et Fouquet.

Notaires des cantons, résidant dans la ville. MM. Boursin, Bellencontre et Demieux-Demorchêne.

Falaise, le 31 décembre 1827.

F. GALERON.

NOTES ET RECTIFICATIONS.

Page ij *de l'introduction*, ligne première : 3. au lieu de 2.

Idem, ligne 22, lisez : *Bretteville-sur-Laise et Thury-Har-court*, etc., etc.

Page 4, ligne 2, *lisez* lui *au lieu de* iui.

Page 50, ligne 17. Ce n'est point le grand Saladin, comme on pourrait le croire par ce passage, qui fut l'amant d'Éléonore, mais un jeune turc, d'une grande beauté, nommé aussi Saladin.

Page 81, ligne 9, *lisez* 1381 *au lieu de* 1681.

Page 90, ligne 18. Nous croyons faire plaisir à nos lecteurs en leur mettant ici sous les yeux la pièce dont il est question dans ce passage ; elle leur rappelera les franchises et priviléges dont leurs pères avaient joui sous les rois d'Angleterre, descendans de Guillaume, et sous les rois de France, depuis la conquête de Philippe-Auguste. Le style, la rédaction, l'orthographe, tout est curieux dans ce morceau. Il est à la date du 11 avril 1418, l'original est à la Tour de Londres, et n'a jamais été imprimé.

« A nos tres redoubtes et puissans seigneurs nos seigneurs
» du conseil du roy nostre soverain seigneur. Nous les gens
» des comptes du roy nostre dit seigneur vous certifions que
» nous avons faicte l'inform a la quelle ces lettres sont atta-
» chées soubz l'un de nos seignes pur les ffranchises et li-
» bertées que dient avoir les bourgois et habitans à la ville
» de Ffaloise ou roiaume de Ffrance et ou roiaume d'Engle-
» terre et auci avons veu toutz les lettres de gaignes faictes
» par les ditz bourgois coût plusers parsonnes et les vidimus
» des lettres patentes des roix de Ffrance et d'Engleterre du
» don que ils firent ja pieça aux ditz bourgois des dites ffran-
» chises et libertées ainxi que en la dite inform est dit et fait
» mencion les quelles nous avons enfillees en une hache et
» sceliees de l'un de nos sigū et les vous envoions et cest in-
» formacion affin que sur ce le roy nostre soverain seigneur
» et vous ordonnez et factes a voz plaisirs et vollentes et pour
» tesmong de ce nous avons sigū ces lettres de nos signes le
» xi jour dayril l'an mil cccc et dix huit,

» Information facte par nous les gens des comptes du roy
» nostre seigneur en la duchié de Normandie le 2 jour d'avril
» l'an mil cccc xviij sur ssavoir et enquerir quelles ffranchises
» et libertées et quelles rentz revenus et possessions les bour-
» gois et habitans en la ville de Ffaloise avoient tenoient et
» possidoient au jour de la dessente du roy nostre dit seigneur
» en Normandie tant par les gens et perssonnes qui enssuient
» comme par plusours lettres et escriptures que nous ont
» monstre en la dite chambre les d. bourgois et habitans et
» primere Sandrin Samson Henier de la paroisse de Ernes,
» aagé de cinquante ans Guilliam de la Chaeze escuier sei-
» gneur de Ners aagé de 35 ans Raoul de la Chaeze escuier
» seigneur du Tremblay aagié de 32 ans Raoul de Corday
» escuier seigneur de Mesnil Hernier aagié de 45 ans Raoullet
» de Corday aagé de 30 ans John Patart escuier de la paroisse
» de Versainville aage de 29 ans Michel Rouxel de la paroisse
» de Martigny aagie de 25 ans Robert Bonnet de la paroisse
» de Raine aage 45 ans toutz demourans environ ladite ville
» jurez a dire et rapporter sur ce que dit est dient rapportent
» ensemble et d'un accorde que ils ont ouy dire et auxi l'ont
» toutz veu par chartres des rois de Ffrance et d'Engleterre
» que les bourgois et habitans de la ville de Ffaloise sont
» francs et quictes par tout le royaume de Ffrance et d'En-
» gleterre de toutz peages passages pontages coustües tra-
» vers et autres subvencions quelxconques aux dits royaumes
» apparten excepté la ville de Mantes ou royaume de Ffrance
» et la ville de Loundres ou roiaume d'Engleterre et que ce
» leur fut anciennement donné par plusours roix des ditz
» royaumes come ils lont veu par les chartres patentz des
» ditz roix sur ces doun aux ditz bourgois esquelles il est
» contenu que quiconques les empeschera ou destourbera
» en leur marchandise il sera en dix livres tourn demande
» pur faire, et auxi ils ont veu toutz jours les ditz bourgois
» francs et quictes de toutz coustumes et trespas par tout le
» pais de Normandie et es autres pais ou ils ont frequente et
» alle, et ont ouy dire que pour le temps de paix entre les
» ffrançois et les englois ils estoient semblable frans et quictes
» de toutz coustües ou roiaume d'Engleterre excepte la ville
» de Loundres et ainxi le depposent.

» Item lesditz bourgois nous ont monstré plusours vidimus
» des chartres patentz des dicts roys de Ffrance et d'Engle-
» terre conteñ ce que dessus est deppose par les dessus ditz
» lesquels nous avons fait enfiller en une hache ovez q̃ autres
» lettres que lesditz bourgois nous ont monstreez pour la dit
» cause.

» Item nous ont monstre par le vidimus des lettres du roy
» Phé de Ffrance par les quelles il conferme et appreuve les
» dis privileges et ffranchises.

» Item nous ont monstre plusours autres lettres de gaignes
» par eulx faitz contre le provost de la ville d'Orléans.

» Item autres lettres de gaignes factes contre le provost de
» la ville de Caen des dites franchises et libertees.

» Item autres lettres de gaignes factes contre le garde du
» passaige du baq d'Astre.

» Item autres lettres de gaignes factes contre le provost
» de la ville de Harfleu diceulx priviegges.

» Item autres letres de gaignes factes contre le provost de
Passy.

» Item autres lettres de gaignes factes en l'échiquier d'Al-
» lençon contre les voyers de la ville du Mans d'iceulx pri-
» vilegges.

» Item autres lettres de gaignes factes en la ville d'Evreux
» contre les passageurs d'icelle ville.

» Item autres lettres de la delivrance diceulx priviegges
» en la ville de Saumur.

» Item les dessus nommez depposent et dient que ils scoivent
» de certain que les ditz bourgois de Ffaloise ont droit de
» garder et governer les hostel Dieu en la dite ville et hostel
» de saint Ladre assis auprès dicelle ville et de y mettre gou-
» verneurs et entremettrers pour garder et gouverner les ditz
» hostels lesquels ont puissance de cuiller et recepvoir les
» reveñ desdiz hostelz de ballier les terres en fief ou a ferme
» de part les povres du dit hostelx Dieu et les mallades de
» la dicte mallarde de ce qui leur faulx et est necessaire pour
» lour vivre et governement et en rendent le compte devant
» les ditz bourgois toutes foix que il plest aux ditz bourgois.

» Item les dessus ditz depposent qu'ils scoivent de certain

» que les ditz bourgois ont droit de mettre en chacun des ditz
» hostelx Dieu et de saint Ladre cures quand le cas se eschier
» que ascun en trepasse et encorres de present y sont mys
» par les ditz bourgois c'est a ssavoir au dit hostel Dieu
» maistre Alexandre Lasmon il y a deux ans environ et au
» dit lieu de saint Ladre mess Robert Le Mounier il a environ
» deux ans lesquels tiennent et possedent les ditz cures.

» Item les dessus dits depposent que ils scoivent de certain
» que les ditz bourgois ont droit de présenter et mettre un
» cure quand le cas soffre à la cure de St. Gorge de Morteau
» et encorres depît la tient et occupie mestre Pierre du
» Merle lequel y fut pûté par les ditz bourgois il a environ
» 4 ans.

» Item les dessus ditz depposent que scoivent de certain
» que aux dits bourgois appartiennent les deux estans qui sont
» autour de la ville ou reste devers labbeie as moignes de
» Saint John dont l'un est nomme le vivier voisin et l'autre
« le vivier de la boucherie auquel vivier de la boucherie il a
» un molin a draps duquel ils sont tenuz fe chasun an dix livres
» tournoiz de reute aux religieux de la dicte abbeie, et le
» scoivent parce que de toutz temps ils ont vieu que les ditz
» bourgois ont peschie et fait peschier iceulx estans quant
» temps en estoit.

» Item les dessus ditz depposent que les ditz bourgois sou-
» loient avoir eu ladicte ville de Ffaloise maire et comûne
» qui gouvernoit le fait et la justice d'icelle ville le quele
» maire et justice fut prinse et arrestée en la main du roy
» des ffrançoiz par aucunes noises et debas qui survindrent
» en ladicte ville pour les imposicions et mije et y ont veu
» les ascuns d'eulx qui depposent plusours maires c'est assa-
» voir Jehan de la Moriciere il a environ soixante ans, et
» depuis y fut Denys de Pierre et apres Thas de Brieux Ri-
» chart Taillefer Richard Vestin, Robert Aupois et Jacques
» Tallebost toutz maires lun apres l'autre.

» Item les dessus ditz dient et depposent que ils ont toutz
» jours ouy dite que les povres de l'ostel Dieu de Ffaloise ont
» droit d'av et prendre par chascun an en temps de karesme
» un rondelle de harent blanc sur la recepte de la viscomte

» de Efaloise lequel harent est departy chûn jour de karisme
» aux povres du dit hostel Dieu et toutz jours le temps passe
» en ont este paiez chascun an par les vicomtes de la dite
» vicomte sur les exploix et amendes istans et venans de la
» justice de la dit marerie qui de present est en la main du
» roy ainsi que dessus est dit.

« Item les dessus ditz depposent que ils scoivent de certain
» et lont vieu que les ditz povres de l'ostel Dieu de Ffaloise
» ont accoutume de av et prendre par chascun an la charge
» d'un asne de bois mort en la forêt de Qûiner et leur fut
» donne entierement par Louis roy de Ffrance ainsi qu'il
» nous est apparu par le vidimus des lettres patentes du dit
» roy de Ffrance et la delivrance des mestres des forets en
» Normandie sur ces faits.

» Item les dessus diz depposent que ils scoivent de certain
» et lon vieu que les mallades de saint Ladre pres la dite
» ville de Ffaloise ont accustume de avoir et prendre chascun
» joor de lan la charge dun asne de bois mort ex forestes du
» du roy cest assavoir on bois de Basoiches depuis le jour de
» Pasques jucques a jour de saint Michel et en la fforest de
» Qûiner depuis le dit jour saint Michel jusques au dit jour
» de Pasques et auxi le nous ont monstre par le vidimus des
» lettres patentes de Louiz roy de Ffrance et par plusours
» delivrances des mestres des fforests en Normandie.

» Item les dessus ditz depposent que ils scoivent de certain
» que les diz mallades de saint Ladre ont le droit davoir
» chascun an le jour saincte Croix en septembre une foire qui
» liet apres de la dite ville de Ffaloise dont la coustume de
» toute la viscomte ovesque le haut justice lieur appartient
» par la space de sept jour c'est assavoir le dit jour de St
» Croix et trois jours devant et trois jours apres et ont vieu
» les dessus ditz par plusours foiz que le senechal et gou-
» verneur de la dite malladrie teñ et gouvernoit toute la jus-
» tice pour le dit temps des sept jours sans null empesch par
» toute la vicomte. Martin Lepoichier aagie de 28 ans Laurent
» Meslin aagie de 40 ans Robert Taillebost aagie de 60 ans
» Johan de Cautelon aagie de 45 ans Girot Jehan aagie de
» 45 ans Michel Braz de Fer aagie de 38 ans Johan Bertin

» aagié de 22 ans Robin de Ffoullon aagie de 37 ans Johan
» de Vanembraz aagie de 28 ans toutz de la ville de Ffalloise
» jurez et enchargiez de dire et rapporter verite sur les points
» et articles dessus deppose par les dessus ditz dient et dep-
» posent chascun de foy que ils scoivent de certain toutz les
» poings et articles dessus depposes estre vraiz et que de tout
» temps les gens de la dite ville et des ditz hostel Dieu et
» et de saint Ladre ont este en bon possession et saisine des
» droitz ffranchises et libertées dessus, etc., etc.

Page 95, ligne 15, *lisez* : vingt-sept années *au lieu de* quatre-
vingt-sept années.

Page 133, ligne première : Ce n'est point à Gabrielle, mais
à la duchesse de Guiche que fut adressé ce billet. (Note de
M. de Manne, l'un des conservateurs de la bibliothèque du
Roi.)

Page 138, ligne 7, *lisez* 1607 *au lieu de* 1507.

Page 159, ligne 31, *après* anciennement, *mettez un* ;

Page 163, ligne 9, *lisez* : le citent *au lieu de* le cite.

Page 194, ligne 5, *lisez* : Sel fixe d'absynthe *au lieu de* sel
fixe d'Abyssinie.

Idem, lig. 6 de la note 1, *lisez* : impunè *au lieu de* impugnè.
Nous observerons, au reste, à l'occasion de l'écrivain qui nous
occupe dans cet article (Capelle, pharmacien), qu'il est encore auteur « d'un autre ouvrage fort intéressant, intitulé :
« *Expériences sur les eaux minérales vitrioliques*, Journal de Mé-
» decine, tome XX, année 1764. » (Note de M. Pluquet,
et réclamation de M. Capelle, médecin.)

Page 195, ligne 2 de la note, *lisez* : dans les archives, *au
lieu de* sur les archives.

Page 210, ligne 10 : Ce fut M. Leprovost-Lépine qui fut
le premier commissaire du Gouvernement, et non M. Leroy-
Lacocherie. Celui-ci fut plus tard commissaire du Pouvoir
exécutif.

Page 211, ligne 15 : Legot, avocat, ne fut point député
à l'assemblée législative, et son nom ne doit figurer que
parmi les députés de Falaise à la Convention. MM. Henry-
Larivière et Vardon siégèrent seuls comme représentans de
cette ville à la seconde Assemblée. Le passage est inexact
sur ce point seulement.

Page 229, ligne 18, *lisez* : Quatre juges *au lieu de* trois juges. Il y eut en effet, pendant plusieurs années, quatre juges au tribunal de Falaise, d'après l'institution primitive ; on ne sait trop pourquoi ils ont été depuis réduits à trois. On a vainement réclamé, il y a quelques années, pour obtenir que l'ancien nombre fût complété de nouveau.

Page 238, ligne 4, *lisez* : toutes *au lieu de* tonte.

Page 249, ligne 20, *lisez* : en 1824 *au lieu de* en 1825.

Page 250, ligne 9. Depuis la publication de cette première partie, de nouvelles élections ont eu lieu dans Falaise, le 17 novembre 1827. MM. Fleury et Leclerc se sont trouvés concurrens ; M. Fleury a obtenu la majorité des suffrages, et a été élu député de l'arrondissement de Falaise. Huit jours après, le 25 novembre, M. Leclerc a obtenu les suffrages des électeurs du grand collège, à Caen, et a été proclamé député du département du Calvados.

Page 259, ligne 5 de la note, *lisez* : d'un autre, *au lieu* d'une autre.

Page 265, ligne 3 de la note 2, *lisez* : 72 centiares, *au lieu de* 71.

Page 281, lig. 21, *lisez* : au nord-ouest, *au lieu de* au nord.

Page 297, lignes 29 et 30, *lisez* : adossés aux murailles, à droite et à gauche.

Page 304, ligne 15, *lisez* : Ursulines, *au lieu* d'Uruslines.

Page 314, ligne 24, *lisez* : pouvoir les chasser *au lieu de* pouvoir chasser.

Page 319, ligne 2 de la note, *lisez* : mainte image, *au lieu de* maint image.

Page 330, ligne 18, *lisez* : li leus *au lieu de* li leurs.

Page 349, ligne 12, *lisez* : proprement entretenue.

Page 391, ligne 24, *lisez* : n.o 1.er de la porte le Comte, *au lieu de* n.o 1.er de la rue d'Enfer.

Idem, ligne 30, *lisez* : aux n.os 9, 16, 31, *au lieu de* aux n.os 13, 16, 31, etc.

Page 402, lignes 1, 2, 3; etc. Depuis que ce passage est écrit, M. de Labbey a manifesté l'intention de quitter l'administration de la ville, et même il a envoyé sa démission à M. le préfet, pour la faire agréer au ministre. Dès que cette résolution a été connue des habitans, ils ont publiquement témoigné le regret que leur causait cette retraite précipitée d'un administrateur personnellement aimé et estimé ; ils ont en même-temps conçu l'espérance de le conserver , en lui adressant une supplique qui lui fit connaître les vœux de ses concitoyens , et , en conséquence , on a fait sans retard circuler dans tous les quartiers la pièce suivante , qui , en deux jours , a été couverte de signatures , et qu'une députation de quarante citoyens est venue présenter à M. le maire, en son hôtel , le 5 décembre , à six heures du soir:

Les habitans de la ville de Falaise, à M. DE LABBEY, *leur maire.*

MONSIEUR ,

« Nous avons appris , avec une peine extrême , que vous
» aviez manifesté l'intention de vous démettre des fonctions
» de maire , que vous remplissez si honorablement dans cette
» ville depuis plus de dix années. Nous aimons à nous flatter
» encore que votre résolution n'est point irrévocable , et nous
» venons en conséquence vous supplier de ne point y per-
» sister , et de conserver l'administration de cette commune
» qui a mis en vous toute sa confiance. En vous rendant à
» cette prière , vous satisferez à un vœu général , dont la
» sincérité doit vous être assez démontrée par l'empressement
» que l'on met de toute part à vous l'exprimer.

» Sans doute , Monsieur , c'est une charge délicate , et
» même difficile à remplir , que celle que vous occupez; et
» plus d'une fois vous avez pu désirer d'y renoncer, pour
» rentrer dans la vie privée , où vous attendait une existence
» plus douce et plus tranquille , au sein de votre famille et
» de vos nombreux amis. Mais veuillez songer que les services
» que vous avez rendus jusqu'ici à vos concitoyens , sont une
» espèce d'engagement que vous avez contracté envers eux ,
» et que , témoins de tout le bien que vous avez déjà fait ,
» ils ont acquis en quelque sorte le droit de vous demander
» compte de celui que vous pouvez faire encore. L'homme
» qui se consacre au public , doit ainsi s'oublier lui-même ,
» et , tôt ou tard , il reçoit en retour la plus douce récom-
» pense qu'il puisse attendre de ses travaux , *la reconnaissance*
» *de ceux pour lesquels il s'est dévoué.* Consacrez-nous encore
» quelques années , Monsieur , et soyez sûr que nous vous

» saurons gré de ce sacrifice. Complétez ce que vous avez
» commencé. Les habitans de Falaise, qui vous ont tou-
» jours regardé comme un de leurs plus estimables conci-
» toyens, et qui vous comptent déjà parmi leurs bienfaiteurs,
» vous placeront un jour au nombre de ceux qui ont mérité
» de survivre au milieu des souvenirs historiques de leur
» patrie.

        » Nous avons l'honneur d'être, avec un
           » respectueux attachement,

» Monsieur,

        » Vos très-humbles et très-obéissans serviteurs.
 » Falaise, le 5 décembre 1827. »

M. de Labbey, touché jusqu'aux larmes de cette démarche
honorable de ses concitoyens, s'est rendu à leur prière, et a
promis d'administrer encore la ville pendant quelques années.
Sa démission a été retirée, et une fête donnée à la mairie,
au profit des pauvres, a réuni toutes les classes d'habitans,
qui se sont ainsi réjouis en commun, et pour ainsi dire en
famille, de cet heureux événement.

Pages 414 et 415, etc. Un mois après la publication des articles *Collége* et *petit Séminaire*, qui figurent dans ce chapitre,
la réclamation suivante fut publiée dans le journal de Falaise :

 « Monsieur, j'ai lu dans une brochure, qui a pour titre :
» *Statistique de l'arrondissement de Falaise*, par M. F. Galeron,
» page 416, que le collége (de Falaise) est réduit à 25 pen-
» sionnaires tout au plus, et à 60 externes ; total, 85 élèves.

 » Sans vouloir expliquer présentement l'intention du ré-
» dacteur, je me borne à déclarer qu'il n'y a jamais eu dans
» le collége, depuis deux ans, moins de 155 élèves. Le prin-
» cipal du collége, signé Menard. »

Le rédacteur de l'article attaqué, éloigné de vingt lieues
quand cette lettre parut, et n'ayant ni ses notes ni aucuns
renseignemens à sa disposition, ne put répondre d'abord qu'en
protestant de sa bonne foi et de la loyauté qu'il avait apportée
à la composition de son livre.

Mais plus tard il parvint à se procurer un relevé exact du
nombre des étudians qui se trouvaient dans le *collége* et le
petit séminaire réunis, à l'époque où l'ouvrage avait été publié.

Il s'empressa de le faire connaître, et il croit devoir le reproduire ici, pour prouver qu'il n'avait ni trompé ni voulu tromper
le public.

ÉTAT du Collége et du petit Séminaire de Falaise, au mois de
juillet 1827, d'après les registres académiques.

Collége. . . . .   83 élèves.
Petit séminaire.   33
                       ————
           Total. . . .   116

Les relevés avaient été faits, comme l'auteur l'avait observé
(page 423), *pendant l'été,* au mois de juillet, et le compte
ne devait porter par conséquent que sur le nombre des élèves
que les établissemens renfermaient à cette époque. Il en résulte qu'en leur attribuant en tout *cent vingt* (pag. 416 et 420
combinées), il leur en donnait *quatre* de plus qu'ils n'en contenaient réellement. Ce simple exposé suffit pour justifier
l'article que l'on avait attaqué...

Page 423, ligne 2. La récapitulation générale ne porte que
902 enfans ou jeunes gens, et le nombre doit en être porté
à 918. L'auteur a en effet omis de mentionner 20 enfans qui
apprenaient à lire et à écrire, au mois de juillet dernier,
dans une petite école primaire établie dans une des salles du
collége. Ces enfans devaient être classés dans le chapitre intitulé : *École primaire pour les garçons ;* ils donnaient un total
de 922, avec le nombre trouvé primitivement ; mais il faut
retrancher de ce premier nombre 4 étudians que l'on avait
accordés de trop au *collége* et au *petit séminaire.* La rectifica-
tion doit porter sur tous les points où il y a eu erreur.

Page 432, ligne 8 et suiv. M. Ch. Morel nous écrit pour
nous prier de rectifier une erreur à l'article qui concerne sa bibliothèque. Il nous fait connaître « qu'au mois d'août dernier,
» elle contenait déjà plus de 4,000 volumes, » et il nous assure
qu'elle renferme, non seulement « des ouvrages classiques et
» littéraires français, mais encore presque tous les classiques
» étrangers, tant anciens que modernes, et des collections
» de traités sur diverses sciences, telles que Jurisprudence,
» Médecine, Botanique, Astronomie, Archéologie, Peinture,
» Agriculture, etc., etc. » Nous nous faisons un véritable

plaisir de faire droit à cette réclamation. Nous avons eu d'ailleurs, depuis peu de jours, l'occasion de nous assurer par nous-mêmes qu'elle était fondée. Quand notre article a paru, M. Morel était absent depuis plusieurs semaines, et nous n'avions pu présenter qu'approximativement le nombre de ses ouvrage. Cet objet n'était pas non plus assez important pour que nous fussions tenu d'y apporter une rigoureuse exactitude.

Page 434, ligne 32, *supprimer* le mot *saison* répété.

Page 447, ligne 18; entretenues *pour* entrenues.

Page 451, ligne 23; champ de foire *au lieu de* camp de foire.

Page 454, ligne 2 de la note, *lisez* : six anciens boisseaux; *au lieu de* huit anciens boisseaux.

TABLE

DES DIVISIONS DU PREMIER VOLUME.

FIN DE LA TABLE.

A FALAISE, IMPRIMERIE DE BRÉE L'AÎNÉ, IMP.r DU ROI.

www.ingramcontent.com/pod-product-compliance
Lightning Source LLC
Chambersburg PA
CBHW070618270326
41926CB00011B/1729